ROBERT PARKER

O IMPERADOR DO VINHO

ROBERT PARKER

O IMPERADOR DO VINHO

ELIN McCOY

TRADUÇÃO
ÁLVARO CABRAL

2ª Edição

ELSEVIER

EDITORA CAMPUS

Do original:
The Emperor of Wine
Tradução autorizada do idioma inglês da edição publicada por Harper Collins Publishers

Editoração Eletrônica: Estúdio Castellani

Copidesque: Shirley Lima da Silva Braz

Revisão Gráfica: Jussara Bivar

Foto de capa: Reuter Raymond

Elsevier Editora Ltda.
A Qualidade da Informação.
Rua Sete de Setembro, 111 – 16º andar
20050-006 Rio de Janeiro RJ Brasil
Telefone: (21) 3970-9300 FAX: (21) 2507-1991
E-mail: *info@elsevier.com.br*
Escritório São Paulo:
Rua Quintana, 753/8º andar
04569-011 Brooklin São Paulo SP
Tel.: (11) 5105-8555

ISBN 13 978-85-352-1939-5
ISBN 10 85-352-1939-0
Edição original: ISBN 0-06-009368-4

Nota: Muito zelo e técnica foram empregados na edição desta obra. No entanto, podem ocorrer erros de digitação, impressão ou dúvida conceitual. Em qualquer das hipóteses, solicitamos a comunicação à nossa Central de Atendimento, para que possamos esclarecer ou encaminhar a questão.

Nem a editora nem o autor assumem qualquer responsabilidade por eventuais danos ou perdas a pessoas ou bens, originados do uso desta publicação.

Central de atendimento
Tel.: 0800-265340
Rua Sete de Setembro, 111, 16º andar – Centro – Rio de Janeiro
e-mail: info@elsevier.com.br
site: www.campus.com.br

CIP-Brasil. Catalogação-na-fonte.
Sindicato Nacional dos Editores de Livros, RJ

M429i

McCoy, Elin
O imperador do vinho / Elin McCoy ; tradução de Álvaro Cabral. – Rio de Janeiro : Elsevier, 2006

Tradução de: The emperor of wine
Inclui bibliografia
ISBN 85-352-1939-0

1. Parker, Robert M., 1947-. 2. Indústria do vinho – Estados Unidos – Biografia. I. Título.

06-1005.

CDD 923.38476632
CDU 929:338.45:663.2

Para John e Gavin,
com amor

PRÓLOGO

SPLAT!!! A CUSPIDELA DE VINHO BATE NA PAREDE DA PEQUENA PIA de aço inoxidável, borrifando de vermelho o recipiente antes de sumir ralo abaixo. O degustador franze o cenho judicativo para o retrogosto, que perdura por breves instantes em suas gengivas, sua língua e no interior de suas bochechas. Excessivamente áspero e herbáceo – tem a certeza de que ele foi acidificado – e desprovido de aroma. O vinho é o quarto numa fileira de 26 Cabernet Sauvignons californianos. Sabe que foi generoso ao atribuir a esse vinho uma baixa pontuação de 80 e pouco – terá de degustá-lo de novo, mas, por ora, tem toda a aparência de um decepcionante 81.

O vinho seguinte exibe uma intensa cor rubi – é quase opaco – mas ele sabe que isso ocorre com muitos desses Cabernets da Califórnia. Com os olhos semicerrados, ele bloqueou todas as distrações – o crepitar dos faxes que vão chegando, o som da chuva nas vidraças das janelas, o latido de seu bassê lá fora, o trim-trim do telefone e o murmúrio de vozes na sala ao lado – enfiou o nariz no copo e depois inalou rapidamente com uma curta e silenciosa fungada. Uma completa série de aromas, pensou ele. É um toque de cassis? De amora-preta ou de cereja negra? Para confirmar o que seu nariz indica, bebe um generoso gole de vinho e deixa que ele se espalhe por toda a língua. Depois de pousar o copo na mesa, agita o líquido na boca por alguns segundos, como se estivesse bochechando com um anti-séptico bucal, faz um pausa momentânea, os olhos fitos num espaço em branco e, então, cospe o vinho na bacia com a força e a pontaria de um consumado perito, formando um arco perfeito que silva até se desfazer contra o metal.

Ele ainda está degustando o vinho; sua mente está completamente concentrada enquanto saboreia o eco prolongado do aroma e das persistentes fragrâncias e classifica suas impressões: riqueza explosiva, sim; boa quantidade de poderosa cereja negra madura; há aí, sem a menor dúvida, a participação de algum cassis; uma contextura espessa, voluptuosa e um toque maravilhosamente picante nos trinta segundos finais. É o sonho de um hedonista.

Uma pontuação se impôs naturalmente. Trata-se de um 95 – ele tem certeza disso.

Quando esses números são publicados um mês depois, o produtor do vinho de 95 pontos comemorará. No caso de ser uma nova e pequena vinícola, as pessoas o visitarão para lhe dar os parabéns. Ele terá ingressado no clube dos 90+. Seu vinho estará todo vendido até o fim da semana – se é que chega a levar tanto tempo. O produtor do vinho de 81 pontos rangerá os dentes; talvez seja difícil convencer alguns varejistas a comprar uma garrafa sequer dessa safra. Muitas pontuações assim e sua boa estrela começará a perder o brilho.

Por volta do meio-dia, o degustador terá pronunciado seu julgamento sobre muitas dezenas de vinhos, que criará sucessos de um dia para o outro, esvaziará reputações de longa data e movimentará mercados no mundo inteiro. Essas sentenças serão aguardadas com ansiedade pelos varejistas, que, rapidamente, emitem seus pedidos de compra dos vinhos com 90 pontos e acima, e com apreensão pelas viniculturas e proprietários de *château*, que sabem que as pontuações podem causar uma alta ou uma queda em seus preços. Esses julgamentos serão acatados como Escritura Sagrada por milhares de sérios consumidores de vinho.

Por quê? Porque o degustador, Robert M. Parker, Jr., cujo paladar foi considerado o equivalente enológico do cérebro de Einstein, é o mais poderoso crítico de vinhos do mundo. Ainda mais do que isso: nos dias de hoje, ele é o mais poderoso crítico em qualquer campo e período. Se um crítico de cinema de Nova York desanca ou elogia um filme, poderá influenciar o modo como este é acolhido nessa cidade, mas sua opinião não terá o mesmo efeito sobre os cinéfilos de Paris ou Tóquio, nem os diretores de cinema ao redor do mundo realizam filmes para agradar diretamente seu gosto. Mas, nos últimos vinte anos, as paixões e idéias de Parker influenciaram o modo como o vinho é feito, comprado e vendido em virtualmente todos os países produtores e consumidores de vinho no mundo, e há vinicultores que deliberadamente almejam produzir um vinho que o excite.

A despeito da atenção e dos intermináveis aplausos do mundo, Parker é uma figura controversa no mundo do vinho. Ele salvou vinicultores da falência, converteu outros em milionários e fez de vinhos desconhecidos colecionáveis avidamente procurados, mas suas baixas pontuações em relação a outros vinhos significaram preços aviltados e declínio de reputações. Tem sido processado e recebido ameaças de morte. Parker é criticado por alguns por ter ajudado a transformar a indústria vinícola do mundo num único mercado global, causando a vertiginosa disparada dos preços e a remodelação do gosto pelo vinho de acordo com sua própria preferência pessoal por vinhos negros retintos, de elevado teor alcoólico, com grande poder e intensidade, o que resultou, no decorrer do processo, na morte da tradição e na redução do grande vinho a números. Outros o reverenciam, alegando tratar-se do maior responsável pela qualidade amplamente melhorada dos vinhos produzidos de um extremo ao outro do mundo ocidental, e o melhor amigo do consumidor de vinho.

Mas, para todos, as pontuações de Parker constituem a carta de apresentação da indústria vinícola.

Como foi que um americano criado com refrigerantes, que nunca provara um vinho fino até ir à Europa durante seu curso universitário, se converteu em tal colosso? Quais foram os tempos e circunstâncias que possibilitaram sua extraordinária ascensão?

SUMÁRIO

1

UM PALADAR AMERICANO EM FORMAÇÃO

MONKTON, MARYLAND, POPULAÇÃO 4.615 ALMAS, parece uma improvável e pouco promissora cidade natal para o mais importante crítico de vinhos do mundo. Quando Robert McDowell Parker, Jr., nasceu em Baltimore, em 23 de julho de 1947, a paisagem ao norte da cidade, na periferia de Monkton, não era diferente da de hoje – uma típica combinação rural americana de criação de gado leiteiro, casas com paredes revestidas de sarrafos pintados de branco e modestas casas de tijolo para o pessoal da lavoura, contra um fundo de pequenos bosques e searas ondulantes. Quando me dirigi à sua casa a fim de passar um dia com ele, a vista de numerosos puros-sangues à solta em vastas pradarias com cercas brancas me alertou, porém, para a presença de uma elite opulenta de proprietários de haras que presidiam, desde longa data, as corridas de cavalos organizadas todos os anos, na primavera e no outono, e assistiam à cerimônia anual da Bênção dos Cães de Caça na igreja episcopal local.

Mas Parker não cresceu em nenhuma dessas esplêndidas e suntuosas propriedades onde, nas décadas ainda não muito distantes de 1940 e 1950, uma ocasional garrafa de vinho pode ter abrilhantado a mesa dos ricaços. Seus pais casaram aos 18 anos e sua escolaridade não foi além do secundário. Nos primeiros anos de sua vida, o lar era a granja leiteira da família em Monkton, apenas a dez minutos do local onde ele hoje reside. Alguns dos primeiros odores a penetrarem em seu hoje famoso nariz foram os de leite fresco, forragem aquecida ao Sol e vacas no estábulo.

Há trezentos anos, quando barricas de vinhos Bordeaux como o Château Haut-Brion e o Château Margaux estavam sendo leiloadas na Bolsa de Mercadorias de Londres, Monkton e toda a região setentrional do Condado de Baltimore ainda eram domínio das tribos indígenas Susquehannock e Piscataway. Em 1634, esse território foi concedido ao representante do rei, Charles Calvert, terceiro Lorde Baltimore, que fundou Maryland e arrendou milhares de acres a colonos, não sem antes reservar uma esplêndida parcela que incluía Monkton para a sua quarta esposa. Além da pecuária leiteira e da produção de laticínios, as outras indústrias mais antigas de Monkton eram os moinhos de cereais e as serrarias, que o tempo levou há muito; sobreviveram as velhas moendas, convertidas em lojas de antigüidades e residências de veraneio. Na década de 1950, quando Parker se aproximava da adolescência, Monkton e a vizinha Parkton (onde ele hoje vive) eram meros aglomerados de casas e igrejas; Monkton tinha apenas um minúsculo armazém de víveres, nenhuma biblioteca ou loja de lavar a seco, e a compra de um refrigerante ou de um sorvete implicava uma viagem de 25 quilômetros até o bar mais próximo.

Hoje, a cidade é maior, incluindo os indefiníveis shoppings americanos, com praças de alimentação e supermercados como peças centrais; uma rua central com os negócios habituais de uma cidade média: agências bancárias, pizzarias, oficinas de automóveis e jardim público; e um colégio, o edifício mais alto da rua, situado em centro de terreno e com um letreiro que anuncia: "Hereford High School, Home of the Bulls". Não era um lugar para vinhos e cardápios requintados nos anos 50, e ainda não é, apesar da crescente urbanização e da construção de bairros residenciais em "estilo executivo", e da presença de dois pequenos estabelecimentos vinícolas a alguns quilômetros de distância. A distância para Baltimore é de apenas 45 quilômetros, mas deve ter parecido muito mais longe antes da Rodovia Interestadual 83 ter sido construída, ligando a cidade aos principais pontos ao norte.

Esqueçamos a ampla gama de pratos para gourmets com que os americanos urbanos estão familiarizados. O armazém mais perto da casa de Parker em Parkton é apenas uma típica loja provinciana de secos e molhados, com um antiquado letreiro "Drink Coca-Cola" na fachada e, na porta de entrada, uma barrica cheia de flores de mostardeira e decorada com bandeirinhas americanas. O jornal local, de distribuição gratuita, contém anúncios para vinhos populares que Parker generosamente ignora, como o Beringer White Zinfandel, e fornece uma lista de fazendas onde qualquer cidadão pode ir cortar sua própria árvore para o Natal. A grande notícia é o resultado do mais recente jogo de basquete do Hereford Bulls.

A infância de Parker foi típica de uma pequena cidade americana dos anos 50, o que significava que a alimentação era abundante mas sem importância. O repertório culinário de sua mãe era o da simplória cozinha rural do tipo "almôndegas de carne e frango frito", mas, à parte suas maravilhosas tortas de creme de banana e merengue de limão, Parker lembra-se de não ter qualquer opinião particular acerca do que se apresentava na mesa da família. Nunca foi servido vinho; as bebidas preferidas eram leite, refrigerante ou café, e um ocasional coquetel. Como adolescente, Parker não estava interessado nem um pouco quando seu pai, Robert Sr., que bebia Bourbon e gostava de inalar seu generoso aroma, lhe estendeu um copo e sugeriu: "Ah, você devia cheirar isto." E, quando Robert Sr., um inveterado caçador que conservava uma matilha de cockers para as suas incursões venatórias, disse a Robert Jr., durante uma dessas incursões, que podia dizer qual era a raça de um cão só pelo cheiro, o rapaz pensou que seu velho estivesse de gozação. Só muito mais tarde ele se deu conta de que o pai possuía um olfato dotado de invulgar acuidade, e de que ele próprio herdara essa mesma aptidão.

Teve uma infância feliz, de acordo com os padrões de normalidade da classe média: circular de bicicleta pelos arredores da cidade, cometer diabruras com os cocker spaniels da família, jogar futebol, farrear com a turma e desfrutar da segurança de uma mamãe caseira, Ruth "Siddy" Parker, que nunca deixou o filho único entregue a uma babá e só se aventurou a trabalhar fora do lar quando ele iniciou o curso universitário. Quando estava com quatro anos, seu pai deixou a granja leiteira, a família mudou-se para uma casa recém-construída a poucos quilômetros da antiga, e Robert "Buddy" Parker, Sr., foi trabalhar na venda de equipamentos para a construção de áreas de exploração de uma companhia petrolífera sediada em Baltimore, da qual veio a ser vice-presidente. Ele viajou muito pelo país no desempenho de suas funções, mas Bob Jr. não foi muito além de Baltimore, Washington, D.C. e, uma vez, de trem à cidade de Nova York. Esse aglomerado de cidades na região norte do Condado de Baltimore, hoje conhecido como a zona de Hereford, era seu mundo.

Astro do futebol no colégio – ele foi duas vezes goleiro da seleção do condado –, Parker era popular, bonito e cordial, dotado de uma energia ilimitada que um dia o levaria a enfrentar a maratona de degustação de vinhos e 12 a 14 horas diárias de visitas a vinhedos. Sua intensidade, seu espírito competitivo e sua obstinada determinação sobressaíram no campo esportivo, onde, como sua mãe observou certa vez: "Ele se matará para vencer." Durante um jogo de futebol entre professores e estudantes, ele foi carregado para fora do campo e levado às pressas para o hospital com as costelas afundadas e os pulmões contundidos, depois que um professor o atingiu com um pontapé no peito. Enquanto a maioria dos estudantes desse colégio de "labregos" era formada por futuros agricultores do 4-H Club,* Parker estava no programa de preparação de jovens de talento para o ingresso na universidade, mas, de qualquer modo, gozava de grande popularidade.

Seus extremosos mas austeros pais o encorajaram a falar sobre qualquer assunto – nenhum tema era tabu – e sua mãe enfatizava dois princípios americanos simples e claros: ser verdadeiro consigo mesmo e honesto com os outros. Por sua vez, como tantos filhos únicos cujos pais lhes prodigalizam toda a afeição, Parker adorava seus pais, apesar de diferenças no que ele designa por "filosofias sobre como viver a vida". Ele e o pai eram, diz ele, "pessoas completamente diferentes". Robert Sr. era fanático por motocicletas; o filho, não. O pai adorava caçar e pescar, e decorou seu escritório com peles de ursos. Mas, das poucas vezes em que pai e filho saíram juntos para caçar, Parker concluiu que não gostava nada de "matar apenas pelo prazer de matar".

Se tudo isso soa completamente anódino, assim era, de fato. Os únicos indícios de que Parker, que era conhecido como Dowell (um apelido derivado de seu sobrenome materno, que ainda é usado por sua mulher e amigos mais íntimos), viria a ser o principal árbitro do sabor dos vinhos do mundo eram sua arraigada autoconfiança e sua convicção de que poderia traçar impunemente seu próprio caminho.

PARKER É OBSTINADO EM MUITAS COISAS, E O AMOR É UMA DELAS. Nunca se cansa de contar a história de como conheceu Patrícia Etzel, quando ambos tinham 12 anos. Apaixonou-se por ela no ginásio aos 15 anos, casou com ela em 1969 e ainda estão casados mais de três décadas depois. Ela e sua família, disse-me ele com evidente emoção, mudaram sua vida.

Em 1959, os pais de Pat haviam mudado para uma casa de fazenda com criação de gado em Parkton – a mesma casa onde Parker e sua mulher residem hoje –, vindos da suburbana Long Island, onde tinham conservado um barco. Embora não bebessem vinho, "recebiam muitos convidados e a cozinha deles era mais sofisticada", como Parker se lembra de ter notado quando foi à casa deles para sair com sua bonita e jovial filha. Foi na casa deles, na festa pelo ani-

Nota do Tradutor: Uma organização da juventude rural patrocinada pelo Ministério da Agricultura dos Estados Unidos que oferece instrução em agricultura científica e economia doméstica. Os quatro Hs significam head (cabeça), hands (mãos), heart (coração) e health (saúde).

versário dos 18 anos de Pat, que Parker teve o que hoje ele chama de "a minha primeira degustação do que pensava ser vinho" – André Cold Duck, uma mistura doce e borbulhante de vinho tinto e vinho espumante engarrafada por Gallo, que fazia furor em meados da década de 1960. (Embora passasse de moda alguns anos depois, esse vinho de fundo-de-barrica ainda se encontra à venda, quase quarenta anos depois, pela módica quantia de US$3,99 a garrafa.) A primeira experiência de Parker com vinho não foi o que se possa considerar um êxito; ao contrário, ficou bem longe disso. Ficou tão embriagado que mal podia caminhar, e o pai de Pat teve de levá-lo de carro de volta para casa. No meio da noite, Parker acordou sentindo náuseas, ergueu-se cambaleante e deu alguns passos em direção ao que pensou ser o banheiro, sentiu embrulhar-se o estômago e, com o corpo dobrado, vomitou até sentir-se fraco e exausto, e adormeceu imediatamente. De manhã, descobriu que tinha aberto a porta de um guarda-roupa e vomitado sobre todas as suas roupas limpas e arrumadas. Sua mãe ficou furiosa. Não foi uma experiência que ele tivesse o menor desejo de repetir.

Concluído o secundário em 1965, ambos se encaminharam para um curso universitário: Parker, com uma bolsa que lhe permitia continuar jogando futebol, ingressou na Randolph-Macon em Ashland, Virginia, e Pat foi para Hood, que era então um colégio só para mulheres, em Frederick, Maryland. De cabeleira negra, tipo mignon, Pat era uma estrela entre as estudantes, afoita e determinada. Sonhava com uma viagem à Europa num grande transatlântico desde os 11 anos, depois de ter visto esses navios atracados nos molhes de Manhattan. E ela estava empenhada em dominar fluentemente o francês, uma habilitação que provaria ser ajuda decisiva para Parker nos anos vindouros. Em contrapartida, Parker, agora uma "torre" maciça de 1,85m, com as costeletas e cabelos compridos que lhe tinham granjeado popularidade entre os estudantes, não tinha idéia alguma sobre o que pretendia fazer de sua vida. Até então, ele não havia manifestado paixão por qualquer coisa, exceto futebol e Pat. Um ano depois, transferiu-se para a Universidade de Maryland, em College Park, ingressou numa associação acadêmica e, como muitos de seus amigos, opôs-se à guerra no Vietnã. Tendo sido submetido a uma cirurgia no joelho, em conseqüência de uma contusão em partida de futebol que o deixou temporariamente de muletas, atrasou-se no envio do formulário de requerimento, como estudante, para o adiamento do seu alistamento. Quando chegou o inevitável aviso de convocação, Parker apresentou-se mancando em Fort Holobard para o exame físico. Sua lesão valeu-lhe uma isenção permanente para o serviço militar. Na universidade, fumou sua cota de "baseado" e não desgostou da experiência, mas beber álcool ainda o atraía muito pouco.

Isso mudaria em dezembro de 1967, quando o amor pela namorada motivou Bob Parker, então com vinte anos, a viajar para a Europa pela primeira vez. Pat havia partido no outono a bordo do *Statendam* para a França, onde freqüentaria a Universidade de Estrasburgo durante seu primeiro ano de faculdade. Os navios da linha Holanda-América transportavam então muitos estudantes americanos para a Europa, e eu própria fiz a travessia num deles, o *Seven Seas*. Só transportava estudantes e servia almôndegas com espaguete todas as noites, mas o de Pat era mesmo um transatlântico de luxo, recorda ela, "com turistas de verdade e boa comida". Passar um ano no estrangeiro ainda não era a experiência comum que é hoje para estudantes universitários, e a Europa parecia longe demais para Parker. Telefonar era difícil e caro. E suas poucas conversas eram curtas e desajeitadas; e, embora trocassem cartas, Pat não escrevia com assiduidade. Se bem que os pais de Parker lhe tivessem dado permissão para se encontrar com ela na França durante as férias de Natal, separava-os ainda um longo período de quatro meses e ele articulava pensamentos sombrios a respeito dessa escassez de contato. Ele achava que sua bonita namorada se parecia muito com Natalie Wood quando jovem, com seu longo cabelo negro, sua figura esbelta e graciosa e um sorriso que lhe iluminava o rosto, e preocupava-o a idéia de que ela pudesse ser arrebatada por algum meloso estudante francês que conhecesse num café. Além disso, Parker sabia que os pais dela não morriam de amores por ele e torciam para que Pat pudesse esquecê-lo e encontrar algum outro. Determinado a não deixar que isso acontecesse, abandonou o curso para passar seis semanas viajando com ela.

Para Parker, essa viagem significou um decisivo ponto de mudança em sua vida, e ele ainda se delicia quando relembra com amigos a experiência e sublinha sua juvenil ingenuidade. A essa altura, ele já contou sua odisséia tantas e tantas vezes que ela se converteu numa bem polida narrativa, como uma história familiar favorita que vai sendo transmitida de pais para filhos ao longo dos anos. "Eu queria me conduzir com a maior naturalidade possível", disse-me num tom nostálgico, sentado em seu escritório caótico, juncado de garrafas. "Pus um terno novinho em folha de três peças e camisa branca – o que era ridículo para uma viagem de avião – e meu pai insistiu para que eu engraxasse os sapatos." Lamentavelmente, um instante de turbulência no curto vôo para o aeroporto de Idlewild (hoje JFK) frustrou seus propósitos quando ele esparramou café por todo o terno. Isto pareceu ser um mau augúrio.

No vôo transatlântico pela Pan-Am, Parker estava impressionado com seu vizinho de poltrona, um refinado e muito viajado estudante de Harvard que falava francês fluentemente, cujo pai trabalhava em Paris, e que achou difícil de acreditar que seu companheiro de vôo nunca tivesse estado num avião. "Senti-me como um pequeno matuto", disse Parker. "Elmer Fudd sentado ao lado de James Bond." Sua outra preocupação era Pat, que, a princípio, deveria estar esperando por ele no Aeroporto de Orly, quando o avião pousasse às 10:30 da noite. Cerca de uma hora antes do pouso, todas as apreensões dos últimos meses se acumularam em seu pensamento – que ela não o estaria esperando, que não o amava tanto quanto ele a ela. Tentou conter seu nervosismo emborcando um par de drinques, que o fizeram cair prontamente num sono profundo.

Parker lembra-se nitidamente de ter acordado, olhado para o relógio, que marcava 10:45, pular da poltrona e gritar para a aeromoça: "Merda! Perdi a minha parada!"

"Fique calmo", respondeu ela. "Aviões não são como trens. Nunca deixamos um passageiro dormindo durante uma escala", esta última fase proferida com um sorrisinho de condescendente ironia.

Quando Parker se sentou, o estudante de Harvard olhou-o com ar de espanto. Veio então a notícia de que o comandante, em virtude da densa neblina que cobria Orly, desviaria o avião para Roma. Parker ficou arrasado. "Não posso acreditar na minha sorte", resmungou para o vizinho de poltrona. "Não falo uma palavra de italiano, não sei nada a respeito da Itália. Como vou me virar para ir da Itália à França?"

Seu viajado colega de vôo explicou que ele ficaria em Roma só por aquela noite, que a Pan-Am voaria no dia seguinte para Paris e que as despesas da estada em Roma correriam por conta da empresa aérea. Aliviado, Parker decidiu que o inesperado desvio italiano "lhe parecia ótimo". A primeira coisa que impressionou Parker a respeito de Roma foram os cheiros – até mesmo no ônibus, a caminho da cidade, pareceram-lhe tão estranhos, sobretudo o cheiro acre de urina de cavalo de um acampamento cigano junto ao Coliseu e perto do hotel, o "Napoléon", onde pernoitariam. Chegaram à l hora da madrugada e, como tinham de pegar o ônibus de volta ao aeroporto cinco horas mais tarde, não havia tempo a perder. Parker juntou-se a outros jovens do malfadado vôo a fim de procurar algum bar aberto. Enquanto vagavam pelas ruas escuras, ele absorvia com entusiasmo os cheiros, a aurora despontando sobre uma cidade estranha, a aura de história que pairava sobre as ruínas e os edifícios antigos e, após alguns drinques, aprendeu a pronunciar "lire" corretamente.

Tinha começado sua educação européia.

No dia seguinte, Parker voou para Paris, ainda tão envolta em espessa neblina que ele não pôde ver a pista quando aterrissaram. Não sabia o suficiente para ficar tão preocupado quanto o homem de negócios sentado perto dele. Suas apreensões a respeito de Pat, descobriu rapidamente, não tinham qualquer fundamento. Ela havia dormido no aeroporto – na hora em que cancelaram o vôo dele, já não havia transportes para voltar a Paris – e ali estava à sua espera, tão bonita como sempre a recordava. Durante o ginásio, Pat tinha visto seu colega e namorado como uma conquista e tanto. Agora que ele tinha vindo à Europa atrás dela, sentiu-se mais enamorada do que nunca. A Pan-Am recusara-se a dizer-lhe se o nome de Parker estava na lista de passageiros, mas Pat estava convencida de que ele estava, de que, com toda certeza, não a decepcionaria.

Não há quem não se recorde de sua primeira visão de Paris, e a de Parker era vívida e romântica. Ele e Pat tomaram o metrô para a Place du Trocadero, onde ela o fez subir as escadas de costas com os olhos fechados, até lhe dizer alegremente que se voltasse. E ali estava, bem diante dele, uma Paris de cartão-postal, com a Torre Eiffel do outro lado do Sena. "Uau!", foi a reação de Parker a isso e a muito do que se seguiu.

Nesse primeiro dia, Pat levou-o a uma cervejaria alsaciana e encomendou "todas aquelas coisas maravilhosas e estrambóticas que havia descoberto". Se ela estava testando sua disposição para a aventura e as iniciativas atrevidas, ele foi certamente aprovado, aceitando e tirando proveito de tudo com prazer e volúpia. Havia um balde de mexilhões e um prato de caracóis, dos quais nunca tinha ouvido falar e muito menos comido antes. Uma vez que a Coca-Cola era tão cara, um dólar por uma garrafa minúscula, Pat insistiu para que ele tentasse *un verre de vin*, um copo do primeiro vinho seco que Parker provou. Para alguém criado com almôndegas de carne e refrigerante, esses sabores eram todos novos e maravilhosos, uma revelação, e nada disso interferia no fato de estar amando. Parker não podia destrinçar os diferentes aromas e sabores na comida e no vinho, e queria provar tudo – coxinhas de rãs, patê, Camembert – e muito mais vinho.

O casal passou sua primeira noite no Hôtel du Midi, um ninho de pulgas por US$3 a noite, no Quartier Latin. O quarto era gelado, com um piso tão inclinado que desorientava, e não tiravam as meias para dormir, com medo do que pudessem pisar durante a noite. Mas, 34 anos depois, Parker recordou com nostálgica ternura o maravilhoso cheiro de castanhas sendo assadas na rua, bem debaixo de sua janela.

No dia seguinte, mudaram para o vizinho Hôtel Danube, na rua Jacob, uma melhoria ao preço de US$5 a noite (tinha até elevador) e muito mais limpo, e por muitos dias vaguearam por Paris, apaixonados pela cidade e um pelo outro. À noite, ficavam horas comendo e papeando nos botecos "sujos e baratos" das cercanias, onde calculavam cuidadosamente o custo de cada *prato do dia*, para se certificarem de que poderiam se dar ao luxo de pedir também um vinho. Parker trouxera consigo US$600, que pareciam muito dinheiro, mas os dois cuidavam de fazer com que ele esticasse o máximo possível. Os simples vinhos avulsos, servidos em jarros, que eles bebiam todas as noites com seus jantares de preço fixo, não tinham nomes nem rótulos e eram os básicos *vins de table* regionais, sem dúvida do vale do Loire ou Beaujolais. Não contariam hoje com a aprovação de Parker, mas, desde o começo, eles o fascinaram como nenhuma outra bebida o fizera antes. Notou que todos eles tinham sabores diferentes e realçavam a comida, estimulavam a conversação e lhe proporcionavam um confortável zumbido. O efeito do vinho, observou ele, era muito suave e gradual; não o embriagava ou toldava a sua visão como as bebidas destiladas nem o fazia sentir-se inchado e pesado como a cerveja. Não tinha uma base que lhe permitisse descrever ou analisar as diferenças de vinhos, mas sabia que tinham um bom sabor.

Para Parker, como para tantos estudantes americanos que visitaram e viveram na França durante a década de 1960 e início dos anos 70, apaixonar-se pela gastronomia e pelo vinho franceses era parte fundamental do amor pela França e pela cultura francesa, que lhes parecia bem mais refinada em comparação a tudo o que havia na terra deles. Graças à introdução dos grandes jatos – os Boeing 707, que podiam transportar 160 passageiros – nas linhas comerciais em meados da década de 1960, era cada vez maior o número de americanos viajando para lá. No mundo hodierno da *cuisine* americana monótona e sem brilho, é difícil imaginar o enorme impacto em todos esses estudantes da classe média ao verem que havia vinho em todas as mesas de restaurantes, ao comerem uma simples *omelette aux champignons* ou um básico *poulet rôti* num jantar de entrada e dois pratos num diminuto bistrô da Rive Gauche, ao comprarem uma longa *baguete* ainda quente do forno e ao escolherem entre cinqüenta queijos completamente diferentes numa *fromagerie* para um piquenique nos Jardins do Luxemburgo ou nas Tulherias.

Que contraste com a comida com que a maioria dos americanos tinha crescido! Na década de 1950 e nos primeiros anos da década de 1960, o pão era branco e maleável; o queijo era Velveeta e havia espessas embalagens de "Swiss" com grandes buracos nas fatias; verduras significavam *succotash** congelado, feijão-verde cozido com creme de champignon da Campbell e ervilhas enlatadas; as saladas eram grandes e espessas folhas de alface cobertas com molho cor-de-rosa Thousand Island. Os pratos para o jantar eram bife ou hambúrgueres ou, por vezes, costeletas de porco com batatas cozidas ou purê de batata, e ocasionalmente espaguete com molho de carne. Com freqüência, o prato central da refeição era o ubíquo *hot dog*, uma obsessão americana. Nenhum desses pratos conhecia os sutis sabores de ervas, como o estragão ou o tomilho, ou uma pitada de alho fresco. O coquetel de camarão parecia um luxo ou algo exótico. Para a sobremesa, os infalíveis cubos de gelatina verme-

---

**Nota do Tradutor:* Prato de origem indígena, composto de milho verde e de feijão-verde cozidos.

lha ou verde Jell-O, ou talvez *cookies* com gotas de chocolate Tollhouse e sorvete Seltest. A melhor parte de uma refeição era com freqüência – como no lar de Parker – uma deliciosa torta feita em casa.

A França pareceu-lhe ser outro e melhor mundo, onde as pessoas eram mais atentas aos prazeres sensuais, beijavam-se ao se encontrar nos cafés e sabiam como viver a boa vida. Parker achava "tão civilizada quanto passar um dia no Louvre" a idéia de despender duas ou três horas em torno de uma refeição, comendo toda uma série de pratos e bebericando um copo de vinho, em vez de embutir mecanicamente uma ração de carne com batatas em poucos minutos.

O casal passou o Natal na Alemanha, com amigos do pai de Pat, os quais lhes serviram um vinho doce que, lamentavelmente, lembrou a Parker sua desagradável experiência de novato com o André Cold Duck, mas, na véspera do Ano-Novo, eles estavam felizmente de volta à França, celebrando o *réveillon* num bistrô, o Pot d'Etain (o único nome de restaurante dessa viagem que eles guardaram na memória). Em seu itinerário de seis semanas, é claro, estava incluído o nordeste da França e Estrasburgo, onde Pat estava vivendo. Aí, a experiência de Parker no tocante a culinária e vinhos ampliou-se ainda mais quando um médico local, conhecido de Pat, levou o casal a alguns badalados restaurantes e os brindou com dispendiosos jantares que incluíram vinhos muitíssimo mais finos do que aqueles a que seus recursos lhes haviam permitido ter acesso. Esse generoso gourmet manifestava claramente prazer em repartir seus conhecimentos sobre vinhos e gastronomia com alguém que se mostrava tão empenhado em aprender.

Embora Parker estivesse começando a distinguir alguns dos diferentes aromas e sabores desses vinhos, o que era suficientemente instigador para ele saber que queria aprender mais, simplesmente bebê-los era parte de sua deliciosa imersão na culinária, nos vinhos e na cultura da França. Só uma refeição "horrífica" de miolos cozidos numa excursão à Alemanha perturbou suas impressões gustativas. À parte disso, ele comeu comida francesa, bebeu vinho francês e adorou a experiência.

Seu mundo também estava se ampliando em outras direções. Embora ele estivesse se especializando em história européia na faculdade, havia chegado com apenas uma compreensão abstrata de como as Primeira e Segunda Guerras Mundiais tinham devastado a Europa e até que ponto as pessoas haviam sofrido sob bombardeios e ocupação. Mas, agora, os testemunhos estavam diante dele – na década de 1960, a paisagem ainda estava marcada pelas ruínas bombardeadas e calcinadas de edificações que nunca foram reconstruídas, para não mencionar a pletora de monumentos e cemitérios e os assentos nos ônibus reservados para *les mutilés de la guerre*. Parker apercebeu-se de que tinha levado uma vida muito protegida e visto o mundo de uma forma muito limitada. Suas simpatias naturais foram despertadas, e ele estava cheio de admiração pelos franceses, que, apesar de sua história recente, haviam sido capazes de preservar a alegria de viver e o prazer na boa comida e no bom vinho.

O casal tinha viajado com tanta frugalidade que Parker ainda se viu com um par de centenas de dólares no bolso quando regressaram a Paris no final das férias. "Vamos liquidar com eles!", propôs, e rumaram para o Lido, um caro *nightclub* nos Champs-Elysées muito popular com os turistas, que oferecia um espetáculo tipo Ziegfeld de dançarinos, *show girls* e três orquestras. E decidiram fechar a noite em grande estilo, com um jantar no então mundialmente famoso restaurante três estrelas Maxim's, na rue Royale, 3, notável por sua decoração *fin-de-siècle* e elaborada *haute cuisine*. Se bem que já estivesse definitivamente integrado no circuito turístico no começo de 1968, o Maxim's ainda era um dos melhores restaurantes da cidade e um santuário da culinária. Para o gastrônomo americano Waverley Root, que aí jantou nesse mesmo ano, contudo, o Maxim's era mais um baluarte das celebridades chiques e da "variedade mais endinheirada de esnobes", que ali iam para ver e serem vistos, e não particularmente para comer. Embora a comida pudesse ser de excelente nível, era também irregular e freqüentemente superfaturada, como Pat e Parker estavam prestes a descobrir. Mas a experiência deles foi pior do que isso.

Em seu hotel barato, o casal esforçou-se ao máximo para dar a seu vestuário um aspecto compatível com os padrões de um restaurante de luxo. Pat lembra-se de ter usado dois livros para alisar o colarinho da camisa branca de Bob; e Parker recorda-se de ter engraxado os sapatos. Numa fotografia feita nessa noite no restaurante, Pat está esplendorosamente jovem e bonita num simples vestido preto de alças finas, e Parker parece suficientemente sério em seu terno de três peças para criticar qualquer coisa que lhe fosse servida. Mas isso não foi o bastante para impressionar o pessoal do restaurante, que era desdenhoso e arrogante, de um modo que os franceses dessa época haviam polido com requintada perfeição.

A noite começou mal e daí em diante só piorou. O casal foi imediatamente banido para a "Sibéria", uma sala de jantar repleta de turistas não-chiques, provavelmente para aí conduzido pelo famoso *maître* Roger Viard, a quem Root descreveu como sendo capaz de "separar a classe A do resto com um simples e penetrante olhar". Um intrépido Parker reclamou com um garçom que primava pela empáfia que a luz da lâmpada no pequeno candeeiro de sua mesa estava tremelicando o tempo todo. Os esforços do garçom para eliminar o defeito resultaram num choque tão forte que ele cambaleou e despencou no piso, para mal disfarçado divertimento do casal. A comida e o vinho eram decepcionantes. Na sobremesa, a massa de pastelaria tinha uma crosta tão dura que, quando Parker tentou cortá-la, o pastel saltou do prato e foi aterrissar nas calças de um garçom que passava por perto naquele instante. O *maître* pediu-lhes até que deixassem a minúscula pista de dança porque os sapatos de Parker eram da cor errada. O golpe final foi a abusiva conta. A experiência, porém, não atenuou o recém-adquirido entusiasmo de Parker pela gastronomia e pelos vinhos franceses.

Foi "um dos dias mais tristes" da vida de Parker quando deixou Pat no trem de volta a Estrasburgo, na Gare de l'Est, e lhe disse adeus, e depois voou de volta aos Estados Unidos. Ele estava decidido a continuar dois romances: com Pat e com o vinho.

DE VOLTA À UNIVERSIDADE DE MARYLAND, PARKER NÃO PERDEU tempo em dar prosseguimento à sua mais recente paixão. A palavra francesa *formation* significa treinamento ou estruturação de acordo com um molde, e refere-se usualmente à educação formal ou ao aprendizado por que um indivíduo passa para desenvolver seu conhecimento de um assunto ou dar forma concreta ao seu gosto por literatura ou arte, por exemplo. Mas a formação do paladar de Robert Parker foi realizada sem treinamento ou orientação profissional por um mentor, como fora tradição na Europa, onde os enólogos provêm do negócio vinícola. Pelo contrário: a dele foi iniciada muito informalmente, com amadores de inclinações análogas e um currículo auto-organizado.

Ávido por aprender tudo o que pudesse, Parker adquiriu primeiro os livros sobre vinhos disponíveis na época: numerosos volumes do escritor inglês André Simon, *Wines of France*, de Alexis Lichine, e seu recém-publicado *Alexis Lichine's Encyclopedia of Wines and Spirits*, além da *Encyclopedia of Wine*, de Frank Schoonmaker.

Schoonmaker e Lichine eram então as duas mais importantes autoridades sobre vinhos na América. De fato, eles estavam transformando há décadas o negócio do vinho no país, percorrendo os Estados Unidos de ponta a ponta para apresentar os vinhos finos que eles importavam para consumidores e, ao mesmo tampo, educar o paladar americano, quando ninguém mais estava fazendo isso. Nenhum deles provinha de famílias com qualquer ligação com a indústria vinícola. Schoonmaker, como Parker, apaixonou-se pelo vinho aos 20 anos, tendo abandonado a Universidade de Princeton na década de 1929, a fim de viajar para a Europa e assumir o que pensava que seria uma vida muito mais recheada de aventuras e interessante. Quando estava escrevendo livros-guias para turistas (um deles, *Through Europe on $2 a Day*, serviu de modelo para os subseqüentes guias Frommer), conheceu Raymond Baudoin, o muito temido e influente editor de *La Revue du Vin de France*, e acompanhou-o regularmente em suas viagens de degustação a várias regiões vinícolas. Baudoin, conhecido por seu paladar intransigente e temperamento arrebatado, "podia decretar sua sentença sobre um lote inteiro de vinho com uma simples penada", como opinou sucintamente o escritor sobre vinhos Frank Johnson. Schoonmaker aprendeu a seu lado, registrando metodicamente suas próprias impressões num pequeno caderno de capa preta, tal como Parker faria décadas depois. Confiava em que a Lei Seca seria finalmente repelida e fazia planos para importar vinhos nos Estados Unidos, usando o paladar de Baudoin para ajudá-lo a selecionar os vinhos.

Lichine, por outro lado, nasceu na Rússia, pouco antes da Revolução, cresceu em Paris e esteve desde cedo exposto aos prazeres do vinho, mas só se convenceu de que seu futuro estava no vinho depois de visitar as mais importantes regiões vinícolas da França, a fim de escrever uma série de perfis para o *Herald Tribune* de Paris (mais tarde, o *International Herald Tribune*). O diretor do jornal esperava que isso atraísse anunciantes de vinhos interessados em atingir o público americano quando terminasse a proibição.

Depois que a proibição foi rejeitada, Schoonmaker e Lichine uniram suas forças por algum tempo, na loja de vinhos de Schoonmaker em Nova York, na condição de importadores. Prevendo a Segunda Guerra Mundial e a dificuldade de trazer vinho da Europa, defenderam o vinho da Califórnia e, numa viagem a esse estado, persuadiram algumas viniculturas a rotular suas vinhas pela variedade de uva (eles criaram a palavra "varietal"). Como resultado, suas vendas de vinhos californianos dispararam. Depois da guerra, durante a qual estiveram ambos nos serviços de Inteligência e Lichine forneceu vinhos para Churchill e Eisenhower, voltaram os dois a importar vinhos finos europeus. Consumidores que não sabiam muita coisa a respeito de vinhos confiavam freqüentemente naqueles que apresentavam um rótulo "Frank Schoonmaker Selection" ou "Alexis Lichine Selection". Os dois homens eram incansáveis na promoção do vinho; o urbano e fluente Lichine era um propagandista especialmente eficaz; um dia, ele sugeriu ao governador do Wisconsin que criasse uma adega pessoal e acabou por selecionar os vinhos para ele e, de quebra, vendeu milhares de garrafas no estado. Schoonmaker alcançava os gourmets incipientes por meio de seus artigos em *Gourmet* e *The New Yorker*, e seu livro *The Wines of Germany* teria impressionado o chanceler alemão Konrad Adenauer, que enviou a Eisenhower uma caixa com um dos vinhos recomendados. Lichine tornou-se uma autoridade tão celebrada sobre vinhos franceses que ganhou o apelido de "Papa do Vinho". Comprou um *château* na região de Bordeaux e foi-lhe concedida a Legião de Honra. Parker leu vorazmente seus livros, duas e três vezes, em alguns casos, como se estivesse preparando-se para uma prova de exame.

Também formou um grupo de degustadores de vinho, recrutando voluntários entre os estudantes de sua comunidade acadêmica e de seus cursos. "Foi uma época em que todos estavam dispostos a experimentar qualquer coisa – provavelmente, eu poderia ter encontrado quem estivesse disposto a provar cravos-da-índia", recordou ele. Não tardou em reunir cinco ou seis alunos regulares e, por vezes, outros que ninguém tinha visto antes apareciam às degustações, atraídos por boatos propalados sobre boca-livre de álcool. "Cerca de metade desse grupo de pirados", contou Parker, "chegou totalmente destroçado por cocaína ou maconha ou qualquer dessas coisas"; mas ele já tinha atacado a fronteira da interdição ao fumo durante a própria degustação. Não fazia a menor idéia sobre como estruturar uma degustação de vinho, mas seu sensível nariz lhe dizia que odores fortes interferiam em sabores e cheiros fortes. Ninguém pensava em cuspir, como fazem os profissionais com as amostras dos lotes que estão avaliando. Parte do divertimento de degustar vinhos um par de vezes por mês estava em "obter um gostoso e prolongado zum-zum".

O grupo desembolsou em contribuições uma razoável soma de dólares por cabeça para um orçamento de vinhos que hoje parece risivelmente baixo. Mas simples Côtes du Rhônes e Beaujolais eram muito baratos, os bons Borgonhas podiam sair por US$5 e os Borgonhas excepcionais raramente custam mais de US$10 ou US$15. Esses eram os vinhos que todos queriam degustar; os Bordeaux eram considerados imponentes demais e, embora o grupo incluísse ocasionalmente vinhos da Califórnia, ninguém estava realmente interessado neles. A maioria dos disponíveis eram vinhos avulsos, em jarro, como o Almadén Mountain Red Burgundy, vendido a cerca de US$1 a garrafa. O Inglenook North Coast Counties Burgundy, a US$1,50, era ligeiramente melhor e com data de safra. Parker comprou todo o vinho, percorrendo regularmente as grandes lojas em Washington, D.C., como a Pearson's e a Central Liquor (que tinha os mais baixos preços), porque "não havia em Maryland verdadeiras lojas de vinhos".

Washington, D.C., com uma população cosmopolita de embaixadores estrangeiros e de prósperos e viajados funcionários do governo, era uma cidade de enófilos sérios, e as lojas locais de vinhos respondiam à demanda com uma boa seleção a preços razoáveis. A Calvert Liquors, de Marvin Stirman, em Georgetown, havia importado quase uma centena de caixas de cada Bordeaux *grand cru* da grande safra de 1961, que se esgotaram rapidamente. Outra loja de categoria, a MacArthur Liquors, de Addy Bassin (hoje, a MacArthur Beverages), tinha sido inaugurada dez anos antes, em março de 1958, e estava dedicando ao vinho um espaço cada vez maior de seu andar térreo. Ambos os estabelecimentos desempenhariam um papel decisivo no futuro de Parker.

O propósito do grupo de degustação era divertir-se, não estudar vinhos, mas, à medida que evoluiu, com membros saindo e outros aderindo, viu-se claramente que Parker era aquele que levava a coisa a sério e tornou-se rapidamente um exemplo de enófilo apaixonado. É fácil imaginá-lo de jeans, o cabelo castanho caindo em caracóis sobre o colarinho, alinhando cuidadosamente as garrafas, degustando-as uma a uma e tentando organizar e classificar suas impressões, com semblante concentrado. Tornou-se cada vez mais evidente para ele que possuía uma percepção de cheiro e paladar mais sensível e apurada do que os outros e, ao tratar-se de vinho, tinha poderes de foco e concentração que nunca tivera para qualquer outro assunto. Estava começando a "ver" o vinho quando o degustava, como se paladar, aroma e textura fossem arquiteturais. Tentou captar o que pensava de cada vinho redigindo uma nota em linguagem clara e direta, mas Parker não possuía mais do que uma vaga idéia do que estava procurando. Os livros que estava lendo não lhe eram de grande ajuda. Estavam repletos de fascinantes detalhes históricos sobre regiões e châteaux, estatísticas sobre vinhedos e produção vinícola e extensas listas das melhores safras e tradicionais hierarquias de produtores, mas não diziam muito sobre o modo como um vinho tinha um sabor diferente de outro. E isso era o que realmente interessava. Em vez disso, os autores esmeravam-se em louvores sobre o sabor do vinho, comparando-o freqüentemente com a mulheres. Para explicar a diferença entre dois Bordeaux de primeiros *crus*, Lichine citou Jean-Paul Gardère, o gerente de Château Latour: "Lafite é uma esbelta e elegante Madame Récamier, ao passo que Latour se assemelha mais a uma heroína de Rubens." André Simon também era pouco útil. Ele descreveu um jovem Château Margaux como uma "jovem de 15 anos que já é grande artista, deslizando em pontas e descrevendo uma mesura com infantil graciosidade e risonhos olhos azuis". Por vezes, os escritores mencionavam o "refinamento e a grande criação" do vinho, ou o *"goût de terroir"* , ou qualificavam um Beaujolais de "fascinante". Parker achava tudo isso decepcionante. Como é que qualquer dessas abordagens o ajudaria a saber se devia comprar um vinho ou não?

Quando Pat retornou da França para o seu ano de finalista no Hood College, Parker estava vivendo num apartamento fora do campus. Isto dificultava-lhe reunir com freqüência um grupo de degustação, mas ele persistiu. Uma das pessoas que se lhe juntaram para as degustações foi Victor Hugo Morgenroth III, que estava estudando para ser toxicólogo. Ele era um degustador "brilhante, muito brilhante", recordou Parker, tão sério a respeito de vinho quanto o próprio Parker, e os dois rapidamente tornaram-se amigos. Embora Morgenroth gostasse muito de vinhos alemães e Parker não, eles estavam de pleno acordo em que muitos vinhos famosos não estavam à altura de suas reputações. Um de seus primeiros desapontamentos foi um Château Lafite-Rotschild de 1947 ou 1958 – Parker não se recorda qual –, pelo qual pagaram a quantia exorbitante de US$12,50. Dificilmente, isso parece dispendioso se comparado ao custo de um Lafite nos dias de hoje (o famoso Bordeaux primeiro *cru* começa a partir de US$150 a garrafa), mas uma etiqueta de preço com dois dígitos parecia uma soma gigantesca para o grupo, e estavam esperando algo de grandioso. Folhearam, de antemão, numerosos livros para conhecer os três séculos de ilustre história do Château. Ficaram sabendo que ele está situado na colina mais elevada da Comunidade de Pauillac, que o bom solo com predomínio de cascalho residual é uma das razões para o vinho possuir tamanha delicadeza e complexidade, e que era, segundo rezam as crônicas, o vinho favorito de Madame du Barry, a favorita de Luís XV, no século XVIII. E degustaram-no então. O vinho era horrendo.

Parker voltou-se para os outros e perguntou: "Todos vocês pensam o que estou pensando?" Morgenroth exclamou: "Sim! Isto parece mijo de gato." Todos concordaram que era um vinho ácido, horrível. "Se eu tivesse provado o vinho sozinho", recordou Parker, "teria provavelmente pensado que essa era apenas a minha opinião, mas a reação foi unânime". Todos estávamos nos sentindo ultrajados.

Nem 1957 nem 1958 foram anos particularmente bons para o Bordeaux, mas a possibilidade de que isso poderia ter sido ocasionado por uma garrafa ruim do que, na melhor das hipóteses, seria um magro clarete, ou de que talvez fosse a conseqüência de um armazenamento impróprio, não ocorreu a Parker nessa época. O que ficou registrado foi a idéia de como um vinho tão famoso como o Lafite podia ser tão largamente supervalorizado e sobreviver à custa de sua reputação.

NO VERÃO DE 1969, DEPOIS DA FORMATURA DE PAT EM HOOD, O casal contraiu matrimônio numa antiga igreja de tijolo em Monkton. Parker acabara de completar 22 anos; Pat, dez dias mais jovem, ainda tinha 21. Parker sabia que os pais dela não estavam nada satisfeitos por aquela que era seu "orgulho e alegria" ter se casado com "esse moço de granja". A recepção, que ocorreu na casa deles, não teve muito de uma celebração. Nenhum Champagne – ou vinho de qualquer espécie – foi servido, e os pais de Pat sequer contrataram um fotógrafo para registrar a feliz ocasião. Os recém-casados saíram rapidamente para uma estada de cinco dias na praia antes de voar para a Europa numa lua-de-mel de quatro semanas, uma em Lisboa, uma em Madri, uma em Paris e a última em Londres, um presente de noivado dos pais de Parker.

Parker planejava ampliar seus conhecimentos de vinhos, mas um abscesso no dente de siso interrompeu sua estada na praia. Depois de sua extração, os analgésicos o transformaram num "zumbi" e o mantiveram afastado da bebida durante os primeiros dias em Lisboa. Para o resto de sua estada nessa cidade, o casal ingeriu quantidades de *rosés* gelados, frutados, levemente adocicados e efervescentes, os únicos vinhos que podiam adquirir. A marca mais reconhecível que beberam – Mateus – era muito popular na América na década de 1960, especialmente nos campi universitários. Nenhum restaurante ou vinho ficou retido em suas memórias do resto da viagem, mas é seguro dizer que nada foi digno de grande destaque porque viajaram armados com um exemplar da "bíblia" dos anos 60 para turismo barato, o *Europe on $5 a Day*, de Arthur Frommer, e seguiram fielmente as recomendações do livro.

Um dia após o seu regresso ao lar, Pat começou a lecionar francês numa escola pública de ensino secundário, com um salário anual de US$6.900. Era a única renda do casal. Parker só se graduaria na Universidade de Maryland no ano seguinte e, embora houvesse realizado grandes progressos como estudante, ainda não tinha idéia alguma do que queria fazer de sua vida. O casal vivia no amplo subsolo de um edifício de apartamentos situado em frente ao College Park que tinha espaço bastante para uma mesa de tênis de mesa. Tinham uma adega com uma centena de garrafas, as quais estavam armazenadas na sala de estar numa estrutura provisória construída com tijolos e tábuas. Parker insistiu em que mantivessem o apartamento numa temperatura entre 18 e 22 graus, que ele tinha lido ser a temperatura perfeita para armazenar vinhos. Muito sensível ao frio, Pat era obrigada a andar pelo apartamento com tantos suéteres que mais parecia uma esquimó. A fim de economizar dinheiro bastante para se permitirem passar os verões na Europa, o jovem casal subsistia à base de sopas de legumes, cachorros-quentes e macarrão com queijo ralado. O orçamento deles era tão apertado que o almoço de Pat na escola era uma Coca-Cola e cream-crackers de queijo com manteiga de amendoim das máquinas automáticas; felizmente, o café era grátis. No final de seu primeiro ano de casados, ela pesava 45 quilos. Era uma existência de estudantes famélicos, exceto por um fato: compravam bom vinho e bebiam-no todas as noites.

O melhor vinho da coleção inicial de Parker era um Vidal-Fleury Côte Rôtie de 1966, um tinto da região setentrional do vale do Ródano. Era seu vinho favorito, que descobrira numa degustação, onde "ele tinha feito simplesmente as pessoas saírem voando de puro prazer". Ninguém sabia nada acerca do Côte Rôtie; os Rhônes não eram tão conhecidos nos Estados Unidos quanto os Bordeaux e os Borgonhas. Mas o Côte Rôtie era um "vinho tão sedutor e voluptuoso", escreveria Parker mais tarde, "que não exige grande experiência para apreciá-lo". O próprio Parker seria, em parte, o responsável pelo renascimento do interesse por esses vinhos.

Outro favorito era um Beaujolais, o Château des Jacques Moulin à Vent, que Parker considerou "fenomenal". Moulin à Vent, o principal *cru* da região de Beaujolais, destaca-se por sua profundidade e sua riqueza, e o Château des Jacques produziu muitas *cuvées* especiais. Esses e o Côte Rôtie eram seus vinhos de consumo corrente em casa. Parker nunca pretendeu envelhecer qualquer um deles. Sua filosofia era: "Se é bom, beba-o." O casal recebia com freqüência – servindo menus mais ambiciosos do que seu básico macarrão com queijo ralado – e, generosamente e de bom grado, servia seus vinhos aos convidados. De fato, o vinho havia se convertido numa parte tão importante da vida de Parker que ele "começou a escolher amigos na base de gostarem ou não de vinho". Se não gostavam, não queria estreitar relações e, disse ele, "isso era às vezes um problema". Pat, entretanto, estava começando a queixar-se de que gastavam dinheiro demais com vinho, assim como da temperatura do apartamento. Embora fosse jovem, amasse o marido e estivesse disposta a suportar muita coisa, essas eram razões de peso.

Arranjar um emprego, a solução óbvia, parecia ser para Parker uma perspectiva sombria, de modo que decidiu cursar Direito. Não estava particularmente interessado em Direito, mas a idéia de vir a ser advogado para mudar o mundo estava no ar nessa época e, pelo menos, adiava por mais três anos a decisão sobre o que fazer de sua vida. (Não lhe ocorreu que poderia obter um emprego na indústria vinícola.) Após concluir o colegial com menção honrosa em junho de 1970 e de algumas especializações em História e História da Arte, fez planos para ingressar no outono na Faculdade de Direito da Universidade de Maryland.

Nesse verão, ele e Pat viajaram para a Europa e ocorreu a primeira visita de ambos a uma região vinícola. A Renault oferecia um plano em que turistas podiam comprar um automóvel na fábrica e depois vendê-lo de volta no final de sua estada, e Parker e Pat fecharam negócio.

Rumo às praias da Espanha, pararam em Bordéus, onde ficaram vários dias. Parker não havia organizado nenhum encontro, supondo que podiam simplesmente "bater à porta" de qualquer *château* para serem atendidos. Rumaram para o norte pela D-2, a principal estrada que cruza a região de Médoc, buscando, com apaixonado interesse, os nomes dos *châteaux* que reconheciam, impressionados com a vastidão dos vinhedos, cercados por muros baixos de pedra cinzenta e com a imponência formal dos *châteaux*, denominação que nem sempre significa a existência de um castelo, mas tão-somente a mansão dos proprietários e sede da administração de sua vinícola. "Olha! Eu conheço esse nome. Que tal irmos até lá para visitá-lo?" Dito e feito. Parker entrava na propriedade e estacionava o carro em frente ao escritório do château. Sua primeira parada foi no Château Lascombes, ao norte da aldeia de Margaux, que era então propriedade de um grupo de enófilos americanos que incluía Alexis Lichine. O Château Lascombes e o Château Prieuré-Lichine, de Lichine, foram os primeiros no Médoc a colocar letreiros de boas-vindas a visitantes, e Lascombes figurava entre os primeiros na lista de Parker de visitas obrigatórias, porque havia degustado uma garrafa da safra de 1966 e concluíra que "era um belo vinho, com grande complexidade".

"Diga-lhes que sou grande apreciador dos vinhos deles e pergunte se poderíamos visitar e degustar", instruiu impacientemente Pat. Nesses tempos, poucos turistas apareciam para visitar os vinhedos das regiões vinícolas da França, e os *maîtres de chai* (homens encarregados da produção de vinho e das adegas) eram notoriamente seduzidos pela novidade dessa jovem e bonita americana que falava um francês impecável. Ela falava e encantava, e não tardou para que Parker, que queria apenas degustar, se visse com um copo na mão para que o *maître de chai* pingasse nele dois dedos de um austero mas fragrante vinho jovem, extraído de uma barrica com uma pipeta de vidro. Pat ouviu os detalhes da safra, que ia traduzindo para o marido. Era uma fórmula que produzia maravilhas. Visitaram cerca de um dúzia das principais propriedades e, em todas elas, o pessoal foi "maravilhosamente amável e encantador" com eles, incluindo a degustação de primeiros *crus* como os Châteaux Lafite e Latour, recordou Parker. Nenhum dos domínios visitados declinou seu pedido de degustação. O francês de Pat e sua calorosa e atraente personalidade, sabia Parker, tinham sido essenciais para a forma amistosa como eram recebidos.

Parker queria conhecer que aspecto tinham os lugares a cujo respeito lera tanto, de modo que percorreram todas as importantes áreas vinícolas de Bordéus. Ele e Pat descobriram a amuralhada aldeia medieval de St. Emilion, rodeada de vinhedos, especialmente bela. Conseguiram até realizar uma peregrinação ao pequenino Château Pétrus, na vizinha Pomerol, cultuada por muitos seguidores nos Estados Unidos. Parker não era, porém, tão obcecado por vinho ao ponto de querer passar todo o verão visitando regiões vinícolas, de modo que se dirigiram para as praias.

Em seu regresso, a faculdade de Direito impôs-se-lhe como uma prioridade inadiável. Em setembro, no primeiro dia de aulas, Parker deu-se conta, para a sua consternação, "de que os outros estudantes eram realmente pessoas sérias". Ele, por outro lado, tinha enorme dificuldade em simular algum interesse. Mais tarde, o fato de só comparecer às aulas em que o professor registrava as presenças granjeou-lhe o apelido de "o fantasma". Tinha por hábito ficar acordado até altas horas da noite para ver na televisão o programa de Dick Cavett, e dormia normalmente até meio-dia. Parker lembra-se de que a maioria das aulas o entediava, exceto o curso sobre conflito de interesses lecionado por Sam Dash, o advogado de Watergate. O movimento de consumidores estava crescendo muito nessa época e a força-tarefa de jovens de Ralph Nader, os "Nader's Raiders", era notícia, com uma série de importantes denúncias, as quais também lhe causaram profunda impressão.

Ao contrário dos outros estudantes de Direito em sua classe, Parker não tinha intenção de passar seus verões estagiando em escritórios de advogados. Embora professores e estudantes amigos seus pensassem que ele "perdera o juízo", como Parker dizia, em seu entender, eram eles os que estavam loucos. Estavam todos condenados a ficar trabalhando como escravos quando se graduassem como jovens advogados, argumentava ele, e nenhum deles teria jamais dois meses de cada verão para sair e ver o mundo. Ele pretendia tirar proveito dessa liberdade e visitar todas as regiões vinícolas que pudesse.

Os dois verões seguintes foram uma continuação do primeiro verão do jovem casal na Europa. Viajaram com pouca bagagem e, vivendo com parcimônia, pesquisavam cuidadosamente os restaurantes, conferindo os cardápios expostos nas vitrinas e bebendo sempre vinho. "Ficávamos razoavelmente altos todas as noites e era tudo uma euforia só", relembra Parker. Ávidos por aprender e experimentar tudo, alongavam o mais possível cada dia – "pelo menos três museus e uma catedral", recorda Pat. O ano de 1971 foi o primeiro em que peregrinaram pelos vinhedos de Borgonha e do vale do Ródano. Por suas leituras, Parker ficara fascinado pela Provença e uma visita a Avignon apresentou-o aos vinhos profundamente encorpados de Châteauneuf-du-Pape. Ele se tornou imediatamente um admirador incondicional e a região passou a ser a favorita de Pat na França.

Mas igualmente importante para Parker era um objetivo comum a muitos de sua geração: ir a Tanger e a Marrakech, "para obter alguma boa maconha". A viagem resultou mais acidentada e fértil em peripécias do que previam. Primeiro, foram as dolorosas injeções da vacina contra a cólera numa imunda clínica espanhola, que eram exigidas para reentrar na Espanha, por conta de uma epidemia que grassava o Marrocos. Depois, o casal teve problemas para ingressar no Marrocos, embora tivesse escolhido um ponto de entrada supostamente mais liberal, porque Parker se recusara a cortar seus então longos cabelos. Pat, como de costume, amaciou o ambiente com os funcionários da imigração. Um grupo de oficiais dissidentes do Exército invadiu o palácio do rei Hassan II em Rabat durante uma recepção de gala comemorativa de seu aniversário, em 10 de julho de 1971, enquanto a uns 15 quilômetros do palácio centenas de rebeldes assaltaram a estação de rádio, o quartel-general do Exército e o Ministério do Interior. A tentativa de golpe foi sangrenta (92 mortos), mas frustrada, e, em três dias, os dez líderes da conspiração foram executados por um pelotão de fuzilamento. Pat e Parker, que ignoravam a situação, estavam no caminho de Tanger para Marrakech – com Pat ao volante, enquanto Paker tentava acender um baseado, depois de regatear com um camelô a compra de uma porção de maconha –, quando, subitamente, se depararam-se com uma série de barreiras ocupadas por policiais com metralhadoras. Quando chegaram a Fez, Parker, preocupado com a presença de militares e nervoso por causa do lote de erva escondida sob o assento do carro, estava ansioso por dar o fora.

A França continuava a atrair o casal, mas eles também visitaram outras regiões vinícolas – Rioja, Piemonte e Toscana. O vinho não era a única paixão de Parker nessa época. Ele exibia intensidade e concentração semelhante na fotografia. Nessas viagens européias, era capaz de rodar muitos quilômetros e levar horas para bater uma determinada foto exatamente como ele queria. Certa vez, brigou até quando outro fotógrafo deslocou seu tripé e ocupou o lugar por ele escolhido em frente à Acrópole, enquanto o casal estava almoçando. (Um Parker decidido levou a melhor.) Surpreendentemente, nunca fez fotos de *châteaux* nem de vinhedos. Mais tarde, argumentaria que o motivo disso era o fato de o vinho estar relacionado com o sabor na garrafa, não com o aspecto dos vinhedos, ou do *château*, ou do rótulo na garrafa.

Em vez de viajar para a Europa no verão de 1973, Parker concentrou-se no exame de formatura. Sabia que não havia sido um estudante muito diligente e consumia-o o temor de ser reprovado. Para sua surpresa, foi aprovado logo nessa primeira vez. Para celebrar o evento, ele e Pat brindaram ao seu futuro com Dom Perignon 1964 e linguado com guarnição de amêndoas, e permitiram-se umas breves férias em Montreal e Quebec, a fim de passar algum tempo num ambiente de fala francesa. Como presente de formatura, seus pais deram-lhe uma caixa de Château Lafite-Rothschild de 1970. Ele exultou por recebê-la, recorda, "conhecedor da reputação do *château* e da excelência da safra de 1970".

PARKER ABOMINAVA A COMPETIÇÃO FEROZ ENTRE SEUS COLEGAS estudantes de Direito (amigos haviam se recusado a ceder-lhe seus apontamentos para as aulas a que ele faltara), e a atmosfera de implacável concorrência e as longas horas requeridas para vir a ser sócio de um escritório de advocacia não eram coisas que o atraíssem. O direito comercial, concluiu ele, poderia ser mais tranqüilo, muito menos tenso. No outono de 1973, iniciou sua carreira jurídica no Farm Credit Banks, em Baltimore. Pat ficou aliviada. A maior preocupação de Parker, a de que fosse capaz de se levantar às 7 horas da manhã, provou não ter fundamento. Mas a carga de trabalho em direito comercial e legislação de falências, embora absorvente nos primeiros tempos, não tardou muito para entediá-lo.

Na verdade, ele achava o vinho muito mais fascinante do que o Direito, sob qualquer aspecto. Parker queria descobrir quem havia feito os melhores vinhos e por que seus vinhos resultavam melhores do que os de seus vizinhos. De momento, ele já tinha a certeza de que era um bom degustador, o que creditava mais à sua capacidade de concentração do que a qualquer aptidão inata, e começou a treinar sistematicamente seu cérebro para isolar cheiros. Enquanto caminhava pelas ruas de Baltimore, exercitava-se na identificação daqueles que eram semelhantes aos que detectava em vinhos: "Este é o de asfalto se derretendo; este é o de um dia quente de verão; este é o de fumaça de tubo de descarga; este é o de lixo em decomposição." Leu tudo o que podia sobre vinho e, às quartas-feiras, no caminho para o escritório, comprava sempre *The Washington Post* para ler a coluna de vinhos escrita pelo editor gastronômico do jornal, William Rice. Prosseguiu com seu grupo de degustação, reunia-se freqüentemente para provar vinhos com seu amigo Victor Morgenroth, e ele e Pat viajavam para a Europa sempre que podiam.

O vinho havia se convertido para Parker num interesse totalmente absorvente, mas ele não tinha a menor idéia de como fazer disso seu modo de vida.

2

O "BOOM" DO VINHO E OS OUTROS BOBS

ENQUANTO O FUTURO CRÍTICO FAMOSO DE vinhos estava lendo livros sobre vinhos e degustando o máximo que seus recursos permitiam, o panorama de vinhos e alimentos nos Estados Unidos mudava rapidamente. Robert Parker era apenas um das centenas que, da geração do "boom" de bebês, experimentaram uma epifania gastronômica na França e voltaram para casa dispostos a aprender mais. Muitos estavam tão entusiasmados que abandonaram suas ambições originais e mudaram por completo a direção de suas vidas, abrindo restaurantes, trabalhando em estabelecimentos vinícolas, tornando-se importadores de vinhos ou simplesmente escrevendo crônicas brilhantes sobre suas experiências para qualquer jornal que imprimisse seus trabalhos, atraindo, assim, prosélitos para uma nova consciência.

O mundo no qual Parker estava dando seus primeiros passos estava escancarado e era de suma importância o momento escolhido para ingressar nele. O início do "boom" do vinho, que coincidiu com seu recém-descoberto interesse, significou que havia muito mais vinhos disponíveis para experimentar e novos métodos para aprender a respeito deles. Como o entusiasmo geral acelerou no final dos anos 70, ele estaria pronto para transmitir o que aprendera a um público que ainda sabia muito menos do que ele e estava ávido por orientação. Mas, é claro, a coisa era mais complicada do que isso.

O fascínio americano por comidas e vinhos estava fragmentado na década de 1960 e no início dos anos 70. Os apaixonados por comida nem sempre nutriam um igual interesse pelo vinho, e vice-versa; e havia uma clara divisão entre enófilos e escritores sobre vinho na Costa Oeste, que começavam a advogar a causa do vinho da Califórnia, e seus colegas da Costa Leste, onde só reinavam os vinhos europeus, especialmente os franceses.

O "boom" na apreciação de comida refinada chegou primeiro, no início dos anos 60, com Julia Child. Apesar do fato de ter um *background* muito diferente do de Parker – ela provinha de uma família rica de Pasadena, Califórnia, e freqüentara escolas grã-finas da Costa Leste –, possuía uma experiência similar inspiradora na França, mas anterior à dele e num nível econômico e social mais sofisticado. O marido de Child, Paul, fora transferido para Paris em 1948 pelo Serviço de Informação dos Estados Unidos, e a primeira refeição do casal na França, uma "entrada de ostras, seguida por *sole meunière* e acompanhada por uma garrafa de pálido Chablis", abriu-lhe "a alma e o espírito". Os cheiros maravilhosos de manteiga e vinho no interior do restaurante La Couronne, em Rouen, permaneceram com Child por mais de cinqüenta anos. Ela, tal como Parker, tomou o caminho da aquisição de conhecimentos e impôs a si mesma a tarefa de aprender a cozinhar, freqüentando a Escola de Culinária Cordon Bleu. Seu desejo de apresentar aos americanos a sofisticada cozinha francesa levou-a à publicação de *Mastering the Art of French Cooking*, escrita com seus dois parceiros franceses numa escola de culinária, e depois ao seu popular programa de televisão, *The French Chef*, que estreou em 1963. A euforia por coisas francesas já se fazia notar há algum tempo, graças à Primeira-Dama Jacqueline Kennedy, que havia contratado um *chef* francês, comprado vinhos franceses para a Casa Branca e deslumbrado Charles de Gaulle e tanto os franceses como os americanos com seu senso de estilo.

Os aspirantes a gourmets ficavam grudados nos aparelhos de televisão enquanto Child mostrava como preparar um frango assado à maneira francesa – a mensagem era entendida como frango prodigamente untado em manteiga e alho, qualquer um pode fazer isso – e seu programa era tão popular que, quando Child cozinhou brócolis, foi afirmado que essa verdura se esgotou num abrir e fechar de olhos a mais de trezentos quilômetros da estação emissora. Isto deu início à transformação da maneira como a classe média cozinhava; a fina *cuisine* francesa, previamente saboreada apenas por um reduzido grupo de privilegiados, era agora algo que qualquer um podia aprender a fazer. Child estava confortavelmente a caminho de se tornar uma celebridade e um ícone americano quando Robert Parker entrou em cena.

Outra famosa revolucionária gastrônoma americana, Alice Waters, foi igualmente contagiada pelos prazeres do vinho e da comida durante um ano na França, pouco antes de concluir seu curso superior. Em meados da década de 1960, também ela se apaixonou pelas refeições baratas mas deliciosas nos bistrôs freqüentados pelo povo trabalhador francês comum, e romantizou o modo de vida e a cultura, que incutiam tanta ênfase à comida e ao vinho. Waters descobriu que estava comendo de um modo bem autêntico e diferente do insosso e enfadonho cardápio americano que ela conhecia e que lhe parecia refletir um certo conformismo americano, a que estava tentando escapar. Sua revelação de que comida e vinho podiam "alimentar o coração e a alma" ocorreu no pequeno restaurante de uma antiga estalagem do interior da Bretanha, onde ela comeu truta fresca do rio que corria ao lado e uma simples torta de framboesa com frutos da horta. Como tantos outros americanos, ela queria levar essa experiência, esse modo de vida, para casa e estava determinada em fazer de sua revelação uma parte integrante de sua vida futura. Assim, pondo de lado seu plano original de ser professora montessoriana, Waters abriu um restaurante, o Chez Panisse, em 1971. Seu objetivo era fazer dele uma recriação americana da pequena estalagem bretã, onde todos haviam batido palmas para o *chef* e declarado que o jantar tinha sido "*fantastique*".

Ambas as histórias têm um ar inteiramente americano: quando se descobre em algum lugar algo revelador de outras e inovadoras perspectivas, não há qualquer razão para que não se mude a vida para seguir a nova estrela, o novo sonho. Só porque não se cresceu num restaurante, só porque não se cresceu com vinho, só porque se aprendeu a respeito de alguma coisa há apenas uma semana, não significa que não se possa ingressar por esse novo mundo e fazê-lo nosso. É claro, essa é também a história de Bob Parker.

Assim começou a década que não tardaria a ver as tendências da culinária celebradas e apregoadas nos principais órgãos da imprensa.

UM REDUZIDO GRUPO DE AMERICANOS RICOS SEMPRE TINHA bebido vinho e comido muito, muito bem, a começar por Thomas Jefferson. Um viajante inglês nos Estados Unidos na década de 1880 observou que "excelentes adegas de vinhos podem ser vistas nas casas de milionários, mas são raras em qualquer outro lugar dos Estados Unidos e não figuram, ao contrário da Inglaterra, entre os artigos domésticos das famílias comuns". No final do século XIX, os vinhos franceses, e em especial o Champagne, eram poderosos símbolos de status para a recém-endinheirada classe que fez sua fortuna depois da Guerra Civil. O fabulosamente rico J. P. Morgan só de Bordeaux tinha três mil garrafas em sua adega de onze mil garrafas quando faleceu, em 1911. Muitos outros, como John Randolph Bland, tio do escritor Upton Sinclair, continuou bebendo vinhos importados durante toda a Lei Seca. Prevendo o que aconteceria, armazenou sabiamente, investindo US$6 mil em vinhos para que não faltassem em sua adega enquanto durasse a proibição.

Depois da abolição da Lei Seca, quando André Simon chegou a Nova York para tentar ampliar a franquia de sua recém-fundada Wine and Food Society, apurou que as classes alta e média alta americanas estavam ansiosas por participar, e filiais internacionais da Sociedade foram rapidamente estabelecidas em Nova York, Chicago, San Francisco, Los Angeles e Nova Orleans. Eram pessoas que já se sentiam à vontade usando *black tie* para ir à ópera e em casa com os rituais de elaborados jantares, e consideravam a Wine and Food Society tanto sob o ponto de vista social quanto educacional. Os enófilos sérios acabaram por aderir a organizações como a Commanderie de Bordeaux e também a Confrérie des Chevaliers du Tastevin, e a maioria era assinante da revista *Gourmet*, que começara a circular em 1941. Como o país estava prestes a entrar na Segunda Guerra Mundial, não era essa a época mais auspiciosa para o lançamento de uma revista sobre comida, mas uma elite próspera logo constituiu uma falange de leitores fiéis para artigos que, nos 25 anos seguintes, seriam a mais romântica glorificação do passado.

Mas, em meados da década de 1950, uma pesquisa de mercado sobre atitudes em relação ao vinho apurou que 90% do público ainda pensava que o vinho de mesa não era bebida para americanos – só para gente rica ou estrangeiros. O vinho era um artigo de luxo e, na década de 1950, a classe média estava fazendo filas para o crescente número de pouco dispendiosos restaurantes *fast-food* que pontilhavam a paisagem americana – McDonald's, Kentucky Fried Chicken – e saudando com entusiasmo o aparecimento dos primeiros vinhos populares de Gallo: o Thunderbird, o Ripple e, mais tarde, o Cold Duck. Embora o vinho figurasse nas mesas de imigrantes recentes de países mediterrâneos, até à década de 1960 o vinho fino era consumido principalmente pelos ricos. Havia indicações de futura sofisticação em matéria de vinho em numerosos clubes de degustação de San Francisco, mas, salvo essas exceções, vinhos doces eram freqüentemente servidos com o jantar, até para acompanhar rosbife.

O ano de 1968, quando Robert Parker regressou da Europa e formou seu grupo de degustação, foi o primeiro em que as vendas de vinho de mesa seco superaram as de vinhos doces fortificados. Estava prestes a começar o "boom" no consumo de vinho americano.

PARECIA QUE TODO MUNDO ESTAVA BEBENDO VINHO. O CONSUMO estava aumentando a rápidos 10% ao ano em fins da década de 1960 e, entre 1960 e 1973, mais do que duplicou. Pessoas que antes não pensavam sequer em beber vinho agora o compravam e o saboreavam. A grande procura em loja de bebidas era em relação aos vinhos americanos em jarro, como o Almadén Mountain Red Claret, que custava apenas US$1, e o Gallo Hearty Burgundy, que era ainda mais barato, e aqueles com um toque adocicado, como o frisante Riunite Lambrusco, lançado em 1967 especificamente para agradar o paladar americano (em 1984, estava vendendo 130 milhões de garrafas por ano). Mas, à medida que os americanos foram ficando cada vez mais interessados em vinhos de mesa secos de superior qualidade, voltaram os olhos para a Europa e para as vinícolas de maior renome, e isso significou a França. Na Costa Atlântica, o esnobismo em vinhos exigia a importação de Le French e, na Costa do Pacífico, mesmo aqueles que sabiam que alguns bons vinhos estavam sendo produzidos em Napa e Sonoma ainda acreditavam que os vinhos franceses eram o máximo.

Dez anos antes, o mercado americano não tinha praticamente a menor importância para os franceses, tão pequena era a quantidade de vinho que estava sendo importada, pelo menos em comparação com outros países. Os britânicos eram muitíssimo mais importantes, assim como os belgas, que compravam de modo sistemático ano após ano. O primeiro indício de que as coisas seriam diferentes no futuro ocorreu após a safra de 1959, quando notícias sobre o "ano do século" em Bordéus foram assunto de interesse nos Estados Unidos. A coluna de Art Buchwald, publicada em vários jornais no começo de outubro, e os artigos simultâneos na *Times* e na *Newsweek* um mês depois reconheceram que 1959 era, de fato, a "safra do século". Como era de se prever, a demanda voraz nas principais cidades empurrou os preços "para o céu" e, como escreveu um comerciante inglês de vinhos, "os bordeleses perceberam de súbito que podiam não só ser despudoradamente gananciosos, mas também levar a melhor". Durante sete séculos e meio, os ingleses haviam adquirido a parte de leão dos melhores vinhos Bordeaux, mas, em 1959, pela primeira vez, os americanos assumiram "papel histórico como principais compradores dos melhores vinhos e, em conseqüência, reguladores e árbitros dos preços". Em retrospecto, o salto nos preços não parece muito exorbitante – o Château Lafite subiu de US$75 a caixa para US$85 e para US$90 –, mas isso foi o começo de uma espiral ascendente de preços que nunca realmente reverteu para valores outrora considerados razoáveis e, como resmungavam os britânicos, era tudo culpa dos americanos.

Os preços do Bordeaux subiram ainda mais com os artigos na imprensa e a publicidade geral para a "safra do século" seguinte, a de 1961, que mereceu um aprovação ainda mais entusiástica. Por causa das condições climáticas, foi produzida uma quantidade muito menor de vinho em 1961 e, como observou um varejista de Washington, D.C.: "O vinho é uma lei de oferta e demanda. No começo da década de 1950, os franceses não conseguiam desembaraçar-se de todo o vinho deles. Só quando viram que não podiam fornecer o bastante para suprir a procura é que os preços começaram realmente sua escalada – essa foi a história de 1961."

Os americanos tinham o dinheiro, e agora estavam interessados em vinho. Era uma combinação deliciosa, inebriante. Porque concentraram seu interesse no Château Lafite e em outros primeiros *crus*, os vinhos que haviam sido os favoritos dos ingleses, seu efeito sobre o mercado dos Bordeaux foi tremendo. Os Borgonhas do Domaine de la Romanée-Conti, dos mais caros do mundo, também encontraram um lar muito acolhedor nas adegas americanas. Muitos no comércio britânico de vinho, habituados a comprar esses vinhos a preços muito inferiores, perguntavam-se o que aconteceria se algo desse errado no crescente mercado americano. O mercado internacional estava sendo agora construído com base nesses elevados preços e, se a demanda americana declinasse, ocorreria certamente um *crash*. Além dos americanos, quem mais poderia pagar tão altos preços pelo vinho?

Os franceses, por outro lado, pareciam esquecidos do que tudo isso significava, e sua atitude em relação aos americanos continuou representando um misto de condescendência e ganância. Eles fizeram circular as usuais e nada lisonjeiras piadas e histórias mostrando como os americanos eram ignorantes a respeito de vinhos, mantiveram-se firmes no pressuposto de que as carteiras e contas bancárias deles eram ilimitadas e, alegremente, previam cada vez mais vultosos ingressos de caixa. E os preços subiram. Mas, ao mesmo tempo, um número imenso de americanos, como Robert Parker, estava enérgica e entusiasticamente se educando sobre vinhos de uma maneira que outros países, inclusive a França, nunca haviam adotado. Dentro de uma década, degustar, comparar e discutir vinhos franceses eram atitudes que iriam disseminar-se, como escreveu Nicholas Faith, "mais amplamente por todo o sistema social americano do que durante as duas prévias centenas de anos na Inglaterra, sem falar na França". Os chauvinistas franceses padeciam de um caso incurável de suposta superioridade em matéria de vinhos, e estavam às vésperas de um despertar muito rude, antes do final da década. Não contaram com a possibilidade de que os enófilos americanos voltassem suas vistas para outros lugares, ou de que o desejo do velho e tradicional cedesse eventualmente ao culto do novo.

Em 1969, as vendas de Bordeaux registraram uma desenfreada alta de 50% e, no ano seguinte, as pessoas estavam observando que o hábito de beber vinho nos Estados Unidos aumentava impetuosamente. E, uma vez mais, uma safra de Bordeaux, a de 1970, estava sendo anunciada aos quatro ventos como "a safra do século". O vinho era bom e abundante. O comprador de vinhos finos para Austin Nichols, o insinuante mas astuto e maquinador Abdullah Simon, havia alcançado maciços lucros comprando as safras de 1966 e 1967, e saltou sobre a de 1970 com novas e agressivas táticas de marketing. Recrutou para seu auxiliar Gerald Asher, um jovem inglês que viria a ser mais tarde o colunista de vinhos da *Gourmet*. Simon havia percorrido a região de Bordéus com uma carteira aberta, adquirindo vastas quantidades de vinho. Sua idéia era fazer com que os americanos ficassem suficientemente excitados para comprar os vinhos como futuros, quando eles ainda estavam em barricas, ou *en primeur*, o que significava que os consumidores pagariam a um varejista para reservar vinhos que seriam fornecidos dois anos mais tarde, após serem engarrafados.

Para incentivar o entusiasmo entre varejistas e colecionadores, Simon organizou uma enorme degustação em Nova York, apenas seis meses depois de as uvas terem sido colhidas, e convidou o sofisticado mundo do vinho. Barricas de amostras de vinhos inacabados foram trazidas por via aérea, algo que nunca fora feito antes – nem mesmo na Inglaterra, onde os importadores aguardavam prudentemente ver o tamanho e a qualidade da próxima safra antes de decidir que quantidade comprar, com justificadas razões. As amostras de barrica são difíceis de degustar porque seus ásperos e amargos taninos ainda não estão abrandados e suavizados pelo tempo. Mas as amostras da década de 1970 eram incomuns, recorda Asher, maduras e frutadas, já atraentes. Nelson Rockefeller compareceu, assim como comerciantes de vinhos da estirpe de Sam Aaron, da Sherry-Lehmann de Nova York, que estava ansioso por entrar nesse novo jogo de futuros. Para os varejistas, a iniciativa era atraente: pela lei, só tinham de pagar ao importador depois que os vinhos efetivamente chegassem, de sorte que, na prática, contariam com uma folga financeira de dois anos. Se vendessem dez mil caixas a US$300 a caixa, teriam US$3 milhões para negociar durante dois anos sem pagar quaisquer juros. Quando chegasse o momento de pagar a Austin Nichols, já teria ocorrido, assim esperavam, outra venda *en primeur* e o ingresso de outra e significativa bolada. Ficou perto de um plano de pirâmide e parecia ser coisa segura. Com toda a publicidade em escala mundial para a safra, os americanos estavam ruidosamente empenhados em comprar.

Credita-se geralmente a Simon o impulso inicial para a criação do mercado de futuros do Bordeaux nos Estados Unidos, e ele também é apontado como responsável por seu colapso dois anos depois. Mas uma vez que o conceito fora implantado com êxito nos Estados Unidos, era só uma questão de tempo até ser ressuscitado por outra grande safra.

NESSE MEIO TEMPO, A REGIÃO VINÍCOLA DA CALIFÓRNIA TAMBÉM se preparava para mudanças, graças a um grupo de ambiciosos pioneiros decididos a produzir vinho capaz de concorrer com os melhores da França. Na mente da maioria dos consumidores, em especial na Costa Atlântica, o vinho da Califórnia era sinônimo de jarras baratas, não de prestigioso vinho engarrafado. A transformação começou com um outro Bob, o vinicultor Robert Mondavi, que havia finalmente realizado sua primeira viagem à Europa em 1962, o ano em que foi publicado *Mastering the Art of French Cooking*, de Child. Estava então com 45 anos. Também ele tinha uma revelação na França, num dos maiores restaurantes do país, La Pyramide, em Vienne. A comida e o vinho, escreveu ele mais tarde, "transportaram-nos para um mundo de gentileza e equilíbrio, de graça e harmonia... inspiraram em mim uma visão e um compromisso". Embora estivesse no negócio de vinhos na América há mais de três décadas, ele havia encontrado agora sua vocação, seu propósito, seu caminho para o futuro – tal como Alice Waters, levaria sua visão de volta para a Califórnia, no seu caso para criar "vinhos que tivessem elegância e estilo, harmonia e equilíbrio". Mondavi estava impressionado com as tradições dos grandes *châteaux* franceses e convencido de que o segredo deles eram as novas barricas de carvalho, mas, com típico otimismo americano, "sentiu-se absolutamente seguro de que poderíamos aprender com rapidez e realizar saltos significativos na qualidade de nossos vinhos". Por fim, para fazer isso acontecer, brigaria com o irmão, seria expulso da vinícola da família e iniciaria uma nova só dele, em 1966, aos 54 anos.

No final da década de 1960 e durante a de 1970, uma nova e pequena vinícola dedicada a fabricar vinhos finos parecia estar abrindo quase todas as semanas no vale do Napa, e o chiste que circulava era de que a nova vinícola de Mondavi, um viveiro de experimentação, era o melhor lugar para conseguir equipamento usado que tivesse sido jogado fora quando as experiências não tinham dado em nada. Antes de meados dos anos 60, não existia mais do que um punhado de *boutiques* vinícolas, como Stony Hill, Hanzell e Ridge, mas dúzias delas foram fundadas nos dez anos seguintes.

Na primavera de 1971, meu marido, John Frederick Walker, e eu fizemos nossa primeira viagem à região vinícola da Califórnia, uma longa viagem de três semanas desde Napa até as Montanhas de Santa Cruz, e ficamos instantaneamente apaixonados por um mundo que se equilibrava à beira de uma enorme mudança. Andamos de vinícola em vinícola, desde as dinastias familiares estabelecidas de longa data e apáticas até as empresas recém-criadas, estourando de ambição e de paixão pelo que poderia ser realizado com uvas no solo californiano. Era então um mundo pequeno, mas o ano seguinte viu a fundação de Stag's Leap Wine Cellars, Silver Oak, Caymus, Carneros Creek, Stag's Leap Winery, Clos du Val, Château Montelena, Jordan e Dry Creek, e isso era apenas o começo. Cerca de 20.500 hectares de vinhas por ano estavam sendo plantadas, uma vez que as vinícolas também se alastraram para os condados vizinhos de Sonoma e Mendocino e para o sul da Baía de San Francisco. Para distinguir seus vinhos finos dos jarros genéricos com tampa de rosca, rotulados com nomes franceses como Chablis e Burgundy, as novas vinícolas optaram por usar o nome das uvas de que seus vinhos eram feitos, como Frank Schoonmaker e Alexis Lichine tinham insistentemente recomendado que se fizesse décadas antes. Eles sabiam que, historicamente, todos os melhores e mais caros vinhos na América, como o tinto superior BV Gorges de la Tour Private Reserve Cabernet Sauvignon dos Beaulieu Vineyards, eram varietalmente rotulados. Assim, não é surpreendente que, na década seguinte, a quantidade de vinhos varietalmente rotulados tenha saltado de 22 milhões para 145 milhões de litros. Mesmo a gigante Gallo acabou por aceitar, em 1974, a rotulagem varietal de seus vinhos, ansiosa, já a essa altura, por competir no novo mercado dos vinhos finos.

Para os consumidores que começavam a aprender sobre vinho, essa nova prática era uma dádiva dos céus, muito mais fácil de entender do que a complicada nomenclatura de *châteaux* e *villages*, e classificações nas garrafas francesas. Mas essas novas vinícolas estavam colocando no mercado quantidades muito pequenas de vinho, e não tinham a força publicitária da ubíqua Gallo, que, em 1972, produziu um terço de todo o vinho vendido nos Estados Unidos.

Elas sabiam que tinham de atrair as atenções para seus vinhos.

AFORTUNADAMENTE PARA AS NOVAS LOJAS DE VINÍCOLAS NA Califórnia e para as importações francesas, o novo "boom" de consumo de vinho na classe média inspirou jornais e revistas a adicionarem colunas sobre vinhos, autores a lançarem seus próprios boletins sobre vinhos e empresários a fundarem revistas de vinho. Era cada vez maior o número de livros sobre vinhos nos catálogos de editoras e nas estantes de aficionados. O elenco de personagens na literatura americana tendo o vinho por tema na década de 1970 provinha de uma surpreendente gama de *backgrounds* – desde escrivães da polícia a ex-fuzileiros navais, de universitários a professores, de cronistas esportivos a um par de comerciantes de vinhos que realmente sabiam sobre o que estavam falando. Quase não havia ninguém que não pudesse (e dissesse) chamar-se escritor sobre vinho. Tudo o que era preciso para tanto era mostrar um sério interesse em vinhos, uma pequena experiência em degustação, talvez uma viagem ou duas a *châteaux* na França ou a vinícolas no vale do Napa e a leitura de alguns livros para ficar alguns passos adiante da maioria dos bebedores de vinho, que eram mais entusiásticos do que instruídos. Isso, e um ego para fazer um sujeito acreditar que tem o paladar apurado. Uns poucos autores eram exorbitantemente excêntricos, outros imperiosos "prima-donas" que esperavam ser cortejados pelo comércio vinícola, mas, para todos eles, escrever sobre vinho era um modo de justificar a soma de dinheiro que estava pessoalmente gastando a fim de expandir seus próprios horizontes no mundo vinícola.

Na Inglaterra, por outro lado, muitos dos que escreviam sobre vinhos estavam também no ramo vinícola como comerciantes ou corretores com algum treinamento e acesso regular a muitos vinhos diferentes, ou herdeiros de uma tradição de *connaisseurs* na família, na universidade ou, mais tarde, nos clubes de cavalheiros que formavam uma grande parte da vida social masculina das classes alta e média alta. Era freqüente esses clubes possuírem fantásticas adegas que tornavam fácil e prazeroso refinar o paladar de seus sócios e convidados. Beber vinho fino tinha na Inglaterra uma tradição venerável – afinal de contas, tinha sido com os britânicos, séculos atrás, que se originara todo o comércio de vinho Bordeaux. Assim, no Brooks's, bebia-se clarete com tetraz e perdiz sob a luz derramada do alto dos enormes e famosos candelabros de prata georgianos do clube. No White's, os sócios comiam e bebiam no vasto e majestoso salão de jantar de paredes revestidas de painéis vermelhos, sob gigantescos retratos de antigos monarcas e do Duque de Wellington. No St. James's, jantavam e bebiam perto das altas janelas que dão para "a vicejante grama e as belas árvores" do Green Park. Mais tarde, seriam servidos copos de esplêndido vinho do Porto em poltronas e sofás de couro da biblioteca, em meio ao ruge-ruge de jornais sendo folheados e à fumaça de bons Havanos subindo em espirais para o teto.

Entre os autores britânicos que não estavam ligando para o comércio vinícola, Hugh Johnson, membro da Wine & Food Society na Universidade de Cambridge, estava se destacando como o mais importante deles. Aos 24 anos, tornara-se diretor da revista *Wine and Food*, sucedendo o ilustre André Simon. Seu primeiro livro, *Wine*, seria publicado em 1966, quando ele tinha apenas 27 anos, e, em 1971, publicou *The World Atlas of Wine*, que viria a ser aclamado como o melhor livro sobre vinho editado no século XX. Seu estilo elegante parecia uma versão moderna, menos florida, da prosa rebuscada dos autores britânicos de uma geração anterior que haviam escrito sobre vinho, como George Saintsbury e H. Warner Allen.

Em contraste, a bibliografia norte-americana sobre vinho desenvolveu uma "indústria artesanal unicamente americana", como a considerou David Shaw no *Los Angeles Times*, uma espécie de auto-expressão de um grupo de pressão. Na década de 1970, a maioria dos escritores sobre vinho era composta por amadores movidos por um grande entusiasmo, como Parker. E, quando ele se juntou ao elenco de personagens, o palco já estava repleto.

A necessidade de autores com conhecimentos sobre o mundo do vinho nos Estados Unidos surgiu após a revogação da Lei Seca, pela simples razão de que ninguém, à exceção dos mais abastados, bebia vinho ou sabia qualquer coisa a tal respeito, e a maior parte deles tampouco sabia grande coisa. Por 13 anos, durante o período em que toda uma geração atingiu a maioridade, as pessoas estiveram bebendo em bares e clubes clandestinos, e embriagando-se com gim de contrabando, uísque canadense e coquetéis. Schoonmaker e Lichine sabiam que, para vender vinho a essa geração, também teriam de educá-la. Esse objetivo está subentendido em livros e artigos que ambos publicaram nas décadas de 1950 e 1960. Mas ambos permaneceram firmes no comércio vinícola: escrever sobre vinho era apenas uma ocupação marginal.

Veio então a década de 1970 e, com ela, todo um novo grupo de entusiastas, como Parker, que queria saber o que comprar. Livros como *Wine*, de Hugh Johnson, forneceram boa informação básica para os que queriam estudar o assunto, mas não estavam suficientemente atualizados para manter a clientela informada acerca das centenas de vinhos expostas nas prateleiras dos varejistas. Seria necessário oferecer recomendações correntes. Muitos autores ingleses sugeriram que a maneira de chegar às melhores garrafas era desenvolver estreitas relações com um bom negociante de vinhos, mas poucos varejistas americanos se ajustavam à imagem de uma tradicional empresa vinícola britânica como Berry Brothers & Rudd, da St. James Street, em Londres, que orientava o paladar de seus clientes e fornecia conselhos consistentes sobre os vinhos apropriados para armazenar, com vista a futuras libações. Para cada Esquin's, em San Francisco, que ajudava os colecionadores a treinarem o paladar, havia centenas de varejistas nos Estados Unidos cujas lojas ainda eram dominadas por Smirnoff e Johnnie Walker Red, e viviam na ignorância de qualquer outra coisa além dos nomes mais famosos. Um veterano representante de vendas de vinhos observou que menos de 1% dos varejistas já havia provado os vinhos que vendiam e muitos deles sabiam menos sobre vinhos do que seus fregueses. Somente uma meia dúzia deles tinha conservado em suas lojas uma pequena seção separada de vinhos. Além disso, a mentalidade de muitos americanos era de prevenção quando alguém lhes fazia muitas recomendações, desconfiados de que lhes estariam tentando impingir a venda de algo.

Acontece que dois dos mais influentes escritores sobre vinho dessa década também se chamavam Bob, mas residiam ambos no outro lado do país, na Califórnia, onde a cena vinícola americana estava esquentando. Um deles era o flamejante, não raramente excêntrico, Robert Lawrence Balzer, que havia sido negociante de vinhos para celebridades, tinha se pendurado de um helicóptero no Camboja para filmar Angkor Wat e, em 1956, havia sido ordenado monge budista, um acontecimento que rendeu manchete no *Los Angeles Times*: "Comerciante milionário de Los Angeles virou Monge Budista." Balzer, que sempre declarou ser a estrela de cinema Gloria Swanson "o amor de minha vida!", foi também o primeiro escritor-jornalista sobre vinhos nos Estados Unidos – escreveu desde 1937 uma coluna semanal num pequeno jornal de Beverly Hills e, em 1964, depois de ter escrito numerosos livros, tornou-se colunista de vinhos para o *Los Angeles Times*. Foi a primeira coluna regular sobre vinhos num importante jornal americano. Alguns anos depois, lançou o que foi provavelmente o primeiro guia informativo sobre vinhos editado no país, o *Robert Lawrence Balzer's Private Guide for Food and Wine*. Com esse guia, a coluna no jornal e mais uma coluna na revista *Travel-Holiday*, ele foi considerado o mais poderoso autor americano sobre vinhos em 1970, e estava ajudando a estabelecer a nova era de vinho nos Estados Unidos.

Ao contrário de Parker, Balzer adquiriu seus conhecimentos no comércio – o pai o colocou na chefia do departamento de vinhos no estabelecimento de víveres para *gourmets* localizado perto de Beverly Hills, e astros de Hollywood como Ingrid Bergman e Marlon Brando e o diretor Alfred Hitchcock eram seus assíduos fregueses –, mas era uma instrução casual, fortuita, obtida na prática do negócio. Como Balzer era gregário e encantador no trato, não tardou em fazer amigos não só entre inúmeras personalidades de Hollywood, como também com todas as pessoas que hoje temos na conta de pioneiros do vinho fino americano. Como um dos primeiros crentes na qualidade do vinho da Califórnia, ele foi um de seus maiores incentivadores – o tipo de crítico de quem "raramente se ouve uma palavra desanimadora" ou, como alguns dizem, propagandista, promotor, até crítico da indústria. Embora Balzer fosse ocasionalmente crítico, escreveu comentários favoráveis em sua grande maioria. Muitos produtores vinícolas, alguns dos quais aprendizes de suas primeiras noções sobre vinho nas aulas de apreciação de vinhos, pensavam nele afetuosamente, como alguém que fez quase tanto pela indústria vinícola da Califórnia quanto Robert Mondavi ou os Gallo. Solicitavam seu conselho ou, pelo menos, escutavam-no polidamente (ele afirmou ter dito em 1974 a Ernest Gallo que seus vinhos tintos nunca seriam levados a sério a menos que fossem envelhecidos em carvalho) e, do mesmo modo que novas vinícolas se apressam hoje em mandar suas garrafas a Robert Parker, também se asseguravam de que Balzer fosse um dos primeiros a degustar os produtos de novas safras. Era prodigamente recebido com vinhos e jantares na região vinícola da

Califórnia e aceitava isso como um tributo que lhe era devido. Balzer era senhor de uma boa dose de egocentrismo, mas também de uma personalidade cativante, entusiástica e divertida.

O conceito de ética jornalística ou o problema de conflito de interesses simplesmente não se aplicavam então à literatura sobre vinho, mesmo no *Los Angeles Times*, e, em certa medida, ainda não se aplicam hoje. Embora Balzer tenha vendido seu negócio de família, ele mantinha fortes, quase familiares, amizades com muitos vinicultores, e não hesitou em publicar um livro sobre vinhos subscrito pelo vinicultor Paul Masson ou, mais tarde, em apoiar todo um empreendimento no mercado de futuros em vinho, financiado por seu melhor amigo. Era tão universalmente conhecido e tinha tantos seguidores na Costa Oeste que Ronald Reagan lhe pediu que supervisionasse uma festa com comida e vinho em sua posse presidencial em 1981. Balzer era um caráter americano, um extravagante, que possuía considerável soma de conhecimentos e adorava falar com as pessoas a respeito de vinho, e que, aos 90 e poucos anos, ainda organiza aulas sobre apreciação de vinhos e viagens para os adeptos do culto.

Mais tarde, as pessoas diriam que os textos de Balzer pertenciam à era em que o principal papel de quem escrevia sobre vinho era fornecer às pessoas alguma informação básica e entusiasmá-las e excitá-las para que comprassem e bebessem vinho, e ponto final. Afinal de contas, os comentários críticos dos escritores sobre vinho vendiam garrafas e, em última análise, apesar de todo o romance e prazer em torno da degustação, vender vinho é a finalidade suprema da indústria vinícola, tanto na Europa como na Califórnia.

O outro Bob escritor foi o influente Robert Finigan, um residente de San Francisco que fundou seu próprio boletim informativo mensal, *Robert Finigan's Private Guide to Wines*, em 1972. Desde o começo, teve um objetivo orientado para o consumidor e, ao longo dos dez anos seguintes, tornar-se-ia o mais respeitado guia vinícola dos Estados Unidos. Como no caso de Parker, Finigan tampouco havia crescido num lar onde se servisse vinho, mas, enquanto freqüentou a Universidade de Harvard, o virginiano de voz macia e cabelo ruivo conheceu outros que bebiam – um de seus colegas de turma provinha de uma família que possuía uma grande adega, e a de um outro era proprietária de um *château* na região de Bergerac, na França. Todos eles dividiam uma grande casa, reuniam seus recursos num fundo comum para pagar a uma colega que cozinhava para eles, e parecia óbvio que deviam beber vinho para acompanhar esses jantares saborosamente preparados. Quando Finigan foi trabalhar em 1967 numa empresa de consultoria empresarial internacional sediada em San Francisco, já tinha sido "mordido pelo micróbio do vinho". Enquanto Parker estava viajando de jeans pela Europa a US$5 por dia e repartindo com outros estudantes sua verba para vinhos, Finigan estava trajando terno e gravata, dando duro para arranjar um tempo de folga que lhe permitisse visitar as regiões vinícolas nos interstícios de suas viagens de negócios à Europa, aprendendo a conhecer os vinhos do vale do Napa e comprando Bordeaux 1962, 1964 e 1966 de Esquin's, um dos melhores estabelecimentos de vinhos de San Francisco.

A idéia de que pudesse realizar alguma coisa profissionalmente com o vinho não tinha ocorrido a Finigan mais do que a Parker, mas o destino interveio em 1970, quando, tal como acontecera com Parker, fez sua primeira visita a Bordéus. A safra de Bordeaux de 1969 estava sendo alardeada pelo comércio, uma vez mais, como a maior desde 1961, mas Ken Kew, o diretor da Esquin's, não estava muito seguro sobre acreditar nisso ou não. Como Finigan estava planejando dar um giro por Bordéus durante sua próxima viagem de negócios, Kew ofereceu-se para lhe dar cartas de apresentação para os *châteaux* se ele degustasse os Bordeaux de 1969 na barrica e aconselhasse Kew a comprar ou não. Finegan, lisonjeado, aceitou o desafio, exultante por ir conhecer de perto aqueles *châteaux* cujos nomes ele só conhecia de rótulos. Se bem que nunca tivesse degustado vinhos diretamente da barrica, no Château Palmer, sua primeira parada, cheirou, rodou o copo e cuspiu no chão o vinho novo de um jeito que, assim esperava, era muito profissional. O vinho pareceu-lhe um desapontamento, tânico, duro, com pouco caráter ou aroma, e a história foi a mesma nos outros *châteaux* que visitou. Apesar da publicidade, Finigan decidiu que esses vinhos nem de longe se comparavam aos Bordeaux que vinha bebendo. Não hesitou em aconselhar Kew a não comprar e o resultado foi ter poupado um bom dinheiro a seu comerciante de vinhos.

Essa inebriante experiência encorajou Finigan a levar muito mais a sério seu intenso interesse pelo vinho. Ele, à semelhança de Parker, desejou que existisse uma fonte idônea de informação que lhe dissesse que paladares ou garrafas deveriam ter, de modo que ele soubesse o que comprar. Como não existia tal coisa, decidiu assumir a tarefa de sua própria educação. Em todos os seus momentos livres, rumava para o vale do Napa a fim de induzir os proprietários, à custa de muita lábia e adulação, a abrirem velhas garrafas, entremeava seus negócios na Europa com fins de semana nos vinhedos da Alemanha, França, Espanha, Portugal e Itália, e organizando metodicamente degustações em um apartamento de vinhos que havia comprado. Registrava sempre suas impressões num caderno de notas e, tal como Parker, era freqüentemente decepcionado por vinhos que não correspondiam às descrições que havia lido em livros. Finigan assinou um boletim informativo de um restaurante que fornecia francos comentários críticos da cena local e, à medida que um cada vez maior número de marcas de vinho aparecia nas prateleiras, ele convenceu-se de que poderia ganhar dinheiro publicando um boletim informativo similar sobre vinhos, a fim de orientar os consumidores confusos para as melhores garrafas. Em seu primeiro número de oito páginas, que veio a lume em setembro de 1972, ele organizou sua avaliação dos vinhos que havia degustado nesse mês em quatro categorias cuidadosamente ponderadas: Excepcional, Acima da Média, Média, Muito Abaixo da Média. Não havia números. Abrangeria tanto os vinhos da Califórnia quanto os europeus, incluindo vinhos nas listas de vinhos de restaurantes da Bay Area, e faria críticas, garantiu aos seus leitores, comprando todos os vinhos pelo preço de venda nas lojas de varejistas e avaliando-os por meio de degustações com olhos vendados. No primeiro número, listou sete Beaujolais como Muito Abaixo da Média, queixando-se de que um tinha um "nariz acetonado", enquanto um outro foi rejeitado como "horrível". Números subseqüentes do Boletim qualificaram muitos Bordeaux tintos baratos como "zurrapa dificilmente bebível" e criticou numerosos vinhos brancos californianos de jarro por cheirarem "repulsivamente a enxofre". Em dois meses, o Boletim já era lucrativo e, em 1977, Finigan tinha adicionado uma edição nacional e desenvolvido uma clientela internacional.

Onde Balzer era uma combinação de incentivador, *prima-dona* e encantador companheiro de jantar, Finigan era calmo e comedido, com uma bem estudada forma de comportamento, alguém que gostava da vida boa, fazia um bom jogo de tênis, sentia-se à vontade com o círculo de abastados, bem relacionados e cultos colecionadores de San Francisco, e que parecia ter sua personalidade e paixão por vinho completamente sob controle. Seu Boletim Informativo (*Newsletter*) era um modelo de escrita cuidadosamente modelada, como se ele tivesse filtrado suas opiniões sobre vinho em um programa de redação de Harvard. Finigan era também um poderoso jogador no cenário dos restaurantes de San Francisco, pois tinha comprado o *Jack Shelton's Private Guide to Restaurants* e então também o estava escrevendo. Estava vivendo como membro da alta sociedade, viajando para os *châteaux* da França, comendo regularmente em locais como o Berkeley Pot Luck, que tinha a melhor lista de vinhos velhos da Califórnia do país, e freqüentando Chez Panisse, porque estava tendo um *affair* com Alice Waters.

Os dois Bobs eram apenas alguns das dúzias de enólogos escrevendo sobre vinho no início dos anos 70. Na Costa do Pacífico, Charles Olken e Earl Singer, ambos apaixonados colecionadores de vinhos da Califórnia, tinham fundado seu próprio boletim informativo, *Connoisseur's Guide to California Wine*, em 1974, que também visava orientar o consumidor. Uma mesa-redonda selecionava os melhores do crescente número de rótulos do estado, por meio de degustações de olhos vendados, classificando os vinhos num sistema de um a três "•", sendo três o equivalente a excelente. Não tardou para que esse boletim tivesse também assinantes na Costa Oeste.

De volta ao Leste, no *The New York Times*, seu redator-chefe Abe Rosenthal havia decidido que o jornal precisava de uma coluna semanal sobre vinhos e destacou Frank Prial, um veterano repórter geral que tinha algumas luzes sobre o assunto, para escrever "Wine Talk", também em 1972. A influência de Prial foi rapidamente sentida em Nova York; o poder do *Times* garantiu que um vinho altamente recomendado no jornal de quarta-feira estaria freqüentemente esgotado no final da semana, às vezes no final do dia, nas grandes lojas de vinhos como Sherry-Lehmann. As lojas ajudaram a impulsionar as vendas colocando cartazes nas vitrinas que destacavam as escolhas de Prial, e usando seu nome em anúncios e catálogos. Mas Prial não se tinha na conta de um perito em vinhos ou um degustador crítico; o que lhe interessava eram as histórias sobre as pessoas envolvidas com vinho, e ele as contava muito bem. Nesse mesmo ano, o comerciante de vinhos Gerald Asher iniciou sua coluna "Wine Journal" em *Gourmet* – ponderada e de bom recorte literário; era mais no estilo dos autores britânicos do que na prosa orientada para o novo consumidor encontrada em outros jornais. E dois anos depois, Alexis Bespaloff, que também trabalhava no ramo, tornou-se o prestigioso e fidedigno colunista para a nova e inovadora revista *New York* – que mostrou a que ponto beber vinho estava se tornando o *dernier cri*, o supra-sumo do bom gosto.

De fato, em 1974, Nova York e Califórnia formigavam de escritores sobre vinho, inspirando a fundação, só em Nova York, de um Wine Writers Circle e da Wine Media Guild. Varejistas, importadores e vinícolas da Califórnia estavam impressionados – tanta gente para educar os consumidores e recomendar os vinhos que eles estavam procurando vender! Todos eles estavam ansiosos por atrair a atenção dos jornalistas de vinhos, organizando degustações e copiosos almoços e jantares nos melhores restaurantes da cidade, onde a imprensa enológica podia encontrar-se com os mais importantes vinicultores, donos de *châteaux* e enólogos quando vinham à cidade. Para os jornalistas de vinhos, era um inestimável atalho para abreviar o tempo de educação no mais elevado nível. Os de Nova York olhariam mais tarde em retrospecto para o período de 1974 a 1984 como uma idade de ouro, em que eram festejados e cortejados como nunca mais voltariam a ser.

Na década de 1970, iniciou-se a publicação de um certo número de revistas, como *Vintage*, *The California Grapevine* e *Quarterly Review of Wines*. Algumas tiveram vida curta, outras ainda são publicadas. Foram acolhidas por um comércio vinícola ávido por alcançar o que alguém chamou o "exército de entusiastas do vinho". Os importadores enviavam regularmente garrafas de amostra para as revistas, esperando ser contemplados com críticas favoráveis, mas os vinhos não eram classificados ou avaliados numericamente. À época, até oferecer notas descritivas de degustações parecia revolucionário.

Mas incomparavelmente o mais bem-sucedido empreendimento editorial dedicado ao vinho foi iniciado em 1973 por Marvin Shanken, banqueiro e investidor imobiliário da Wall Street. O gorducho, bigodudo e veemente Shanken apaixonou-se pelo vinho, em especial pelo Cabernet Sauvignon californiano, quando efetuava regularmente transações imobiliárias envolvendo vinhedos na Califórnia. Agindo sempre como homem de negócios, começou a estudar seriamente a indústria como uma área para investimentos e ficou surpreendido ao constatar que não existia nenhuma fonte de informação acurada ou de previsões fidedignas, como Standard & Poor's. Tomou então conhecimento de que *Impact*, uma *newsletter* de quatro páginas sobre a indústria de bebidas alcoólicas, vinha há tempos lutando para sobreviver e estava à venda. Shanken comprou-a rapidamente por US$5 mil. O que tinha adquirido como um negócio para *hobby* resultou ser uma lista de 250 assinantes e um fichário completo quando o até então redator do boletim saiu. Shanken nada sabia de redação ou edição, mas era agora responsável por ambas e, para a consternação de seus pais, deixou a Wall Street dois anos depois para se dedicar à *newsletter*. Era um grande risco, mas, em fins de 1975, ele estava prevendo – acertadamente, como se comprovou – um "boom" no consumo de vinho branco e pensando em outras maneiras de tirar proveito da grande procura de informação sobre vinhos. O maior empreendimento foi uma revista de vinho, *The Wine Spectator*, que viria a ser a única rival da influência de Parker.

A EDUCAÇÃO SOBRE VINHOS TAMBÉM ESTAVA EM ALTA NA CLASSE média, por causa de uma organização inovadora criada em Washington, D.C. Em 1953, Marvin Stirman havia regressado do serviço militar na Coréia pronto para ocupar seu lugar no negócio do pai, Calvert Liquors, no distrito de Georgetown, e planejou provar sua capacidade adicionando à empresa um departamento de vinhos. Seu primeiro grande problema, conclui ele, foi que seus clientes estavam convencidos de que somente os franceses entendiam alguma coisa sobre vinhos. A chave para as vendas, raciocinou, estava em contratar alguém que tivesse sotaque francês, de preferência um francês que realmente soubesse alguma coisa a respeito de vinho. Assim, Robert Gourdin, que trabalhara para o importador Brown-Forman, foi admitido como o primeiro *sommelier* da loja, impressionantemente vestido com a roupa típica usada por *sommeliers* em restaurantes e um *tastevin* de prata no formato de um disco pendente de uma corrente em torno do pescoço.

Mas isso não solucionou outros grandes problemas de Stirman: seus clientes não entendiam sequer a terminologia básica do vinho. Como poderia falar com eles? "Prove este. É um delicioso vinho de mesa seco", sugeria Stirman. "Como ele pode ser seco? Ele é líquido!", era uma resposta comum. Para educar sua clientela, os dois iniciaram um clube do vinho no começo dos anos 60, que Gourdin nomeou de Les Amis du Vin (Os Amigos do Vinho). Colocaram um grande cartaz na vitrine da loja convidando os clientes a aderirem ao clube numa degustação grátis de vinhos no vizinho Mayflower Hotel, no qual o gerente de comida e bebida, Jim Nassikas, tinha cedido espaço. Afluíram centenas de pessoas, mas a maioria, lamentavelmente, estava mais interessada na "boca-livre" e em beber todo o vinho que pudesse de graça do que em aprender alguma coisa. O evento foi um desastre, pois os convivas se enfrascaram de vinho e saíram cambaleando para casa. Cobrar US$5 em futuras degustações eliminou os que apenas queriam embebedar-se de graça e reduziu drasticamente o número de convivas para uns mais controláveis trinta.

Construir uma filiação concreta em Les Amis du Vin, oferecendo benefícios tangíveis, pareceu ser uma melhor estratégia de longo prazo. Por US$5, os sócios receberiam uma assinatura grátis da popular revista *Wine* da Inglaterra, a oportunidade de freqüentar com regularidade degustações e palestras sobre vinho, comprar pela metade do preço um vinho do mês e receber um boletim informativo que não admitia publicidade. O propósito da organização era instruir as pessoas sobre vinho, declarou Stirman, não o de ser um veículo promocional ou comercial para as companhias vinícolas; ademais, a organização Les Amis du Vin necessitava de credibilidade para ter êxito. Foi claramente comprovado que ele estava certo, pois, no prazo de um ano, Les Amis du Vin contava com cerca de mil membros, o boletim informativo passou a ter oito páginas e o custo da filiação no clube subiu para US$10.

Foi uma estratégia brilhante para encorajar o crescente número de enófilos; ao conhecerem mais, tornavam-se, é claro, ainda melhores clientes da loja, comprando mais – mais interessantes e mais caros – vinhos. Não surpreendeu que os principais varejistas de vinhos de todo o país não tardassem em entrar em contato com Stirman a fim de serem criadas filiais de Les Amis du Vin em suas lojas. Programariam degustações locais e fariam a promoção do vinho do mês que Stirman e Gourdin – e, mais tarde, Alfio Moriconi, que se tornou sócio de Stirman – tivessem selecionado, mas a casa-mãe em Washington, D.C., conservaria consigo os registros, continuaria cobrando as quotas de associados e distribuindo a *newsletter.* A organização cresceu rapidamente durante os anos 60, atraindo varejistas de Nova Orleans, Dallas, Nova York, Baltimore, San Francisco e muitas cidades menores. Les Amis também lançou, a essa altura, uma revista gastronômica e, alguns anos depois, o American Express quis comprar tudo. No final dos anos 70, a organização contava com filiais em cinqüenta cidades, incluindo Paris, trinta mil associados e uma revista completa. Era um clube nacional do vinho, com membros ávidos por saber tudo a respeito de vinho, e não existia no mundo nenhuma outra organização congênere que se lhe comparasse. Ao contrário da mais refinada e mais seleta Wine & Food Society, qualquer pessoa poderia aderir a Les Amis mediante uma pequena quota; os eventos eram a preços módicos e ninguém tinha de usar *black tie*.

Les Amis du Vin não era, porém, tão pouco convencional quanto parecia. Embora a maioria das pessoas freqüentasse as degustações porque eram agradáveis e divertidos momentos de convívio social, havia também eventos formais onde seis a oito vinhos, depois de volutear no copo, eram metodicamente sorvidos em pequenos goles, enquanto um orador subia à tribuna para pronunciar uma instrutiva palestra. Esses eventos custavam normalmente uns US$20, acessíveis até a estudantes como Robert Parker, e em Washington, D.C., era freqüente o comparecimento de 200 a 300 pessoas. O código de vestuário indicava terno e gravata, e sentavam-se todos, atentos e corteses, em longas mesas cobertas por impecáveis toalhas brancas, diante de uma fila de copos contendo cerca de 60ml de vinho cada e de um bloco para tomar notas. A comida era limitada a pratos de pão francês para clarear o paladar. As degustações eram freqüentemente conduzidas "às cegas", com os rótulos escondidos, e todos votavam em seus favoritos antes de serem reveladas as identidades dos vinhos em cada copo. Um dos objetivos declarados da organização era fazer com que as pessoas descobrissem do que elas próprias gostavam de beber e adquirissem confiança em suas próprias apreciações e julgamentos. Muitas pessoas ficavam surpreendidas porque os vinhos de grandes *châteaux*, como Lafite ou Margaux, nem sempre eram aqueles de que mais gostavam e, por vezes, descobriam que o de um pequeno *château* de que nunca tinham ouvido falar era muito mais agradável. Ninguém cuspia, de modo que as coisas podiam ficar deveras animadas e barulhentas durante o período das perguntas finais.

Mas à medida que as pessoas foram ficando mais esclarecidas, elas também queriam saber mais e, para manter vivo o interesse delas, as filiais de Les Amis trataram de organizar degustações menores, mais seletas e dispendiosas de, por exemplo, primeiros *crus* de Bordeaux. Um dos freqüentadores mais assíduos e atentos dessas reuniões nas filiais de Washington e Baltimore era Robert Parker. Aos olhos de Marvin Stirman, Parker pareceu sempre ser um sujeito sério como se estivesse dando duro para desenvolver sua perícia e não apenas para se divertir.

Importadores como Peter M. Sichel e vinicultores da Califórnia como Robert Mondavi estavam sempre interessados em falar em qualquer filial de

Les Amis du Vin pela óbvia razão de que os seus fiéis ouvintes eram pessoas interessadas em comprar vinho. Mas um dos conferencistas mais populares era Harry Waugh, um despretensioso inglês de cabelo branco e ralo penteado para trás no estilo 1930, óculos de espessa armação preta e faces perenemente rosadas que pareciam expressar sua personalidade cordial. Seu contagioso entusiasmo por vinho e completa ausência de presunção cativavam todos com quem se encontrava e ele era muito requisitado. Quando Waugh presidiu a um retrospecto das safras Bordeaux da década de 60 em Washington, D.C., em 1970, compareceram mais de 500 enófilos, incluindo um substancial contingente de jovens que ostentavam longas costeletas e barbas, bem como um reduzido número de mulheres. Antes de uma de suas viagens aos Estados Unidos, sua chegada era anunciada com antecedência e dezenas de filiais de Le Amis o contratavam para uma conferência e degustação, enquanto outros grupos de enófilos o persuadiam a ser o convidado de honra de magníficos banquetes com destaque para vinhos estelares. No mundo do vinho americano, ele tornou-se rapidamente uma celebridade influente – após a leitura das impressões de Waugh sobre um Bordeaux de 1966 em um de seus diários regularmente publicados, uma loja de vinhos na Califórnia encomendou 6.000 caixas dos vinhos por ele mencionados.

Waugh tinha sido comerciante de vinhos e era agora um diretor de Château Latour e consultor vinícola, sendo grande admirador dos vinhos californianos. Em meados da década de 1960, ele tinha visitado o vale do Napa e ficara impressionado com os vinhos que degustou, e em 1971 conheceu os pioneiros de vinhos finos no estado – Ridge, Heitz, Freemark Abbey, Château Montelena, Mayacamas, Spring Mountain, BV, Stony Hill, Chappellet, Robert Mondavi, Chalone. San Francisco e Berkely eram viveiros de clubes de degustação, como os clubes Grand Cru e Premier Cru, o Vintner's Club e o San Fancisco Sampling Club, cujos membros eram citados entre os mais sérios enófilos da época, e Harry Waugh era um freqüente convidado nesses eventos. Como quase todos eles eram ávidos colecionadores de vinhos da Califórnia, apresentaram o amigo à emergente cena vinícola. Muito antes da maioria dos americanos, especialmente os da Costa Atlântica, Waugh reconheceu a qualidade excepcional desses vinhos. Era freqüente os seus amigos californianos introduzirem furtivamente um vinho francês ou dois em suas degustações "às cegas", e Waugh ficava muitas vezes surpreendido com o modo como os vinhos da Califórnia se apresentavam.

Les Amis du Vin floresceram durante toda a década de 1970 e boa parte da de 1980, dirigidos por um novo e jovem presidente, Ron Fonte, que era também o editor da revista *Friends of Wine*, comprada para ele pelo sogro. Mas Fonte acabou presidindo à extinção de Les Amis du Vin; foi residir no Canadá e tanto a revista como a organização nacional fecharam as portas.

No início da década de 1970, a grande divisão do vinho entre a Costa Leste e a Costa Oeste assentava em suas opiniões profundamente diferentes sobre o vinho da Califórnia. Na Costa Leste, dominava o vinho francês e poucos escritores ou entusiastas tinham ouvido alguma vez falar de alguns nomes de vinícolas da Califórnia apreciados em San Francisco. Em 1971, após um ano da Costa Oeste, meu marido e eu viajamos de volta a Nova York em nosso velho conversível azul com um porta-malas repleto de garrafas de produções californianas raras e o que provou ser a idéia prematura de co-autoria de um livro sobre as pequenas vinícolas finas que tínhamos visitado – Mayacamas, Heitz, Ridge e outras. O projeto falhou redondamente. A carta de rejeição de um proeminente editor ao nosso agente literário afirmou que havia tanto interesse nos vinhos da Califórnia quanto nos vinhos brancos do Jura. Amigos a quem servimos dessas valiosas garrafas diziam, em tom depreciativo, antes mesmo de o provar: "Oh... um vinho da Califórnia."

Essa atitude estava prestes a mudar.

O VINHO AMERICANO E O CONSUMIDOR DE VINHO AMERICANO continuaram sendo olhados com condescendência pelos franceses em meados da década de 1970, quando a famosa, ou abominável, Degustação de Paris finalmente destacou que a América e os americanos poderiam ser mais importantes do que se tinha até então pensado, mesmo a despeito de não falarem francês. A degustação colocou alguns dos melhores vinhos da Califórnia em confronto com vinhos engarrafados franceses de grande prestígio e o lado americano venceu. Esse foi um dos acontecimentos de repercussão fundamental na história do vinho americano. Agora parte do folclore da região vinícola, cujos resultados foram celebrados no décimo, vigésimo e vigésimo quinto aniversários da data da Degustação, e ainda hoje são discutidos e debatidos. As garrafas vencedoras estiveram até em exposição na Smithsonian Institution, em Washinton, D.C.

A história começa com um jovem e esguio expatriado inglês, de cabelos revoltos, uma dicção sincopada de classe alta e maneiras lânguidas, Steven Spurrier. Ele tinha inaugurado um inovador estabelecimento vinícola, Caves de la Madeleine, e uma escola anexa do vinho, L'Academie du Vin, numa ruela não muito longe da rua Royale, em Paris. A loja e a escola contavam com numerosos americanos entre seus clientes – a Embaixada dos Estados Unidos e a IBM ficavam perto, e a escola do vinho recrutou ativamente seus freqüentadores nos numerosos programas para estudantes americanos existentes na cidade. A loja tornou-se uma parada regular para os escritores de vinho visitantes e os produtores vinícolas da Califórnia, que aí deixavam intencionalmente, uma vez por outra, uma garrafa de interessante vinho americano. Algumas delas, notou Spurrier, eram de qualidade surpreendentemente boa.

Em 1975, excogitando um modo de divulgar sua loja, Spurrier teve a idéia de organizar uma degustação dos melhores vinhos da Califórnia durante as celebrações do Bicentenário Americano em Paris, programadas para o ano seguinte. Mas, antes disso, pensou ele, convinha passar em revista a cena vinícola da Califórnia. Quase todos os vinhos que Spurrier bebia e vendia em seu estabelecimento eram franceses, e não conhecia o suficiente para decidir que vinhos americanos incluir. Sua sócia americana da escola, Patricia Gallagher, fez a viagem inicial, visitando, entre muitos outros, os Stag's Leap Wine Cellars de Barbara e Warren Winiarski, uma das novas vinícolas de pequeno porte do vale do Napa. Winiarski, ex-professor de filosofia política que tinha trocado a vida acadêmica pela produção de vinho em 1964, havia comprado há apenas cinco anos a propriedade onde instalou sua vinícola. Ele serviu a Gallagher uma degustação de seu Cabernet Sauvignon de 1973, a primeira safra de sua vinha, e ela ficou impressionada. Na primavera seguinte, Spurrier viajou para a Califórnia a fim de realizar a seleção final de vinhos.

Os planos para a degustação começaram a ganhar forma. Spurrier escolheu seis Chardonnays e seis Cabernet Sauvignon californianos e, para proporcionar um padrão de comparação, decidiu servir alguns dos melhores vinhos franceses provenientes das mesmas castas de uvas: quatro Borgonhas brancos a par dos Chardonnays e quatro Bordeaux tintos *grand cru* a par dos Cabernets. Por sorte, um grupo de vinicultores da Califórnia estava viajando para a França nessa mesma época para um giro pelos vinhedos; eles repartiram entre si as garrafas nas duas caixas de vinho americano e as levaram para a França.

O painel de juizes incluiria a nata dos profissionais do vinho do país, concluiu Spurrier, e a degustação tinha que ser "às cegas", com os rótulos escondidos, para assegurar um semblante de objetividade. Ele dava por certo que os vinhos franceses seriam superiores mas nutria a esperança de que os jurados, que tinham poucos conhecimentos acerca do cenário vinícola californiano, fossem surpreendidos – e impressionados – pela qualidade dos vinhos americanos produzidos com a imagem dos vinhos franceses em mente. A degustação honraria os vinhos de ambos os países e ilustraria que a área de um vinhedo jovem podia produzir vinhos de uma excelente qualidade se recebessem o mesmo cuidado e investimento dispensados aos melhores vinhos europeus. Essa espécie de permuta pública transatlântica de paladares era muito popular entre grupos amadores de degustação e na imprensa dos Estados Unidos, quando os vinhos americanos venciam com freqüência, mas para os franceses seria uma nova experiência.

Os nove juizes franceses recrutados por Spurrier para o seu júri de degustação eram, com efeito, a elite do mundo vinícola francês: Odette Kahn de *Le Revue du Vin de France* e Claude Dubois-Millot de *Le Nouveau Guide*; os donos de duas prestigiosas propriedades na Borgonha e em Bordéus, Aubert de Villaine, do Domaine de la Romanée-Conti, e Pierre Tari, do Château Giscours; os donos de dois restaurantes, Le Grand Véfour e o Taillevent, e o *sommelier* de um terceiro, La Tour d'Argent, aos quais o Guia Michelin tinha concedido três estrelas; e o líder do grupo seria Pierre Bréjoux, o *inspecteur-général* da Appellation d'Origine Controlée (AOC), que era responsável por manter a qualidade do vinho francês, e Michel Dovaz, do Instituto Enológico da França.

A degustação, no dia 24 de maio de 1976, teve lugar no pátio do elegante e luxuoso Inter-Continental Hotel, que tinha sido projetado no pomposo estilo do século XIX pelo arquiteto Charles Garnier da *Opéra* de Paris. A tarde estava quente. As 20 garrafas de vinho, numeradas e revestidas, estavam colocadas numa mesa juntamente com jogos de copos, fichas de pontuação e lápis, baldes para cuspir e pão francês. Os juizes reuniram-se, cercados por vários observadores – alguns turistas, repórteres da imprensa francesa, gente ligada à indústria vinícola e o correspondente em Paris da revista *Time,* George Taber, que era estudante de *L'Academie du Vin*. À revista francesa *Gault-Millau* tinha sido oferecida cobertura exclusiva mas fora recusada. Só no último momento Spurrier informou os juízes que vinhos franceses tinham sido incluídos na fila de garrafas. Eles não fizeram qualquer objeção, não parecendo que essa revelação de último minuto os tivesse irritado ou intranqüilizado.

Os brancos foram servidos primeiro, depois os tintos. Enquanto os juízes giravam os copos, cheiravam, sorviam, cuspiam e classificavam cada vinho numa escala de 1 a 20, alguns foram rápidos em pronunciar-se enfaticamente sobre as origens de um vinho. "Este aqui é definitivamente Califórnia. Não tem nariz!", exclamou um deles a respeito de um vinho que resultou ser um Borgonha Batard-Montrachet de 1973. "Ah, de volta à França," suspirou o gastrônomo Raymond Oliver, dono de Le Grand Véfour, após sorver um pouco de um Chardonnay do vale do Napa. A confusão dos juízes estendeu-se aos tintos. Outro juiz classificou um Cabernet do vale do Napa como "certamente um *premier grand cru* de Bordeaux," prova evidente da "magnificência da França."

Quando os resultados foram apurados e anunciados, muitos juízes comportaram-se de forma imprópria, recusando-se a revelar suas notas, e um até tentou mudar seus números antes de Spurrier recolher as fichas de pontuação. O branco classificado em primeiro lugar por seis dos nove juízes foi o californiano Chãteau Montelena Chardonnay de 1993; entre os tintos, o Stag's Leap Wine Cellars Cabernet obteve o primeiro lugar enfrentando dois dos maiores *châteaux* do Bordeaux: o Mouton-Rothschild de 1970 e o Haut-Brion de 1970. De fato, seis dos onze vinhos que receberam a mais elevada pontuação na degustação eram da Califórnia.

Os resultados causaram tremendo alvoroço, sendo inclusive noticiados com destaque no telejornal noturno da CBS. A revista *Time* referiu-se à degustação como "O Julgamento de Paris", anunciando que "o impensável aconteceu: a Califórnia derrotou os gauleses". O júri francês era só estupefação; a indústria vinícola do país, como era de se prever, declarou imediatamente que a degustação tinha sido tendenciosa e injusta, e denunciou Spurrier, que estava igualmente atônito. (Vinte anos depois, Spurrier salientou que nunca teria organizado a degustação se pensasse que os vinhos americanos sairiam vencedores; no fim de contas, era na França que ele tinha o seu negócio.) Depois que a *Time* chegou às bancas, os telefones em Stag's Leap e Château Montelena não pararam de tocar, e os automóveis faziam fila à porta das vinícolas. Winiarski restringiu as vendas a uma garrafa por carro, mas não tardou a esgotar todo o seu estoque. Um retalhista que duas semanas antes se recusara a comprar o Stag's Leap, implorava agora que lhe vendessem algumas garrafas.

Em Nova York, Mike Kapon, proprietário de Acker Merrall & Condit Liquors e um dos poucos defensores dos vinhos da Califórnia na Costa Atlântica, vinha tendo dificuldades para vender os Chardonnays californianos. Por fim, expôs em vitrina uma pilha deles, incluindo Freemark Abbey e Château Montelena, dois dos vinhos na Degustação de Paris, postos ao lado dos grandes Borgonhas do Domaine de la Romanée-Conti. Esperava que uma parcela do glamour dos vinhos franceses se refletisse nos vinhos americanos que lhes faziam companhia e que, quando os consumidores comparassem os preços – os Borgonhas custavam de US$20 a US$30 uma garrafa, ao passo que os vinhos californianos eram vendidos a US$5 e US$6 – os vissem como pechinchas. Isso ainda não acontecera. Saiu então a coluna de Frank Prial no *New York Times* sobre a Degustação de Paris. Na manhã em que circulou esse número do jornal, os Chardonnays se esgotaram na primeira hora após a abertura da loja. Os vinicultores da Califórnia perceberam depressa que as degustações às cegas e a imprensa tinham o poder para os ajudar a vencer. Jim Barrett, do Château Montelena, calculou que a degustação tinha valido o equivalente a cerca de US$4 milhões em publicidade.

Alguns críticos, incluindo Frank Prial, sugeriram que os resultados da degustação não tinham sido assim tão claros quanto parecia e, ao longo dos anos, continuaram a ser analisados e reanalisados por profissionais do vinho e estatísticos. Depois que as pontuações dos juízes foram computadas e conferidas, o "vencedor" foi o vinho com o maior número de pontos em cada grupo. Mas o Stag's Leap, com 127,5 pontos, estava um mero 1,5 ponto à frente do Château Mouton e 2 pontos à frente do Château Haut-Brion, e somente um juiz o tinha classificado em primeiro lugar. Dois tinham dado o primeiro lugar ao Haut-Brion, e um terceiro colocara Haut-Brion e Montrose no topo. Poderia o vinho ser realmente classificado desse modo? Como levar em conta todas as variáveis? Por exemplo, que qualidade teria o Stag's Leap dentro de dez anos comparado com o Mouton, que estava preparado para envelhecer? Tinha alguma lógica um critério que fazia da degustação de vinhos o equivalente de uma corrida de cavalos onde cada segundo conta?

A DEGUSTAÇÃO DE PARIS AINDA É CONSIDERADA O MOMENTO EM que o vinho americano atingiu a maioridade. Foi um momento saboreado pelos vinicultores californianos e, de fato, por grande número de consumido res americanos. Em poucos anos, com a ajuda da criatividade e tecnologia americanas, trabalho árduo, dedicação e pura persistência, os americanos tinham logrado colocar-se ombro a ombro com os grandes do ramo e humilhado os presunçosos e sabichões franceses.Essa era uma atitude que perduraria para sempre.

Mas a Degustação de Paris tinha muitos outros significados. Sim, ela propiciou aos vinicultores da Califórnia "um novo sentimento de missão e confiança" e ilustrou que "vinhos excepcionais podiam provir de muitos outros lugares, à parte o tradicionalmente sacrossanto *terroir* francês." Ele mostrou que até mesmo ilustres e experientes juízes nem sempre podiam apontar a diferença entre os vinhos franceses e californianos. E trouxe estímulo à idéia de degustações às cegas entre os consumidores de vinho. Mas foi, sobretudo, uma indicação de que, de agora em diante, o vinho, especialmente na América, seria considerado e julgado segundo novos critérios.

Degustações às cegas, onde os rótulos de garrafas são escondidos para que os degustadores não sejam influenciados por nome ou reputação em sua avaliação do vinho na garrafa, eram métodos comuns no comércio vinícola, mas também estavam ficando tremendamente populares entre os consumidores americanos nos anos 70. Em vez de aprender sobre vinho simplesmente bebendo-o às refeições, como fazia na França o bebedor comum de vinho, colocar vinhos em contraste em degustações às cegas para ver qual deles é o melhor converteu-se num novo esporte americano. O jogo de degustação transatlântica, pondo em cotejo vinhos europeus e americanos já vinha sendo realizado em toda a América antes da Degustação de Paris, mas tinha sido agora ratificado e consagrado por profissionais num evento público internacional. Legitimou um novo modo de pensar – a degustação passou a ser uma corrida em que todos os participantes começam iguais na mesma linha de partida e só os melhores triunfam. Levou a degustação de vinho para uma arena global, onde eles eram como atletas olímpicos, e tudo o que contava era o paladar. De fato, três anos depois, em 1979, *Gault-Millau* organizou uma "Olimpíada Internacional do Vinho" em Paris, onde um South Block Pinot Noir de 1975, proveniente dos vinhedos Eyrie no Oregon, derrotou alguns dos melhores Borgonhas franceses. Na repetição do cotejo, organizado no ano seguinte pelo enérgico negociante de Borgonhas, Robert Drouhin, o Eyrie só perdeu por pouco para o grande Chambolle-Musigny de Drouin, o que o persuadiu de que deveria comprar terras no Oregon.

Mas embora os franceses começassem a participar das degustações transatlânticas quando o empreendimento já constituía um comprovado êxito, subsiste o fato de que a idéia é muito americana. Na França, o vinho nunca fora apenas uma questão de paladar e aroma, ou de quem tem um sabor comparativo; ele implica história, parte de um modo de comer e de viver, parte de, bem, de ser francês. As categorias de vinhos tinham sido baseadas nas qualidades do terreno onde se encontra a vinha, nas características do solo e do clima, assim como nos preços, e só depois foram agrupados por qualidade, não distinguidos com números como "vencedores" e "perdedores". A Degustação de Paris foi o primeiro passo para desligar o vinho do lugar. Como escreveu Paul Lukacs, a degustação sugeriu que a qualidade não era uma função de história mas, antes de tudo, "era intrínseca, estava realmente dentro do vinho, independentemente do que estava escrito no rótulo." As lições da degustação eram que, doravante, o que contaria no julgamento de um vinho seria o gosto na boca da pessoa num dado momento e o modo como um vinho se situava em relação à concorrência.

É claro, uma vez que se divorcie a qualidade de tudo o mais exceto o gosto, não temos mais nada em que confiar a não ser em nosso próprio paladar. Classificações como o sistema francês de qualificar os vinhedos e propriedades em *grand cru* e *premier cru* deixariam de ser a fonte primordial de ajuda para entender onde se encontra a qualidade do vinho. Em vez disso, os consumidores americanos, que ainda estavam aprendendo e, com freqüência, desconfiavam de seu próprio paladar, teriam que encontrar superdegustadores, cujos paladares podiam discernir os melhores entre os melhores vinhos somente pelo gosto e seguir seus ditames.

A antiga abordagem do vinho – as hierarquias dos *châteaux*, a classificação da terra, a primazia da França, o consumo de vinho pelas classes alta e média alta, os comerciantes de vinhos à moda antiga fornecendo opiniões e conselhos, o lento envelhecimento do vinho nas adegas dos ricos, a sabedoria convencional – estava começando a se decompor. Vinhos franceses previamente reservados para o comércio britânico de vinhos encontraram um preço mais elevado nos Estados Unidos e, ao mesmo tempo, os americanos estavam descobrindo que os seus próprios vinhos podiam ser tão bons quanto os daquelas consagradas garrafas de além-mar. Os americanos, que tinham sido completos ignorantes na matéria, educaram-se e perceberam que qualquer um podia aprender tudo sobre vinho. Da mesma forma que Julia Child os tinha ensinado que qualquer um podia cozinhar pratos da culinária francesa. Não era preciso ter crescido com vinho, ou ter uma adega, ou mesmo ter muito dinheiro para gastar, e uma degustação às cegas era o grande equilibrador do vinho.

Era o momento certo para Robert Parker.

3

O PALADINO DO VINHO

NA MAIOR PARTE DAS MANHÃS DE SÁBADO DOS anos 70, Robert Parker, longe do deprimente edifício de concreto onde passava os demais dias da semana trabalhando como advogado, podia ser visto empurrando, com ar feliz e com o corpo ligeiramente inclinado para frente, como se farejasse os vinhos certos que deveria comprar, um carrinho de supermercado pelos corredores do MacArthur Liquors, no MacArthur Boulevard de Washington, D.C. Sentia-se revitalizado. Sua vida real, o vinho, entrava uma vez mais em ação, com sua vida cotidiana no trabalho jurídico empurrada para segundo plano, com uma inefável sensação de alívio, até segunda-feira de manhã. Aí estava ele, usando jeans (às vezes, de bermudas), uma velha camiseta e uma jaqueta de pele com capuz, franzindo o cenho enquanto consultava sua lista de compras; ele já tinha marcado os vinhos na mais recente lista que recebera da loja pelo correio e que queria investigar com seu grupo de degustação. Pretendia conversar com o proprietário, Addy Bassin, e com seu assistente, Elliott Staren, que tinha começado a trabalhar para Bassin em 1970 e se tornara, desde então, um bom amigo, a fim de conhecer as novidades, o que poderia representar uma boa compra e o que ainda não havia degustado e deveria experimentar. Para eles, Parker era um cara legal, muito parecido com todos os outros jovens entusiastas em busca de conhecimentos, não um VIP como os numerosos juízes da Suprema Corte, que eram enófilos de mão-cheia, ou a turma do Serviço Secreto, que vinha regularmente apanhar as caixas de Château Margaux para o Presidente Richard Nixon. Aí, como em outras lojas de vinhos de Washington, D.C., Parker era apenas outro cliente, suficientemente sério para fazer perguntas e querer receber regularmente pelo correio as listas de ofertas.

Depois de guardar suas compras no porta-malas do carro, Parker rumava para a loja seguinte com tanta obstinação e dedicação quanto a de um colecionador de borboletas numa perigosa trilha distante, em busca de alguma variedade rara. Ora podia ser encontrado na Calvert Liquors, em Georgetown, ora na Woodley Liquors, da Avenida Connecticut; ou ainda realizando um giro por aquelas lojas de Baltimore que haviam expandido suas seções de vinho.

Para outros advogados, sábado significava jogar tênis, velejar na Baía de Chesapeake ou cortar grama no jardim: para Parker, significava um retorno ao que realmente o motivava após uma semana de trabalho como advogado no Farm Credit Banks, onde cuidava de falência, arrendamento, planejamento jurídico e documentação exigida para a concessão de empréstimos a empresas. O banco fazia parte de um sistema nacional de instituições financeiras estabelecido em 1916 para a concessão de empréstimos à agricultura, com supervisão do governo dos Estados Unidos. Ao contrário dos bancos comerciais, os bancos do Farm Credit System (Sistema de Crédito Rural) não aceitavam depósitos, mas emitiam títulos de dívida nos mercados nacional e global, a fim de levantar fundos para empréstimos. O trabalho era penoso – embora não tão exaustivo quanto os intensos dias de 18 horas requeridos de um assistente que se esforça por ser sócio num grande escritório de advocacia – e, para Parker, era enfadonho.

Não que Parker não se empenhasse em cumprir com eficiência as obrigações de seu emprego e não fosse bom no que fazia. Embora fosse advogado relutante, sua viva inteligência e a ética do trabalho caracteristicamente americana preponderaram, pelo menos durante os primeiros anos, e ele tratou as tarefas que tinha diante de si como problemas a serem solucionados, se bem que, no fundo, preferisse estar pensando em seu líquido favorito. Influenciado pela recém-promulgada lei da "verdade no empréstimo", assim como pelo advogado dos consumidores, Ralph Nader, Parker estava determinado a convencer o banco a lhe permitir converter seus documentos legais, comumente usados, para a linguagem ordinária. Quando uma pessoa obtinha uma hipoteca, pensava Parker, tinha de ficar claro para ela que poderia acabar pagando US$100 mil ao longo de trinta anos para uma hipoteca de US$30 mil. Sua idéia de reescrever tudo, desde hipotecas a notas promissórias, em inglês corrente e fácil de ler não era das mais populares entre seus colegas conservadores. Parker precisou de muitos anos para alcançar seu objetivo, em grande parte porque todos no banco, incluindo os demais advogados, manifestaram suas objeções. "Não podemos fazer isso", diziam eles. "Isso não soa suficientemente formal." Parker foi obstinado e sua persistência deu resultado. Essa foi uma das realizações de que mais se orgulhava do período de onze anos que durou sua carreira na advocacia. (Depois que Parker saiu do banco, contudo, eles voltaram rapidamente aos documentos legais redigidos na indigesta terminologia tradicional.) Contratar o primeiro advogado negro do banco e a primeira mulher advogada foi outra de suas iniciativas. Há trinta anos, não se poderia dizer que a diversidade fosse uma das metas necessárias dos departamentos jurídicos, totalmente brancos e totalmente masculinos, e não foi nada fácil convencer um banco conservador, profundamente desconfiado de mudanças, de que os dois candidatos eram as pessoas mais qualificadas para os cargos. Parker não abriu mão de suas convicções, na certeza de que estava agindo corretamente. É claro que ele conseguiu tudo isso sem se indispor com o patrão e os colegas, como prova o fato de ter sido promovido a advogado sênior e, por último, a assistente do procurador-geral do banco, dirigindo um departamento de quinze pessoas.

A despeito dos desafios, das gratificantes realizações que se harmonizavam com suas fortes convicções e da possibilidade de dinheiro e promoção, Parker sentia-se manietado, como se lhe tivessem tolhido a liberdade de movimentos. Queria estar no mundo do vinho, cheirando, degustando e pensando a respeito do que degustara, algo muito mais condizente com o lado hedonista de sua personalidade.

Parker e Pat residiam então em Parkton, na casa que pertencera aos pais de Pat. O casal a comprou em 1974, cerca de um ano depois de Parker se juntar às fileiras dos empregados; os Etzels queriam aposentar-se e precisavam vender a casa para satisfazer a esse propósito; e os Parkers, a seu turno, estavam prontos para comprar uma. A casa cinzenta e rústica, composta de sala e três quartos, num terreno de quatro acres localizado no final de uma rua estreita e sem saída, onde Pat e os dois irmãos mais jovens tinham crescido, confrontava com o Parque Estadual de Gunpowder Falls. Da varanda envidraçada, contemplava-se uma íngreme colina recoberta de carvalhos, bordos e olmeiros, da qual uma vertente desaparecia abruptamente no impetuoso rio Gunpowder, cujos remansos pedregosos ofereciam um lar para as gordas trutas marrons. À parte o bucólico cenário, a casa nada tinha de especial, semelhante às outras modestas residências de tijolo e vigamento de madeira ao longo da rua tranqüila; demandava algumas reformas urgentes, mas, pelo menos, dispunha de uma adega para armazenar o vinho. Estava a apenas dez minutos, passando por fazendas e milharais, da pequena cidade de Monkton, com seu departamento de bombeiros voluntários. A malha de estradas rurais pouco movimentadas era ideal para a prática de jogging, então o método preferido de Parker para se manter em forma.

Uma das primeiras coisas que Parker fez depois da mudança foi formar um novo grupo de degustação. Ele incluiu, é claro, seu bom amigo Victor Morgenroth, agora empregado como toxicólogo pela Federal Drug Administration (FDA), mas muitos outros e sérios degustadores também aderiram às reuniões semanais em torno da mesa de jantar na residência de Parker. Porém, quando degustava sozinho ou com Pat, ele simplesmente enfileirava as garrafas num balcão de fórmica na cozinha, que reclamava urgente renovação, e cuspia diretamente na pia.

O PANO DE FUNDO DAS DEGUSTAÇÕES DE PARKER NO MUNDO vinícola de meados da década de 1970 refletia um cada vez mais problemático mercado de vinho importado nos Estados Unidos, especialmente quando se tratava de vinhos franceses. O ano de 1969 havia visto outro e acentuado aumento de interesse pelos Bordeaux, quando o franco foi desvalorizado; sobreveio, então, uma frenética sucessão de aumentos de preços e a inevitável e febril especulação quando a histeria em torno dos Bordeaux se apossou do mercado americano com a safra de 1970. Um catálogo Sherry-Lehmann de 1972 lembrou (mas, na realidade, advertiu) que uma caixa de Bordeaux 1961, comprada então por US$100, estava sendo agora vendida por US$750 – se alguém tivesse a sorte de encontrá-la – e previu que os vinhos da safra de 1970 "atingiriam alturas análogas dentro de outra década". A revista *Fortune* fez coro. Afinal, não eram os vinhos *grand cru* do compêndio dos Bordeaux exemplos de uma possibilidade de investimento? Produção limitada e demanda crescente – para onde poderiam ir os preços senão para cima? A mensagem dos comerciantes e da maior parte da mídia era clara: é preferível aproveitar a onda agora porque, se não comprar os vinhos como futuros, então esqueça, pois não haverá outra chance. Sim, os preços estavam espantosamente altos, mas a previsão era de que eles subiriam ainda mais quando os vinhos engarrafados finalmente chegassem em 1973.

Os proprietários de *châteaux* em Bordéus tinham visto os *negociants* obterem enormes lucros iniciais à custa da enorme colheita de 1970, que alguns qualificaram de uma "safra perfeita" – excelente qualidade e enorme quantidade também – e, assim, eles trataram de fixar seus preços para 1971, que foi uma safra boa mas não abundante, em níveis ainda mais elevados, o triplo dos melhores de 1970, e viram que os comerciantes a quem venderam ainda estavam enchendo os bolsos. Nicholas Faith cita uma história contada a respeito de um *négociant* que, quando uma loja de vinhos que era sua cliente lhe pediu seis caixas de Bordeaux tinto comum, respondeu: "Certamente, mas tive de aumentar o preço de 3 para 6 francos." A resposta foi: "Então, é melhor mandar-me 12 caixas." O mercado de vinho tornou-se a província de gananciosos especuladores.

A febre consumista de vinho inundara o mercado americano com hordas de novos e inexperientes consumidores ávidos por arrebatar os melhores vinhos Bordeaux. Era um impulso natural: os nomes de *châteaux* eram famosos, símbolos garantidos de instantâneo prestígio. Além disso, os Bordeaux estavam tão bem organizados e tão mais fáceis de entender e selecionar que os Borgonha, com seus pequenos produtores, exportadores e dezenas de comunidades. Para os Bordeaux, não se requeria grande perícia: tudo o que um consumidor fiel à marca tinha de fazer era memorizar os nomes de meia dúzia de bons *châteaux* e de boas safras.

Estava se vendendo tudo e os horizontes de crescente consumo nos Estados Unidos pareciam ilimitados – fontes prudentes prognosticaram um aumento de 100% no consumo de vinho durante os anos 70 – e os britânicos estavam comprando mais do que o dobro do que haviam comprado dois anos antes. Com a inflação aproximando-se dos dois dígitos na Inglaterra, os investidores despejaram dinheiro em ativos "sólidos", como bens imóveis e novos fundos de investimento em vinho. Na verdade, os preços para a safra de 1970 tinham permitido aos donos de *châteaux* recuperar-se finalmente dos prejuízos suportados durante os muitos anos ruins da década de 1960. Mas tudo isso era apenas o começo. O ano de 1972 e o primeiro semestre de 1973 foram corretamente descritos como um "hospício enófilo".

Com a malfadada safra de 1972, escreveu Hugh Johnson, "os preços perderam o contato com a realidade". A safra dos Bordeaux foi um desastre, "cataclísmica", na expressão de Michael Broadbent, chefe do departamento de vinho da Christie's. Os vinhos eram terríveis, delgados e acéticos, inteiramente desagradáveis ao paladar. E daí? Em 1972, um cartaz na vitrine na loja de um varejista na rua 72, no Upper West Side de Manhattan, profetizou: "É um fato: os preços do vinho estão subindo sempre." Os proprietários de *châteaux* em Bordéus admitiram que seus vinhos de 1972 não eram muito bons, mas uma mentalidade de "maria-vai-com-as-outras" impeliu os preços cada vez mais para cima na primavera de 1973, quando os *châteaux* ofereceram aos *négotiants* seus vinhos ainda por engarrafar. Ninguém queria ser apanhado cobrando menos que seus vizinhos – isso os tornaria irremediavelmente desprestigiados. Bastava correr a notícia de que o vizinho *château* inferior estava vendendo seus vinhos a 24.000 francos para convencer o vizinho mais prestigioso de que tinha de pedir 32.000. E assim por diante.

Alguns lojistas, desesperados, penduravam-se freneticamente ao telefone para fazer compras, preocupados com o fato de haver ou não vinho suficiente para satisfazer à demanda assim que os vinhos estivessem engarrafados. Para o bebedor comum de vinho, isso significaria vinhos não muito bons a preços exorbitantes. Mas os franceses presumiram que os americanos continuariam comprando, de qualquer modo. E por que não? Os vinhos franceses eram os únicos realmente levados em conta. (Mais tarde, é claro, astutos importadores americanos e ingleses boicotaram a produção de 1972, causando pânico entre os *négociants*.) Os preços para os Borgonha de 1972 também estavam em alta e a demanda americana para vinhos do Ródano traduziu-se em aumentos de preço de 80% a 90%.

Por causa de uma mudança radical no código tributário francês, que entraria em vigor a partir de 1972, os donos de *châteaux* também estavam liquidando seus estoques de safras mais antigas, de modo a evitar o pagamento de impostos sobre o valor corrente do vinho. Felizmente para eles, Christie's, os leiloeiros de Londres, haviam criado, em 1966, um departamento separado para vinhos e promoviam vendas regularmente. Nos anos seguintes, o negócio prosperara tanto que a Sotheby's abriu um departamento rival em 1970 e não tardou muito para que Londres fosse o endereço de quarenta leilões anuais. Nos Estados Unidos, Heublein, que comerciava a vodca Smirnoff e também queria ganhar dinheiro no próspero mercado de vinhos finos, iniciou em 1969, com uma grande campanha publicitária, um leilão anual de vinhos antigos raros que atraiu novos e abastados colecionadores. Os preços em leilões eram freqüentemente astronômicos, em comparação com os que os vinhos haviam alcançado no passado – no leilão de Heublein de 1971, uma Jeroboam* de Mouton, de 1929, atingiu a soma, então espantosa, de US$9.200.

Os leilões de Londres haviam sido tradicionalmente dominados por profissionais do comércio vinícola que possuíam uma noção clara e bastante realista de valores correntes. Mas, em meados da década de 1970, um número crescente de colecionadores americanos também afluiu com a sua, à época, mais forte moeda às salas de leilões, com a intenção deliberada de criar adegas de um dia para o outro. Os especuladores tiveram comportamento análogo, atraídos cada vez mais pela perspectiva do Bordeaux fino como investimento seguro em tempos financeiramente incertos. Essa demanda ajudou a produzir

---

**Nota do Tradutor*: Garrafa de vinho de oito a doze vezes o tamanho usual. Denominação inspirada na figura bíblica de Jeroboão, "homem valente e capaz [que] fez Israel cometer pecados" (Reis, XI:28, XIV:16).

uma importante alta nos preços. Em 1974, os *châteaux* estavam despejando quantidades gigantescas de vinho no mercado de leilões.

Mas os franceses pareciam cegos para o que estava realmente acontecendo nos Estados Unidos e no mundo em 1973 e 1974. As prateleiras das lojas de varejo nos Estados Unidos rangiam sob o peso das garrafas por vender das dispendiosas safras dos anos 70. Convencidos de que a demanda americana não diminuiria, alguns compradores comprometeram-se com substanciais aquisições da medíocre safra de 1972 a preços elevados – o que um crítico chamou de "os destroços e as cargas alijadas de um 'boom' que faliu." Depois, seguiram-se a copiosa safra de 1973 – de medíocre e, por vezes, atroz qualidade – e a abissal de 1974, mas os *châteaux* ainda continuavam elevando seus preços. Finalmente, a combinação de preços superaquecidos, três safras de "medíocres para médias", a guerra no Oriente Médio, a queda do dólar, a fragorosa inflação e um súbito declínio econômico mundial causado pela crise do petróleo de 1973 empurraram o mercado do vinho francês para a beira de um pavoroso colapso. O Winegate do Bordeaux – um escândalo internacionalmente noticiado envolvendo a bem-relacionada família Cruse, em que vinhos foram fraudulentamente re-rotulados como sendo outros de mais prestígio – não ajudou em nada. A parte americana do mercado, que tinha parecido fácil de enganar e insaciável, desabou e os franceses perceberam subitamente que tinham matado a galinha de ovos de ouro. Não se dando por vencidos, contavam superar o impasse à custa dos britânicos, mas – vejam que azar! – a economia britânica também tinha registrado um sério declínio. O vinho era um artigo de luxo, um supérfluo em tempos inflacionários. Outros mercados – os belgas e os escandinavos – não podiam compensar a diferença. Pilhas e pilhas do delgado 1973 e do muito pouco atraente 1972 jaziam nas adegas dos *châteaux* e acabaram sendo vendidos a preços de liquidação.

Embora consumidores que não primavam pelo refinamento continuassem comprando nos Estados Unidos os rótulos de maior renome para impressionar seus igualmente inexperientes amigos, muitos escritores de vinho apressavam-se em salientar os problemas do Bordeaux. Quando garrafas da safra de 1971 – que Robert Finigan qualificou de "mortalmente enfadonha" – chegaram finalmente em 1976, o crítico de vinho radicado em San Francisco escarneceu, em sua *newsletter*, a perpetuação da "charada de superioridade, com a concomitante impostura dos preços, simplesmente porque um determinado *château* de Bordeaux foi incluído na velha e mofada lista de honra de 1855". Isso, escreveu ele, "é manifestamente absurdo".

Também o Borgonha estava prestes a cair em meados da década de 1970. O comércio vinícola dispensou o fornecimento de deploráveis garrafas de prestigiosos domínios com a pomposa garantia de que "estavam apenas passando por uma fase". De fato, a qualidade do vinho na Borgonha era, de um modo geral, um escândalo, insistiram Finigan e outros. Alguns atribuíram esse melancólico declínio a gananciosos vinicultores que produziam seus vinhos num estilo para consumo rápido, medida que atribuíam abertamente aos desejos dos consumidores, mas, na realidade, beneficiava, de forma notória, o fluxo de caixa dos negociantes de vinhos (sobretudo os atacadistas). Outros denunciavam a superprodução nos vinhedos e os vinicultores que extraíam mais vinho de um vinhedo do que o permitido pela regulamentação, resultando em vinhos menos concentrados, com menos corpo e menos buquê. Outros ainda até insinuaram que negociantes inescrupulosos, que engarrafavam e exportavam vinhos, estavam adicionando ilegalmente vinho do vale do Ródano para robustecer os delgados e pálidos Borgonha, como já haviam feito um século atrás para o mercado inglês. Cínicos borgonheses deram simplesmente de ombros. Que diferença isso fazia? O que, de qualquer maneira, os americanos loucos por vinho sabiam a respeito do que estavam comprando?

Os consumidores americanos podiam não ter grandes conhecimentos, mas a revolução na apreciação e no conhecimento de vinhos de um extremo ao outro do país significou que eles estavam aprendendo depressa e não gostavam de ser ludibriados ou explorados.

Parker era um deles.

Como a revista comercial americana *Beverage Media* advertira, "o interesse americano não está limitado a beber apenas um vinho. O consumidor americano está provavelmente degustando mais vinhos do que qualquer europeu, que confina sua preferência a um vinho local, sem curiosidade ou interesse de experimentar qualquer outro tipo". Enquanto os preços do vinho francês estavam nas alturas e a qualidade estava despencando, a região vinícola da Califórnia passava por um período febril de expansão e experimentação. Seus vinhos estavam melhorando rapidamente, dotando o novo mercado americano com interessantes alternativas. Em 1973, havia 62 vinícolas em Napa e Sonoma, 21 das quais tinham apenas um ano. Em 1974, as importações de vinho francês registraram uma queda de 42%.

Os amantes dos vinhos da Costa Oeste vaticinaram que no vinho da Califórnia residia a verdadeira excitação enófila nos Estados Unidos, se bem que muitos francófilos da Costa Leste ainda pensavam ser absurda, senão grotesca, a idéia de que esse estado pudesse produzir grandes vinhos. Em 1976, a Degustação de Paris ajudou a convencer alguns de que valia a pena experimentar os vinhos domésticos, e seus preços inferiores aumentavam seu atrativo. Na década seguinte, multiplicaram-se as degustações comparativas de França *versus* Califórnia em eventos públicos e casas particulares, e parecia não haver uma semana em que o vinho de uma nova butique californiana não triunfasse do Château Latour ou Lafite. Muitos Cabernet produzidos em meados da década de 1970 eram encorpados e intensos, com atrevidos aromas frutados; alguns eram "machos" de grande sucesso, impressionantemente reforçados com madeira de carvalho (a filosofia do "se um pouco é bom, muito é melhor"), boa alcoolização e taninos de deixarem os dentes manchados. Os amantes do vinho da Califórnia estavam começando a preferir o estilo "o grande é belo". Com vinhos de vinícolas novinhas em folha e desconhecidas chegando constantemente ao mercado, os consumidores passaram a procurar avaliações objetivas que lhes dissessem o que comprar.

PARKER E VICTOR MORGENROTH, OS PRINCIPAIS ESTEIOS DO NOVO grupo de degustação, eram mais do que amigos e parceiros que respeitavam os paladares um do outro. Também gostavam de discutir absolutamente tudo o que tivesse a ver com vinho. Era um tema que rendia muita polêmica: da mesma forma que dois torcedores de futebol passam horas inventando novas táticas de jogo e trocando estatísticas sobre quem obteve mais pontos ou fez mais gols, eles ficavam horas falando sobre o melhor método de classificar vinhos e a escassez de literatura sobre vinho que fosse além da regurgitação da velha e romântica visão do vinho para comentar honestamente sobre a qualidade das garrafas nas lojas especializadas. Ninguém – pensavam – estava escrevendo sobre os vinhos desconhecidos de US$5, a garrafa, que eram simplesmente tão bons quanto os grandes nomes a US$30. Ambos tinham ficado contrariados, até mesmo furiosos, em face do que consideravam a superinflacionada propaganda da indústria vinícola e os métodos enganosos usados para atrair o consumidor americano.

Muitos dos novos aficionados do vinho que formaram o crescente número de grupos de degustação nos Estados Unidos estavam obcecados com o alinhamento de uma dúzia de garrafas de cada vez e com sua classificação e ordem de colocação para determinar quais eram "as melhores de todas". Para garantir que seus julgamentos sobre a qualidade de um vinho não seriam influenciados por sua reputação corrente, eles degustavam os vinhos às cegas, ocultando os rótulos para lhes disfarçar a identidade.

Parker e Morgenroth eram também grandes crentes nas degustações às cegas. Retirar as apertadas rolhas, deslizar bolsas de papel pardo sobre a superfície lisa das garrafas e prendê-las pelo gargalo com cintas elásticas, depois embaralhar as garrafas e escrever um número em cada uma tornaram-se um agradável ritual pré-degustação, um período para bater papo antes da séria e concentrada tarefa de avaliar meticulosamente os vinhos, um a um, e calcular onde eles se encaixavam no esquema essencial da qualidade. Fizeram experiências com vários sistemas de pontuações, incluindo a escala alfabética de A a F e o sistema muito popular de 20 pontos que era usado no departamento de enologia da Universidade da Califórnia, Davis, o mais respeitado centro de pesquisa de vinhos nos Estados Unidos. Os dois eram fãs da escala Davis, como era por vezes chamada. Parecia ser um sistema negativo para o que se supunha ser uma medida de alegria e prazer. No entender de Parker, retirar pontos pelo que um vinho não tinha não fazia tanto sentido como somar pontos por aquilo que o vinho tinha. Um dos homens – Parker não tem certeza de qual – veio com a idéia dos 100 pontos, que era realmente uma escala de 50 a 100 pontos, porquanto davam a todo o vinho 50 pontos apenas pelo fato de "se mostrar". No entanto, dispor de 50 pontos para trabalhar lhes dava mais flexibilidade do que qualquer outro sistema. Parker passava suas noites, depois do trabalho, refinando e organizando cuidadosamente a escala, e, finalmente, destinou até 5 pontos para cor e aparência, 15 para aroma e buquê, 20 para sabor e acabamento, e 10 para nível de qualidade geral ou potencial. Esse sistema, na opinião de Parker e Morgenroth, tinha muito menos probabilidades de resultar nas infladas classificações de vinhos que viam por toda a parte e, além disso, era de uma extrema simplicidade. Quem freqüentou a escola nos Estados Unidos sabe exatamente o que significava 97 numa prova de ortografia. Em 1976, sua escala de 100 pontos foi estabelecida. Nenhum deles questionou se era fundamentalmente insólito atribuir pontuações numéricas a vinhos.

Mas o tópico mais polêmico era o problema que ambos enfrentavam com as respectivas mulheres, que reclamavam constantemente de quanto dinheiro eles gastavam com vinhos. Para Parker, o total anual estava agora entre US$2 mil e US$4 mil, uma soma desproporcional da renda que ele e Pat levavam para casa. "Não podemos continuar gastando tanto dinheiro em vinho!", era o irritado e duro refrão cotidiano de Pat. A cozinha estava uma bagunça, a casa precisava de restauração na fiação elétrica – ela também gostava de beber vinho, mas – havia *limites*.

Entre 1975 e 1976, ocorreu aos dois amigos que deveriam escrever um boletim informativo sobre vinho para os consumidores, para que, como argumentou Parker, pudessem "continuar comprando e degustando o vinho que quisessem sem ir à falência... e evitar o risco de perder as mulheres por causa do comportamento obsessivo". Mesmo que não ganhassem dinheiro, ainda assim poderiam dizer às esposas que os vinhos que estavam comprando eram abatidos nos impostos. Parecia uma solução formidável para um problema conjugal a quatro. Eles sabiam que estavam degustando mais vinhos com mais seriedade do que a maioria dos colunistas.

Em 1977, os dois tinham decidido sobre um tema perfeito para lançar o primeiro número – o Bordeaux de 1973. O que lojas de vinho como a Sherry-Lehmann, de Nova York, qualificavam como vinhos agradáveis, frutados, apropriados para beber enquanto se espera que as grandes safras amadureçam, Parker e Morgenroth decretaram tratar-se de vinhos diluídos, aguados, de uma safra afogada em chuva, conclusão a que chegaram após provar, um a um, todos aqueles vinhos em que puderam pôr a mão. "Que lixo de safra", disseram um ao outro, concordando que apenas meia dúzia valia alguma coisa. Os consumidores, acreditavam eles, mereciam conhecer a verdade antes de comprar.

Parker, em especial, expressava desdém pela produção corrente de livros e colunas sobre vinhos. Sua formação e sua experiência na área jurídica o tinham ensinado a ser cético, a fazer perguntas, a examinar cuidadosamente as tendências e os preconceitos subjacentes, apurar conflitos de interesses e formular um juízo. Por que os escritores não eram mais críticos? Os autores britânicos – a maioria trabalhava no comércio vinícola – sabiam sobre o que estavam falando, decidiu Parker. Mas, em sua opinião, eles raramente punham o dedo em propriedades que não estivessem à altura e recomendavam freqüentemente vinhos que eles próprios estavam importando e vendendo, sem dar ao leitor essa informação. As degustações de Parker e Morgenroth os convenceram de que vinhos provenientes das propriedades mais conhecidas eram sofrivelmente produzidos e deliberadamente superestimados, e isso era tudo o que se podia dizer deles.

Na opinião de Parker, os escritores de revistas e jornais americanos eram piores. Ele era capaz de reconhecer quando alguém tinha comido e bebido numa "boca-livre", à custa da vinícola interessada na publicidade. Como disse, mais tarde, a um entrevistador, havia uma "história estupenda" em que eram exaltadas as virtudes do "próximo grande vinho proveniente do Brasil" e depois, quando o provamos, pudemos ver que a recomendação "era papo-furado."

O ESCÂNDALO DE WATERGATE FOI O PANO DE FUNDO POLÍTICO DO último ano de Parker na Faculdade de Direito e de seu primeiro ano no exercício da advocacia, e afetou profundamente seus pontos de vista sobre o Direito, o mundo e, por extensão, o vinho. A invasão ilegal para colocar aparelhos de escuta eletrônica clandestina na sede nacional do Partido Democrático no Hotel Watergate, em junho de 1972, a subseqüente tentativa de abafar o escândalo e a revelação final da existência de um fundo secreto republicano para financiar espionagem política maciça e sabotagem contra os democratas forneceram grandes manchetes, com informações sensacionais vindo diariamente à tona. Parker – como seus colegas estudantes de Direito – acompanhava o desenrolar da história no *Washington Post* e por meio das audiências televisadas da Comissão Watergate do Senado, formada para investigar o que tinha acontecido e quem estava envolvido. Sam Dash, um professor com quem Parker havia feito um curso sobre conflito de interesses, era o principal advogado da Comissão. De fato, muitos dos principais personagens na crescente crise do governo eram advogados e pareciam pertencer a um de dois grupos distintos – heróis ou vilões.

Os "mocinhos" incluíam Dash; Archibald Cox, o professor de Harvard contratado como promotor público especial; o procurador-geral da República, Elliot Richardson, e seu assistente, William Ruckelshaus, que preferiram exonerar-se do Departamento de Justiça a obedecer à ordem de Nixon de demitir Cox, que estava pressionando o presidente para divulgar as gravações secretas de conversas em seu gabinete. Entre os "bandidos", estavam o ex-procurador-geral John Mitchell, que tinha controlado o fundo secreto; o advogado da Casa Branca, John Dean III, que testemunhou que o presidente estava ciente do plano de invasão; e o advogado e assistente da Casa Branca, Charles Colson. Quarenta funcionários do governo, muitos deles advogados que tinham mentido, foram pronunciados, o que dificilmente propiciaria um bom nome à profissão jurídica. Parker os considerou um vexame para qualquer um que se intitulasse advogado e se tivesse na conta de profissional digno. Até o vice-presidente, Spiro Agnew, teve de se exonerar em face das acusações de sonegação de impostos e recebimento de propinas; e, por fim, Nixon, ele próprio um advogado, demitiu-se para não enfrentar o *impeachment*.

Um advogado admirado por Parker era Ralph Nader, o advogado dos consumidores, cujas investigações aprofundadas das forças-tarefa e dos relatórios eram documentos quentes nos anos 70. Advogado jovem, com uma memória enciclopédica e profundas convicções morais, Nader ganhou proeminência nacional na década de 1960 com a publicação de *Unsafe at Any Speed*, uma devastadora crítica da indústria automobilística. Quando se revelou que a gigante General Motors havia contratado detetives particulares para seguir de perto e hostilizar Nader, seu livro foi catapultado para a lista dos *best-sellers*. Ao longo de toda a década de 1970, ele foi o mais visível e ardoroso advogado dos consumidores, tendo por objetivo estabelecer organizações que pudessem dar voz e poder ao zé-povinho. O Center for the Study of Responsive Law, que ele fundou em Washington, D.C., em 1969, tornou-se a opção favorita para os melhores estudantes de Direito que quisessem um emprego durante as férias de verão; em 1970, um terço da população estudantil da Faculdade de Direito de Harvard candidatou-se ao emprego.

Em face da atmosfera de protesto contra a Guerra do Vietnã e da repulsa geral causada pelo escândalo de Watergate, as campanhas de Nader atraíram muitos estudantes de Direito idealistas e advogados novatos. Como Nader's Raiders, assumiram poderes estabelecidos no mundo empresarial e no governo, trabalhando infatigavelmente para expor fraudes, a manipulação cínica dos consumidores e conflitos secretos de interesses, como as luxuosas viagens "para fins educacionais" oferecidas a congressistas e senadores pelas associações industriais. Seus relatórios explosivos, dando nomes com todas as letras, davam audiência fiel aos telejornais noturnos e acumulavam manchetes na imprensa.

Esses conflitos de interesses representaram um tópico que calou fundo em Parker quando ele estava na Faculdade de Direito e viu provas evidentes disso em muito do que se escrevia a respeito de vinho. Como poderia alguém avaliar um vinho objetivamente se também o estava vendendo ou se era amigo fiel dos produtores de vinho, abastecido de vinho grátis e deixando que estes pagassem passagens aéreas, hotéis quatro estrelas e exuberantes jantares em restaurantes elegantes? Em sua opinião, o propósito real das "gentilezas" dos vinicultores não era diferente do que motivava o relacionamento das associações industriais com os congressistas que Nader havia denunciado: o tráfico de influência.

Nader estava determinado a tornar acessível aos consumidores a informação idônea sobre um produto e acreditava que peritos independentes deveriam comparar e avaliar o desempenho do produto. Empresas e governo tinham de ser responsabilizados. Suas campanhas enfureceram líderes empresariais, mas impressionaram Parker, que viu Nader se tornar o herói dos desprotegidos, investindo contra os poderosos – David derrubando Golias, um papel que muitos americanos admiravam; o zé-ninguém, com o direito a seu lado, combatendo os cínicos exploradores.

Quando pensou em produzir uma *newsletter* sobre vinho, Parker tinha em mente essa imagem de Nader e sua filosofia. A *newsletter* – insistiu Parker com Morgenroth – tinha de ser uma publicação independente a serviço do consumidor; não podia, portanto, ficar à mercê da indústria, o que significava não receber publicidade – uma postura revolucionária, pensou – e fixar padrões rigorosos sobre conflitos de interesse. As despesas seriam pagas do próprio bolso, comprando os vinhos e recusando quaisquer vantagens que lhes fossem oferecidas. Parker não viu que redigir um boletim informativo como atividade secundária pudesse conflitar com seu emprego como advogado associado, mas a Food and Drug Administration, onde Morgenroth trabalhava, tinha regras complexas sobre o que os funcionários podiam fazer fora de seu emprego. O escrupuloso Morgenroth teria de obter o consentimento prévio do órgão, que lhe foi recusado. Infelizmente, quando estavam com tudo preparado para fazer da *newsletter* uma realidade em 1977, ele viu-se coagido a recuar. Com a saída do sócio, Parker ficou acabrunhado durante meses pensando em quão difícil seria abandonar seu sonho. Como poderia seguir adiante sozinho? Fundamentalmente um otimista, decidiu que, se pedisse US$2 mil emprestados à sua mãe e obtivesse listas de endereços dos principais varejistas locais e das filiais de Les Amis du Vin, poderia fazer a coisa funcionar. Pat achou que o marido endoidara de vez. Ele era um advogado com um bom e seguro emprego. O vinho era um excelente *hobby*, mas ele não estaria levando as coisas longe demais?

A indulgente mãe de Parker, que morava a dez minutos da casa deles, achou muito difícil, sem dúvida, negar a seu filho único qualquer coisa que ele verdadeiramente quisesse. Os dois tinham um relacionamento muito afetuoso; Parker sempre fora o centro das atenções dela e tudo o que precisava agora era de um par de US$1 mil para concretizar um projeto que ele vinha acalentando há muito. Anos mais tarde, Parker comentou ironicamente que, se ela soubesse que o empréstimo resultaria no abandono de sua carreira de advogado para ficar degustando vinhos, nunca lhe teria dado o dinheiro.

Ele sabia que obter listas de endereços não seria nada fácil. As melhores lojas de vinhos forneciam para pessoas poderosas em Washington; por isso, protegiam zelosamente suas listas. Mas, sem elas, recordou Parker, "a coisa iria toda por água abaixo". A primeira pessoa que ele abordou foi Addy Bassin, o dono de MacArthur Liquors, a quem respeitava como um "brilhante comprador de vinho". Embora Parker fosse um cliente regular da loja, ainda assim, se sentia nervoso a respeito de sua investida. Havia muita coisa em jogo, pois dizia a si mesmo que, se não conseguisse persuadir o dono da MacArthur e o da Les Amis du Vin para lhe cederem suas listas, isso representaria o fim. A reação inicial de Bassin, como Parker temia, foi de recusa. Mas Parker vinha preparado. Numa mesa de um quarto abarrotado dos fundos da loja, desenrolou o projeto gráfico de uma página para mostrar a Bassin o formato e o aspecto da *newsletter*, e palavras de explicação para o uso da lista fluíram rapidamente. "É claro, pagarei para poder usar a lista", disse a Bassin. "Prometo que não a copiarei nem farei qualquer coisa com ela – tudo o que quero é enviar um exemplar grátis de minha *newsletter* a todos os que figuram na lista." Sentiu, porém, que tinha de advertir Bassin de que poderia vir a criticar vinhos que estavam à venda. Essa postura independente impressionou o dono da loja, que concordou em pensar na proposta. Para Parker, os dias seguintes foram tensos.

Veio, então, o telefonema de Bassin. "Ok, eu a cedo a você", disse ele. "Penso que precisamos de uma publicação como essa. Não concordo com tudo o que você está escrevendo. Mas gosto do modo como vai fazer isso." Até hoje, Ed Sands, que era o dono da Woodley Liquors (e ainda é, pois sua loja fundiu-se com The Calvert Shop, adquirida em 1982), não sabe o que o convenceu a deixar Parker usar sua lista de endereços. Ele jamais a cedera a quem quer que fosse. Marvin Stirman, um dos fundadores de Les Amis du Vin, tampouco a cedera antes a ninguém. A fim de manter a organização completamente não-comercial, sempre se recusara a vender sua lista a importadores, distribuidores e vinícolas. Mas também ele a cedera agora.

Parker tinha esse tipo de efeito sobre muitas pessoas quando estava começando. A combinação de charme juvenil, evidente sinceridade, convicta autoconfiança e intensa paixão pelo vinho era poderosamente persuasiva. Por trás da maneira polida de "Sou apenas um cara normal", estava uma personalidade vigorosa e determinada e, quando se tratava de vinho, o zelo era o de um missionário. Parker estava convencido de que o seu seria realmente o primeiro guia para o consumidor de vinho. De fato, não era. Mas essa convicção era evidência de seu enfoque sincero e coerente, bem como de seu ego muito saudável. Outras pessoas tinham suas dúvidas; Parker nunca teve e, mais tarde, não granjearia a estima de outros escritores de vinho, pois, em suas entrevistas, não se privava de dizer, repetidas vezes, que, "até 1978, a maioria dos críticos de vinho estava essencialmente na lista dos subornáveis".

PARKER DECIDIU QUE A *NEWSLETTER* SE CHAMARIA *THE Baltimore-Washington Wine Advocate* e, para enfatizar sua completa dedicação aos consumidores, o logotipo seria um saca-rolhas no formato da cruz de um cruzado. Era um símbolo significativo de seus profundos sentimentos a respeito do tipo de crítico de vinho que queria ser. Parker possuía o sincero zelo de um verdadeiro paladino, uma seriedade sobre o assunto que tinha algo em comum com a dos jornalistas investigativos na pista de um escândalo político, mas com um toque adicional de dedicado hedonismo.

Ele contratou sua secretária no escritório de advocacia, que morava perto, para datilografar nos fins de semana as notas manuscritas que ele redigira para o primeiro número. Decifrá-las não era fácil, mas havia muita prática. Tiraram cópias num velho mimeógrafo, usando papel amarelo-claro e tinta marrom. Num abafado fim de semana de verão, Parker, Pat e os pais dele acamparam no piso da sala de estar, checando, reunindo e grampeando as páginas de cerca de 6.500 *newsletters*, dobrando e endereçando cada uma delas. A enfadonha tarefa levou muito tempo, mas Parker sentia-se exultante, cheio da expectativa de que uns bons 40% ou 50% daqueles que a iriam receber se tornariam seus assinantes. Estava repleta de conselhos orientados para o consumidor, nada de palavreado vazio, e custava apenas US$10 por ano – menos do que o preço de uma boa garrafa de vinho. Como poderia um assinante perder uma oportunidade assim?

Considerando-se que ele havia trabalhado num banco e se especializara em direito comercial durante cinco anos, parece surpreendente que Parker não tivesse pesquisado os aspectos financeiros da comercialização da mala direta. Entretanto, ele afirma que não tinha a menor idéia de que a taxa de retorno normal era de 2% a 3%. Mais tarde, admitiu que, se tivesse sabido mais a respeito, provavelmente não teria, em primeiro lugar, corrido o risco de produzir a *newsletter*. Pôs tudo no correio com uma sensação de satisfação, depois ele e Pat voaram para a Califórnia, a fim de passar as férias fazendo o que ele gostava: um giro pelos vinhedos para degustar a maior quantidade de vinho possível.

O primeiro número de *The Baltimore-Washington Wine Advocate* anunciou-se como "Um Guia Bimensal do Consumidor para Vinhos Finos". A primeira página mostrou a mão pesada da formação jurídica de Parker: um resumo do que a *newsletter* ofereceria apresentou-se sob o título "Propósito e Âmbito" e vinha redigido no régio "nós". Parker expôs claramente como o consumidor comum se beneficiaria, sublinhando o fato de que os vinhos com nomes famosos eram freqüentemente uma decepção, enquanto propriedades menos famosas, que vinham realizando "grandes avanços em qualidade", eram as melhores compras. Para preços de US$10 a US$25 a garrafa, escreveu ele, "um consumidor não pode certamente permitir-se cometer tais erros". "Assine agora", recomendava ele, "porque você pode vir a gastar US$10 por uma garrafa errada de vinho".

Sua linguagem, "talhada para atrair a caça", refletia sua postura orientada ao consumidor e sua forte crença em que o vinho podia ser avaliado de modo objetivo – a palavra "objetivo" aparece repetidas vezes. Parker garantiu a seus leitores que estava inequivocamente comprometido com a honestidade e colocava-se francamente do lado do consumidor de vinho como "um ombudsman" que se propõe a "expor vinhos medíocres e pobres, assim como os vinhos com preços inflacionados". Situou-se em contraste com a maioria das autoridades enólogas, que ignora – asseverou ele – muitas boas aquisições e exagera o valor de vinhos e safras famosos. Finalmente, prometeu comentar unicamente sobre vinhos que ele próprio tivesse comprado e avaliado.

O número inicial de cortesia tinha todas as marcas de uma produção amadora sem revisão apurada – títulos tortos, frases repetitivas, ortografias erradas até de importantes regiões vinícolas (Pomeral, em vez de Pomerol) e o estilo das notas de degustação marcado por um vocabulário razoavelmente limitado. Palavras como "esplêndido", "agradável", "aveludado" e "delicioso" foram usadas repetidas vezes como positivas; "delgado", "desequilibrado" e "acídico" predominaram entre as negativas, embora Parker não hesitasse em chamar um vinho de "enfadonho", "terrível" ou mesmo "atroz". Mas as referências positivas mais freqüentes eram as frutas e uma frase que, mais tarde, se tornou um dos termos de louvor com a assinatura de Parker, "carradas de fruta", fez sua estréia numa descrição do Clos du Val Zinfandel 1973, proveniente do vale do Napa.

A redação melhorou muito ao longo dos números do primeiro ano, mas certas coisas não mudaram. O logotipo de Parker, o papel amarelado, a diagramação compacta com avaliações de vinhos, o sistema de classificação de 100 pontos e uma nota nos créditos de que "a mídia noticiosa, os distribuidores de vinho e os varejistas podiam usar o material desde que fosse dado o crédito a *The Wine Advocate*", um brilhante golpe de promoção, eram então os mesmos de hoje. Uma lista dos principais artigos para os seis números seguintes mostrava que Parker dedicara considerável atenção aos assuntos que poderiam atrair os leitores.

Parker cumpriu suas promessas oferecendo uma arrasadora opinião sobre o Bordeaux 1973, então disponível em abundância nas lojas de vinho de Baltimore e Washington. Avisou aos seus leitores que o 1973 do famoso primeiro *cru* Château Margaux era "um vinho terrível... muito delgado e acídico, com buquê e gosto frouxos e sem tipicidade, um vinho medíocre que deve ser evitado" e deu-lhe uma pontuação sofrível de apenas 55 pontos em 100. O Leoville-Poyferré conheceu um destino ainda pior – este "vinho atroz, desprovido de qualquer valor social compensador" recebeu 50 pontos, a mais baixa pontuação de Parker. Dos 65 Bordeaux degustados e comentados, dez ficaram abaixo de 60, o que significou, de acordo com a definição de Parker, vinhos "a evitar". Apenas três vinhos obtiveram 80 pontos: Château Ducru-Beaucaillou (83), La Tour Haut-Brion (82) e Château Pétrus, o melhor deles todos, com 87 pontos. Duas páginas também recomendaram vinhos de bom valor em três diferentes níveis de preço; o grupo mais caro incluiu seus primeiros vinhos de 90 pontos: o Vineyards Alexander's Crown Cabernet Sauvignon 1974 da Sonoma, Califórnia, a US$7 a garrafa, com 91 pontos; o Clos du Val Zinfandel 1973 e o Champagne Ruinart Brut 1971, ambos cotados a 90 pontos.

O sistema de classificação de 100 pontos, que ficaria tão famoso, era apresentado na página 2 e o significado dos números era cuidadosamente descrito. (Um vinho classificado abaixo de 64 era "para ser evitado"; um vinho de 60-64 tinha "perceptíveis falhas"; 65-74 representa a "média"; 75-79, "acima da média"; e 80-89, "muito bom"; um vinho de 90-95 pontos era "notável". A classificação máxima, 96-100, estava reservada para vinhos "extraordinários".) Agora, que muitas outras publicações, assim como varejistas, adotaram o mesmo sistema, fica difícil perceber até que ponto ela pareceu insólita na época. Outras publicações de vinhos nos Estados Unidos não se preocupavam em absoluto com números, recorrendo a categorias ou a bolas ou estrelas para indicar níveis de qualidade, de uma forma parecida com a usada na imprensa para as críticas de filmes. *Dacanter*, uma revista britânica de vinho voltada para o consumidor lançada em 1975, usou a tradicional escala de 20 pontos, mas só para as principais degustações.

Nesse meio tempo, a mais conhecida *newsletter* de Robert Finigan estava ficando cada vez mais sólida. Em 1977, ele havia adicionado uma edição nacional e também pensara em acabar com a sua *newsletter* de restaurantes, a fim de se concentrar tão-somente no vinho. Parker tinha conhecimento do *Finigan's Private Guide*? Ele diz que só ouviu falar de Finigan depois de ter lançado *The Wine Advocate* e as pessoas começarem a comparar a sua *newletter* com a de Finigan. Mas muitos varejistas com quem Parker tinha relações de amizade certamente a liam, e Finigan lembra-se de Parker lhe ter telefonado para discutir suas dúvidas a respeito de lançar uma *newsletter*, e que tinha encorajado Parker a fazer isso. Finigan não via aí concorrência. Ele já era um nome feito e a planejada *newsletter* de Parker seria um negócio muito local.

As duas *newletters* tinham muitas semelhanças na aparência e no conteúdo. Ambas eram impressas em papel amarelo-claro, sem ilustrações e abarrotadas de texto que consistia primordialmente em notas de degustações. Finigan também se colocava firmemente do lado do consumidor. Era um crítico acerbo dos vinhos nas prateleiras dos varejistas americanos e estava consternado com os franceses, advertindo os leitores de que havia percebido "uma tendência para repousar sobre os louros conquistados no passado e maximizar lucros à custa da qualidade... A França está declinando, enquanto a Califórnia se esforça admiravelmente por melhorar a qualidade a cada nova safra". Ao escrever sobre o Borgonha, Finigan qualificara a safra de 1971 como "investimentos pérfidos... introduzidos com histérico oba-oba... com a intenção de sustentar os preços altos" e denunciou a "desinformação sistemática" perpetrada pelo comércio sobre a qualidade da safra. Ele havia condenado o Bordeaux 1972 como desprovido de atrativos, delgado, amargo e acídico, e já emitira sua avaliação do Bordeaux 1973 em março de 1977, classificando-o um pouco mais acima da avaliação de Parker. Este elogiou o Ducru-Beaucaillou, enquanto Finigan o considerou apenas "médio". Finigan viu o Beychevelle e o Pichon-Lalande como notável e superior, ao passo que Parker concedeu ao primeiro 75 e, ao segundo, 71 pontos. Château Haut-Batailley, que Finigan qualificou de delicioso, foi tido por Parker na conta de um vinho pobre, sem corpo, que "deveria ser evitado". Mas ambos estavam de pleno acordo sobre o Mouton. "Que vinho entediante! Sem fruta, sem profundidade, sem charme... mas o rótulo de Picasso é bonito", escreveu Finigan. O que era diferente era a escala de 100 pontos de Parker, sua forma direta e imperativa de abordar os consumidores, além de uma quase estridente insistência em dizê-lo de um modo que só ele via. Suas opiniões pareciam um pouco simplistas, comparadas com as análises mais sofisticadas, por vezes intelectuais de Finigan, sobre o que estava acontecendo no mercado e suas notas de degustação cuidadosamente redigidas. As *newsletters* de Parker certamente não eram tão bem escritas, mas a convicção de que seus julgamentos eram inatacáveis estava bastante claro.

DURANTE SUAS FÉRIAS NA BAY AREA, ENQUANTO ELE E PAT rodavam de vinícola em vinícola nas estradas secundárias entre Napa e Sonoma, Parker sentiu-se triunfante. Fantasiou uma imensa pilha de cheques aguardando seu regresso, enviados por um par de milhares de assinantes, e os frenéticos apelos da minúscula agência local dos Correios rogando-lhe que se apressasse para retirá-los o mais breve possível porque não dispunham de espaço bastante para guardar tal avalanche. No entanto, a centena de envelopes, em números redondos, que haviam chegado foi, isso sim, um devastador desapontamento. "Não posso crer nisso", murmurou para Pat. "Sem publicidade, as pessoas tinham de estar interessadas." Talvez toda a aventura tenha sido uma perda de tempo, pensou. Talvez devesse devolver os cheques que haviam chegado. Mas, nas semanas seguintes, mais algumas centenas de assinaturas foram pingando, o bastante para financiar o segundo número, no qual ele já estava trabalhando – um estudo muito completo do Cabernet Sauvignon da Califórnia.

Para o segundo número, o mimeógrafo tinha de ser descartado. Parker consultou uma gráfica local cujo dono lhe explicou os princípios financeiros básicos da impressão – concentrar-se na obtenção de mais assinaturas para que o custo por edição se reduzisse progressivamente –, mas esse número ainda foi datilografado por sua secretária. A diagramação desse número de 16 páginas, distribuído em setembro, foi um progresso: os títulos estavam perfeitos, e o texto e as notas de degustação estavam certamente mais gramaticais, senão mais elegantes. A explicação do sistema de classificação numérica de Parker ocupava agora o lugar central da capa, como se ele intuísse a importância central de suas notas para atrair assinantes. Dessa vez, Parker também sublinhou sua completa independência do comércio, lembrando aos consumidores que ele "não tinha interesse, direto ou indireto, de ordem financeira ou qualquer outra, na importação de vinho, na distribuição por atacado ou na venda a varejo".

O volume II incluiu notas sobre um pouco mais de 150 vinhos, uma recensão crítica de dois livros sobre vinho e um extenso e sumamente lisonjeiro perfil de MacArthur Liquors e Addy Bassin, que haviam fornecido a Parker a lista de endereços que ele considerava essencial para o lançamento de *The Wine Advocate*, embora esse fato não fosse mencionado. Não tinha ocorrido a Parker, evidentemente, que tal perfil poderia parecer um agradecimento jornalístico em retribuição aos favores recebidos.

O principal artigo, sobre o Cabernet Sauvignon californiano, incluiu uma introdução de duas páginas seguida pelas notas e pontuações de degustação de mais de noventa Cabernets e Merlots das safras de 1973, 1974 e 1975 que Parker tinha comprado nas poucas lojas locais que possuíam uma ampla seleção de vinhos americanos – Morris Miller Liquors e Harry's Waterside Mall, em Washington, e Wells Discount Liquors e Perring Liquors, em Baltimore. Logo de entrada, Parker atacou o "exagero publicitário" em torno do cotejo transatlântico dos Cabernets da Califórnia com o Bordeaux, que se tornara muito popular após a famosa Degustação de Paris de 1976. Dado que as duas áreas produziam vinhos muito diferentes no estilo, escreveu Parker, tais degustações têm "escasso valor para estabelecer qual é o 'melhor' vinho... os melhores Bordeaux franceses são vinhos elegantes, delicados, que possuem incrível sutileza e complexidade, ao passo que os melhores Cabernets da Califórnia são vinhos maciços, poderosos, afirmativos, beirando freqüentemente a grosseria... Por causa do seu gigantesco conteúdo de fruta e elevado conteúdo de álcool, um degustador fica, justificadamente, impressionado". O Bordeaux era menos atraente em jovem, mas evoluiu com a idade para se converter numa "bebida complexa de considerável charme e elegância", ao passo que a maioria dos vinhos da Califórnia era "imensamente agradável na juventude; os Cabernets não desenvolvem complexidade e elegância, mas perdem a intensidade de sua fruta e tanino". Além disso, insistiu ele, por causa de sua baixa acidez, "podem parecer planos e enfadonhos" após o período de sete a dez anos. A partir do início de outubro de 1975, Finigan expressava a mesma opinião, obviamente muito impopular entre os vinicultores da Califórnia.

Anos depois, Parker recordou essa questão como um sério ataque à filosofia da produção vinícola da Califórnia. Mas, embora acreditasse que muitos Cabernets californianos eram "pesados, espessos, unidimensionais e um tanto ásperos" e que, ao contrário dos Bordeaux, não desenvolveram "complexidade e elegância", ele elogiou, na realidade, 24 vinhos (de um total de 90) como "exemplos superlativos" do Cabernet "estilo Califórnia", descrevendo alguns como "vinhos bem estruturados, que são simplesmente assombrosos em termos de fruta concentrada e grandeza", e outros como "Cabernets de primeira categoria que... criam um vinho mais balanceado, mais harmonioso, sem a grandeza arrogante de alguns dos precedentes". "O soberbo 1975 Stag's Leap Wine Cellar Lot #2", escreveu ele, "tem essa inconfundível raça e caráter; ele deve deixar os bordeleses nervosos". Ao mesmo tempo, Parker achou o Callaway 1975 "monstruoso ao ponto de ser grotesco", dotado de "um imenso caráter mastigativo e tão elevado álcool que se assemelhava ao Porto, e atribuiu ao Raymond Vineyards 1974 as características de "despótico e grosseiro"; também gostou de alguns "grandes" vinhos e os premiou com pontuações elevadas. Parker não ofereceu notas distinguindo as diferentes condições de safra dos três anos, o que parece surpreendente se considerarmos que o ano de 1974 foi geralmente visto na época como uma safra superlativa para o Cabernet na Califórnia setentrional, igual – senão melhor – às altamente respeitadas safras de 1970 e 1968, e isso corresponde à metade dos vinhos a que ele deu pontuações elevadas.

Finigan havia coberto muitos dos mesmos vinhos alguns meses antes, em sua edição de maio de 1978; também criticou aqueles que eram "tenebrosamente escuros, como se fossem manchados de tinta", queixando-se de que beber vinhos que eram superestimados "monstros" requeria "um traço de masoquismo" que ele não tinha.

PARKER ESCREVIA NUM PEQUENO QUARTO DE HÓSPEDES E, normalmente, degustava sozinho ou com Pat em sua recém-renovada cozinha. Dez de seus amigos e conhecidos participavam de regulares degustações às cegas para a *newsletter*, realizadas à noite em sua residência, na área de jantar da sala de estar, que tinha uma grande lareira de pedra. Muitos duvidaram de que Parker pudesse chegar alguma vez a ganhar a vida somente com a publicação da *newsletter*, mas todos desembolsaram prazerosamente US$10 a US$15 para ajudar a custear suas despesas com vinho – um suplemento essencial para o seu limitado orçamento mensal com essa bebida. Além de Morgenroth, o grupo incluía vizinhos, um vinicultor amador que mais tarde deu início a uma das primeiras vinícolas de Maryland, o dono de um restaurante francês e diversos varejistas que se tornaram seus bons amigos. Um deles era Bob Schindler, que dirigia a The Wine Merchant, uma loja que inaugurara em Baltimore em 1977, logo depois de concluir os estudos. Os dois se conheceram quando Parker andava procurando, para a sua própria adega, um vinho que lhe fora altamente recomendado – o Sonoma Vineyards Alexander's Crown Cabernet 1974. Schindler havia separado três caixas para os seus melhores clientes, mas deixou que Parker ficasse com uma (a US$10 a garrafa), e não tardou a se juntar ao grupo de degustadores regulares. Outro era o Dr. Jay Miller, um gorducho e pândego psicólogo de crianças e famílias que mais tarde se tornou o subalterno de Parker nas viagens à França. Um confesso "fanático" por vinho, trabalhava de noite como vendedor da Wells Liquors em Baltimore, aonde Parker também ia como cliente habitual; assim, Miller podia sustentar seu hábito e, eventualmente, ter acesso a garrafas raras.

Parker fixava um tema para a maioria das degustações, como Cabernets da Califórnia ou Borgonhas brancos. Os vinhos eram sempre servidos às cegas. As discussões eram animadas, numa atmosfera descontraída do tipo "só para homens", e Schindler estava impressionado com o conhecimento de Parker a respeito dos palavrões franceses. Pat, por vezes, também degustava, mas esses eventos incluíam freqüentemente pessoas que não eram necessariamente amigas e que começaram a parecer intrometidas. Parker ouvia atentamente as opiniões de todos, usando-as como um controle de suas próprias papilas gustativas, mas, na *newsletter*, só as registrava quando o painel se dividia sobre a qualidade de um vinho. As notas e pontuações da degustação, que ele não participava a ninguém do grupo antes de publicar, eram, em sua grande maioria, as dele próprio.

A primeira grande oportunidade para Parker ocorreu em fins de setembro, cerca de uma semana após ter realizado a distribuição da segunda edição da *newsletter*. O *Baltimore-Washington Wine Advocate* recebeu um muito necessário e estimulante impulso de William Rice, o editor executivo de "Alimentação" do *Washington Post*. Rice havia recebido um exemplar grátis e alguns telefonemas de leitores curiosos a respeito de Parker e, farejando uma boa história, telefonou-lhe e pediu-lhe para aparecer nas instalações do jornal para um papo. Rice, um sujeito de óculos e adiantada calvície, fora presença importante no mundo da comida e da bebida em Washington por mais de uma década, tendo sido, antes disso, repórter de generalidades. Então, dedicou a maior parte de sua coluna semanal de vinhos à sua entrevista com Parker, que estava ansioso por atrair as atenções e já projetava uma imagem dinâmica. "Uau, que ambição para um jovem advogado de Baltimore!", foi a primeira reação de Rice. "Parker vê-se como... a figura de um Cavaleiro Solitário cavalgando em meio à saraivada de palavrório disparada contra os consumidores por varejistas e publicações influenciadas pela indústria para proclamar a verdade", escreveu ele. Parker descreveu sua publicação a Rice como "uma verdadeira *newsletter* do vinho, uma obra de paixão... Se puder manter as coisas equilibradas e me divertir fazendo isso, já me darei por satisfeito. Mas tenho energia e impulso bastantes para querer ganhar a assinatura de todos os apreciadores de vinho".

A imagem do Cavaleiro Solitário captou algo essencial a respeito de Parker. O caubói mascarado num cavalo branco, que primeiro cativou os ouvintes da rádio nos anos 30, era a idéia muito americana de um herói – um destemido idealista lutando sozinho para corrigir malfeitorias e ensinar os vilões que, no fim, ganância e preconceito caem diante da justiça. Era uma imagem que Parker gostava de cultivar e talvez até acreditasse nisso.

Parker não era um inocente total quando se tratava de autopromoção. Em sua primeira entrevista, afirmou ter mil assinantes inscritos, por exemplo, o que fazia a *newsletter* parecer sólida e viável, quando ela não estava nem perto desse número. Também houve pouca modéstia no modo como se caracterizou para Rice. "Sou um intruso no ramo", dizia ele. "As pessoas dirão: 'Afinal, quem é esse cara?' Mas eu me dei conta de que meu paladar é tão bom quanto o da maioria das pessoas do ramo com quem me encontrei e cansei de ler livros totalmente equivocados. Também posso estar errado sobre um ou outro vinho, mas penso estar bem qualificado e sei que vou estar certo a respeito da maioria deles." Desdenhoso da consagrada posição conferida ao Bordeaux na classificação de 1885, Parker aproveitou a oportunidade para fazer o anúncio bombástico de que estava "escrevendo um livro para expor a sua própria classificação e, nela, somente Latour e Pétrus serão primeiros *crus*".

Rice vaticinou corretamente que as classificações numéricas – que Parker "pretendia usar somente como um acessório" a seus comentários – eram "suscetíveis de se tornar o foco de atenção do leitor". O sucesso ou o fracasso de Parker – escreveu – "dependerá da curiosidade dos consumidores de vinhos locais e da medida em que concordarem com seus julgamentos".

O artigo atraiu mais assinantes, porém não fez da *newsletter* um sucesso financeiro do dia para a noite. Nos anos imediatamente seguintes, cada novo número geraria a quantidade de novos assinantes suficiente apenas para garantir a Parker o financiamento do número seguinte, nada sobrando para devolver à mãe o dinheiro do empréstimo, o que ele só logrou finalmente fazer dez anos depois. Mesmo para um *workaholic*, a vida de Parker estava cheia, um equilíbrio instável entre degustar e escrever, pelo seu lado empreendedor, e as exigências de seu emprego cotidiano. Suas despesas com vinho e viagens cresceram – em 1978, iniciou um padrão de viagem para Bordéus duas vezes por ano, levando consigo Pat como tradutora. Adorava "ficar bisbilhotando pelos *châteaux*", onde bater papo com o *maître du chai* de bata azul nas frias e escuras adegas lhe propiciava confidências que o colocavam por dentro do que estava realmente acontecendo. Era um trabalho árduo, recorda Pat. Ir de *château* em *château*, usar os poderes de persuasão para obter degustações de vinhos, pois eram muito poucos os que sabiam (ou se interessavam em saber) quem era Parker, ter gente cuspindo vinho nos seus pés – e tiritando sempre nas gélidas adegas. O limitado tempo de férias de Parker, que ele programava de modo a coincidir com as de Pat, significava que as viagens de degustação eram apertadas; durante a visita à França em março de 1979, por exemplo, o casal percorreu às pressas o Médoc, St.-Emilion e Pomerol, na região de Bordéus, degustando na barrica as safras de 1977 e 1978, depois viajou para Cahors, Fronsac, Bergerac e Borgonha. Não obstante, havia sempre tempo para jantar bem e, agora, já podiam permitir-se ir a restaurantes de uma, duas e até três estrelas indicados no volumoso e vermelho Guia Michelin. Sempre disposto a abandonar tudo o que tivesse sido previamente planejado para seguir o rastro de um grande mas desconhecido vinho, Parker pôs de lado sua programação numa dessas viagens para fazer um desvio de dois dias com o objetivo de visitar vinicultores na minúscula Cornas, no vale do Ródano; o *sommelier* do restaurante Beau Rivage, em Condrieu, havia recomendado um Cornas 1969 de August Clape, e o vinho deixara Parker "chocado e atônito".

No mês seguinte, junho, durante as férias de verão de Pat, ele estava de volta a Bordéus, onde tinha encontros marcados em mais de uma dúzia de *châteaux*, além da degustação de umas duas dúzias de amostras de barrica "organizada para mim por Christine Delorme e Martin Bamford, do Château Loudene". O jovial e amável Bamford, que trabalhava para o grupo inglês International Distillers and Vintner, havia restaurado o *château* e feito dele o centro de compras de Bordeaux pata a IDV. Anfitrião gregário e generoso, Bamford recebia muitos jornalistas de fala inglesa em Loudenne e deleitava-se ao instruí-los sobre os métodos de produção do Bordeaux. Impressionado pela paixão de Parker, os dois rapidamente se tornaram amigos.

Como a *newsletter* fornecia uma lista de onde os vinhos recomendados poderiam ser comprados e perfis sucintos de boas lojas, Parker também checou uma ampla seleção de lojas e fez questão de conhecer seus proprietários e principais vendedores. Por meio deles, relacionou-se com importadores e compradores que recebiam os melhores vinhos. Esse equivalente de uma rede vinícola acabou sendo extremamente importante na divulgação do nome de Parker entre as pessoas que cumpria levar em conta no comércio de vinhos e aquelas que conquistariam renome na década seguinte e vice-versa. Veja-se, por exemplo, seu relacionamento desde cedo com Robert Kacher, outro jovem americano que fora seduzido pelo romance do vinho na França e, num abrir e fechar de olhos, tornou-se um perito em vinho e, agora, importava vinhos para a Continental Wine & Liquor Company. Ambos compartilhavam idéias e, numa das degustações particulares de Kacher, este apresentou Parker a Jeff Pogash, o representante nos Estados Unidos dos vinhos franceses da Alsácia. Pogash também tivera a usual epifania na França, onde freqüentara os cursos de vinho na loja de Steven Spurrier, em Paris, enquanto estudava na Sorbonne. Ficou impressionado com o ardor de Parker ao tratar de vinhos, mas ficou ainda mais influenciado pela predição de Kacher: "Parker e sua *newsletter* ainda irão adquirir grande proeminência".

Ansioso por encontrar alguém que pudesse atrair a atenção dos consumidores para o vinho da Alsácia, Pogash não perdeu tempo em organizar uma completa degustação pessoal, algo que, em poucos anos, os principais importadores do país estariam suplicando para que outras fossem feitas. Pogash viajou de New Jersey, onde residia, para Parkton numa velha caminhonete, com uma centena de esguias garrafas verdes, provenientes de vinte diferentes produtores, metidas em congeladores na traseira do veículo. Os dois degustaram durante toda a manhã, durante o almoço e durante toda a tarde, trocando opiniões, lembranças da Alsácia e boas risadas. Parker provava metodicamente todos os vinhos, enquanto ouvia as detalhadas informações dadas por Pogash. Nessa noite, após um jantar preparado por Pat e servido com outra bateria de vinhos, Pogosh dormiu profundamente no divã da sala de estar do casal Parker. Quando partiu na manhã seguinte, soube de que vinhos Parker havia realmente gostado, mas não que pontuações lhes dera. Para saber isso, ele teve de esperar até ser publicada a otimista visão geral dos "Vinhos alsacianos" no número 2.

No final do primeiro ano da *newsletter*, com o número 6, Parker retirou a parte "Baltimore-Washington" do título. Ambicionava um número muito maior de leitores e, a partir da primavera de 1980, eliminou a lista de lojas que tinham seus vinhos recomendados. Mas as conexões essenciais tinham sido estabelecidas. As lojas de 27 áreas habitualmente citadas conheciam *The Wine Advocate*, que era assinada pela maioria delas, assim como por muitos de seus clientes.

Em seus primeiros dois anos, *The Wine Advocate* voltou a abordar regularmente alguns temas básicos que Parker ampliaria em anos vindouros. Numa crítica fulminante contra os "preços absurdos" (os preços dos vinhos franceses estavam de novo "disparando a alturas nunca vistas"), condenou, com freqüência, até bons vinhos como sendo caros demais para que pudessem ser recomendados, mostrou-se indignado com a "repugnante especulação de preços" de varejistas e reclamou das frágeis condições de armazenagem nas lojas de vinhos. Embora criticasse muitos vinhos californianos por seu elevado teor de álcool, excessivo gosto de carvalho e proporções exageradas, admitiu, em seu décimo número (abril de 1980), que dois dos maiores vinhos que havia até então degustado eram Cabernets da Califórnia: o 1975 Joseph Phelps Eisele Vineyard e o 1975 Caymus Special Selection. Ele nutria a esperança de que "a concorrência da Califórnia estimulasse alguns do letárgicos produtores de vinho francês".

Nenhum país ou região escapou à exasperação de Parker: numa crítica aos vinhos do vale do Ródano, considerou muitos deles "negligentemente produzidos ou um vinho intencionalmente fraudulento". Voltou repetidas vezes a falar dos Bordeaux, recomendando insistentemente a seus leitores que comprassem os da safra de 1975. Descreveu escrupulosamente para os leitores os esmerados e quase obsessivos métodos de degustação por ele usados na avaliação dos Bordeaux: sempre às cegas, decantados com três horas de antecedência, com pequenas quantidades deixadas de lado e degustadas 24 e 48 horas depois, um teste que ele tinha criado para predizer a longevidade de um vinho.

As notas de degustação de Parker tinham evoluído e melhorado, e já incluíam comparações livres, expressas em linguagem incisiva. Um Cabernet, escreveu ele, "tem a delicadeza de um hipopótamo". Outro "é um risco para a sua saúde. É um vinho podre fedorento". Um Merlot de 1976 era "o único vinho tinto de Veedercrest que posso engolir sem procurar um banheiro", enquanto um Inglenook Cabernet com gosto vegetal é "um vinho para o formidável gigante verde".

Entre os escritores e o comércio de vinho da época, não havia um formato ou um estilo aceito para as notas de degustação. De modo geral, descreviam, em poucas frases, sabor, cheiro e nível de qualidade. Michael Broadbent tentara esboçar alguns parâmetros em seu livro *Wine Tasting*, mas Parker não o tinha visto. Ele já lera notas nas revistas *Vintage* e *Les Amis du Vin*, assim como nas obras de autores britânicos mais antigos, mas não as achou úteis como modelos. As comparações com madeiras específicas, frutas e flores, com suas pretensiosas metáforas eram realmente irrelevantes, pensou ele. Quis usar linguagem coloquial, tal como havia reescrito documentos bancários, e descrever um vinho da mesma forma que poderia descrever uma pessoa – introvertida ou extrovertida, baixa ou alta, magra ou gorda. Sua inspiração para a filosofia de "escrever sempre com simplicidade" adviera de seu reverenciado orientador para a tese de licenciatura, Gordon Prange. Principal historiador militar no teatro do Pacífico durante a Segunda Guerra Mundial, Prange era famoso por suas palestras magnetizantes sobre o ataque a Pearl Harbor e por seu livro *At Dawn We Slept*. Mantenha suas frases simples e curtas para não correr o risco de perder o leitor, recomendava a Parker, após ler as provas escritas de seu exame, e Parker levou esse conselho muito a sério.

Embora muitas das opiniões de Parker condissessem com as de Finigan, *The Wine Advocate* estabeleceu, desde o princípio, um tom e uma sensibilidade muito diferentes. Para alguns dos primeiros leitores de ambos, esse era um ponto positivo que os inclinava mais para o lado de Parker. Robert Millman, então um vendedor da Morrell & Company, uma loja de vinhos em Nova York, opinou que Finigan se atribuía ares de "um dândi de nariz retorcido", com "elevados padrões esnobes de elegância e refinamento", alguém que tratava com desprezo os vinhos sobre os quais escrevia, a espécie de pessoa que pertenceria a uma seleta sociedade, como a fechada Chevaliers du Tastevin. Para ele, as queixas de Finigan a respeito de vinhos soavam impertinentes. Parker, por outro lado, parecia um sujeito normal escrevendo para outros sujeitos normais que, por acaso, eram todos vidrados num bom vinho. Sua linguagem atraía mais o homem comum do que algum membro elitista da Ivy Leaguer, além de escrever sobre uma porção de vinhos que estavam ao alcance da bolsa de qualquer pessoa. Para Millman, a *newsletter* de Parker era como que uma lufada de ar fresco.

CORRENDO POR FORA, HAVIA SIDO RECENTEMENTE LANÇADA POR Bob Morrisey, em abril de 1976, outra publicação de vinho com um futuro aparentemente pouco promissor, um anêmico tablóide com sede em San Diego, chamado *The Wine Spectator*. De circulação quinzenal, cobria principalmente a indústria vinícola da Califórnia. Seu logotipo era um gorducho Baco, erguendo um copo na mão direita e cingindo uma barrica com o outro braço. Marvin Shanken, um ex-investidor imobiliário de Nova York, gostou da idéia. Ele já era o editor de *Impact*, uma *newsletter* do comércio de vinhos, e acreditava sinceramente no futuro do vinho californiano e conversava amiúde com Morrisey. Mas o jornal estava drasticamente descapitalizado e, no início do verão de 1979, Morrisey disse, finalmente, a Shanken que, se ele não o comprasse, *The Wine Spectator* estaria condenado à falência. Shanken tomou a decisão de adquiri-lo pagando US$40 mil a Morrisey. Ele era então o dono de duas publicações de vinho. Mas nutria grandes ambições para essa sua nova aquisição.

Tal como Parker, Shanken não crescera em circunstâncias elitistas nem freqüentara Harvard ou Yale ou qualquer das universidades da Ivy League – um fato de que parecia se orgulhar. Shanken era um *self-made man*, com um diploma de MBA pela American University em Washington, D.C., que renunciou à perspectiva de fazer muito dinheiro na Wall Street para seguir um sonho. Mas, ao contrário de Parker, foi atraído primeiro para o vinho americano. Enquanto Parker estava viajando pela Europa e caindo de amores pelo Bordeaux e pelo Borgonha, Shanken estava descobrindo os prazeres do vinho em Napa e Sonoma, onde estava orquestrando transações com vinhedos. Colecionar Cabernets tornou-se sua paixão – ele não tinha muito dinheiro e esse vinho era facilmente acessível entre US$4 a US$5 a garrafa. Em viagens de negócios, sempre conseguia encaixar pelo menos uma expedição à sala de degustação de uma vinícola, a fim de ter acesso a garrafas raras, impossível de obter em qualquer outro lugar; depois, em seu regresso a Nova York, registrava os detalhes de cada compra num grande livro de escrituração. Ainda dói na alma de Shanken o acidente em que uma valiosa caixa que ele tinha comprado de Louis Martini Special Selection Cabernet de 1968 caiu da esteira rolante de bagagens no aeroporto de Nova York; a caixa de cartão pingava, empapada de vinho tinto, com todas as preciosas garrafas quebradas.

Aos sábados, Shanken esquadrinhava as lojas de vinhos, tal como Parker fazia, às vezes rodando 150 quilômetros para investigar uma nova loja ou para fazer uma estupenda aquisição. Como poucos enófilos na Costa Atlântica tinham ouvido falar de grandes vinhos da Califórnia, os lojistas ficavam encantados por se livrar de caixas que viviam empilhadas nos fundos do estabelecimento. Com freqüência, tinham sido forçados a comprá-las como condição para que lhes fossem satisfeitos os pedidos de vinhos de jarro da linha da vinícola. Na Califórnia, muitos desses mesmos vinhos eram únicos para um cliente. Em 1970, porém, celebrando o êxito de uma grande transação no restaurante La Crémaillère, em Bedford, Nova York, Shanken degustou seu primeiro grande vinho, e era francês – o Château Pétrus 1961, a US$100 a garrafa. Mas só viajou para a região vinícola da França alguns anos depois, em missão jornalística.

Shanken tinha grandiosos sonhos jornalísticos para *The Wine Spectator*, e isso incluía uma apreciação crítica de vinhos. Os consumidores queriam saber o que comprar e, para *The Wine Spectator* ser bem-sucedido, teria de satisfazê-los. Isso significava a criação de um painel de degustadores e degustações às cegas, o que foi implementado em 1980, simultaneamente a um sistema de classificação de vinhos. Primeiramente, o painel optou por uma "escala modificada de 9 pontos da Universidade da Califórnia em Davis", mas não tardou em adotar a escala de 20 pontos, também usada em Davis e muito conhecida na Europa. Tanto Shanken como seus redatores nunca tinham ouvido falar em Robert Parker e seu sistema de 100 pontos.

PARA PARKER, UM SEGUNDO E IMPORTANTE PASSO FOI DADO NA primavera de 1981, depois que William Rice deixou o *Washington Post* para ser o redator-chefe da revista *Food & Wine* no outono de 1980, e Phyllis Richman, que fora a responsável pela crítica de restaurantes, foi escolhida para ser a nova editora de alimentação do *Post*. Richman sabia que tinha de tomar providências a fim de preencher a agora vacante coluna do vinho. Recebeu propostas de numerosos escritores de vinho, ansiosos por aparecer num dos três jornais mais importantes dos Estados Unidos, mas nenhum deles se destacou. Para testar até que ponto eram entendidos na matéria, ela organizou duas degustações de dez Cabernet Sauvignons da Califórnia para os escritores-candidatos. Eles não a impressionaram – nenhum deles reconheceu que dois dos vinhos em cada degustação eram duplicatas. De fato, não lhe pareceram melhores do que o pequeno grupo de amadores que ela convidara também para o teste de degustação. Mas Richman ficou intrigada com o fato de que tudo o que os escritores tinham sugerido contribuía para se esboçar um perfil de Robert M. Parker, Jr. Quem era ele? Ela obteve um exemplar de *The Wine Advocate*, viu que o homem tinha uma reputação de franco-atirador entre os profissionais do vinho em todo o país e pensou: "Por que não trazer Parker para escrever a coluna?"

Nunca tinha ocorrido a Parker candidatar-se para ser o novo colunista do *Washington Post*. Preocupado com a produção de sua *newsletter*, ele estava apenas começando a aprender como escrever e, além disso, tinha um emprego diurno com horário integral. Não se considerava um jornalista (como Frank Prial, do *The New York Times*) nem mesmo um escritor (como Hugh Johnson). Via-se apenas como degustador e crítico, produzindo o equivalente para o vinho dos *Consumer Reports*. Porém, quando Richman lhe propôs, na primavera de 1981, uma coluna dominical bimensal, ele deve ter imediatamente percebido a enorme exposição que isso lhe proporcionaria e à sua *newsletter*, um benefício que justificava a aceitação da insignificante remuneração de US$150. No anúncio dessa nova coluna de notas e comentários sobre vinho, no dia 3 de maio, Richman apresentou suas impressões sobre Parker na forma de uma nota de degustação: "Jovem, vivaz e brilhante, um toque de doçura com bom equilíbrio. Bastante estrutura, pelo que é de se esperar um bom desenvolvimento ao longo dos anos..."

Nesse primeiro ano, a coluna de Parker ofereceu uma ampla cobertura que refletiu suas extensas degustações de 1.700 vinhos, às quais se somavam as abundantes amostras de barris em visitas às vinícolas, mas nunca incluiu pontuações para os vinhos que recomendava. Deve ter percebido que esses números tinham retido a atenção dos assinantes e que divulgá-los numa coluna de jornal seria a morte de sua *newsletter*. Algumas lojas que eram suas assinantes colocavam cartazes com suas pontuações junto das garrafas dos vinhos que Parker recomendava, inspirando os curiosos a desembolsar seus dólares para conferir todas as suas classificações. Alguns estabelecimentos, como o MacArthur Liquors, conservaram seus exemplares de *The Wine Advocate* sob uma capa dura de três anéis para os clientes consultarem à vontade e um lote de volantes para assinatura da *newsletter* colocado ao lado da caixa registradora.

Desde o início, a coluna de Parker figurou continuamente nos telefonemas e na correspondência dos leitores para o *Post*. A exposição proporcionou outro significativo impulso à assinatura de sua *newsletter*. Richman observou que Parker ainda escrevia como um advogado, mas, quando saíam para almoçar ou jantar, seus comentários sobre vinho e sua precisa e aparentemente fotográfica memória sobre aromas e paladares sempre a deixavam atônita. Ele também era bom em se relacionar com pessoas, observou ela, familiarizando-se com importadores, varejistas e colecionadores que o ajudariam a construir sua carreira. Talvez não fosse essa a sua intenção, mas o efeito prático era o mesmo. Ele sabia o que queria e estava determinado a alcançar.

Uma das primeiras colunas de Parker descreveu uma degustação em três noites consecutivas de 19 safras de Château Latour organizada para seis enófilos "fanáticos" por um dos "mais inteligentes e cultos *connaisseurs* particulares de vinhos", Paul Evans, que se tornou seu amigo íntimo. A excitação de Parker a respeito desse "prodigioso" evento era quase palpável. Foi um assunto e tanto para ele, e nada tinha a ver com a ocorrência comum que tais degustações viriam a representar dentro de mais alguns anos. Além disso, ele estava obcecado em manter seu "paladar, sua mente e seu corpo em plena forma". "Muitas semanas antes da degustação", escreveu ele, "fiquei tão irracionalmente temeroso de contrair um resfriado ou uma miserável enxaqueca que comecei nesse mesmo dia a tomar aspirina e suplementos de vitamina C para afastar quaisquer espíritos malignos. Cuidei sobretudo de não pegar resfriado após a minha rotina diária de exercícios e vivi à base de uma dieta extremamente branda nos dias que antecederam imediatamente a degustação, de modo a não perturbar meu estômago nem meu paladar".

Apesar de convites para degustações, o orçamento de Parker para vinhos estava ficando ainda mais elevado, para a consternação de Pat; o *Washinton Post* não cobria quaisquer despesas, de modo que Parker estava pagando a conta para a maioria desses 1.700 vinhos, além das viagens. Na época, a quantidade de vinho que ele degustava anualmente parecia gigantesca, mas, em menos de uma década, essa quantidade quintuplicaria.

Estava na hora de Parker diversificar suas atividades para além da periferia e conquistar o publico de Nova York. Ele já realizava periódicas viagens à cidade, como seu chefe e seus colegas do banco pensavam, para assistir a conferências jurídicas, mas, na realidade, ele visava comparecer a uma ocasional degustação, revolver as prateleiras de lojas de vinho, a 67 Wines & Spirits e a Morrell's, apresentar-se a importadores e mostrar ao pessoal do vinho a sua *newsletter*. Numa dessas viagens, em 1981, fez uma visita à revista *Food & Wine*, na qual Bill Rice era agora o redator-chefe.

Rice nos contratara no ano anterior – meu marido, John Frederick Walker, e a mim – para sermos os editores de vinho da revista. Lançada em 1978, anunciava-se como uma revista de alimentação mais contemporânea e jornalística do que a *Gourmet*. Rice era um consumado homem de imprensa, com seu dedo no pulso do que e de quem seriam as próximas grandes novidades no mundo da alimentação e do vinho. Eu nunca havia encontrado com Parker ou ao menos lido sua *newsletter*, mas Rice sugeriu que nos encontrássemos com ele para ver se havia algo que ele pudesse fazer para a revista.

Nos preparativos para o encontro, retirei de minha escrivaninha uma pilha de pastas de arquivo, algumas garrafas de vinho e um prato de trufas de chocolate da cozinha de provas da *Food & Wine*. Pelos padrões da revista de Nova York, nosso gabinete era privado e espaçoso – ou seja, suficientemente grande para conter uma escrivaninha de madeira, prateleiras com grossos livros de vinho e uma longa mesa de tampo de vidro sob a qual se empilhavam muitas caixas de cartão com amostras de vinhos. Minha primeira impressão foi a de que Parker era alto, mais de 1,80m, e, quando procurou, meio sem jeito, arrumar as caixas que trouxera com ele, fez com que o gabinete parecesse já estar superlotado. Não parecia sentir-se à vontade de terno e gravata. Se estivesse vestindo uma camisa de xadrez vermelha e um par de pesadas botas de trabalho, pensei, poderia passar por um madeireiro ou talvez por um próspero fazendeiro, ou, no mínimo, por alguém que costumava jogar futebol no colégio ou na universidade e ainda chutava sua bolinha com os amigos em fins de semana. Suas mãos eram espessas, com dedos grossos e uma simples aliança de ouro de homem casado; seu sorriso era franco, aberto, quase centro-oeste, e a linha de contorno do cabelo – que era visível estar se distanciando aos poucos da testa – sugeria que, mais dia, menos dia, ele poderia ter de começar a inverter a direção do penteado.

Ele estava em nítido contraste com Hugh Johnson, o urbano escritor inglês de vinho que passara uma hora na sala de jantar da revista há cerca de um mês, nos entretendo com sua conversa em sofisticado jargão de Cambridge. Muito à vontade em seu papel de grande homem concedendo audiência, Johnson contou divertidas histórias de fins de semana passados em vários *châteaux* do Bordeaux, copiosamente irrigados a vinho, e na imensa mansão de um colecionador do Texas.

Parker encontrou algum espaço vazio no piso para colocar um par de caixas de vinho providas de puxadores que lhe permitiram trazê-las arrastando até o escritório e entregou-me um grosso envelope pardo que vinha entalado sob um braço. Começou falando num estilo excitado e sem pausas, as palavras fluindo e derramando-se rapidamente umas sobre outras, para explicar que as caixas continham meias garrafas de uma subestimada safra de Château d'Yquem que descobrira a preço de liquidação numa loja de vinhos ali pertinho ("mas que sorte!") e, por isso, havia se atrasado um pouco. O envelope estava recheado com os doze últimos números de *The Wine Advocate*. John juntou-se a nós e folheamos rapidamente os números que Parker nos trouxera. Li algumas notas de degustação, notando o entusiasmo maníaco e a prosa um tanto confusa, um tanto tumultuada. Sua escala de 100 pontos parecia ser pouco manejável; quando o questionei a esse respeito, Parker exaltou-se, defendendo apaixonadamente seu sistema. Tínhamos curiosidade em conhecer o método para apurar a sutil distinção entre, digamos, um vinho de 85 pontos e um de 86 pontos, mas, para ele, a distinção era tão óbvia quanto a diferença entre baixos e altos numa fila de suspeitos da polícia. Saiu com a encomenda de um artigo que nos parecia perfeitamente adequado para sua energia e sua paixão pelo estabelecimento de categorias: uma degustação o mais completa possível e o julgamento sobre os vinhos de jarro mais bebíveis no mercado atual. O artigo foi publicado em março de 1982. Embora fosse um francófilo confesso, a maioria de suas escolhas recaiu sobre vinhos da Califórnia, por causa de seu estilo consistentemente fresco, frutado. Esse foi seu primeiro artigo na revista e, rapidamente, ele obteve de nós a incumbência de outros.

Em dezembro de 1981, Parker e Pat voaram para a Europa, a fim de visitar vinicultores do vale do Ródano e de Piemonte, na Itália setentrional. Fazia um frio cortante e os montes de Baolo e Barbaresco estavam brancos de neve. Pat tiritava de frio em vinhedos e adegas, mas Parker, como de costume, estava em seu elemento, feliz por descobrir os melhores tintos, profundos e ricos, da região, em especial o "assombroso" Sori San Lorenzo Barbaresco, de Ângelo Gaja. No vale do Ródano, uma parada no excepcional vinicultor/exportador Etienne Guigal, que o apresentou a dois grandes Côtes du Rhône que ele, mais tarde, tornaria famosos: "La Mouline" e "La Landonne". Mas também descobriu um "desenvolvimento perturbador" – alguns vinicultores estavam filtrando seus vinhos antes do engarrafamento, o que, em seu entender, os "desentranhava" e "eviscerava". Isso se tornou uma idéia fixa para Parker, que fulminaria os males da filtragem nos anos seguintes.

A viagem incluiu uma estada em Paris. Que diferença daquela primeira visita quartorze anos antes! Parker e Pat jantaram felizes da vida no mundialmente famoso restaurante três estrelas Taillevent, onde conversaram com o proprietário, Jean-Claude Vrinat, a quem Parker considerava "o mais sagaz e culto francês na França no tocante aos vinhos de seu país". Em Tan Dinh, um apertado restaurante vietnamita na Margem Esquerda, extasiou-se diante da lista de 500 Bordeaux, especialmente o Pomerol. Ele escreveu: "Era um lugar digno de uma peregrinação."

Após o regresso, em 4 de janeiro, Parker mergulhou em duas semanas de trabalho até se lhe turvarem os olhos noite adentro para lançar o primeiro número de 1982. Raves, um de seus novos amores – os vinhos Côtes du Rhône –, encheu metade das vinte páginas da *newsletter*. Pela primeira vez, elogiou numerosos importadores "pequenos, inovadores e de alta qualidade", incluindo os francófilos Kermit Lynch e Robert Chadderdon. Quanto ao estilo, Parker estava começando a se soltar, fazendo referências a seus filmes e músicas favoritos. "O Bom, o Mau e o Feio", seu subtítulo para uma seção sobre os Sauternes, referia-se a um filme de sua predileção, um *western spaghetti* com Clint Eastwood.

MUITA COISA MUDARA NO MUNDO DO VINHO DURANTE A DÉCADA de 1970. Em 1982, uma combinação de fatores políticos e econômicos teve como resultado os Estados Unidos exigirem uma vez mais os melhores vinhos franceses. As condições climáticas tinham produzido muitas e excelentes safras de Bordeaux; os armazéns estavam repletos e os preços em queda, uma vez que o dólar continuou se valorizando em relação às moedas européias. Pela primeira vez, os Estados Unidos importaram mais vinhos italianos do que franceses. Um número explosivo de pequenas vinícolas familiares da Califórnia continuou a colher vantagens da publicidade, dando origem a uma nova espécie de consumidor, o esnobe do vinho de butique californiano. A revista *Time* chamou isso de uma "idade de ouro para o vinho da Califórnia", mas os preços, em contínuo aumento, ameaçaram estourar a ainda pequena bolha. De acordo com um estudo de 1980, o "boom" do vinho americano ainda era limitado – apenas 4% da população adulta dos Estados Unidos consumia 53% de todo o vinho vendido no país.

A *newsletter* de Finigan se manteve dominante. No final de 1981, suas edições, a da Califórnia e a Nacional, tinham assinantes em todos os estados e em 33 países, incluindo o Kuwait, e ele gastava US$20 mil por ano em vinho. *The Wine Spectator* havia contratado um par de jovens jornalistas, um deles recém-formado por uma escola de jornalismo, para reforçar a seção de comentário, e planejava mudar-se para San Francisco, no intuito de ficar mais perto da região vinícola americana. A importância do *Washington Post* em escala nacional trouxe para o nome de Parker um mundo mais vasto. Parker assinalou a existência de um padrão. Uma loja de vinho ou uma pessoa em Detroit, Richmond ou Filadélfia fazia uma assinatura de *The Wine Advocate* e, então, dois meses mais tarde, um número muito maior de assinaturas fluía do mesmo lugar. A loja Zachy's Wine and Liquor em Scarsdale, um os maiores fornecedores de futuros

Bordeaux nos Estados Unidos, tinha até citado a opinião de Parker sobre o Bordeaux 1981 em um de seis anúncios de 1982 no *The New York Times*. Mas não se podia dizer que ele já fosse famoso, e só agora estava justamente começando a equilibrar as despesas e receitas de sua *newsletter*.

ENTRETANTO, QUANTO MAIS AS ASSINATURAS RECRUDESCIAM, MAIS uma pergunta que nunca esteve longe dos pensamentos de Parker pairava sobre a sua vida e a de Pat: "Quando vou poder deixar a advocacia?" Parker sempre compartilhara com ela seu sonho de um futuro em que ele pudesse concentrar todas as suas energias no vinho. Pat considerava uma perspectiva assustadora; ela aceitava correr riscos em viagens, mas não necessariamente na vida. Ela havia estimulado o marido a terminar o curso de Direito e o objetivo comum do casal havia sido a carreira de Parker na advocacia, que ela considerava uma opção segura. O emprego dele no banco significava segurança. Agora, ele queria jogar fora tudo o que tinham se esforçado por conseguir. Quem sabia o que aconteceria com uma *newsletter*? Mas Pat podia ver a tensão e o esforço de seu marido para exercer duas atividades e preocupava-se com isso. Como ele poderia continuar trabalhando nesse ritmo?

Parker somou seus pagamentos da hipoteca, as despesas operacionais da *newsletter* e quanto lhes custaria manter seu nível de vida. A solução era obter 10 mil assinaturas, disse a Pat. Isso era tudo de que precisavam. No final de 1982, o número subira para 7 mil. Ele "fizera mentalmente as contas, graças à sua prática em Direito", como dizia, e tinha certeza de que acabaria se saindo bem. Estava com 35 anos. Ah, se ao menos houvesse um jeito de acelerar isso tudo!

4

O BORDEAUX DE 1982

PARA MUITAS PESSOAS BEM-SUCEDIDAS, UM ÚNICO ou excepcional acontecimento as lança subitamente no caminho de um novo futuro. É como se, enquanto elas estivessem rodando lentamente numa estrada cheia de solavancos, rumo ao seu destino final, algo as projetasse, quase milagrosamente, a uma outra e mais rápida rodovia, um atalho para o estrelato. O evento divisor de águas para a carreira de Parker como crítico de vinho foi a safra de 1982 do Bordeaux. O acaso teve muito a ver com o que aconteceu. Ou, como Parker diria mais tarde: "A sorte me sorriu."

Durante seu vôo de regresso da França aos Estados Unidos, em 21 de março de 1983, Parker estava obsessivamente preocupado com a possibilidade de que o avião caísse. Embora raramente ficasse apreensivo quando voava, ele estava rebentando de impaciência com sua primeira grande história de vinho. Queria inclinar-se o quanto pudesse para diante em seu assento, como se isso o pusesse mais perto dos Estados Unidos e do próximo número de *The Wine Advocate*, da mesma forma que habitualmente se debruça sobre o volante de seu carro quando roda de vinícola em vinícola, numa impaciente e ávida expectativa pelo vinho seguinte. Convencido de que os vinhos tintos produzidos em Bordéus em 1982, que ele degustara durante a semana anterior, eram "muito grandes" e a safra excelente, uma das melhores de todo o século XX, sentiu-se tomado de pânico com a idéia de que, se o avião caísse, perderia sua chance de escrever a respeito. Tinha abarrotado seu caderno de notas de capa preta com anotações sobre dúzias de vinhos. Cada página estava recheada de superlativos: "assombroso", "esplêndido", "prodigioso", "incrível", "fantástico", "peso-pesado" e muito mais. Parker estava impaciente por deixar seus leitores a par do que ele considerava as maiores compras de vinho desde que começara a degustar vinhos em 1968.

NA ÉPOCA, OS PAÍSES VINÍCOLAS DO MUNDO AINDA FORMAVAM UMA hierarquia de qualidade aceita desde longa data, como as três ordens de anjos na teologia medieval. A França estava no topo, é claro, e três de suas regiões – Bordeaux, Borgonha e Champagne – situavam-se acima de todas as outras, não representando apenas o vinho em seu maior esplendor, mas também conferindo status a seus compradores, marcando-os como pessoas abençoadas com refinado gosto... e muito dinheiro. Desse sagrado triunvirato, Bordeaux detinha a primazia de lugar nas mentes (e adegas) dos colecionadores de vinho do mundo. Produzia mais vinho fino do que qualquer outra região do planeta e era a mais aristocrática. Onde ou em que outro lugar seria possível encontrar tantos castelos de pedra cinza, com suas torres de contos de fadas (e, às vezes, fossos), cercados de vinhedos? Os vinhos de sua mais importante sub-região, o Médoc, tinham sido organizados e classificados em cinco categorias de status (e preço) – do primeiro ao quinto *cru* – em meados do século XIX. (Somente um vinho de uma comunidade fora do Médoc não podia ser ignorado: o famoso Château Haut-Brion em Graves, elogiado por Thomas Jefferson, tinha sido incluído... como um primeiro *cru*). Com poucas exceções, as colocações originais dos 61 *châteaux* na famosa classificação de 1885 tinham se conservado intactas por mais de 125 anos, e a posição de um vinho nessa escala ainda determinava boa parte de sua reputação de qualidade e seu preço.

Assim, a qualidade de safra que tivesse sido atribuída ao Bordeaux servia de orientação geral para toda a nova safra em qualquer parte. Péssimo para o Piemonte, na Itália, ou para a Rioja, na Espanha, se tivessem uma esplêndida safra quando a do Bordeaux fosse ruim. A maior parte do mundo pressupunha que os vinhos dessas regiões também tinham de ser ruins. História, mística e uma forte máquina publicitária combinaram-se para elevar o Bordeaux ao primeiro plano na consciência enófila de todo o mundo.

As esplendorosas propriedades nas mais importantes comunidades, ou apelações, da paisagem monotonamente plana do Médoc, na Margem Esquerda (ocidental) do estuário do Gironde – Margaux, St.-Julien, Pauillac e St.-Estèphe – e algumas históricas em Graves, ao sul da cidade de Bordéus, eram vastas e pareciam frias e intimidativas; geravam "uma impressão de classe, estabilidade, idoneidade, elegância, permanência, tradição e impecável status, como, certa vez, disse um importador americano, Kermit Lynch. Mas, por trás das sóbrias e serenas fachadas, estão o esnobismo, as rivalidades e as intrigas típicas de uma sociedade rigorosamente fechada, apoiada em princípios de classe e dotada de uma mentalidade movida à ganância mercantil. Como Parker, à semelhança de tantos americanos provenientes de um meio familiar de classe média, se proclamava um igualitário com poucas aspirações a ascender na escala social, era particularmente irônico que seu passo inicial para o status de astro da crítica resultasse da celebração de uma grande safra nessa que era a mais aristocrática das regiões vinícolas.

De fato, Parker amava os vinhos dos grandes *châteaux* do Médoc e Graves, e achou que alguns dos proprietários com quem se encontrava até que eram simpáticos e de agradável convívio. Mas, com raras exceções, considerava muito mais amistosos, espontâneos e acolhedores os numerosos donos de menores e mais modestos *châteaux* e propriedades das menos celebradas comunas bordelesas de St.-Emilion e da minúscula Pomerol, na Margem Direita do Gironde. A maioria dos calorosos e generosamente ricos vinhos de Pomerol eram pouquíssimo conhecidos na Inglaterra e na América antes da década de 1960, embora tivessem encontrado fácil acesso ao mercado belga. Depois que Graves estabeleceu seu próprio e menos elaborado sistema de classificação, em 1953, St.-Emilion passou a adotá-lo em 1955; Pomerol não tinha sistema algum. Talvez fosse essa a razão pela qual muitos enófilos considerassem os elegantes vinhos do Médoc a verdadeira aristocracia dos Bordeaux, a despeito de o supremo Château St.-Emilion, o Cheval Blanc e, mais tarde, o Château Ausone e a estrela Pomerol, Château Pétrus, serem freqüentemente citados à meia-voz como os vinhos supremos da Margem Esquerda. No Médoc dos anos 70, a classificação de cada *château* colocou seu proprietário numa ordem social hierárquica. Certa vez, Alexis Lichine chamou-me a atenção para o fato de proprietários de primeiros *crus* só jantarem com proprietários de outros primeiros *crus*, e assim por diante, em escala decrescente; ele, um americano, orgulhava-se de ser convidado a jantar com todos eles. Os primeiros *crus* oficiais – Châteaux Margaux, Lafite-Rothschild, Latour, Haut-Brion e Mouton-Rothschild, que tinham ascendido a esse grupo de elite em 1973 – comportavam-se freqüentemente como num clube seleto, reunindo-se ocasionalmente em Paris para discutir preços, mas a rivalidade entre eles, como entre os melhores segundos *crus*, permaneceu intensa. (Não tão implacável, porém, quanto se revelou numa oportunidade em que o Barão Philippe de Rothschild de Mouton, segundo se conta, se permitiu cometer atos tão mesquinhos como servir garrafas de Lafite, de seu primo Elie de Rothschild, com apimentado arroz *ao curry* num importante almoço, para se assegurar de que ele não brilharia mais do que seu Mouton.) Cada primeiro *cru* queria que seu vinho fosse reconhecido como o melhor, e todos encaravam, com grande seriedade, sua elevada posição no mundo do vinho.

No passado, Parker havia observado, em primeira mão, no Château Mouton-Rothschild o que ele qualificou de atitude "indesculpavelmente arrogante e condescendente" do pessoal em relação a visitantes estrangeiros. Dos ilustres proprietários dos primeiros *crus* Médoc, somente um, Laura Mentzelopoulos, do Château Margaux, se entrevistou pessoalmente com Parker, em março de 1983. Quanto aos demais, ele teve de se contentar com os *maîtres de chai*, os adegueiros. Mas, na maioria dos casos, ele preferia que assim fosse. Por outro lado, na Margem Direita, em Pomerol, Christian Moueix recebeu-o e, como já ocorrera antes, compartilhou de sua paixão pelo vinho e de suas opiniões.

Os Bordeaux também deviam sua enaltecida posição ao fato de terem evoluído e desenvolvido complexidade com a idade da garrafa, que, em grandes safras, podia durar por décadas. Isso – somado à generalizada aceitação do sistema de classificação como guia para a qualidade e à noção do "château" como marca de status – faria dos vinhos investimentos *blue chip* que podiam ser cotados e negociados internacionalmente numa Bolsa virtual de vinhos. Por último, mas de não menos importância, os vinhos seduziam intelectualmente os enófilos e os entendidos. Pequenas diferenças de solo e clima de apelação para apelação e de vinhedo para vinhedo, as ligeiramente diferentes proporções de aparentadas variedade de uva em cada versão da casta clássica e os efeitos de constantes mudanças climáticas sobre cada safra traduzidos em sutis e complexas variações de sabor e aroma nos vinhos criam infinitas possibilidades para fascinantes comparações e discussões de degustação – a fim de determinar a personalidade de vinhos de uma apelação específica, como Margaux ou St.-Julien, por exemplo, ou para entender como os caprichos do tempo marcam as diferentes safras em numerosos *châteaux*. Os Bordeaux ofereceram campo ilimitado para discussão, tergiversação e animados debates entre críticos, entendidos e colecionadores; os melhores vinhos não eram apenas para beber, mas também para pensar e falar a seu respeito. Os amantes dos Bordeaux tinham suas próprias idéias sobre que *châteaux* pertenciam a que ordem de qualidade, e suas escolhas estavam freqüentemente relacionadas com suas próprias idéias sobre de que estilos os Bordeaux deveriam ser. Nas duas décadas anteriores, o sistema de classificação de 1855 tinha sido alvo, talvez inevitavelmente, de contínuos ataques. Muitos dos mais cultos e perspicazes escritores de vinho na Inglaterra intervieram com suas próprias classificações revistas, assim como Alexis Lichine tinha, com base em suas percepções da qualidade contemporânea e seus rebaixamentos e valorizações de vários *châteaux*, alimentado intermináveis debates. Mas poucos contestaram a estatura do Bordeaux como o pináculo da qualidade do vinho.

Para Parker, o Bordeaux se convertera num tema corrente, um interesse constante que ele tinha cultivado desde o seu primeiro número de *The Wine Advocate*, assim como em sua primeira entrevista. Sim, ele fizera avaliações críticas de vinhos de todos os países e regiões, mas, nos primeiros cinco anos de sua *newsletter*, Parker tinha voltado a tecer, repetidas vezes, seus comentários críticos sobre o Bordeaux, como se estivesse obcecado em comunicar sua opinião sobre quais desses grandes vinhos se mostravam ou não à altura de suas reputações. Em 1982, resultou ser a obsessão certa no lugar e no tempo certos para o consumidor americano, assim como para o comércio do Bordeaux. O modo como os vinhos eram classificados, produzidos e vendidos praticamente implorava que alguém como Parker aparecesse para garantir repetidamente aos americanos enofóbicos que os bordaleses poderiam ocasionar grandes estragos ao lucrativo e crescente mercado americano. Sua ascensão ao poder estava intimamente ligada ao Bordeaux.

A partir de 1978, Parker viajava para Bordéus duas vezes por ano, ficando sempre por uma ou duas semanas durante o rito anual da primavera, em março, quando os *châteaux* recepcionavam em suas adegas comerciantes e um punhado de jornalistas para degustar na barrica vinhos da vindima do prévio outono. Basicamente, isso era uma prévia de vendas, para que o comércio avaliasse a qualidade da safra e determinasse a demanda para vinhos, e a primeira parte da campanha dos *en primeur* ou futuros. Assim que os *châteaux* liberassem seus preços *en primeur*, normalmente a partir de abril, os comerciantes decidiriam o que e quanto comprar da nova safra e poderiam calcular onde a venderiam.

Peregrinar de *château* em *château* degustando grandes vinhos soa como um negócio muito glamouroso; acodem ao espírito imagens de chiquérrimos hotéis, de maduros e charmosos vinicultores, de fabulosa comida acompanhada de raros e sedutores vinhos, mesas polidas nas salas de jantar de elegantes *châteaux*, com seus aristocráticos donos em *black tie*. Mas, para Parker, era uma febril viagem de negócios, com uma agenda congestionada. Seu tempo era por demais limitado. Por ser conveniente, ele e Pat se hospedavam no moderno Novotel, em Le Lac, um indefinível subúrbio industrial de Bordéus, nove quilômetros ao norte da cidade. Com seu ambiente simples porém confortável, banheiros modernos e um útil parque de estacionamento, o Novotel (então com uma diária de casal em torno de US$38) assemelhava-se a um motel estilo americano numa rodovia interestadual, cercado por um anônimo centro comercial e um parque industrial. Do ponto de vista de Parker, o hotel oferecia fácil acesso às rodovias que cercavam a cidade. A saída para a D2 Norte, para quem se dirigia ao Médoc, ficava a poucos minutos de distância; Graves estava a escassos quilômetros na direção Sul; e oportuna para Leste, cruzando o Gironde para a Margem Direita, situavam-se St.-Emilion e Pomerol.

Nesse ano, poucos jornalistas americanos, além de Parker, chegaram para degustar os vinhos na barrica; entre eles, estavam dois importantes críticos de vinho: Bob Finigan e Terry Robards. Ex-repórter financeiro do *The New York Times*, Robards havia sido recentemente forçado a se demitir da coluna de vinhos da revista *Time*, em conseqüência de um perceptível conflito de interesses, mas escrevia agora para o *New York Post* e estava para ser nomeado colunista de *The Wine Spectator*. Para a maioria dos escritores de vinho, de nada lhes serviria ir. Os únicos consumidores que se interessavam por notas detalhadas sobre vinhos individuais eram aqueles fanáticos que pretendiam comprar os vinhos enquanto ainda estivessem envelhecendo em adegas francesas, como vinhos futuros. Alguns dos maiores varejistas das grandes metrópoles americanas os ofereciam, mas, desde a crise do mercado dos Bordeaux, em meados da década de 1970, a demanda de futuros nunca mais voltara a ser como antes. Além disso, pensava-se que analisar um Bordeaux jovem na barrica e antever com exatidão o que ele viria a ser daí a um ano e meio, quando engarrafado – muito menos daí a uma década – requeria longa experiência e um paladar profissionalmente treinado. Um *maître de chai*, por exemplo, degustava seu vinho na barrica centenas de vezes, checando regularmente seu progresso desde o momento em que o suco de uva fermentado se converte em vinho até que este é finalmente engarrafado. Um bochecho de vinho em bruto, inacabado, parece com desinfetante oral: dominam seus desagradáveis e ásperos taninos, mas, com orientação, um profissional aprende a olhar para além disso e a avaliar o equilíbrio, a concentração e a fruta subjacentes ao vinho, além de sua qualidade potencial.

Para os consumidores, os futuros vinícolas operam um pouco como os futuros financeiros e podem ser um negócio arriscado. A pessoa investe seu dinheiro (alguns varejistas cobram apenas 50% antecipadamente) para reservar uma caixa de vinho a um determinado preço fixo. Se o vinho se valorizar entre essa data e aquela em que o receber, dois anos mais tarde, depois de ser engarrafado e embarcado, a pessoa terá lucro, ganhando, por vezes, muito dinheiro nessa transação. Como investimento, o vinho pode suplantar muitas *commodities* negociadas em Bolsa de Valores. O Château Lafite de 1975 foi vendido por US$150 a US$160 a caixa, como futuros; na época em que o vinho engarrafado chegou a Nova York, custava o triplo disso e, em 1983, essa mesma caixa era negociada pela bela soma de US$1.200. Mas, se os preços não subissem, ou a taxa de câmbio não fosse favorável, não fazia o menor sentido uma pessoa manter seu capital empatado. Por outro lado, se a pessoa não comprar vinhos apontados como excelentes mas produzidos em pequenas quantidades assim que chegam ao mercado, ela poderá perder qualquer chance de pôr as mãos nele.

O mercado de futuros era parte do processo singular pelo qual os vinhos Bordeaux eram vendidos. Os *châteaux* que produziam o vinho eram a parte sumamente visível do Bordeaux, aquela de que os enófilos tinham conhecimento. O outro mundo, mais oculto, era *la place du Bordeaux*, a praça do Bordeaux, uma rede comercial quase bizantina de muitas centenas de *négociants* (comerciantes) e *courtiers* (corretores), que sustentavam o sistema *en primeur*. A campanha *en primeur* se assemelhava a um jogo de azar e funcionava assim: em cada primavera, os *châteaux* vendiam entre 50% e 90% de seus vinhos da vindima do ano anterior, que ainda estava em barricas, a *négociants*. Atuando como intermediários diplomáticos entre os *châteaux* e os *négociants* estavam os *courtiers*, que preparam e montam as transações como corretores para ambas as partes. Os *négociants* conservam para si uma percentagem (normalmente) pequena para estoque e vendem o resto a importadores, que, rapidamente, o descarregam para distribuidores e varejistas, que, então, o oferecem aos consumidores. Tudo isto era apenas no papel – nada mais do que uma nota de venda ou um contrato – quando os vinhos não estavam sequer engarrafados. Os benefícios do sistema para os *châteaux* eram óbvios – fluxo de caixa imediato, distribuição mundial dois anos antes de os vinhos estarem sequer embarcados e a garantia de que os *négociants* comprariam mesmo aquelas safras que não eram lá grande coisa, mas que se garantiam para receber alocações de uma certa quantidade de caixas nos melhores anos. Era da conta dos *négociants* construírem mercados para o vinho.

A especulação prosperou no transcorrer dos tempos (como ainda ocorre hoje) e, durante os séculos XVIII, XIX e parte do XX, *négociants* e *courtiers* enriqueceram e ficaram poderosos. Durante esse período, os *négociants* armazenavam o vinho comprado em barricas em suas próprias e enormes adegas, cuidando de seu desenvolvimento ou *élévage*, até estar pronto para engarrafar. Então, eles o engarrafavam, vendiam e embarcavam. Mas o poder deles começou a diminuir por volta de 1970, quando todos os *châteaux* importantes passaram a engarrafar seus próprios vinhos e ainda mais após o colapso do mercado, em meados da década de 1970, quando muitos *négociants* faliram. Enquanto todos eles mantinham antes gigantescos estoques de vinho, agora apenas uns poucos estocavam ainda algum, tendo a maioria optado por trabalhar essencialmente como operadores da Bolsa ou distribuidores, especializando-se em determinados mercados – Europa, Ásia e as cadeias de supermercados no Reino Unido.

Nesse sistema altamente complexo, preços e vendas eram afetados e, às vezes, distorcidos por muitos fatores, incluindo a qualidade da safra, o tamanho da vindima, a forte demanda num país, o estado da economia mundial, a reputação de um determinado *château*, a popularidade num mercado específico, boatos e falatório. Os preços eram estabelecidos pelos donos de *château*, decididos a fazer o máximo de dinheiro possível – certamente tanto, senão mais, do que seus vizinhos. Fixar o preço inicial correto era extremamente importante, uma vez que cada componente da cadeia tinha de ganhar dinheiro. A principal preocupação dos *négociants* era, obviamente, vender no mundo inteiro com lucro todos os vinhos que tinham comprado, e tinham uma compreensão muito melhor do efeito de fatores de mercado do que os *châteaux*.

Depois da safra de 1982, um novo e poderoso fator, Robert Parker, entrou no jogo por intermédio de uma abertura no sistema.

Uma vez que os consumidores não podiam degustar antes de comprar os futuros, como podiam saber se e o que comprar? Na Inglaterra, os enófilos recorriam a comerciantes de vinhos de sua confiança, que atuavam como importadores e varejistas, e tinham usualmente degustado os vinhos. Suas listas e descrições eram remetidas aos seus melhores clientes, depois de terem decidido o que comprar dos *négociants*. A situação nos Estados Unidos era mais complicada, resultado das regulamentações feitas para a venda de bebidas alcoólicas e que estavam em vigor após o fim da Lei Seca. Os importadores que haviam degustado os vinhos tinham poucas ligações, de um modo geral, com o consumidor. Na maioria dos estados, eles tinham de vender para distribuidores, que vendiam aos varejistas, que vendiam, por sua vez, aos consumidores. Mas, ao contrário da Inglaterra, os Estados Unidos não tinham tradição de comerciantes idôneos de vinho. Somava-se a isso o fato de poucos varejistas – mesmo entre aqueles que sabiam alguma coisa sobre vinhos – terem experiência com futuros. Depois de alguns dos terríveis vinhos que os varejistas tinham impingido nos anos 70, poucos apreciadores de vinho davam crédito ao que os varejistas diziam. Quando em dúvida, voltavam-se para os melhores vinhos da classificação de 1855. Alguns enófilos sérios recorriam, com satisfação, a peritos independentes como Finigan e Parker.

O mercado *en primeur* estava agonizante. Muitas das safras mais recentes tinham sido boas, mas todos estavam aguardando uma safra verdadeiramente grande que fosse capaz de excitar os volúveis, caprichosos e ricos americanos, e convencê-los de novo a comprar futuros em quantidade. Para o bordalês, a safra de 1982 parecia ser a resposta a uma prece.

NO VINHO, A OPORTUNIDADE É TUDO. O VINHO COMEÇA COMO UVAS, um produto agrícola extremamente dependente dos caprichos da natureza. Elas precisam do clima certo no tempo certo, para produzir um grande vinho. De junho até outubro, os vitivinicultores em Bordéus espiam os céus, escutam na rádio as previsões meteorológicas, rezam por Sol e preocupam-se com chuva e granizo. Uma comparação com as condições de prévias vindimas nunca está afastada de suas mentes; esse é o modo como vaticinam o estilo e a qualidade dos vinhos. Em 1982, o clima estava ideal em dois pontos críticos, e isso fez toda a diferença.

O primeiro foi a "floração" – o período crucial em que as flores da vinha produzem cachos de uvas. Céus ensolarados e temperaturas amenas nos começos de junho fornecem as condições perfeitas para uma floração bem-sucedida, o que indicará, se tudo correr bem, que a vindima ocorrerá cedo. Como o comum é que as chuvas comecem no outono, o mais provável é que as uvas já tenham sido colhidas antes disso. Com uma floração precoce, já se começa o jogo com uma boa folga.

No final de junho, a quantidade de cachos de aspecto saudável de uvas infantis vaticina uma boa colheita e, portanto, uma imensa quantidade de vinho. Chuva interminável e dias cinzentos durante o verão e na época da vindima significam vinhos delgados, leves, ao passo que o tempo seco e quente implica uvas maduras com peles escuras e vinhos muito bons. Mas bons até que ponto? Julho foi muito quente e os vinicultores opinavam s*otto voce* que uma chuvinha para refrescar os vinhedos até que não viria mal. Agosto foi nublado e ameno. As expectativas melhoraram. A última parte da temporada de crescimento foi, como de costume, um período de suspense. Em setembro, durante um surto de três semanas de intenso calor e alguns dias em que a temperatura excedeu os 45°C, a pele das uvas escureceu e seu conteúdo de açúcar pulou para níveis nunca alcançados. O açúcar elevado se traduz em alto nível de álcool no vinho e, em alguns dos vinhos resultantes, atingiu um nível surpreendentemente elevado de 13,5%, mais típico da quente Califórnia do que da fria e chuvosa Bordéus. Os abafados dias mediterrâneos só eram aliviados por tempestuosas rajadas de vento quente que desidrataram as uvas, produzindo extraordinária concentração. O surto final de clima temperado converteu um ano excelente num ano extraordinário. Como relembrou o perito e consultor enologista Michel Rolland, "tudo aconteceu no momento certo. Eram as melhores uvas que vi em toda a minha vida".

Todos os Bordeaux tintos são misturas de duas ou mais uvas da família Cabernet, que inclui Cabernet Sauvignon, Merlot, Cabernet Franc, Petit Verdot e Malbec. O tânico Cabernet Sauvignon domina as misturas na Margem Esquerda, ao passo que o redondo e aveludado Merlot é fundamental em Pomerol e

St.-Emilion, a par do fragrante Cabernet Franc. O Merlot, como sempre, amadureceu primeiro, o que significou que, na Margem Direita, os *châteaux* começaram a vindima no dia 13 de setembro, uma das datas mais precoces de colheita já registrada. Na Margem Esquerda, Mouton-Rothschild, ansioso por recolher as uvas rapidamente, antes que chovesse e diluísse seu sabor e aroma, contratou 600 vindimadores, que trabalharam freneticamente sob um tórrido calor para recolher toda a uva numa semana, em vez das usuais três. Quando as intensas chuvas chegaram em 5 de outubro, as uvas já tinham sido pisadas na maioria das propriedades e o doce mosto arroxeado estava tumultuosamente silvando e borbulhando em segurança nas cubas de fermentação. O tempo estava tão quente que alguns proprietários menores tinham dificuldade em impedir o perigoso superaquecimento da enorme quantidade de vinho em fermentação; muitos *maîtres de chai*, mesmo em propriedades com equipamento moderno, dormiam em sobressalto na própria adega para poder monitorar a temperatura das cubas e evitar um desastre. Alguns recorreram a pôr grandes blocos de gelo sobre os fermentadores – dizia-se haver até quem jogasse o gelo diretamente nas cubas (o que era ilegal, pois equivalia a aguar o vinho). Essa superabundância de uva, chegando toda ao mesmo tempo, fez com que muitos proprietários entrassem em pânico. Alguns não tinham cubas em quantidade suficiente para a fermentação de toda a uva pisada. A nova proprietária do primeiro *cru* Château Margaux, Laura Mentzelopoulos, ansiosa por encontrar fermentadores adicionais para cobrir a superabundância, telefonou ao seu vizinho, Alexis Lichine, para ver se ele conhecia alguém que lhe pudesse acudir nessa emergência.

A fermentação transforma o mosto doce em vinho mais seco, de sabor mais complexo; as leveduras naturais das uvas convertem o açúcar em álcool. Quanto mais maduras as uvas, mais poderoso o vinho que elas produzem e, em 1982, todos concordaram em afirmar que elas estavam impecavelmente maduras. Desde que não ocorresse nenhum descontrole, as elevadas temperaturas durante a fermentação garantiriam a extração de mais cor, sabor e tanino, dando ao vinho algo mais de tudo. Degustando seu jovem e rústico vinho, o dono do Château Monbousquet, exultante, cedeu a um arroubo lírico. "Estava fantástico", disse ele ao *The New York Times*, "era como geléia... como fruta mastigada na boca".

O vinho não tardou em ser transferido para pequenas barricas de carvalho, onde envelheceria por 12 a 24 meses. Quando Parker chegou em março, muitos proprietários já tinham efetuado a *assemblage*, selecionando as distintas barricas que programavam combinar para fazer o *grand vin* final. Outras barricas fariam o segundo vinho do *château*, caso tivessem um, ou seriam liquidadas a granel para reforçar o produto que os comerciantes de vinhos engarrafam e vendem com o simples rótulo de "Bordeaux".

A presumida qualidade estelar da safra de 1982 já fora anunciada aos quatro ventos pelos donos de *châteaux* e circulava no comércio qual boa-nova proveniente do Altíssimo; um então pouco conhecido escritor francês de vinho, Michel Bettane, chegou ao ponto de qualificar essa safra como a melhor de todas desde 1929. Mas seria ela merecedora de tanta agitação? Parker acompanhou de perto a publicidade e ponderou a questão em seu escritório, fazendo o trajeto de ida e volta casa-trabalho e enquanto ele e Pat jantavam em casa. A reivindicação francesa de "a safra do século" tinha sido repetida com tanta freqüência nos últimos quinze anos que a história se parecia com a do garoto que, de tantas vezes espalhar alarmes falsos, ninguém lhe deu bola quando bradou por socorro ao ser perseguido por um lobo.

Em primeiro lugar, Parker sabia que, com freqüência, grandes safras do passado, como a de 1961, haviam resultado de vindimas quantitativamente escassas. Era como se tanta suculência e tanta riqueza se concentrassem na pequena safra de um determinado ano, assegurando que o sabor do vinho seria poderoso e intenso, e que esses vinhos durariam pelo tempo afora. Mas a produção por hectare em 1982 tinha sido imensa, usualmente um sinal de que o sabor estaria diluído. Entretanto, o Professor Émile Peynaud, famoso enologista e consultor na época de 40 *châteaux*, tinha dito a Terry Robards, do *The New York Times*, em dezembro, que os vinicultores jamais tinham visto "um tal nível de riqueza e quantidade juntas". Peynaud comparou 1982 às poucas safras canonizadas do século XX: 1961, 1959, 1949 e 1947.

Parker admirava Peynaud e estava impaciente por degustar os vinhos e decidir por si mesmo.

A agenda de Parker, durante seus exaustivos mas excitantes dias em Bordéus, foi muito apertada; suas primeiras entrevistas foram marcadas para as 9 da manhã. Em tempos idos, preocupara-se com sua capacidade de acordar suficientemente cedo, a tempo de cumprir um horário das 9 horas da manhã às 5 da tarde. No entanto, dessa vez, saltou da cama às 7:30 horas. Tentaria fruir de umas oito horas de sono contínuo, mas, por vezes, seus olhos sonolentos denunciavam uma noite intranqüila na cama suave demais do hotel. Estava a caminho por volta das 8:30 horas, para dar início a uma maratona de 11 a 12 horas de intensas degustações e exaustivas entrevistas que raramente terminavam antes das 19:30 horas. Num dia típico, visitava três *châteaux* na parte da manhã, começando sobre a hora e reservando 45 minutos de cada visita para degustar o 1982, voltar a degustar o 1981 e o 1980, e fazer perguntas; era a versão do crítico de vinho da hora de 50 minutos do psicanalista. Por vezes, almoçava no *château* onde também estivera degustando, depois corria para trabalhar até dar conta de cinqüenta a uma centena ou mais de amostras de uma variedade de *châteaux* no escritório de um *négociant*, como faziam as pessoas do ramo, ou então para visitar mais *châteaux*. Os encontros prosseguiam ocasionalmente até as primeiras horas da noite. Sempre apressado, Parker se orgulhava de conduzir seu carro "a uma velocidade que faria o ator francês muito macho Jean-Paul Belmondo sentir-se orgulhoso". Com freqüência, desmoronava na cama depois da meia-noite e adormecia na expectativa da mesma agenda no dia seguinte.

Não demorou muito para que Parker decidisse estar completamente de acordo com Peynaud. Ele "nunca degustara vinhos tão super-ricos, impressionantes, opulentos, que tinham sido obviamente produzidos de fruto muito maduro e concentrado". As adegas em Bordéus, como por toda a parte, são úmidas e frias. Nos meses de inverno, os pés absorvem um frio terrível e penetrante que sobe pelos ossos até chegar aos dentes e deixá-los batendo castanholas. Março pode ser um desses tempos, um mês áspero, com céus pardacentos e chuva. Mas Parker estava no paraíso, rodeado de gordas barricas manchadas de vinho, inalando, com visível prazer, o atraente cheiro, doce e forte, do vinho envelhecendo, e observava com crescente entusiasmo como os *maîtres de chai* mergulhavam suas pipetas nas barricas e chupavam o surpreendentemente escuro líquido, de um opulento e profundo tom vermelho, pingando-o depois, gota a gota, no copo dele. Parker fazia o copo rodopiar, cheirava, sorvia e cuspia as amostras no chão da adega enquanto os sorridentes *maîtres de chai* o observavam. No pequeno caderno de capa preta, anotava suas avaliações, com um limite de variação ao lado de cada nota. Essas eram as mais emocionantes amostras de barrica que ele, ao longo de toda a sua carreira, tinha até então provado. Parker ia indagando por toda a parte a respeito da época de desenvolvimento, vindima, fermentação e vinificação. Pat também degustava; friorenta, aconchegava mais ao corpo seu casacão e traduzia.

Em Pomerol, no minúsculo Château Pétrus, Parker considerou que o 1982 deles "era o mais perfeito e simétrico vinho" que já provara. Uma hora depois, sentia-se "ainda atordoado" por sua qualidade sensacional. Não admira que o atencioso e veemente Christian Moueix, gerente e filho de um dos dois donos do *château*, lhe tivesse afirmado, do alto de sua elevada estatura, que esse vinho "é o meu legado... o maior vinho que já produzira". Desde o começo, Parker pensou que esse seria provavelmente o primeiro vinho de 100 pontos de *The Wine Advocate*, seu mais alto galardão. Recordou-lhe o glorioso 1947, o único vinho a que tinha concedido a classificação de 99+.

Muitos receberam Parker e Pat de braços abertos, felizes por se divulgar nos Estados Unidos a grandeza da safra. Parker dizia a todos que queria aprender e tanto os donos de *châteaux* como os *négociants* estavam ansiosos por ajudar. No Château Ducru-Beaucaillou – um segundo *cru* St.-Julien que Parker tinha elogiado muitas vezes em letra de forma –, o modesto proprietário,

Jean-Eugène Borie, serviu seus 1975, 1976, 1978 e 1981, a fim de que Parker os comparasse com o 1982, para ilustrar como a safra era especial e diferente. No primeiro *cru* Château Margaux, o mais imponente e magnífico palácio no Médoc, com suas colunas dóricas e longas avenidas arborizadas, a *assemblage* final ainda não tinha sido feita. Não obstante, o administrador da propriedade, Philippe Barré, e Laura Mentzelopoulos, cujo marido, um falecido magnata de secos e molhados, tinha comprado o *château* em 1977, deixaram Parker degustar de muitas e diferentes barricas de Cabernet Sauvignon e Merlot para formar sua opinião. Ele tinha feito críticas ao Château Mouton-Rothschild, outro primeiro *cru*, em números recentes de *The Wine Advocate*, pelo que ficou satisfeito quando lhe apresentaram uma amostra para degustar. Considerou-o "lendário... um vinho que se desenvolverá para vir a ser um Mouton de proporções monumentais". Raoul Blondin, um venerável mestre de adega que trajava blusão azul de trabalhador e boina, classificou-o a par do 1947 e 1961. Mas, nos primeiros *crus* Château Lafite-Rothschild e Château Latour, Parker foi informado de que só ao pessoal da casa seria permitido provar o novo vinho antes de ser vendido. Melindrado, ele atribuiu essa recusa ao "nervosismo".

POUCAS HORAS DEPOIS DE SEU AVIÃO VINDO DA FRANÇA ATERRISSAR no aeroporto JFK, Parker sentou-se no Pool Room do restaurante Four Seasons de Nova York para o VIII California Barrel Tasting Dinner, cercado pela nata do mundo do vinho nos Estados Unidos: imprensa, vinicultores, varejistas e um punhado de celebridades. A aparatosa extravagância, planejada para ser a vitrine de novas safras de vinhos no contexto do estado da arte vinícola da Califórnia, nesse caso a safra de 1982, iniciara em 1976 e convertera-se no mais importante dos eventos no calendário vinícola de Nova York. Participar dele era de rigor para os escritores e editores de vinho da cidade; eu já comparecera à maioria desses eventos, mas Parker, radicado em Maryland, nunca estivera em qualquer deles.

O jantar de cinco horas exigia séria resistência gastronômica, o que nunca foi problema para Parker; seis vinhos, incluindo três amostras de barrica, acompanharam cada um dos sete pratos, aos quais se seguiu a sobremesa. Todos beberam demais: Paul Kovi e Tom Margittai, os donos do restaurante, não viram com bons olhos esse detalhe de cuspir vinho durante o jantar. Entre os pratos, circulamos todos para trocar mexericos do mundo do vinho, o que era considerado, no mínimo, tão importante quanto a avaliação em si. A notícia de que Parker acabara de regressar da degustação da safra 1982 em Bordéus percorreu a sala e, como muitos outros, John e eu estávamos ansiosos por ouvir sua opinião acerca dos vinhos. Eram realmente bons? "Fenomenais! São esplêndidos!", entusiasmou-se ele, enquanto algumas pessoas se juntaram à sua volta para ouvi-lo. Contei-lhe que tínhamos acabado de conversar com Robert Finigan, que também estivera degustando em Bordéus, mas não tinha gostado nada dos vinhos.

Parker nunca se encontrara com Finigan. Depois de apresentarmos um ao outro, ambos conversaram polidamente sobre a safra de 1982; Finigan estava claramente frio e distante. Parker mal podia acreditar no que estava ouvindo: que Finigan considerava a safra superestimada e que tinha degustado dúzias de vinhos medíocres. O encontro permaneceu vívido na lembrança de Parker por muitos anos. Ele ainda se lembra de ter perguntado a Finigan que vinho poderia afinal ter degustado para expressar semelhante opinião e de ter pensado: "Se ele realmente escrever isso, vai ser um rematado idiota." Na mente supersensível de Parker, perpassou a idéia paranóide de que ele era um "cara jovem" e que Finigan, um homem mais estabelecido, estava tentando abalar sua confiança.

Finigan já registrara por escrito seus pensamentos sobre a safra de 1982; sua trigésima *newsletter* de março estaria em breve a caminho dos assinantes. Ele não tem a menor lembrança de se ter encontrado com Parker nessa noite.

O encontro não alterou em nada, por certo, a opinião inicial de Parker sobre 1982, embora planejasse repetir a degustação em junho, apenas para corroborar seu parecer inicial. Com uma confiança suprema em sua opinião, dedicou a maior parte de sua décima primeira *newsletter* de abril a um relatório preliminar que equivalia a um hino de louvor. No primeiro parágrafo, recomendou vivamente a seus leitores que "estocassem alguns sensacionais vinhos Bordeaux". Argumentou que o poder de compra de um dólar forte (a taxa de câmbio estava num pico de sete francos para o dólar) e a singular grandeza da safra – a melhor desde 1961 – haviam criado a melhor oportunidade ao alcance dos consumidores de vinho nos últimos vinte anos. Os preços se mantiveram razoáveis até aí, por haver muitas safras de boa qualidade – 1978, 1979 e 1981 – ainda disponíveis no mercado. Ele reuniu, em sua análise, todas as razões para comprar futuros 1982 como se estivesse expondo os argumentos de um importante processo legal que sabia não poder perder.

Comparada às safras comuns, a de 1982 era atípica. Mas, na verdade, a maioria das grandes safras de Bordeaux também era. Era incomum ter simultaneamente uma vindima gigantesca e vinhos tão concentrados. Seu elevado teor alcoólico, especialmente em Pomerol, sua maturação e sua intensidade de gosto lembraram a muitos, inclusive a Parker, os grandes e frutados Cabernet Sauvignons da Califórnia. E mais: estavam ligeiramente abaixo do normal em acidez. Era típico dos jovens Bordeaux "classicamente estruturados" apresentarem usualmente um gosto áspero, tânico e mesmo desagradável na barrica, mas o tanino nesses vinhos estava coberto com tanta exuberância de frutas – Alexis Lichine chamou-lhe "puppy fat" – que ficaram atraentes para beber desde o princípio. Isso suscitou dúvidas e interrogações sobre suas possibilidades de envelhecimento – que é uma das marcas distintivas de uma safra verdadeiramente grande – como se só uma boca adstringente na juventude pudesse assinalar algo de boa qualidade no futuro. Até mesmo alguns em Bordéus expressaram suas reservas, mas Parker predisse confiantemente que eles teriam um belo envelhecimento.

"Certamente, suas condições financeiras ditarão o que você decide fazer", escreveu ele, mas "qualquer entusiasta sério por vinho vai querer se agarrar com unhas e dentes a esse vinho agora ou daqui a dois anos". Ele não tinha a menor dúvida quanto a isso.

A OPINIÃO DE PARKER SOBRE OS BORDEAUX 1982 IMPRIMIU O GRANDE impulso em sua ascensão. A opinião de seu rival Robert Finnigan sobre a mesma safra desencadearia seu declínio. Finigan mencionou, pela primeira vez, o potencial dos 1982 muito sucintamente (e positivamente) no número de 30 de setembro de 1982 de sua *newsletter* e depois, de novo, em novembro, quando relatou que produtores como Jean-Pierre Moueix e Alexis Lichine estavam "tecendo elogios delirantes" a respeito desse vinho. Saindo no começo de março para uma "rápida mas completa viagem de degustação", Finigan dizia-se confiante em que seriam "grandes" vinhos. A única questão em seu espírito era até que ponto esses vinhos seriam "grandes".

Embora normalmente ele tivesse amostras de barrica coletadas e levadas para um par de localizações centrais, para que pudesse degustar com maior eficiência, nenhum produtor liberara ainda suas amostras para o mercado, de modo que Finigam se viu forçado a bater de porta em porta, de *château* em *château*, cobrindo de gentilezas os proprietários e capatazes de adega para obter uma degustação, prometendo que não publicaria notas sobre certos vinhos porque seus preços ainda não tinham sido estabelecidos. Depois de conscienciosamente rodopiar o copo, cheirar, sorver e cuspir mais de cinqüenta vinhos, "senti-me assustadoramente deprimido pela maior parte do que tinha degustado", escreveu em seu número de 30 de março de 1983. Ele havia achado os vinhos "decepcionantes" e, ainda pior, "estúpidos"; eram alcoólicos demais, disse ele, e tinham pouca concentração de aroma e sabor. Sua avaliação: "Não – o proverbial mil vezes não – era a 'safra do século'."

Embora não rejeitasse completamente os vinhos, preveniu: "Não me precipitaria nem comprometeria seriamente os dólares investidos no mercado de futuros do '82'".

Palavras duras, e ainda houve mais. Finigan qualificou o ano de "algo bizarro"; os vinhos eram "muito extravagantes" e sugeriu aos seus leitores que dessem preferência aos "flexíveis e encantadores" 1980 e aos "brilhantes" 1981.

Quando Parker viu um exemplar desse número, comentou: "Ele não sabe do que está falando."

Parker chegou cético a Bordéus e saiu convertido; Finigan chegou esperando grandeza e partiu desiludido. Os relatos das viagens dos dois críticos e de suas reações aos Bordeaux de 1982 revelaram suas profundas diferenças como personalidades, degustadores e escritores.

A prosa de Parker vibrava com energia, excitação e paixão. Era sublinhada com pontos de exclamação e afirmações grandíloquas. "Prevejo que [1982] entrará nos anais da história do vinho Bordeaux", escreveu, acrescentando: "Não se enganem a respeito desses 1982! Eles estão destinados a figurar entre os maiores vinhos já produzidos neste século", sublinhando essas declarações com espetacular ênfase. Descrevia os vinhos como "profundos", "opulentos", "carnudos", "maduros", "picantes", "ricos", "viscosos", "grandes", "requerem muita mastigação" e "são de cortar o fôlego", quase os degustando para nós, e arrolou trinta como excepcionais ou extraordinários. Transmitiu, ainda, opiniões de proprietários, sem lhes citar os nomes. Seu irresistível amor por esses grandes e esplêndidos vinhos e o prazer em degustá-los sobressaíam em cada página. Não importa se, uma vez engarrafados, os vinhos tenham um sabor muito diferente dessas amostras inacabadas de barrica – predizer como eles serão quando envelhecerem é, na melhor das hipóteses, arriscado. Parker mandou a prudência às favas.

Finigan, por outro lado, apresentou-se como um juiz enfastiado, decidido a impressionar seus leitores com sua importância como um iniciado e com seus poderes de crítico. Escreveu que degustar vinhos "não é tarefa fácil", e somente é possível por causa de contatos pessoais "que, com o passar dos anos, tinham aprendido a confiar nele", tais como provas "cuidadosamente protegidas". Deu a conhecer a seus leitores a enfadonha tarefa que era ficar rodando de *château* em *château*. Tudo era reservado, sigiloso: não deu nomes do que degustou nem de com quem falava; alguns proprietários, insinuou, "não se mostravam particularmente entusiasmados com os tintos de 82", embora se recusasse a citar nomes. Os vinhos eram "difusos"e "curtos", dificilmente o que ele esperava de uma grande safra.

Avaliar a safra como um todo e, mais tarde, caracterizar cada vinho representavam o modo tradicional de criticar os vinhos de uma nova safra e, nisso,

Finigan estava seguindo os passos dos críticos britânicos de vinho, que realizavam freqüentes visitas ao outro lado do Canal para monitorar o progresso de cada nova safra. Mas, em comparação com Parker, ele soava excessivamente preocupado com ninharias, ambíguo e não pouco pomposo.

O debate acalorado em torno dos 1982 prosseguiu por alguns anos, com Terry Robards do lado de Finigan. Mesmo antes de ter degustado os 1982, Robards já noticiara que se tratava de uma "safra muito apregoada", mas sugeriu que os vinhos de 1970 eram a melhor compra. Na primeira página de *The Wine Spectator*, na primeira coluna do número de 1º de junho sobre futuros de Bordeaux como investimentos, ele ainda aconselhou que os compradores prudentes ficassem fora do mercado por um tempo e se concentrassem na compra de 1978, 1979 e 1981.

Tais comentários não agradaram ao comércio. Sam Aaron, da Sherry-Lehmann, queixou-se de que perdera US$20 mil em pedidos para futuros de 1982 depois dos comentários de Robards. Aaron estava tão contrariado que telefonou a Alexis Lichine em Bordéus, que prontamente denunciou a "campanha da imprensa" americana contra a safra de 1982. Finigan soube que um grupo de proprietários de *châteaux* estava realmente discutindo o banimento dele e de Robards de degustações em suas propriedades no futuro, talvez permanentemente. "Quem os ouvisse, pensaria que eu tinha comparado [os vinhos] a veneno para matar ratos", esbravejou um contrariado Finigan, afirmando que nem ele nem Robards eram "negativos em relação aos vinhos – só não fomos suficientemente positivos". Observou, cinicamente, que o comércio dos Bordeaux tinha seus interesses em jogo em todos os comentários positivos, porque queriam todos os vinhos vendidos antes que o franco voltasse a cair ainda mais.

Lichine, um consumado e teatral promotor, não perdeu tempo. Num quente dia de verão, em meados de junho, organizou um degustação de barrica e almoço na atraente adega de sua propriedade, Prieuré-Lichine, para os proprietários de seis importantes *châteaux*, a fim de provar, de uma vez por todas, como o Bordeaux 1982 era realmente bom. Convidou, então, Jon Winroth, do *International Herald Tribune*, o editor do *Wine Spectator*, Marvin Shanken, e seu recém-nomeado correspondente europeu, James Suckling. Eles estavam completamente seduzidos.

De fato, a maioria dos que haviam realmente degustado o vinho, incluindo o perito britânico em Bordeaux, David Peppercorn, e o colunista Frank Prial, do *The New York Times*, também expressava uma opinião favorável aos 1982, mesmo não sendo tão entusiásticos quanto Parker. Mas o detalhado elogio de Parker a uma tão vasta gama de vinhos assegurou virtualmente que ele acabaria sendo o maior promotor da safra e seu mais importante arauto.

Se Parker albergava quaisquer pequenas dúvidas acerca de seu próprio julgamento, eliminou-as em junho, durante seu habitual giro anual de degustação pela França, quando comparou centenas de amostras de barricas em vários escritórios de *négociants*. Teve uma longa discussão com Jean Delmas, no Château Haut-Brion, e até examinou meticulosamente seus arquivos. Ele descobriu aí que muita gente tivera também suas dúvidas sobre se os vinhos da famosa safra de 1929 durariam ou não – e os melhores ainda estavam uma beleza mais de cinqüenta anos depois. Passou um de seus dias na Margem Direita, numa degustação organizada pelo enólogo Michell Rolland, que possuía um laboratório e analisava vinhos para mais de uma centena de clientes. Eles tinham se encontrado no último verão e Rolland oferecera-se para organizar uma degustação na próxima vez que Parker estivesse em Bordéus. Quando ele disse aos clientes que viria um jornalista americano, todos contribuíram, de bom grado, com amostras de seus 1982. Parker degustou durante toda a manhã e tarde, e permaneceu tão excitado no fim do dia como quando começou.

Parker estava ainda mais certo de sua opinião em seu número de 14 de agosto. A questão não dizia respeito a comprar, mas sim quando fazê-lo, escreveu ele, predizendo: "Tenho certeza absoluta de que os vinhos em maior demanda estarão significativamente mais caros (talvez uns 70% a mais) dentro de dois anos." No ano seguinte, ele reiteraria variações em torno de seu tema básico: "Compre o máximo do grande 1982 que seus recursos lhe permitam, pois talvez não volte a haver outra safra dessa grandeza nos próximos cinqüenta anos." Aqueles que comprassem os maiores vinhos teriam, "sem dúvida, ouro líquido em suas adegas".

MARVIN SHANKEN NÃO GOSTAVA DE ESTAR ERRADO. PÔDE VER QUE *The Wine Spectator* não estava dando destaque às notícias que, de momento, atraíam o interesse dos leitores. No número de agosto de 1983, como se para recuperar terreno perdido, Suckling escreveu dois artigos sobre a safra de 1982. Um descreveu o almoço de Lichine e elogiava os vinhos. Robards alimentou a controvérsia expondo o seu próprio ponto de vista. Depois de degustar sessenta vinhos, insistiu em que alguns eram "francamente débeis". Previu que "a safra seria agradável para beber enquanto jovem", mas "fazia restrições quanto ao seu potencial para um longo envelhecimento", restrições que eram compartilhadas por produtores como Peter Allan Sichel, do Château d'Angludet, em Margaux.

Até então, *The Wine Spectator* tinha sido um fórum para jornalistas *freelancers* razoavelmente independentes, como Robards, influindo com suas próprias opiniões. Não existia uma voz coletiva do staff assumindo uma posição sobre a questão da safra, como Parker fizera em abril. Marvin Shanken estava convencido de que tinha de promover mudanças, e depressa.

Um irritadiço Finigan não estava disposto a abdicar de suas pretensões e defendeu, com veemência, sua "discordância jornalística" em dois números publicados no outono. Os vinhos no Médoc e em Graves eram "amáveis e, por vezes, impressionantes", mas de uma qualidade que dificilmente poderia aspirar a ser a safra do século. Enquanto os proprietários em St.-Emilion e Pomerol comparavam o estilo de seus vinhos ao lendário 1947, para Finigan eles sobressaíram "naquele peso alcoólico e em riqueza que muitos consumidores, especialmente os menos experientes, adorarão". Seria uma bofetada indireta em Parker? Não há razão alguma para comprar agora, insistia Finegan, praticamente acusando os varejistas e o *establishment* bordalês de enganarem os consumidores.

Por que era tão diferente a opinião de Finigan? Alguns especularam que, por preguiça, ele tinha confiado demais nas opiniões e nos relatórios de um respeitado proprietário de *château* em Margaux, onde a maior parte da safra de 1982 estava longe de ser tão boa quanto em outras propriedades. Ou talvez a discordância fosse mais sobre o estilo do vinho. Muitos na Inglaterra e na França estavam convencidos de que o caráter dos 1982 condizia com um gosto americano por maturidade e fruta. Normalmente, os americanos preferiam os vinhos de seu próprio país naquelas populares e ubíquas degustações às cegas de Cabernet da Califórnia versus Bordeaux. Os 1982 também eram um sucesso, vistosos e brilhantes, com presença de fruta doce. Teriam eles atingido muito cedo seu ponto culminante e definhariam rapidamente? Num anúncio no *The New York Times*, o varejista William Sokolin ofereceu aos clientes que já tinham comprado 1982 futuros a chance de trocá-los pelo Bordeaux 1981, dizendo o seguinte: "É claro que o 1981 é uma safra superior, mais classicamente estabelecida."

NESSE MEIO TEMPO, DE VOLTA A BORDÉUS, OS *CHÂTEAUX* DE PRIMEIRO *cru*, que pareciam determinados a espremer o máximo de dinheiro que pudessem do mercado, tinham liberado os vinhos, como de costume, em parcelas ou *tranches*. Após o preço inicial, o *prix de sortie*, o custo do segundo lote de futuros, foi significativamente mais elevado, o seguinte ainda mais alto, e assim por diante. Os preços do Lafite, que começaram 70% acima do ano anterior, registraram uma rápida escalada. Alguns dos "supersegundos" (o apelido dado aos segundos *crus* de ótimo desempenho, como o Léoville-Las-Cases) esperaram pacientemente para ver quais seriam os preços de seus vizinhos, causando, com isso, uma grande barafunda. Até *châteaux* menores retiveram uma percentagem superior à normal de seu vinho para vender só depois que todo ele estivesse engarrafado. O sucesso financeiro dessa estratégia dependia substancialmente da elevação dos preços, a qual, por sua vez, dependia da crescente demanda de vinhos, que dependia, por último, de que o entusiasmo pela safra fosse mantido.

E, graças à promoção nos Estados Unidos da opinião de Parker, assim aconteceu.

O número de abril de Parker teve um impacto quase imediato nos varejistas de Washington, D.C., mas as coisas começaram realmente a esquentar em maio. Muitos dos maiores varejistas na cidade de Nova York já estavam familiarizados com a sua *newsletter* e, desde 1981, tinham ocasionalmente mencionado suas recomendações nos anúncios do jornal deles, usualmente a par dos mais famosos Finigan, Robards e outros. Mas agora apressavam-se em explorar o elogio de Parker à safra de 1982, com a rapidez do publicitário de um filme capitalizando em cima da uma crítica ditirâmbica no *The New York Times*. Como disse Gerald Asher, "Parker chegou no momento certo. Os varejistas precisavam de alguém cuja palavra tivesse força de lei, alguém em quem o público acreditasse".

Em Nova York, a primeira manifestação de apoio veio de Zachy's, uma grande loja de vinhos que vinha oferecendo futuros desde 1978. Seu grande e aparatoso anúncio para os futuros da safra 1982 apregoava triunfalmente o vaticínio de Parker de que a qualidade dos vinhos ingressaria nos anais da história do vinho Bordeaux, "a par de tão lendárias safras como as de 1929, 1945, 1959 e 1961", e colocou suas notas e pontuações junto de vinhos como o Ducru-Beaucaillou, "um estonteante vinho que mereceria um 95+ dentro de dois anos". Morrell's defendeu Parker como "o único escritor de vinho que degustou de forma completa e detalhada os 1982 em três viagens distintas a Bordéus". Sherry-Lehmann citou-o em anúncios de página inteira. Mas poucos se deram conta de como as críticas de Parker poderiam ser úteis até os consumidores começarem a comprar em grandes quantidades. Sob o título "A Seleção de Parker", Acker Merrall estampou, em seu anúncio, 14 vinhos e suas pontuações – Parker tinha classificado todos, exceto um, com 90 ou mais pontos e, em cinco dias, todos os futuros com 90+ estavam esgotados.

The Wine Advocate estava nesse momento com um pouco mais de oito mil assinantes, mas esses anúncios fizeram com que o nome de Parker ficasse conhecido de muitos milhares mais. Enófilos que nunca tinham ouvido falar nele não tardaram a indagar: "Quem é esse cara, esse tal de Parker?" E, quando as lojas de vinhos se deram conta de que salientar as opiniões desse perito independente era sumamente benéfico para as vendas, usaram ainda mais o seu nome.

A promoção do Bordeaux 1982 tornou-se uma campanha publicitária em escala nacional para Robert Parker e *The Wine Advocate* – e isso não lhe custou um centavo sequer.

A febre de compra atingiu níveis quase históricos no país inteiro. Em Baltimore, Bob Schindler, o varejista amigo de Parker, comprou milhares de caixas com base na recomendação dele e vendeu todas. Havia notícias de que um médico de Los Angeles, comprando para um grupo, fizera uma encomenda de US$100 mil de Bordeaux 1982 a um importador de San Francisco, e a de um texano da área do petróleo, que gastou US$12 mil numa loja de Austin. Um importador de Long Island vendeu mais de duas mil caixas de Château Gloria em suas primeiras 24 horas no mercado; seus clientes médios, que compravam regularmente algumas caixas de seis a oito *châteaux*, encomendaram de 40 a 60 caixas de cada. O amigo íntimo de Parker, Dr. Jay Miller, correu ao State Employee's Credit Union para contrair um empréstimo de quase US$10 mil para comprar sessenta caixas dos vinhos recomendados por Parker. É claro que pelo menos uma parte da demanda era puramente especulativa, para investimento.

"É como Las Vegas", assombrou-se Barry Bassin, o importador de Nova York. "Todo mundo quer ganhar uma moeda na máquina caça-níqueis." Ab Simon, que dirigia Château & Estates, o maior importador americano de Bordeaux finos, admitiu que "era quase um estouro da boiada." A demanda estava "muito acima de minhas expectativas, mesmo para uma safra excepcional". O mercado americano tragava sofregamente futuros como se estivesse morrendo de fome.

Tudo isso acabou produzindo um sério impacto nos escritórios dos *négociants* em Bordéus; Christopher Cannan, da Europvin, lembra-se das quantidades maciças de encomendas chegando diariamente dos Estados Unidos, dos vinhos produzidos em pequenas quantidades, como o Pétrus, que não tardaram em ficar virtualmente impossíveis de obter a qualquer preço. "Foi o apogeu do Bordeaux", declarou o *négociant* Dominique Renard. "Os americanos estavam mais ativos do que todos os outros mercados e estabeleceram um precedente para o mercado de futuros. Essas foram as vendas mais fortes de todos os tempos e os preços dispararam. O ano de 1982 encaminhou para o mercado todo um novo grupo de compradores e especuladores."

Os americanos compraram tanto que os bordaleses começaram a chamar a 1982 de "a safra americana".

AO ENUMERAR AS RAZÕES PELAS QUAIS PENSAVA QUE OS BORDEAUX de 1982 eram tão notáveis, Parker parecia estar estabelecendo seus critérios para o que constitui um grande vinho tinto: em primeiro lugar, uma cor incrivelmente escura, que ele associava aos "vinhos de grande concentração". Em segundo, "espantosa fruta e maturidade" e "sabores gordos e encorpados que eram viscosos e enchiam a boca". E, em terceiro lugar, o elevado conteúdo alcoólico que provinha de "uvas que tinham alcançado uma perfeita maturidade". Do Petit-Village 1982, Parker disse: "Se vinho fosse uma guloseima, o Petit Village seria uma hipotética mistura de Via Láctea e Reese's Peanut Butter Cup [Taça de Manteiga de Amendoim de Reeses]. Esse tipo de vinho, opulento, saboroso e tremendamente frutado quando ainda na barrica, tornou-se um novo protótipo e estabeleceu um novo padrão. Com efeito, a 1982 tornou-se a primeira safra moderna, a precursora de um estilo particular de vinho. E era muito freqüente que as pessoas pensassem ser um típico Bordeaux – vinhos que começavam austeros e intragáveis, e lentos para se desenvolver.

Mas 1982 foi uma data importante ainda por outras razões: passou a simbolizar uma ruptura com o passado do Bordeaux. Iniciou uma nova tendência dos consumidores para comprar Bordeaux finos somente como investimento financeiro. Provocou um "boom" no mercado americano e assinalou o começo de um novo e moderno processo de comercialização do vinho. Um *négociant* observou que, depois de 1982, o mercado dos Bordeaux nunca mais seria o mesmo. Os varejistas americanos e os bordaleses estavam apenas começando a ver como Parker poderia ser útil.

O panegírico de Parker em prol da safra de 1982 foi o primeiro grande passo na construção da lenda em torno dele. O debate sobre a qualidade dos vinhos prosseguiu por anos, embora as degustações demonstrassem repetidamente que ele estava certo em seus extravagantes elogios – pelo menos, no tocante aos melhores entre os melhores vinhos. Os especuladores que deram ouvidos a Parker fizeram bom dinheiro. De acordo com Peter Meltzer, correspondente para leilões de *The Wine Spectator*, entre 1983 e 2002 os vinhos tiveram uma valorização de 2.012% – superando em muito o retorno de 770% do Dow Jones durante o mesmo período.

Em poucos anos, os fatos haviam sido simplificados, racionalizados e distorcidos em pequenos detalhes para se ajustar claramente à imagem de Parker como o "Cavaleiro Solitário". Persistiu a idéia de que ele tinha sido o primeiro jornalista a proclamar a grandeza da safra 1982, se bem que isso não fosse verdade. O próprio Parker atribuiu esse mérito ao crítico francês Michel Bettane. Mas Parker perpetuou a idéia de ter enfrentado sozinho a "corrente dominante da imprensa americana", que não só "criticara em termos inequívocos a safra e o estilo de vinhos", recorrendo a "comentários cáusticos e mordazes", como também o envolvera nessas críticas. Na realidade, essa "corrente dominante" consistia em apenas três opositores sistemáticos – além de Robards e Finigan, Dan Berger, do *Los Angeles Times*, não se manifestara nada entusiasmado com o 1982 –, mas nenhum deles havia escrito algo que pudesse ser considerado negativo a respeito dele, pessoalmente. Nos primeiros cinco anos de *The Wine Advocate*, Parker havia procurado, com freqüência, caracterizar-se como muito diferente dos outros escritores de vinho, sendo o único solidário com o consumidor, e usou sua posição sobre a safra de 1982 para se distanciar ainda mais deles. Mais tarde, ele afirmaria que, nessa época, o "*establishment* da imprensa do vinho" o viu como "uma ameaça à influência deles". Mas, dificilmente, era esse o caso; em 1983, ele estava apenas começando a ficar importante.

DURANTE TODO O ANO DE 1983 E NO COMEÇO DE 1984, PARKER SABIA que estava deixando os Farm Credit Banks e o Direito. Após a degustação da safra de 1982, parecia mais difícil do que nunca voltar para um escritório e participar de enfadonhas reuniões sobre contratos. Só a muito custo conseguia mobilizar o esforço e a atenção necessários. Contava, afortunadamente, com a lealdade de muitos advogados que ele havia contratado e que lhe davam cobertura sempre que ele dava uma escapada até Nova York para uma degustação. Estava considerando todas as saídas possíveis. No início de 1984, Robards, agora solidamente instalado em *The Wine Spectator* e *The New York Post*, recebeu a informação de que Parker estava tentando encontrar-se com alguém do *The New York Times* para discutir em que condições poderia ocupar a vaga de crítico de vinho. Mas nada resultou disso; talvez Parker se desse conta de que o *Times* nunca lhe permitiria continuar a publicar *The Wine Advocate*. De qualquer modo, Frank Prial regressou a Nova York, após um breve período no escritório do jornal em Paris, e voltou a escrever a coluna "Wine Talk".

Depois dos comentários críticos sobre o Bordeaux 1982 nos números de abril, da subseqüente publicidade por meio dos anúncios de lojas de vinho e da continuada controvérsia com Finigan, muito mais assinaturas fluíram para *The Wine Advocate*. O total havia pulado para quase nove mil. Estava bem perto da tiragem inicialmente ambicionada. Graças à posição assumida em relação à safra de 1982, Parker estava agora completamente convencido de sua capacidade e sabia que estava superando o trabalho de seus concorrentes. Finigan – ele tinha certeza – estava em declínio. Parker estava empregado há onze anos nos Farm Credit Banks e os benefícios de sua aposentadoria por dez anos de trabalho estavam investidos. Em março de 1984, com as bênçãos de Pat, ele finalmente demitiu-se da prática da advocacia.

Ele e Pat ofereceram um jantar de "aposentadoria" em seu lar, convidando alguns amigos íntimos, e todos eles "foram bombardeados" com Chalone Chardonnay de 1980 e Jaboulet Hermitage La Chapelle de 1961. Parker estava incrivelmente feliz, como se um peso tivesse sido retirado de sua vida. Duas semanas depois, ele e Pat viajaram para Bordéus a fim de degustar a safra de 1983 – e ver como estavam se comportando esses grandes 1982.

5

DEGUSTANDO DEZ MIL VINHOS POR ANO

A VIDA E OS TEMPOS DO HOMEM QUE VIRIA A dominar o mundo do vinho começaram a sério depois que terminou sua carreira de advogado. Parker, então, passou a adotar a uva total, completa e obsessivamente. Estabeleceu um padrão de semanas de noventa horas de trabalho imersas em vinho – pesquisando-o, comprando-o, estudando-o, escrevendo e falando sobre ele e, sobretudo, degustando-o.

Na maior parte dos dias, Parker se limitava a percorrer os meros quatro metros que separavam a mesa de desjejum na cozinha do combinado de escritório e sala de degustação que acrescentara à sua casa. Pat não criou problemas com o dispêndio para essa obra, pois já se dera conta de que o quarto de hóspedes, onde ele trabalhara até então, era tão pequeno que sua papelada já vinha há algum tempo invadindo furtivamente o espaço dela. Para não mencionar os vinhos, que se amontoavam à deriva por todas as dependências, menos no quarto de dormir. A funcionalidade, não a moda, ditava a decoração do novo escritório de Parker, se bem que, ao projetar a área de degustação, tivesse insistido numa pia extrafunda e copiado algo que vira no escritório do negociante Jean-Pierre Moueix, em Bordéus: um balcão de degustação de ladrilho branco, com uma prancheta retrátil revestida de ladrilho preto, onde ele podia ir fazendo suas anotações.

Dentro de alguns anos, até mesmo esse espaço ficou exíguo demais, e Parker adicionou-lhe dois cômodos. Ninguém espere encontrar nesse escritório um requintado laboratório nem o recatado santuário da degustação. Em vez disso, havia uma mesa de escritório que não tardou em ficar repleta de papéis, uma pia, um *rack* com copos limpos, um caótico amontoado de caixas e arquivos, além de prateleiras onde se empilham livros, pastas e alguns toques pessoais, como a tabuleta encostada à torneira da pia que diz: "Proibido Cuspir nas Calçadas. Multa: US$5 a US$100." Não havia luzes fluorescentes, que poderiam fazer os vinhos tintos parecerem cor-de-laranja; somente uma lâmpada incandescente no teto, um par de abajures e a luz natural vinda da janela. Armações fixadas numa parede e, sob um balcão, havia tintos e uma maciça unidade de controle de temperatura para os brancos refrigerados, que aguardavam o programado momento da verdade no copo. Grupos desirmanados de garrafas ocupavam todos os cimos de móveis e outras superfícies disponíveis e, por vezes, a quantidade daquelas que permaneciam de pé no piso ameaçava bloquear a passagem para o gabinete de entrada, onde sua secretária, Joan Passman, que renunciara ao seu próprio negócio de contabilidade e processamento de textos a fim de trabalhar em tempo integral para Parker, mantinha a distância o mundo exterior. Apesar da evidente desordem, Parker sabia exatamente onde se encontrava cada peça. Muito mais vinhos permaneciam invisíveis nas então duas adegas subterrâneas, uma das quais fora aberta em 1977, com explosivos na rocha existente sob a casa.

Por fim, o escritório original se converteu numa área de armazenagem; mais tarde, o balcão passou a ser ocupado por sua tão apreciada máquina de expresso e *cappuccino*. Uma esteira rolante estava por perto para exercício nos dias chuvosos. A pia de aço inoxidável, de profundidade extra, foi o modelo escolhido para que Parker pudesse cuspir durante as sessões de degustação sem se preocupar com possíveis salpicos – não que ele estivesse vestido em sintonia com a ocasião. Seu habitual uniforme de trabalho consistia em jeans e suéteres no inverno, bermudas e camisetas no verão, e tênis. Erguer um copo de vinho até os lábios dificilmente nos soa como um grande esforço físico, mas a maratona de degustações de Parker, semana após semana, nada ficava a dever a uma prova de atletismo. Nessas manhãs, ele se abstinha de seu indefectível café expresso e bebia somente água mineral, a fim de garantir um paladar descomprometido. Na noite anterior, os jantares eram extremamente leves – nada de comida picante ou de sabores fortes como chocolate, que se prolongariam e interfeririam em seus julgamentos. O alho não o incomodava, mas descobriu que o agrião era o pior contraventor.

Como sua agenda exigia quatro ou cinco dias por semana para ditar ou escrever, Parker concentrava em dois dias todas as suas degustações, normalmente às quartas e sextas-feiras. Aguardava-as com impaciência; e, se não se sentisse disposto a degustar, sabia que isso significava excesso de fadiga e que não estava mentalmente preparado para a tarefa. Mas estava quase sempre ansioso pelas degustações.

Num dia típico de degustação, Parker entrava em seu escritório pouco depois das 8:30 da manhã. Checava cuidadosamente seus copos de degustação quanto à limpeza e aos vestígios de odores deixados por um enxágüe impróprio. Se algum lhe parecesse suspeito, soprava seu bafo no interior do copo para deixar o vidro embaciado de umidade, voltava a cheirar – referiu-se mais tarde a isso, meio por gracejo, como "o teste Parker de exalação" – e, para maior segurança, enxaguava o copo com água engarrafada. Levava seu trabalho muito a sério e isso incluía o melhor equipamento. Considerou excelentes para os seus propósitos os copos oficiais de degustação, a tulipa de 8 onças ISO (International Standards Organization) e o modelo INAO (Institut National d'Appellation d'Origine), ligeiramente maior – cientificamente desenvolvidas ao longo dos anos –, mas também se inclinava aos dispendiosos copos de cristal "Les Impitoyables" (Os Implacáveis), desenhados e feitos artesanalmente na França por sopradores de vidro, e que ele encomendava diretamente aos fabricantes. O formato intensificava, inclusive exagerava, o aroma de um vinho. Lamentavelmente, não se ajustam ao formato dos lava-louças. Ambos acabariam por pegar uma carona nos *designs* de Riedel e Spiegelau, razão pela qual continuou seus experimentos com diversos tipos de copos. A temperatura do vinho também era importante. Parker queria tanto os tintos quanto os brancos numa temperatura em torno dos 20°C – se quente demais, um vinho adquire um sabor chato e o aroma se dissipa; se frio demais, fica difícil distinguir seus sabores.

O Dr. Jay Miller – um bom amigo de Parker e, desde abril de 1985, seu assistente em regime de meio expediente – abria de 80 e 125 garrafas às sextas-feiras, ocultando-lhes os rótulos com folha de alumínio e pondo um número em cada uma delas. Parker havia selecionado os temas – uma gama de bons valores, ou Cabernets americanos recém-liberados, ou talvez os vinhos de uma das áreas do Ródano –, mas deixou aos cuidados de Jay organizar as degustações, igual contra igual, em grupos de pelo menos seis vinhos, mas chegando freqüentemente a uma dúzia ou mais. O usual era que essas degustações fossem duplamente às cegas, como na maioria dos casos, o que significava que Parker conhecia o tipo de vinho, mas não os produtores nem a quem pertencia qual dos vinhos. Ocasionalmente, apresentava-se uma só incógnita, quando ele sabia de que produtores estavam incluídas as preocupações. As degustações às cegas, pensava então, eram o modo democrático de degustar.

As manhãs eram reservadas aos tintos. Embora Parker considerasse o Borgonha e o Pinot Noir relativamente fáceis de degustar, precisava de um paladar fresco para a mais difícil tarefa de detectar a fruta espreitando nos maiores e mais tânicos tintos. A tarde era para os brancos; eles eram mais simples de degustar, acreditava Parker, porque havia menos coisas para procurar.

Miller servia o vinho, cerca de um dedo em cada copo.

Um vinho dispunha apenas de um minuto, mais ou menos, para causar uma impressão no degustador. Parker cheirava primeiro todos os copos. Se o cheiro úmido e bolorento de um vinho *bouchoné* lhe chegasse ao nariz, o vinho era banido, como seria qualquer um que cheirasse a podre, oxidado ou estragado. Ele degustava em pé. O método era preciso. Ele pegava um copo, olhava a cor, fazia o copo girar rapidamente, cheirava o vinho, com os olhos fixados nele. O cheiro era o fator mais importante; o gosto era apenas uma confirmação disso. Bebia um amplo sorvo, aspirava o ar sobre o líquido com os lábios franzidos, gorgolejando calmamente para fazer o vinho circular em torno da língua, quase o mastigando, e retinha-o na boca por alguns segundos; depois, cuspia-o sem cerimônia na pia. Após a mais breve das pausas, rabiscava algumas notas ou gravava em fita seus comentários. Não sentia necessidade de prolongar a prova. Seu nariz, sua boca e seu cérebro passavam por uma série sistemática de passos enquanto ele registrava suas impressões. O peso, o valor e o caráter do vinho lhe acudiam quase imediatamente, de modo espontâneo; ele havia treinado sua mente e seu paladar para analisar metodicamente o líquido olfateado, decompondo-o em componentes de odor e sabor e nos fatores constituintes que lhes haviam dado origem – a uva; a espécie de carvalho, se houvesse; a idade do vinho, e assim por diante. Ele concebia o processo como um "exame visual e físico" que, a essa altura, já passara a ser automático.

A arma secreta de Parker era sua capacidade de comparar mentalmente o vinho que tinha diante de si com todos os outros vinhos do mesmo tipo que ele degustara ao longo dos anos. Afirmava, com freqüência, ser capaz de se lembrar de cada vinho degustado e da pontuação que lhe dera, algo que outros profissionais do vinho achavam difícil de acreditar. Embora no começo ele somasse mentalmente pontos para cor, aroma etc., agora, num lampejo intuitivo, um número lhe ocorria como se surgisse do interior do copo. Por vezes, ele se via contemplando uma série de números, digamos, de 87 a 89, mas, na maioria das vezes, a pontuação precisa lhe acudia como uma visão do significado profundo do vinho, a medida exata de seu valor intrínseco. Era como olhar através das lentes de uma máquina fotográfica e colocar a imagem em foco. Isso requeria imensa concentração, uma espécie de visão em túnel; todas as outras questões, grandes e pequenas, se dissolviam gradualmente numa imprecisão periférica. A capacidade para concentrar seu foco em cada vinho isoladamente, afirmava Parker, era a mais importante de todas.

Parker acreditava profundamente na confiabilidade dessa primeira tomada. "A primeira é decisiva", dizia ele com freqüência. Mas, após terminar cada série, repetia o processo uma segunda vez para confirmar a exatidão de suas impressões iniciais. Era simples assim. Mas, se tivesse alguma dúvida, o que era raro acontecer, colocava o vinho de lado e lhe dava outra chance mais para o fim do dia. Caso contrário, Miller despejava o líquido restante na pia ou no terreno lá fora, e levava as garrafas vazias para a lata do lixo.

A cada par de horas, Parker fazia uma pausa de 15 minutos, bebendo copos de água mineral, muitas vezes com um pouco de efervescência, para limpar o paladar. Na hora do almoço, seus dentes, língua e mãos estavam manchados de violeta e ele estava pronto para mudar para os brancos. Raramente, se preocupava com o almoço; gostava de se sentir com um pouco de fome quando degustava. Tudo isso prosseguia continuamente até as quatro da tarde. Degustar era um negócio sério, mas tinha muito pouco de silencioso. Miller degustava com ele e, embora tivessem vivas discussões, concordavam usualmente sobre a qualidade e o caráter dos vinhos. Eles consideravam um bom dia quando 25% dos vinhos resultavam recomendáveis, a caminho das páginas de *The Wine Advocate*. Era uma relação de trabalho que duraria até 1998, quando Miller ingressou no comércio do vinho abrindo uma loja na revitalizada zona portuária de Baltimore. Ficou conhecendo tão bem o paladar de Parker, diz ele, que, se degustasse um vinho, podia adivinhar qual seria a pontuação provável que Parker lhe atribuiria, com uma margem de erro de um ou dois pontos.

Parker não se preocupava com a fadiga de paladar. Seu método de evitá-la era beber até cinco litros de água por dia. Embora muitos escritores e profissionais do vinho sentissem que seus poderes de discriminação diminuíam depois de umas duas dúzias de vinhos, Parker insistia em afirmar que havia experimentado apenas duas vezes um sério acesso de fadiga de paladar – uma quando degustava os controvertidos Borgonhas tintos de 1983 (as uvas em algumas áreas estavam manchada pela ação de fungos, afetando o sabor dos vinhos) e outra numa viagem-maratona à Itália para degustar Barolos muito tânicos diretamente do tonel. Ele não tinha problemas degustando amostras de 50 a 125 vinhos duas vezes por semana. Os piores eram os vinhos com um elevado teor de álcool e tanino, os quais, às vezes, o faziam sentir "como se estivesse sendo esmurrado na cabeça por um pugilista". Mas não se preocupava com o efeito de pôr na boca mais de dez mil vinhos por ano. Era a acidez no vinho que estava destruindo o esmalte em seus dentes? O que estava acontecendo às membranas em seu nariz? O que dizer dos efeitos em sua garganta de taninos abrasivos em vinhos jovens e amostras de barrica? Ele chupava periodicamente antiácidos para neutralizar o efeito da acidez no estômago (por fim, teve de renunciar a isso) e consultava, de seis em seis meses, um otorrino, em caráter preventivo. E, para evitar uma gripe e o nariz congestionado, o que perturbaria sua rotina compulsiva, Parker ingeria diariamente pródigas doses de vitamina C. Se sentia que um resfriado estava a caminho, virava um ouriço.

EMBORA SUA REPUTAÇÃO ESTIVESSE CRESCENDO CONTINUAMENTE, Parker mantinha a mesma vida modesta de cidadão comum que tinha quando estava na advocacia. Como tantos outros *baby boomers*, tinha seu Ford "Bronco"; acompanhava pela televisão o campeonato universitário de basquete e ia aos jogos, torcendo pelos Terrapins, a equipe da Universidade de Maryland; praticava jogging (às vezes, com Pat) ou fazia um largo giro de bicicleta para se manter em forma; gostava de ouvir Neil Young e Bob Dylan em seu sofisticado sistema de som; e também gostava de receber um círculo de amigos íntimos e leais que apreciavam o vinho quase tanto quanto ele e curtiam o jogo de fazê-lo adivinhar que vinho estava bebendo quando o convidavam para jantar em suas casas. Parker não era imune a um certo exibicionismo e dizia muitas vezes: "Nunca ouvi falar de ninguém que seja melhor do que eu para adivinhar vinhos – senão o vinho exato, pelo menos de que região e de que uva ele vem." Tampouco se furtava ao jocoso prazer de tentar enganar seus amigos decantando um Châteauneuf-du-Pape do velho Domaine de Vieux Télégraphe numa garrafa de Bordeaux e, sorrateiramente, introduzindo-a numa degustação de primeiros *crus* de Bordeaux. Seus amigos lhe admiravam a perícia em vinhos, os que eram colecionadores abriam com satisfação suas melhores garrafas para ele e um punhado dos mais entendidos em vinho, como Miller e o varejista Bob Schindler, pareciam aceitar de bom grado o papel de acólitos, pois compartilhavam usualmente de suas opiniões sobre vinho.

Parker estava levando a vida que sua imaginação lhe pedira: seu trabalho e sua vida privada eram agora quase uma e só coisa. Quando estava em Parkton, cozinhar, comer, degustar, receber amigos e escrever eram atividades que ocupavam a maior parte de seu tempo. Havia Pat, é claro, e sua mãe – que trabalhava agora em meio expediente para ele, respondendo à correspondência de *The Wine Advocate* e agindo como crítica "linha dura" quando ele se entregava a despropositadas lamúrias. Sua secretária, de voz afável, Joan Passman, instalada no escritório da frente, decifrava suas garatujas e transcrevia suas notas ditadas para o gravador. Ela aprendera a escrever os nomes dos *châteaux* e das vinícolas, mas não bebia vinho – embora me confessasse que gostara de um Château d'Yquem que Parker lhe serviu um dia. Passman começara a trabalhar para ele em regime de meio expediente em 1983, mantendo atualizada a base de dados sobre ele, respondendo à correspondência e escriturando uma contabilidade cada vez mais complexa; agora, ela já passara à categoria de colaboradora indispensável. Durante a década de 1980, as solicitações de seu tempo por parte de importadores, vinícolas e da mídia tornaram-se tão prementes que Parker se viu coagido a deixar de atender a chamadas telefônicas; Passman as filtrava, assim como os pedidos de consumidores para tê-lo como guia em excursões de ônibus às regiões vinícolas; os de indústrias, para obterem a licença de Parker para usar seu nome numa linha de taças de cristal de pé, como Hugh Johnson fizera; e os de participação em dezenas de outros empreendimentos, poucos dos quais lhe interessavam.

Havia sempre vários cães a seus pés – bassês, buldogues e collies que se instalavam sob a escrivaninha de Parker e rosnavam enquanto ele escrevia, tendo freqüentemente a voz estridente e a guitarra vibrante de Neil Young como *background*. A flatulência dos cães não incomodava Parker, a menos que estivesse degustando, mas Passman e as outras secretárias que ele mais tarde contratou para meio expediente tapavam o nariz e os botavam para fora.

A única carência que Parker e sua mulher sentiam no que consideravam ser uma existência idílica era a de filhos e, após anos submetendo-se a inúmeros testes humilhantes de fertilidade, decidiram-se pela adoção, recorrendo à Misericórdia Católica de Baltimore. Quando lhes foi entregue o bebê, deram-lhe o nome de Maia Song Elizabeth Parker no Aeroporto das Índias Ocidentais Britânicas, no outono de 1987, e Parker, ao ter pela primeira vez Maia Song em seus braços, chorou. Aos 40 anos, ele se tornava finalmente pai e decidiu compartilhar esse fato com seus leitores num emotivo e sincero posfácio em sua *newsletter*.

Pat deixou o ensino e passou a ser uma caseira mamãe, embora continuasse a editorar e revisar as provas de *The Wine Advocate*, como vinha fazendo desde o início. Nos anos seguintes, poucas mudanças ocorreram no lar, com exceção de mais renovações e da transição de Maia de bebê que tinha dado seus primeiros passos para garotinha de jardim-de-infância. Apesar do fato de a programação de Parker deixar poucas brechas para férias, arranjava um tempo para essenciais excursões familiares à Disneyworld, onde ele usou, feliz da vida, uma gravata de Mickey Mouse, como qualquer outro pai coruja. O fato de terem Maia alterou o gênero de férias que os Parker costumavam ter; suas estadas nas praias de Grand Caymans, onde sua filha podia brincar na areia e divertir-se nas ondas, eram agora o supra-sumo de férias para Parker. Tinha deixado para trás, embora temporariamente, a *grand cuisine* e os grandes vinhos.

A base doméstica de Parker era um espaço reconfortante, um oásis de sanidade e apoio enquanto construía sua carreira e seu poder e influência ao longo dos anos 80. Continuou a cultivar a imagem de simplório rapaz do interior com um supernariz, o que o ajudou a convencer as pessoas de que era realmente um sujeito comum a quem o êxito não havia subido à cabeça. "Bob nunca esquece suas origens nem se dá ares de grandeza", dizem seus amigos. Formou seu próprio grupinho local, que gostava de seu irreverente senso de humor, apreciava sua vasta coleção de anedotas e sabia quando era a hora de cair fora. Seus amigos o consideravam leal e generoso, como ele próprio se via. Um de seus mais antigos e íntimos amigos, o advogado Steve Jacoby, de Maryland, comentou certa vez que Parker mantinha seu senso de proporção quando pessoas no negócio do vinho o bajulavam, e permanecia calmo e polido mesmo quando irritado, embora as desancasse mais tarde ao desabafar com os amigos. "Ele pode divorciar-se da indústria", Jacoby teria dito, "porque, na realidade, sua mulher ainda é sua paixão inabalável". Parker estava feliz por ter mais dinheiro, que pagava suas constantes renovações, mas isso lhe servia de incentivo apenas para pagar as contas e comprar os vinhos que queria degustar.

A MANIA DE PARKER POR ROTINA DISCIPLINADA SE ESTENDIA NÃO SÓ ao seu dia de trabalho e à sua semana de trabalho, como também ao seu calendário anual de viagens. As paradas mais importantes em seu anual circuito global eram a sua viagem de quinze dias em fins de março e começos de abril para degustar os novos vinhos de barrica em Bordéus, seguida de outra visita em junho. Depois disso, seguia para a Borgonha ou a região do Ródano, passando freqüentemente um mês inteiro na França. Em agosto, era a vez de viajar para a Califórnia e de lhe dedicar maior atenção, caso não tivesse percorrido o estado no prévio mês de janeiro. Depois, no outono, retornava à França e à Europa meridional, embora não fosse um visitante regular da Itália. Quanto à Alemanha, só encontrou seus vinhos em forma engarrafada. Cada viagem era organizada com precisão militar, de modo que pudesse ver o maior número possível de pessoas e degustar o maior número possível de vinhos no mais curto período de tempo, mas isso ainda somava três ou quatro meses de viagem por ano e alguns milhares mais de vinhos degustados. Com o passar dos anos, as datas sofreram mudanças, mas as visitas de março e junho a Bordéus eram sacrossantas. Apesar de uma programação cansativa, Parker gostava de visitar produtores e parecia deleitar-se especialmente com os proprietários que, pelos padrões correntes, eram considerados incomuns e excêntricos. Uma de suas paradas favoritas em Bordéus quando estava começando a percorrer a trilha do vinho era o Château Lafleur, em Pomerol, uma pequena propriedade administrada por duas franzinas velhotas, as irmãs Thérèse e Marie Robin, que criavam patos, galinhas e coelhos em seu minúsculo *chai*, junto às barricas de vinho. Apelidavam Parker de Monsieur "Le Taureau" (O Touro), que ele supunha estar relacionado com a sua estatura, em comparação com a delas. Embora o vinho fosse pouco conhecido na década de 1970 e no início da de 1980 (apenas mil caixas eram produzidas), Parker e suas glândulas gustativas o haviam achado tão irresistível quanto o Pétrus. O Lafleur 1947, do ano de seu nascimento, que ele compartilhou com Christian Moueix, o dono do Pétrus, em 1987, quando completou quarenta anos, era talvez, disse ele, o melhor vinho tinto que lhe fora permitido degustar em toda a sua carreira, tão espetacular "que fez brotar lágrimas em meus olhos". Algumas vezes, ele sonhava em comprar a propriedade.

Num verão, após três semanas na Borgonha, Parker e Pat desceram pela Autoroute du Soleil até a Provença a fim de visitar o Domaine Tempier, uma pequena propriedade vinícola cujos vinhedos se estendem pelos socalcos das altas e rochosas serranias sobranceiras à graciosa cidade litorânea de Bandol. O céu estava azul e sem nuvens, o Mediterrâneo era uma vastidão plana de luz refletida. Fazia um calor incrível. Pat e Parker haviam passado cinco horas num automóvel sem ar-condicionado e, quando chegaram ao entardecer, morrendo de sede, os proprietários, Lulu e Lucien Peyraud, receberam-nos com copos ligeiramente frios do deliciosamente frutado e vibrante *rosé* que Parker havia qualificado como o melhor *rosé* da França. Parker mitigou sua sede emborcando com desembaraço um copo atrás de outro. Depois, veio um lauto jantar, mais vinhos, risos e conversas desordenadas com a família, o importador americano Kermit Lynch e um par de outros convidados. Parker descobriu que estava falando fluentemente francês pela primeira vez. O resto da noite desapareceu envolto em neblina.

Acordou no meio da noite na pousada de cama e café-da-manhã da aldeia vizinha, onde ele e Pat haviam se hospedado. As persianas das janelas estavam abaixadas; não conseguiu encontrar o interruptor da luz e pressentiu a chegada de um claustrofóbico ataque de pânico. Adormeceu de novo. Pela manhã, encontrou o carro deles estacionado horizontalmente, ocupando várias vagas do parque de estacionamento, com as janelas abertas e o rádio ligado em alto e bom som.

Essa foi a última vez em que ele pôde embriagar-se numa região vinícola. A reputação de Parker já estava começando a cercar o casal de perto; em poucos anos, a assídua e minuciosa vigilância em torno de seus movimentos em Bordéus faria com que Pat se sentisse constrangida e insegura. Onde jantaram, o que comeram, quem viram e com quem falaram, por vezes até o que tinham dito, tudo isso passou a ser de conhecimento geral, transmitido por meio da ativa cadeia de mexericos da região.

Antes da chegada de Maia, Pat acompanhava Parker na maioria de suas viagens à Europa, que ele programava durante as férias escolares dela. O principal papel de Pat era como tradutora, mas Parker e os franceses consideravam-na muito mais importante do que isso. Seu charme e sua cordialidade acalmaram muitos proprietários que olhavam os jornalistas com ceticismo, assim como os que se irritavam com os interrogatórios bruscos e importunos de Parker e os que se mostravam ressentidos com seu crescente poder, especialmente na Borgonha. O sorriso e os modos suaves de Pat contrabalançavam a impaciência do marido e o que era interpretado como sua arrogância e sua tendência para dar lições. Muitos produtores de vinho em Bordéus e na Borgonha me disseram que o próprio Parker era mais agradável quando estava na companhia da mulher e que esta sempre fora seu trunfo essencial. Diz Pascal Delbeck, do Château Belair, em St.-Emilion: "Ela era uma excelente degustadora, graças ao seu próprio talento e à sua capacidade."

Durante alguns anos, Pat colaborou com críticas de restaurantes para o *The Wine Advocate*, mas também considerou que acompanhar Parker em suas viagens para a degustação de vinhos era uma maneira de manter a fluência de seu francês e valorizar seu trabalho como professora. Durante seu ano sabático, 1986, ela passou várias semanas na França sem ele, freqüentando a escola de culinária La Varenne em Paris e trabalhando na vindima em Bordéus, algo que Parker nunca fez. Ele é alérgico a picada de abelha – um dos riscos na colheita de uvas, pois as abelhas são atraídas pelo suco doce que rapidamente cobre as mãos de quem trabalha na vindima. Durante onze dias seguidos no Château Gruaud-Larose, Pat esteve na vinha até as 7 horas da noite – "Eu era a mais lenta de todas", confessou ela; estava orgulhosa por ter sido jogada dentro da dorna cheia de mosto pela turma em seu último dia, pois isso significava que tinha sido aceita por eles e que agora era "um deles".

Quando Pat ficava em casa, Jay Miller era o companheiro de viagem de Parker. Suas viagens, ao longo da década seguinte, eram como um daqueles filmes que contam as aventuras de dois parceiros que são unha e carne – dois amigos que botaram os pés na estrada para Bordéus, Borgonha, Alsácia, Itália e Califórnia, umas vinte viagens ao todo. A primeira delas, para degustar a safra de 1985 em Bordéus, na primavera de 1986, fixou uma rotina que Parker adotaria nos dezessete anos seguintes. Seu extenuante itinerário de duas semanas visava atingir a máxima produtividade e, a essa altura, ele já aprendera que *châteaux* e *négociants* o receberiam às 9 da manhã (ou mesmo antes) e nos fins de semana, inclusive nos domingos. Suas visitas eram curtas, 45 minutos para degustar três safras e fazer perguntas, e ele tentava encaixar seis ou mais entrevistas num só dia. Sabia que poderia fazer isso com mais rapidez, mas sentia que despender esse breve tempo em cada visita era uma questão de cortesia para com seus anfitriões. Muitos dos cerca de quarenta proprietários que ele visitava o convidavam para almoços ou jantares, e Parker estava satisfeito por ter Miller ao seu lado, alguém com quem fazer mais tarde piadas sobre as notoriamente ruins "refeições de cardápio secreto" que lhes eram servidas. Uma exceção foi o jantar para esclarecimento da mídia no Château Mouton, onde o gerente de marketing abriu um Mouton 1947, ano do nascimento de Parker – o mínimo que ele podia fazer pelo homem que lhes dera em 1982 uma pontuação perfeita de 100.

Vários *négociants* de confiança organizaram uma grande série de degustações de metade do dia ou de dia inteiro, com 150 a 200 amostras de barrica reunidas de vários *châteaux* para que Parker pudesse experimentar os vinhos por diversas vezes, em diferentes contextos, e ver como se comportavam num cotejo com seus rivais. Archie Johnston, que fizera amizade com ele desde o começo, tinha o status de um mentor. Dominique Renard, em geral visto com um lenço de seda branca elegantemente enfiado no bolsinho de seus ternos feitos sob medida, acompanhou-o aos *châteaux*. O muito menos cerimonioso Bill Blatch, que se especializou em vinhos *cru bourgeois* de bom valor para o público americano, circulava muito à vontade em mangas de camisa, ocupava um escritório tipo armazém no centro de um feio distrito industrial, escrevia um dos mais respeitados relatórios de safra da região e se deleitava com as insossas anedotas de Parker sobre a vida em Washington. Ele estava impressionado com a capacidade de degustação de Parker desde a sua primeira visita. "Parker", disse-me ele, "tem um faro canino. Ele vê vinho como outras pessoas vêem cor".

Parker avançou rapidamente em meio às muitas dezenas de vinhos na apinhada degustação organizada para jornalistas pela Union des Grands Crus, uma agremiação promocional que representava dezenas de *châteaux*, e pelos *premiers grands crus* em St.-Emilion. Mas ele estava irritado pelo fato de os primeiros *crus* e até mesmo alguns dos supersegundos "fazerem o jogo de não enviar amostras para uma degustação comparativa". Alguns dos *châteaux* não queriam sequer mostrar-lhe a safra corrente na barrica. Reputações estavam em jogo – e alguns egos estavam envolvidos. Miller trouxera consigo um exemplar do recém-publicado livro de Parker sobre os Bordeaux e, onde quer que fosse, pedia aos proprietários que autografassem a recensão crítica sobre seus vinhos. Na degustação de St.-Emilion, Thierry Manoncourt, dono do Château Figeac, concordou gentilmente, mas depois leu com mais atenção o que Parker havia escrito. Furioso com a descrição de seu nível de qualidade como equivalente a um segundo *cru*, riscou a palavra "segundo" e escreveu "primeiro". "Depois", diz Miller, "encaminhou-se para Bob e aplicou-lhe uma tremenda descompostura, sem se esquecer de lhe dizer o que pensava de suas críticas".

Cada região de vinho é diferente das demais, e cada uma, extenuante à sua maneira. Na Borgonha, importadores americanos como Robert Haas organizavam para Parker degustações em grupo com seus vinicultores, geralmente nas adegas de alguém; em algumas, sentava-se a uma mesa e, um por um, os vinicultores traziam seus vinhos até ele e "faziam pequenos discursos e coreografias", como Parker se referia, enquanto degustava seus vinhos. Ele e Miller em geral passavam um dia com cada importador e realizavam visitas individuais a importantes *shippers* como Louis Jadot e a famosas propriedades como o Domaine de la Romanée-Conti. De uma viagem na primavera, ele voltou com notas sobre quase um milhar de vinhos. Durante a década de 1980, ele era apenas mais um jornalista para muitos dos vinicultores, mas os importadores conheciam bem o mercado americano e reconheciam o crescente poder de Parker e de suas avaliações.

A fatigante rotina de viagens e degustações de Parker, seu maníaco foco de interesse e o inacreditável número de vinhos degustados, tudo isso somado o ajudou a conquistar a atenção de todas as partes do mundo do vinho durante a década de 1980. Muito simplesmente, ele estava degustando mais – e talvez viajando mais – do que qualquer outro escritor americano. Surpreendentemente, seu isolamento em Maryland quando não estava viajando acabou por se tornar um fator positivo em seu sucesso.

Em meados dos anos 80, os importadores do país e os vinicultores e donos de *château* europeus iam a Nova York e San Francisco fazer a corte aos escritores de vinho, convidando-os para degustações e almoços. Nova York era o principal ponto de entrada do vinho europeu nos Estados Unidos e o mais importante mercado da mídia do país. Os vinicultores da Califórnia também acreditavam que não lograriam triunfar no plano nacional se não conquistassem os céticos *sommeliers* da cidade, detentores de títulos e diplomas europeus, e os convencessem a colocar vinhos da Califórnia nas cartas de vinhos dos melhores restaurantes.

Mas, ao contrário das pessoas ambiciosas em muitas esferas que se apressam em se colocar no centro da competição, Parker não tinha intenção de mudar da pequena cidade rural, onde podia manter uma vida discreta e fazer as coisas à sua maneira. Embora fosse agora um crítico de vinho em tempo integral, não tinha o menor interesse em se juntar à cáfila de escritores de vinho da *Big Apple*, que se reuniam em degustações, viajavam juntos à custa das vinícolas e, depois de 1982, perguntavam uns aos outros: "Você encontrou alguma vez esse tal de Parker? E onde fica Monkton, Maryland?" Parker descreveu a comunidade de escritores de vinho com azedume em 1986. "Essa gente não significa nada para mim, exceto serem mercenários e charlatões que vivem à custa dos outros e escrevem para revistas que lhes pagam porque não há ninguém nessas revistas que conheça a diferença entre vinhos bons e vinhos ruins. Eu não tenho nenhum interesse em me juntar a essa gente, em ser comparado com eles." E rematou irritado: "Essa gente não sabe nada." Em quase todas as entrevistas concedidas durante os anos 80, censurou asperamente outros escritores de vinho, americanos e britânicos, contrastando suas virtudes com o que considerava serem as limitações deles. Não trabalhavam com empenho, não estavam cumprindo suas obrigações, eram complacentes demais com os interesses do comércio, e ele teve de intervir para preencher o vácuo.

Ao permanecer no Maryland rural, Parker colocou-se à parte. Estar longe dos óbvios centros de poder vinícola contribuiu para uma aura de mistério e continuou a marcá-lo, como ele próprio uma vez se descreveu, como "muito à frente da corja". Na realidade, era mais uma forma de satisfação dos próprios desejos do que um lance premeditado, mas contribuiu para alimentar o crescente mito Parker: ele era diferente, especial, único. O falatório dizia que ele era um gênio um tanto extravagante que sorvia e cuspia sozinho, o superdegustador numa fortaleza de solidão localizada no topo de uma montanha. A verdade era bem diferente. Diariamente, ele estava ao telefone com uma rede de importantes varejistas, importadores e distribuidores, trabalhava o mercado para obter informação atualizada e falava regularmente comigo sobre idéias para artigos a publicar em *Food & Wine*. Além disso, fazia incursões em Nova York e Washington, D.C., para degustações e jantares particulares, incluindo um no apartamento de Greenwich Village que John e eu ocupávamos em outubro de 1984, onde ele e Pat se encontraram com René e Veronica di Rosa, donos dos vinhedos de Winery Lake, no vale do Napa; com Pierre-Gilles Gromand, que era o proprietário do Château Lamarque em Bordéus; e com Pat Brown, então editor da revista *Cuisine*. Foi uma refeição simples – mexilhões e *boeuf en daube* – com o intuito de servir de pano de fundo para uma barragem de vinhos, incluindo uma garrafa tipo "mistério", servida às cegas para divertimento, um Biondi-Santi Brunello di Montalcino de 1979 que ninguém, incluindo Parker, adivinhou corretamente. Mas tampouco era esperado que alguém o fizesse; pode-se discutir um vinho com inteligência sem que se seja capaz de lhe atribuir um nome exato.

MAS, QUANDO SUA *NEWSLETTER* SE TORNOU MAIS IMPORTANTE E influente entre os varejistas e consumidores, as pessoas no mundo do vinho sentiram cada vez mais que tinham de cortejar Parker, e isso significava fazer uma viagem a Parkton.

Já em meados dos anos 80, o mundo do vinho era enorme, com milhares e milhares de vinhos produzidos todos os anos em todos os continentes ao redor do globo, menos na Antártica. Os vinhos finos, aqueles sobre os quais Parker escrevia, eram em muito menor número, mas estavam aumentando. Os provenientes da França, Itália, Alemanha e de outros países chegavam aos Estados Unidos por meio de um pequeno número de importadores, que, então, os vendiam aos distribuidores que possuíam alvarás para vendê-los em vários estados. Os distribuidores, por sua vez, vendiam esses vinhos a cerca de um milhar de varejistas, que os punham à venda em suas lojas para os consumidores, o ponto final de uma longa série de pontos de venda, cada um dos quais auferia bons lucros. Esse complicado sistema em três estágios datava da revogação da Lei Seca. Em alguns estados, como a Califórnia e o Distrito de Colúmbia, os varejistas podiam também contar com uma licença de importação separada; mas, na maioria dos casos, isso era difícil ou impossível de conseguir. Assim, para estimular e promover o interesse em seus vinhos, os importadores programavam numerosas degustações por ano para o comércio – distribuidores, varejistas e *sommeliers* – em cidades importantes e organizavam almoços e degustações especiais para os jornalistas do vinho, na esperança de obter críticas positivas. Em Nova York, comparecia freqüentemente a uma ou duas degustações num dia, até mais, nos períodos de intensa atividade do outono e da primavera. Os maiores importadores percorriam os Estados Unidos de ponto a ponto, para visitar importantes lojas de vinhos e contar a história dos produtores que eles representavam e de seus vinhos, esperando, assim, descarregar tantas garrafas quanto fosse possível.

O poder de Parker teve início com o uso de suas classificações pelos varejistas para vender vinhos. Era tão grande o número de novos vinhos que estavam chegando ao mercado que era difícil para o consumidor escolher, e aqueles a que Parker dava pontuações elevadas rapidamente se tornavam os vinhos preferidos, os mais procurados e avidamente comprados. Até mesmo aqueles consumidores que nunca tinham ouvido falar em Parker deduziam que, se um vinho recebia alguma classificação, é porque devia, com certeza, ser melhor do que um que não tinha classificação alguma. Vender esses vinhos requeria muito pouco esforço; nisso, eles se pareciam com as grandes marcas que dispunham de ampla cobertura publicitária. Os varejistas nem tinham de degustar os vinhos para saber que os venderiam e, assim, mostravam-se naturalmente ansiosos por encomendar aos distribuidores as recomendações de Parker. Era cada vez maior o número dos que confiavam em suas papilas gustativas. Para garantir e até acelerar a entrega dessas encomendas, os importadores e as vinícolas americanas perceberam o mérito que havia em se assegurar de que Parker degustaria e classificaria seus vinhos.

Nos primeiros anos de *The Wine Advocate*, os importadores e vinicultores que peregrinavam para obter as bênçãos dos que na mídia podiam promover seus produtos começaram a acudir ao lar dos Parker, onde Pat os recebia – ela via nisso um "alimento" para a *newsletter* –, mas não tardou em se converter numa intrusão na privacidade do casal. O Milton Inn, um acolhedor restaurante instalado num solar de 1740 na Sparks rural, Maryland, a poucos quilômetros da residência dos Parker em Parkton, logo se converteu em seu outro escritório. Por vezes, os importadores chegavam com todo o seu portfólio de 50 a 100 ou mais vinhos e, de bom grado, aí os abriam e discutiam. Leonardo LoCascio, diretor da empresa de importação Winebow, foi um deles. Depois de Parker ter comentado em termos favoráveis um de seus vinhos italianos estelares, os dois encontraram-se por acaso no *Food & Wine Classic*, o festival anual de vinho e comida da revista em Aspen, Colorado. LoCascio iniciou "um diálogo", segundo sua expressão, enviando a Parker uma ampla seleção de seus vinhos. Parker encontrou muita coisa recomendável e deu a LoCascio a oportunidade de organizar uma degustação de portfólio no Milton Inn no ano seguinte. Isso se converteu num evento anual. LoCascio também começou apresentando seletos vinicultores a Parker, por vezes durante um almoço em Nova York. Um deles foi Marco de Bartoli, um siciliano que havia revitalizado a produção de Marsala de alta qualidade. LoCascio, disse-me ele, achava que os vinicultores tinham de passar pelo "teste Parker" para conseguir alguma coisa no mercado americano.

Embora os importadores buscassem o privilégio de cortejar o novo soberano do paladar e lhe remetessem milhares de dólares de vinhos para sua degustação no Milton Inn, Parker insistia sempre em pagar o almoço. Por fim, ele estava marcando em seu calendário anual entre quarenta e cinqüenta desses valiosíssimos encontros com importadores ou produtores. À medida que Parker consolidava sua reputação, eles lhe propiciavam uma posição altamente vantajosa ao informá-lo, em primeira mão, sobre os mais recentes, os mais cotados, os mais escassos e os mais interessantes vinhos trazidos por pessoas dedicadas cujos paladares ele respeitava, a fim de que tais "dicas" fossem compartilhadas com seus vorazes leitores. Fiona Morrison, que trabalhava para o importador Château & Estates, trouxe-lhe Christian Moueix, do Château Pétrus, quando ele estava prestes a lançar seu vinho californiano, Dominus. Depois da degustação com Parker às 11 horas da manhã, houve, relembra ela, "longas e ponderadas conversas sobre taninos" durante o almoço.

As degustações estavam firmemente sob o controle de Parker. Ele mantinha no restaurante um jogo de seus copos de degustação preferidos, decidia quanto tempo duraria uma degustação e fixava-lhe o ritmo, além de fazer as perguntas. Os importadores contavam as histórias de seus vinhos o melhor que podiam. Parker tentava relacionar-se pessoalmente com seus convivas, mas seu foco e sua concentração permaneciam no que estava dentro do copo.

Nos anos 80, o próprio Parker procurou contato com os importadores de vinhos que ele tinha comprado e de que gostara. Em sua maioria, pertenciam a uma nova estirpe, inovadoras empresas sob o comando de uma só pessoa que procurava importar unicamente vinhos de alta qualidade, provenientes de pequenas propriedades européias de que os americanos nunca tinham sequer ouvido falar. Parker chamou-lhes a *"avant-garde"*. Representavam uma poderosa mudança no mundo do vinho que contribuiu tanto para a influência de Parker como para refleti-la.

Os dois primeiros importadores que ele destacou para elogiar foram os pioneiros Kermit Lynch, que iniciou a tendência em meados da década de 1970 na Califórnia, e Robert Chadderdon, que tinha sua base em Nova York. Parker ocupou um terço de um número da *newsletter* com suas notas de degustação sobre os vinhos de seus portfólios. Ele sentia claramente um parentesco com esses dois homens, caracterizando-os como "cavaleiros solitários", como ele próprio era. Admirava-lhes a coragem e a independência, que via como se refletissem a dele próprio. Eles também haviam viajado para a França, se apaixonado pelo vinho e pelo estilo de vida franceses, descoberto, por experiência própria, as manifestações culturais e gastronômicas correntes dos americanos nessa época e voltado para casa decididos a colocar ao alcance de um público americano os deliciosos vinhos que haviam degustado. É claro que isso também significou que podiam passar uma parte considerável de seu tempo na França. Ambos desenvolveram fortes pontos de vista sobre vinho e, ao contrário da maioria dos importadores americanos, que estavam primordialmente interessados em vinhos produzidos em quantidades significativas, investigavam e desentocavam o esotérico e o obscuro, rastreando os vinhos "autênticos" (em contraste com aqueles que eram leves e comerciais), e davam-se por satisfeitos quando podiam reunir meras trinta caixas de algo muito especial. Não anunciavam, faziam toda a sua própria degustação e compras, e passavam muito tempo nos vinhedos, estabelecendo estreitas relações com os vinicultores, por vezes convencendo-os a engarrafar vinho que haviam vendido previamente a *négociants*, para serem incluídos em *assemblages* comuns. Aventuraram-se até a sugerir modos de melhorar os vinhos. De fato, na primeira visita de Parker a pequenas propriedades no vale do Ródano, ele em geral ouvia que Lynch já os tinha descoberto. O descontraído ex-hippie de rosto afável e grandes orelhas era uma lenda na região, sendo conhecido como "*l'homme de Californie*". Após as incursões iniciais na Borgonha, Lynch havia reunido rapidamente em sua lista vinhos incomuns da Alsácia, Provença, Languedoc, até mesmo da Córsega e, para entusiasmar seus clientes, escrevia divertidas histórias e breves e recreativos ensaios sobre suas experiências com produtores excêntricos que eram publicadas em sua pontual *newsletter* endereçada à sua clientela. Muito antes de catálogos como Banana Republic e J. Peterman usarem histórias para vender roupas, Lynch já havia empregado, habilmente, relatos atraentes de suas aventuras durante suas viagens para negociar seus vinhos.

Lynch sentiu imediatamente o impacto da extensa crítica de Parker. "Ele me legitimou", disse-me Lynch. "Eu deixava de ser um sujeito que importava coisas incomuns. De repente, eu era alguém que estava realizando um bom trabalho. Ele me deu uma presença nacional." Lynch havia sobrevivido e até prosperado regionalmente porque Berkeley, Califórnia, perto de San Francisco, e o vale do Napa, para o Norte, eram o hábitat de uma clientela mais afoita em questões de comida e bebida do que muitos outros lugares nos Estados Unidos; Alice Waters, do vizinho Chez Panisse, tornara-se sua amiga e uma de suas maiores admiradoras e defensoras.

A personalidade e o paladar de Chadderdon estavam mais afinados com a eurocêntrica Nova York; Parker o achou esnobe e arrogante, mas seus vinhos, soberbos. Chadderdon foi, então, mais longe do que Lynch, levando para a América alguns engarrafados australianos e italianos, assim como excelentes Borgonhas e o Côtes du Rhône favorito de Parker, o Château Rayas. Era conhecido pelo modo nada convencional como distribuía para a sua lista aprovada de varejistas (e, ainda hoje, assim procede) somente aqueles vinhos que, em sua opinião, eles mereciam. Suas ofertas eram apresentadas sem preços – uma proposta tipo "pegue ou deixe". Como Parker, era também de uma suprema confiança em sua capacidade para descobrir vinhos de qualidade e nutria uma opinião depreciativa sobre as aptidões degustativas da maioria dos jornalistas do vinho. Recusou-se a vender a Parker seus vinhos, mas sugeriu-lhe que passasse em seu escritório no Rockefeller Center para se conhecerem quando fosse a Nova York.

Parker resolveu finalmente ir. Chadderdon lhe serviu um par de vinhos não-identificados, um branco e um tinto. Algo para degustar enquanto falassem cara a cara, disse ele a Parker, e pediu-lhe seus comentários. Não esperava realmente que Parker identificasse os vinhos, mas tinha, com freqüência, testado jornalistas desse modo (inclusive a mim) e queria saber o que Parker diria. Parker engoliu a isca e atreveu-se a identificar o branco como um Borgonha *grand cru* branco e o tinto como um Borgonha *premier cru* Côtes de Nuit tinto. Chadderdon havia servido dois vinhos suíços, um Chasselas do Vaudois e um Dole de Valais, e não ficou impressionado. De acordo com Chadderdon, Parker tentou encontrar o motivo por que errara, mas parecia muito embaraçado com seu desempenho e despediu-se. Parker relembra o encontro de um modo diferente e diz que um dos vinhos era um Loire tinto que ele adivinhou corretamente, mas sentiu-se ofendido de qualquer jeito. Embora achasse Chadderdon um "imbecil chapado", não deixava de elogiar seus vinhos. As vendas de vinhos de Chadderdon beneficiavam-se com isso, mas, ao contrário de outros no mundo do vinho, ele tinha pouco respeito pelos métodos ou capacidades de Parker.

Para os mais interessantes vinhos finos do mundo fora dos Estados Unidos, o futuro estará nos pequenos importadores que adotaram por modelos Lynch ou Chadderdon. Marc de Grazia, Robert Kacher, Eric Solomon, Jorge Ordoñez, Joe Dressner, Dan Philips, John Larchet e muitos mais despertariam nos Estados Unidos um novo interesse por compras para além das grandes marcas e dos famosos *châteaux*. Thierry Theise, um importador dos principais vinhos alemães e austríacos, começou organizando, a partir de 1988, uma maratona de dois dias de degustações para Parker, convidando também outros escritores e comerciantes para não se desperdiçar muito dos 220 vinhos que eram abertos para o evento. Os vinhos tinham tanta acidez que podiam fazer zunir as orelhas do degustador e Theise dessensibilizou seus dentes escovando-os com creme dental Sensodyne durante cinco dias antes da degustação. Não foi esse o caso do indestrutível Parker, que, a despeito do volume de vinhos que estavam sendo degustados, levou consigo vinhos especiais para que todos os convivas os saboreassem no almoço. Estavam metidos em bolsas de papel pardo para que pudessem ser degustados às cegas. Dentro de um par de semanas, os comentários e pontos atribuídos por Parker aos vinhos foram, em sua maioria, positivos (mas não todos) e ocuparam muitas páginas em *The Wine Advocate*.

Ser ungido por Parker era o meio mais rápido para um pequeno importador ou vinicultor obter reconhecimento e convencer os varejistas e distribuidores sérios de que havia um mercado para seus vinhos. Por vezes, faziam *lobby* para lhe mostrar seus vinhos, outras vezes era ele quem os convidava e era com enorme satisfação que viajavam para o seu retiro de Maryland. O que ele fizera por Lynch e Chadderdon demonstrava a Theise e outros que poderiam ser bem-sucedidos se Parker espargisse sobre eles um pouco de poeira de estrelas.

MAIS DO QUE QUALQUER OUTRA COISA, FOI O SISTEMA DE classificação de 100 pontos de Parker que o converteu numa força a ser levada em conta no mercado americano e atraiu para ele as atenções como crítico de vinho.

Eram várias as histórias de compradores de vinho que ignoravam suas pontuações. Numa experiência, o gerente de Wine House, um estabelecimento de Los Angeles, dispôs em duas pilhas dois Chardonnays da Califórnia a que Parker recentemente dedicara uma crítica. Cada pilha exibia um cartaz com a pontuação e as notas de degustação de Parker. O Chardonnay de 92 pontos, contou ele a um repórter, "suplantou o vinho de 84 pontos por 10 a 1". Quando ele retirou as pontuações e deixou somente as notas descritivas, as vendas dos dois empataram.

Quando saiu um novo número de *The Wine Advocate*, o Sam's Wine Warehouse, em Chicago, realizou também uma exposição baseada em suas classificações mais recentes. Steve Henderson, então diretor de alimentação e bebidas do Omni Inner Harbor Hotel, em Baltimore, acrescentou as pontuações de Parker à lista de vinhos do restaurante e as vendas de vinho aumentaram 40%.

Parker fazia completo sigilo de novas pontuações antes de ser enviado para o correio um número de *The Wine Advocate*, tendo o cuidado de nunca as revelar numa degustação ou mesmo aos seus amigos mais íntimos. Eles sabiam que não adiantava pedir tais informações. Parker tinha se dado conta, desde cedo, de que alguém que conhecesse as pontuações antes de todos os outros poderia usar esse conhecimento para monopolizar o mercado de um vinho altamente cotado. Agora, que uma pontuação elevada garantia frenéticas vendas imediatas, tanto dos distribuidores para os varejistas quanto destes para os enófilos, havia bons lucros a fazer adquirindo grandes quantidades antes de a procura por esse vinho atingir seu auge, para só então majorar seu preço. Parker, obstinadamente determinado a manter sua integridade e preocupado com a possibilidade de que alguém da gráfica onde era impressa sua *newsletter* fosse subornado, insistiu em que o contrato de impressão incluísse uma pesada multa se as pontuações vazassem antes da publicação. Persistiram durante anos os boatos de que Parker tornava suas pontuações acessíveis mais cedo a certas pessoas – corretores favorecidos em Bordéus, alguns importadores e varejistas e talvez meia dúzia de amigos. Mas, não obstante as suspeitas de seus inimigos, ninguém apareceu até hoje com qualquer prova convincente disso.

Mas conhecer essas pontuações o mais cedo possível tornou-se tão importante que, por volta de 1988, Bob Schindler, dono do Pinehurst Wine Shop e amigo de Parker, começou a oferecer (e, ainda hoje, oferece) um "*The Wine Advocate Bounty*" ("O Prêmio de *The Wine Advocate*") para pular na frente de seus competidores. Quem lhe levasse o novo número de *The Wine Advocate* antes de o exemplar de Schindler chegar pelo correio, podia pegar grátis em sua loja qualquer vinho de 90+. Se alguém recebia seu exemplar antes das 9 horas da manhã, Schindler enviava um motorista para apanhá-lo. Folheava rapidamente suas páginas, tomando nota dos cinco vinhos com as pontuações mais elevadas e entrava em contato pelo telefone com seus distribuidores. Se estivesse na posse do número uma hora antes de todos os outros, era o suficiente para fechar esses vinhos a sete chaves e comprar todas as caixas disponíveis. Se não o fizesse, talvez perdesse uma oportunidade de ouro – outro teria ficado com elas.

O que significavam essas cotações? Eram, em parte, algo emocional para os americanos, que compartilhavam de uma memória coletiva de escalas desde os anos em que recebiam notas na escola. Como resultado, uma pontuação de 98 tinha um impacto quase visceral; suscitava o mesmo sentimento de júbilo de quando se via essa nota qualificando uma prova de exame. Um 79, em contrapartida, era sinônimo de decepção, de não passar de ano, de ter de ouvir as censuras dos pais por não se dedicar ao estudo com mais empenho. O verdadeiro segredo do sistema de 100 pontos estava no fato de ser universalmente entendido pelo americano comum e parecer extremamente simples. Na época, ver um vinho com um número estampado era novidade e algo surpreendente.

Mas o sistema explorou uma fascinação mais profunda com números e graduações que alguns pensam ser peculiarmente americana. Para quem está de fora, os americanos preocupam-se muito com quem ou o que é *numero uno* – seja uma equipe de beisebol, um álbum de rock com os vinte mais vendidos ou alguém com o mais elevado Q.I. Os americanos dão nota para produtos alimentícios e restaurantes, medem o desempenho no emprego e quem está vendo na televisão *shows* ou programas específicos, classificam as pessoas mais ricas por renda e patrimônio, jogadores de futebol por médias de gols, filmes por bilheterias e estudantes do curso secundário por pontuações no Teste de Aptidão Escolar. E, quando se trata de vinho, circulam de loja em loja com pequenas tabelas de bolso de safras e só compram das consideradas melhores safras, sem cuidar de saber se outras seriam melhores para beber agora. Um conhecimento por números representa tudo o que uma pessoa precisa saber para comprar os vinhos a que Parker atribui 90 pontos ou mais, que é o que Vanna White, do programa *Wheel of Fortune* da televisão, disse ao seu fornecedor de vinhos de Beverly Hill ser tudo o que ela queria ter em sua adega particular.

Uma pontuação de 90 era o mínimo para excitação; 95 ou mais e começava uma disparada virtual. Tão grande foi o número de enófilos que se precipitou, qual lemingues em desordenada correria, para comprar vinhos de 90 pontos e acima que, já em 1986, Parker se sentiu obrigado a implorar aos seus leitores de *The Wine Advocate* que não ignorassem os vinhos de 84 e 85 pontos, sublinhando que eram freqüentemente oferecidos a preços convidativos e que podiam ser bebidos mais cedo, comprando, ele próprio, muitos deles para a sua própria adega. Ele reconheceu ter sido completamente surpreendido pela esmagadora reação dos consumidores favorável ao seu sistema de 100 pontos e disse a mais de um entrevistador: "Pensei que eles tinham lido as notas de degustação e que a pontuação seria apenas um recurso para lhes facilitar ver como as pontuações se ordenam num certo grupo de vinhos de níveis equivalentes. Nunca imaginei que o sistema adquirisse a importância que tem no mercado americano do vinho, nem que muitas outras publicações viessem a reproduzir esse tipo de sistema de pontuação." Para sustar a prática das lojas de vinhos de promover a divulgação de números sem as respectivas notas de degustação, o que ocupava muito menos espaço e parecia provocar a maioria das vendas, e a evidente desfiguração dos pontos, Parker contratou um escritório de advocacia de Nova York para enviar cartas aos maiores infratores. Embora isso tenha tido algum efeito, ele estava travando uma batalha perdida de antemão.

Talvez fosse a aparente precisão das pontuações de Parker que era tão tranqüilizadora para os americanos "vinhofóbicos" – e que também contribuía para aumentar a sua mística. O sistema deu a impressão de que a língua dele era capaz de registrar ínfimas diferenças em qualidade de um modo que outras línguas e paladares não podiam. Outros escritores de vinho podiam agrupar suas recomendações em vagas categorias de qualidade, mas Parker era dotado, aparentemente, de um paladar tão refinado que podia detectar os sabores e aromas que faziam com que um vinho de 87 pontos fosse tão sutilmente melhor do que um a que tivesse dado 86 pontos. Isso dava a entender que todo vinho possui um número dotado de alguma qualidade mágica que só um superdegustador como Parker podia intuir. À semelhança da idéia hindu de uma secreta harmonia cósmica para cada material existente no mundo, também parecia existir um número preordenado para cada vinho no mundo, e quem reconhecesse esse número tinha de ser alguém com o maior paladar. Parker era aquele que podia detectar o código secreto, o que fez com que ele parecesse mais incomum e especial em comparação com outros juízes de vinhos. O jornalista inglês Jancis Robinson referiu-se a ele ironicamente como "o classificador oracular do vinho".

Parker pode ter visto os números como uma conveniente simplificação, mas as pessoas pareciam preferi-los ao parágrafo acompanhante, recheado de adjetivos que requeriam sempre uma interpretação. As pontuações se ajustam a uma atitude impaciente, tipo "me dê o melhor que tiver". Para o escritor inglês Andrew Barr, as pontuações de Parker eram "uma vitória do pragmatismo americano sobre o misticismo francês".

Para alguns, o atrativo de suas pontuações refletia provavelmente um novo interesse na estatística vital do vinho. À medida que a produção de vinho passou, a partir da década de 1980, a se apoiar mais na pesquisa e na tecnologia, os componentes químicos mensuráveis de um vinho se tornaram parte de sua descrição. Um novo tipo de consumidor vivia obcecado com as especificações de vinhos, da mesma forma que os audiófilos ficam obcecados com as especificações de um equipamento estéreo. Os escritores de vinho americanos, especialmente na Califórnia, começaram a formular perguntas para as quais as respostas eram expressas em números: Qual é o pH do vinho? Sua acidez total? Por quantos meses esteve armazenado em carvalho? Qual era o grau de concentração de açúcar nas uvas quando foram colhidas? E o grau de álcool? Qual era a percentagem de Cabernet Sauvignon no vinho de um determinado *château* de Bordéus?

Os esnobes do vinho técnico se deleitavam com esses detalhes quantitativos. Questões que nunca tinham figurado em publicações inglesas ou européias passavam agora para o primeiro plano nos Estados Unidos, especialmente na Califórnia, onde dominavam os tagarelas em jargão "tecno". O fanatismo por números parecia andar de mãos dadas com o amor americano pela tecnologia. Um grupo de degustação formado por físicos de Los Alamos estava obcecado com experimentos para verificar a aeração do vinho. Eis um deles: Quantos minutos antes de ser bebido um robusto Barolo italiano deve ser retirada sua rolha, para que tenha um discernível impacto positivo no sabor?

No final da década, em 1989, Parker tinha dado somente a dezenove vinhos – dezoito tintos e um branco – 100 pontos, "perfeitos", de acordo com suas papilas gustativas, e isso era de um total de 90 mil a 100 mil vinhos que ele calculava ter degustado desde os primeiros dias de *The Wine Advocate*. Eram todos franceses, de um punhado de propriedades. O maior número, nove, provinha do vale do Ródano, incluindo sete de um único produtor, Guigal. O celebrado Domaine de la Romanée-Conti, da Borgonha, figurava com dois. O Bordeaux participava com oito, quase todos primeiros *crus*. Mas o que era um vinho perfeito? "Um escore de 100 é um momento mágico", disse um dia Parker. "Você tem de estar totalmente... dominado pela emoção... quando degusta um vinho como esse. É uma experiência alucinante ter um vinho de 100 pontos. Quer dizer, você sabe imediatamente quando se deparou com um. Virtualmente, todos os vinhos a que atribuí 100, conheci o resultado assim que os cheirei. E eu estava simplesmente rezando para que seu sabor fosse tão bom quanto seu aroma."

É um sinal da importância de Parker que seus primeiros 100 pontos para um vinho da Califórnia tenham sido considerados uma notícia com repercussão suficiente para figurar na coluna de vinhos do *Financial Times* de Londres. Dennis Groth – um ex-executivo da empresa de computadores Atari que havia fundado em 1982 a Groth Vineyards – ouviu falar pela primeira vez que Parker havia considerado "perfeito" seu Cabernet Reserve de 1985 num telefonema de alguém no ramo que acabara de receber pelo correio o número de 28 de fevereiro de 1990 de *The Wine Advocate*. "Isso parece ser maravilhoso", comentou Groth com satisfação, embora um tanto distraído pelos problemas cotidianos da construção da sua nova vinícola. Seu enólogo, Nils Venge, foi cético: "Como pode ser um vinho perfeito? Ninguém sabe como ele envelhecerá. Um perfeito 100 deve ser atribuído só depois que você sabe, com toda a certeza, que um vinho pode envelhecer!" "Oh, Nils, pára com a discussão", retorquiu um contrariado Groth. "Parker deve acreditar que ele pode envelhecer." Era uma discussão bizantina, pois o vinho já fora todo vendido. Os distribuidores tinham ido apanhar suas respectivas alocações e as vendido aos seus melhores clientes a US$26 a garrafa.

Assim, Groth e Venge sorriram e, felicitando-se, ergueram uma taça e brindaram à saúde de Parker. Eles tinham reservado cerca de trezentas garrafas para a enoteca da vinícola, mas era difícil segurá-las. Amigos telefonaram quase imediatamente, incluindo o melhor amigo e companheiro de Groth em suas excursões venatórias de caça aos patos. Groth trocava regularmente vinhos com outros importantes produtores, que estavam mais ávidos do que nunca por trocar suas melhores *cuvées* pelo Groth de 1985. Ainda assim, como era comum, Warren Winiarski, dos Stag's Leap Wine Cellars, pediu duas garrafas contra uma do seu Cask 23 Cabernet, sob o argumento de que seu vinho era mais caro. Os consumidores regulares tentaram todas as espécies de anzóis para pescar algumas garrafas do vinho. A esposa de Groth disse a um insistente visitante: "Você não entendeu. O único vinho que sobrou é para a nossa família."

"Vocês têm filhas? Fale-me sobre elas. Fizeram alguma dotação do 1985 em nome delas?"

"Bem, sim, é claro", respondeu ela.

"Alguma delas aceitaria uma proposta de casamento?", indagou o visitante. Neste ponto, a esposa de Groth não ficou muito certa sobre se aquilo era uma piada ou não.

Os escores se tornaram ferramentas úteis em todos os níveis: os produtores os usam para vender vinho aos importadores, que os usam para convencer os distribuidores a fazerem estoques, que, por sua vez, os usam para induzir os varejistas a comprar, que os remetem pelo correio para que seus clientes comprem, que os usam para impressionar seus convidados para jantar. Os números eram o novo modo de comercializar vinhos. E Parker foi o primeiro gerador de números. Não admira que, numa pesquisa de opinião realizada em 1988 pela revista *Liquor Store* junto aos varejistas, para que classificassem os dez mais importantes escritores de vinho do país, Parker obtivesse 96 pontos numa escala de 100. Foi o mais alto escore dado pelos varejistas, 10 pontos à frente do escritor classificado em segundo lugar, Terry Robards, de *The Wine Spectator*. O antigo rival de Parker, Robert Finigan, recebeu um 79.

A NOVA – E RÁPIDA – GLOBALIZAÇÃO DO PALADAR NO MUNDO DO vinho durante uma década, causada principalmente pela expansão da tecnologia aperfeiçoada, ajustou-se facilmente à filosofia de Parker de que "o que está no copo é o que conta". Isso também contribuiu para seu poder e sua crescente capacidade para fazer com que seu paladar e seu julgamento individual influíssem em todo o continente vinicultor.

A mais importante pessoa que serviu de esteio para essa transformação na França foi Emile Peynaud, um professor de enologia da Universidade de Bordéus que era considerado o guru da moderna vinicultura do Bordeaux. Ele inventou o que é agora denominado o estilo internacional de vinho, especialmente o vinho tinto: maduro, frutado, com taninos suaves e um travo de madeira nova, vinhos que têm um gosto delicioso quando jovens, mas também podem envelhecer. Durante as décadas de 1960 e 1970, ele havia insistido em que as uvas só fossem colhidas quando estivessem inteiramente maduras, e afirmou que são os taninos maduros que permitem o envelhecimento dos vinhos. Em Bordéus, esse era um pensamento revolucionário. Tradicionalmente, os produtores colhem a uva mais cedo, preocupados com o fato de que, se não o fizerem, estarão correndo um grande risco. Se chover, a uva pode começar a se decompor; com o granizo, toda uma safra pode estar perdida. Peynaud insistiu no uso de fermentadores com temperatura controlada para preservar o frescor do vinho. Reclamou higiene nas adegas e administração científica dos vinhedos. Propôs a idéia de seleção radical – aproveitar somente as melhores barricas de vinho para o *grand vin* e usar as restantes para um segundo vinho. Defendeu novas barricas de carvalho. Durante a década de 1970, muitos *châteaux*, que tinham finalmente começado a fazer algum dinheiro graças ao mercado americano, passaram a contratar Peynaud como consultor, não apenas para resgatar um vinho em dificuldades, como também para garantir que ele seria bom desde o começo. Com o tempo, ele estaria assessorando mais de setenta *châteaux*. A safra de 1982, que encantou Parker e os americanos, foi o primeiro ano em que os benefícios resultantes das idéias de Peynaud se refletiram com brilhantismo na qualidade dos Bordeaux. Fruta madura era a marca registrada dos novos vinhos, aqueles de que Parker gostava.

De fato, a década de 1980 foi um tempo empolgante para aqueles que produziam vinho em toda a parte, da Califórnia à Borgonha. Pairava um espírito de mudança – a tecnologia havia criado métodos aperfeiçoados de vinificação e comunicação, e a facilidade e rapidez dos meios de transporte tornaram mais assíduas do que nunca as conexões entre os vinicultores do mundo. Degustavam os vinhos uns dos outros e compartilhavam entre si os conhecimentos adquiridos. Os vinicultores da Califórnia realizavam peregrinações à Borgonha para tentar descobrir os segredos de fabricação do grande Pinot Noir, e os europeus que queriam aventura, que queriam tentar algo novo, viajavam para a Califórnia e absorviam algumas lições da tecnologia americana. Os italianos, que queriam que seus vinhos recebessem a mesma aprovação internacional dos vinhos franceses, plantaram as novas variedades internacionais de uva, Cabernet Sauvignon e Chardonnay, e experimentaram as barricas de carvalho francesas. A nova geração em famílias tradicionais de vinicultores estudou enologia e trabalhou durante alguns meses ou mesmo um ano em outros países, voltando para casa com uma perspectiva mais ampla sobre a fabricação de vinho. E os donos de vinhas em várias regiões do mundo começaram a consultar enólogos para ajudá-los a fazer seus vinhos. Um que começou a ser requisitado por muitos foi um aluno de Peynaud: Michel Roland.

Num dia de julho de 1982, Parker meteu a cabeça na porta aberta do laboratório de Roland em Libourne e apresentou-se ao homem atarracado de cabelos negros, em mangas de camisa e de colarinho aberto, com um acolhedor e levemente malicioso sorriso, que se debruçava sobre uma bancada coberta por uma série de tubos de ensaio. Era o início de provavelmente o mais importante relacionamento estabelecido por Parker no mundo do vinho durante a década de 1980. Foi um encontro de iguais, dois jovens profissionais nascidos em 1947 e em ascensão, cujas reputações e influência no mundo do vinho estavam apenas em suas etapas iniciais. Parker ainda não era Parker, o grande crítico de vinho, e Rolland ainda não era Rolland, o mais influente consultor de vinhos do mundo. A carreira de Rolland começara antes, em 1973, quando instalou o laboratório para o qual cerca de 120 propriedades na Margem Direita de Bordéus mandavam seus vinhos para análise.

O dia estava quente, o trabalho no laboratório era lento e Parker estava interessado em degustar, de modo que Rolland o convidou e também a Pat para a propriedade de sua família em Pomerol, Château Le Bon Pasteur. Durante três horas, degustaram da barrica e, *via* tradução de Pat, "mastigaram a gordura enológica", falando sobre vinho, degustação, enfim sobre tudo. Simpatizaram um com o outro, tinham muito em comum. Ambos eram os primeiros profissionais com formação universitária em suas famílias, muito ambiciosos, de aparência simples e modesta, mas com carradas de ego, e ambos apaixonados por vinhos, especialmente os ricos e macios baseados na uva Merlot. Ambos tinham esposas atraentes e dedicadas – a mulher de Rolland, Dany, também era enóloga e trabalhava com o marido. A Rolland também entediava sua atividade básica, o trabalho de laboratório, e estava tão interessado em pôr suas opiniões sobre fabricação de vinho em prática na vinha como consultor quanto Parker estava em ser crítico em tempo integral. "Tive um bom papo com ele", recorda Rolland. "Achei-o um homem muito interessante e entusiasmado, de trato francamente agradável".

Isso se converteu num poderoso relacionamento simbiótico; a ascensão de ambos ocorreu em trajetórias similares, por vezes interligadas, até se tornarem superastros internacionais, o trabalho de cada um adicionando algo ao sucesso do outro. Rolland passou a fazer parte do circuito dos Bordeaux de Parker, levando-o de carro de vinícola em vinícola, ajudando-o a entender viticultura e enologia, e apresentando-o a pequenas e promissoras propriedades onde ele era consultor, em Bordéus e, mais tarde, em países distantes ao redor do mundo. Parker era um admirador do estilo Rolland de fazer vinho, reconhecendo que uma das coisas a que ele concedia o mais elevado valor era a fruta. "Se tudo o que você está degustando for madeira ou tanino ou ácido, esse vinho nunca terá um bom acolhimento em *The Wine Advocate*", revelou ele numa entrevista em 1989.

Ele aplaudiu a maioria dos vinhos que Rolland fez ou de que foi consultor, e escreveu elogiosamente a respeito do "brilhante" e "talentoso" vinicultor. Parker o recomendou, inclusive, para o seu primeiro trabalho de consultoria nos Estados Unidos, na Simi Winery em Sonoma. Os honorários de Rolland eram então meros US$200 diários. Ao cabo de uma década, tinha aprendido a falar inglês, dava consultas em três continentes, conduzia uma Mercedes e usava ternos sob medida. Também ele era um *workaholic*. Sem dúvida, ambos os homens conheceram limitações profissionais. Para a safra de 1989, Parker classificou o Château Le Bon Pasteur de Rolland muito abaixo do usual, apenas 84 a 85 pontos. Rolland ficou magoado com a crítica e, quando voltaram a se ver no final desse ano, Parker perguntou-lhe: "Quer voltar a falar comigo?"

SHERMAN MCCOY, CORRETOR DE TÍTULOS NA WALL STREET, "Senhor do Universo" e protagonista do romance de Tom Wolfe de 1987,

A Fogueira das Vaidades, simbolizou o especulador financeiro dos anos 80. Era um mercado em alta. Lucros extraordinários, ganância, satisfação dos próprios apetites, dinheiro fácil – tudo isso desempenhou seu papel no novo interesse pelo vinho. Os *baby boomers* na faixa etária dos 30 aos 44 anos eram os grandes consumidores de vinho, especialmente os prósperos psiquiatras, advogados, médicos, banqueiros e tipos de Wall Street que sabiam como tirar bom proveito da vida. Era uma nova espécie de consumidor, ávida por experiências e disposta a pagar por elas. Artigos de luxo e experiências hedonistas prosperaram com o sucesso da geração "eu". Num país com um sistema fluido de classes como os Estados Unidos, eles ajudaram a definir quem você é. O vinho era o hobby perfeito: confere status mas não exige elevados antecedentes sociais ou muito conhecimento; além disso, é divertido.

A *newsletter* de Parker era a pista ao alcance do iniciado, o caminho para se chegar a uma visão íntima das coisas. Tal como as *newsletters* financeiras, seu propósito é colocar os leitores ao corrente das mais recentes informações e orientações associadas ao mercado do vinho. Seus assinantes incluíam o ex-presidente Richard Nixon, Malcolm Forbes, senadores e congressistas, e até vários altos funcionários da CIA. Num jantar em Nova York, o inexperiente enófilo Bob Lyster notou que, quando os vinhos eram servidos e degustados, as frases "Parker disse" e "Parker pensa" salpicavam os comentários de muitos convivas. Ele nunca tinha ouvido falar de Parker, mas rapidamente percebeu que se tratava de alguém que ele precisava conhecer. O mesmo aconteceu ao romancista Jay McInerney, que, tendo recém-descoberto o vinho e passeando em Londres em 1985 com um amigo, o romancista britânico e enófilo Julian Barnes, observou que este "não se cansava de mencionar Parker a todo instante". O nome de Parker andava na boca de todos os que queriam estar "por dentro" em matéria de vinho, e que se tornavam adeptos e assinantes do "Big Bob". Lister, McInerney e Barnes absorviam-se na leitura de todos os números e compravam os vinhos que Parker recomendava, como os Borgonhas de Philippe LeClerc. O pacote Parker exsudava um fanático amor ao vinho, à fruição de grandes momentos. Tom Ryder, então diretor da divisão de revistas do American Express, inventou seu próprio sistema de compras obrigatórias: calculando a relação custo-benefício das recomendações de Parker, dividiu o número de pontos pelo preço e ignorou os vinhos com escores abaixo de 90 pontos. Jactava-se de ter descoberto esse "código dentro de um código" para identificar a "maior tacada por dólar investido". Acatando os números e notas de Parker, era simples reunir uma ampla adega sem ter de perder tempo aprendendo muita coisa que já tinha sido minuciosamente examinada e apurada pelo Grande Bob. Em alguns jantares, era mais distinto servir um vinho "Parker deu-lhe 94 pontos" do que o vinho engarrafado de um antigo *château* com um nome famoso no rótulo. Mesmo se os anfitriões tivessem um profundo sentimento de inferioridade no tocante ao conhecimento de vinhos, a presença de um vinho altamente cotado por Parker lhes permitia presumir uma conveniente superioridade.

Os americanos podem ter o hábito de mostrar seu desdém pela autoridade, mas, como Parker se promovia como um rebelde contra as antigas autoridades, era fácil concordar com ele. Era como aceitar o conselho de um amigo entendido no assunto.

Os mais sérios colecionadores, como o neurocirurgião texano Marvin C. Overton III, o físico de partículas do Sul da Califórnia Bipin Desai e o empresário alemão Hardy Rodenstock, ficaram famosos durante a década por suas maratonas de dois ou três dias degustando dezenas de vinhos raros. Essas degustações eram a síntese do consumo conspícuo – sessenta vinhos diferentes da grande safra de 1961 na Flórida, cinqüenta safras de Château Haut-Brion na região serrana do Texas – e pareciam freqüentemente festejos celebrados num minúsculo circuito internacional de vinhos, que tinham mais a ver com a exibição de egos do que com o conhecimento de vinho propriamente dito. Mesmo os donos de *châteaux* convidados para participar nunca tinham degustado tanto de seus próprios vinhos num só local. Michael Broadbent, que, em primeiro lugar, havia vendido alguns desses vinhos a colecionadores, era um convidado freqüente, assim como um ou outro jornalista (eu própria, em muitas ocasiões), pois a maioria dos colecionadores esperava ser objeto de um comentário crítico. Eles adicionaram rapidamente Parker à lista de mídia desejável, ansiosos por contar com sua presença em seus mais recentes eventos. Quando, em 1988, ele não pôde comparecer à degustação de Desai de Château Margaux, em Los Angeles, o colecionador atraiu Parker para uma amostragem de seus destaques com uma história das antigas e sensacionais safras que ele tinha perdido, em especial o extraordinário 1900. O que prendeu a atenção de Parker em Paris, no Taillevent em novembro, foi a mensagem de Desai de que, de acordo com o enólogo de Margaux, as "safras de 1982 e de 1900 eram quase idênticas". Um livro impresso particularmente para notas de degustação comemorou a ocasião. E beberam duas garrafas do inestimável 1900. Parker enviou "uma cortês nota" de agradecimento e deu ao vinho 100 pontos em sua *newsletter*. O ano de 1989 trouxe uma extraordinária degustação de 55 safras de Château La Mission Haut-Brion, um vinho da região de Graves, em Bordéus, de que Parker era grande apreciador, e outra que incluiu uma centena de Bordeaux da safra de 1982; o ano seguinte apresentou uma degustação de quase todas as safras de Grange Hermitage, o maior vinho produzido na Austrália.

No final de 1990, Parker se mostrou desencantado com essas degustações maciças, condenando-as como "aparatosas... excessivas num grau extremo".

Ele travara estreita amizade com muitos colecionadores sérios, mas sua idéia de vinho como divertimento tinha muito ver com o mais epicurista Les Oenarchs, um grupo de oito "garfos locais" – enófilos baltimorianos – que ele fundou em 1991, tendo por modelo um grupo com o mesmo nome em Bordéus. Os membros incluíam Jay Miller; o vizinho de Parker, Bert Basignani, dono de uma vinícola que ficava perto; o ortopedista Hank Dudley, que também pertencia, como Parker, a um grupo bem humoradamente denominado o Wine and Spine Society. Cada membro oferecia um jantar com um tema vinícola e fornecia "bom material" de sua própria adega – por exemplo, 24 Cabernets da Califórnia dos anos 70, ou uma série de safras de um favorito de Parker do vale do Ródano, o Herrmitage La Chapelle – para o grupo degustar às cegas durante o jantar.

PRATICAMENTE TODA A INICIATIVA TOMADA POR PARKER PARECIA contribuir para sua influência e seu poder no mercado. Trabalhar melhor e mais rápido do que toda a concorrência contribuiu para seu nome e qualificações no mundo, mas isso também resultou de seu talento excepcional para a autopromoção. É o caso, por exemplo, do seguro de seu nariz e paladar. Para proteger Pat, quando já era profissional autônomo, Parker consultou seu conselheiro de seguros sobre o que fazer. Ele recomendou uma apólice por incapacidade, especificando os benefícios caso Parker se visse incapacitado para trabalhar por acidente ou doença. Parker replicou que tal seguro não valia realmente a pena se a apólice não cobrisse sua percepção sensorial de cheiro e paladar, que eram a base atual de sua subsistência. Essa era a incapacidade que contava, e a idéia de que isso pudesse ocorrer-lhe o preocupava desde que tinha lido que o enólogo inglês Harry Waugh perdera completamente o sentido do olfato depois de bater com a cabeça contra o painel de instrumentos do automóvel num acidente de tráfego. "Nunca tivemos um cliente que nos pedisse isso", confessou o conselheiro, "mas farei uma consulta a respeito". O Lloyds de Londres recusou, mas a Provident Insurance, com sede no Tennessee, concordou com uma cobertura de US$1 milhão. Dez anos depois, Parker tentou duplicar esse montante, mas a companhia recusou.

Quando a notícia de que seu nariz e seu paladar estavam estimados em US$1 milhão foi divulgada nos primeiros artigos e entrevistas, ela veio corroborar a crença já generalizada de que os sentidos de paladar e olfato de Parker deviam ser algo extremamente especial – de fato, únicos. Nenhum outro escritor americano de vinho estava com seu nariz no seguro. Isso o colocava no mesmo nível de celebridades, entre as quais não era novidade alguma colocar no seguro partes do corpo. O guitarrista de rock Keith Richards tinha suas mãos no seguro; por que não o nariz de Parker?

Um livro sobre Bordéus ajudou a consolidar a reputação de Parker nos Estados Unidos depois da safra de 1982. Livros prévios sobre essa famosa região vinícola francesa tinham sido traduções de originais britânicos, mas, desde os primeiros dias de *The Wine Advocate*, Parker vinha sonhando e falando sobre escrever um livro em que pudesse fornecer sua própria resposta à classificação de 1855. Uma vez mais, as relações que havia desenvolvido na comunidade do vinho foram cruciais. Quando confiou seu sonho a Kermit Lynch, o inconformista californiano o aconselhou a falar com o agente literário Robert Lescher, de Nova York, com quem ele estivera há pouco na cidade e que, segundo ele disse a Parker, era assinante e fã de Parker.

Lescher e sua mulher, Susan, também agente literária, estavam de férias no Sul de Vermont, em seu hotel favorito, quando receberam uma mensagem de que um certo Robert Parker havia chamado. Susan, convencida de que era Robert B. Parker, autor *best-seller* de romances policiais, ficou radiante. Mas Bob Lescher, que representava muitos escritores de gastronomia e vinhos – incluindo Robert Finigan –, esperava que a esposa estivesse enganada e que se tratasse do novo astro do jornalismo do vinho.

Os dois se encontraram no escritório de Lescher em Nova York. Parker estava impressionado. Lescher fala em tons bombásticos, grandiloqüentes, sobre literatura e tem aquele estilo literário displicente na aparência que é cultivado por muitos acadêmicos para sugerir que a vida de livros e o espírito são muitíssimo mais importantes do que a mera moda ou atividade mundana. Mas foram as caixas de vinho de Côtes du Rhône arrumadas em suas prateleiras que convenceram Parker de que os dois tinham sido feitos um para o outro. Resultou que ambos eram apreciadores incondicionais do Château Rayas, um vinho tinto de Châteauneuf-du-Pape, cujo arredio proprietário, o excêntrico Jacques Reynaud, se recusara a ver Parker durante três anos. Certa vez, escondeu-se numa vala quando viu que o carro de Parker e Pat vinha descendo aos solavancos a esburacada estrada de acesso ao seu muito modesto *château*, onde o caos e "uma matilha de indisciplinados cães" os receberam.

Lescher sabia muito bem a quem abordar com um livro feito por Parker – um outro enófilo, Dan Green, o editor associado de Simon & Schuster, que ganhara um bom dinheiro com seu catálogo de livros de vinho por autores contemporâneos, em sua maioria autores britânicos muito conhecidos, como Hugh Johnson e Michael Broadbent. Parker, Green e Lescher se reuniram para almoçar no Upper East Side de Nova York, a fim de discutir idéias. Green havia checado a posição de Parker com seu filho mais velho, que estava trabalhando no negócio de vinho; ele disse ao pai: "Contrate-o. Ele é o melhor."

Mas Green rejeitou rapidamente a proposta inicial de um livro sobre os vinhos tintos no mundo. "Esse é o tipo de livro errado", insistiu ele, sacudindo a cabeça. O Bordeaux de 1982 era notícia de primeira página e o nome de Parker estava ligado a ele. Green já havia decidido que o livro certo seria sobre o Bordeaux, programado para que seu lançamento coincidisse com a chegada do 1982 engarrafado às lojas em 1985. Assim, *haveria* uma publicidade integrada para os dois eventos.

Parker, que chegara preparado para ser tão persuasivo quanto possível, e talvez estivesse recapitulando mentalmente todas as razões por que seria a pessoa certa para escrever qualquer livro sobre vinho, viu-se, pelo contrário, solicitado com palavras lisonjeiras a escrever o livro que teria escrito de graça. O almoço fora um triunfo, pensou ele, encantado com sua boa sorte no trem de volta para casa. Como disse a um repórter anos mais tarde: "Senti-me como Sylvester Stallone em *Rocky*." No ano seguinte, dedicou boa parte de seu tempo e energia ao livro, respaldado em suas notas e sua *newsletter*. De fato, o livro iniciou a sistemática reutilização dessas *newsletters*, um esquema de reciclagem que causaria inveja a qualquer autor e que aumentou, de forma significativa, sua renda. Para completar o perfeito ciclo de vendas, um parágrafo informando os leitores sobre como assinar *The Wine Advocate* aparece na última página do livro, e os assinantes podiam comprar o livro, autografado, por meio da *newsletter*, o que foi feito por muitos. Do ponto de vista editorial, o único problema era a extensão – seguiu-se uma batalha porque o manuscrito era mais extenso do que o esperado, mas Parker estava ansioso por que nada fosse cortado.

O grosso volume de 542 páginas de *Bordeaux: The Definitive Guide for the Wines Produced Since 1961* foi publicado em novembro de 1985, com elogios dos pesos pesados britânicos do vinho Hugh Johnson e Michael Broadbent na quarta capa. O *The New York Times* dedicou-lhe duas recensões críticas.

Num almoço comemorativo, Parker presenteou Green com um duplo *magnum* de Bordeaux *cru classé* de 1982. E o livro começou a vender imediatamente. A chave da comercialização não foram as livrarias, mas as lojas sérias de vinho dos Estados Unidos, que eram assinantes de *The Wine Advocate* e usavam as notas e os escores de Parker para promover suas vendas. Na maioria dos estados (mas não Nova York, onde o *lobby* das bebidas alcoólicas o impediu), essas lojas colocaram em exposição exemplares do livro, saca-rolhas e muitas outras coisas além de garrafas de vinho. Green havia contado com eles para vender livros, mas até ele ficou surpreendido quando MacArthur Liquors, de Washington, D.C., encomendou 2.500 exemplares. O varejista de Nova York Acker Merrall & Condit organizou uma tarde de autógrafos para Parker em parceria com uma livraria sua vizinha, Murder Inc., especializada em romances policiais, que se encarregaria das vendas. A fila de seus clientes aguardando um autógrafo de Parker saiu serpenteando da livraria e dobrou a esquina do quarteirão.

Graças à promoção das lojas de vinho, a primeira edição esgotou-se rapidamente e, em fins de janeiro, o livro já estava em sua terceira impressão, fora escolhido como seleção do Clube do Livro do Mês e vendera 65 mil exemplares. Uma edição britânica veio a lume em setembro; direitos foram vendidos para a França e a Alemanha, mais adiante para o Japão, Suécia e Rússia. A edição francesa tornou-se também uma seleção para o Clube do Livro do Mês na França em 1991.

Nesse meio tempo, Green havia sugerido a Parker que compilasse as notas de gustação de cada ano num guia anual, o que era outra maneira de reciclá-las. E que tal a idéia de livros sobre outras regiões vinícolas? Borgonha era uma escolha óbvia, mas Parker argumentou que suas diletas Margens do Ródano deveriam ser o próximo volume. Nesse ponto, ninguém discordou. Um pequeno grupo de pessoas apressou-se a negociar na pequena sala de reuniões do editor um contrato para vários livros antes que Green, que estava saindo para ir trabalhar em outra companhia, pudesse arrebatar-lhes Parker. O adiantamento por conta que Lescher pediu era imensamente elevado para livros de vinho, mas quando o editor Jack McKeown pegou em sua calculadora e viu quantos exemplares de *Bordeaux* tinham sido impressos e vendidos, a resposta foi sim.

Alguns anos depois, durante um giro pela região do Bordeaux com um amigo – o autor francês Dominique Lapierre –, Dan Green observou que exemplares do *Bordeaux* de Parker estavam à vista em todos os *châteaux* que visitou. Entretanto, disse ele, todos "simulavam não ligar a mínima para o livro nem para Bob... eles simplesmente não podiam admitir que estivessem interessados".

Depois que John e eu deixamos para trás nossas responsabilidades editoriais em *Food & Wine*, em meados de 1980, continuamos escrevendo juntos para a revista uma coluna que alternava com a de Parker, mas nossos caminhos se cruzaram com menos freqüência. Muitas vezes, eu chegava a um lugar de onde Parker havia acabado de sair, e ninguém que escreve sobre vinho podia deixar de sentir seu impacto ou a controvérsia que ele inspirava.

Nos círculos jornalísticos, quando os jornais se apoderam de uma história e concentram nela seus repórteres e recursos para que nenhum aspecto lhes escape, isso é chamado "inundar a zona". De 1985 a 1993, Parker fez precisamente isso no mundo do vinho. Nesses oito anos decisivos, além de seu livro inicial sobre Bordéus (*Bordeaux*), ele publicou um sobre o Ródano (*Rhône*), um sobre Borgonha (*Bourgogne*), uma edição revista de *Bordeaux* e três *Wine*

Buyer's Guide, o último com mais de 1.100 páginas. Embora publicasse sete livros em oito anos, ele manteve sua exaustiva programação de degustação e viagens, e continuou a publicar sua *newsletter* bimensal, que tinha 48 paginas por número em 1993, com suas notas de degustação para 764 vinhos, colunas regulares para *Food & Wine* e colunas eventuais em *Connoisseur* e *The Wine Enthusiast*.

Mesmo sendo Parker um mestre na remodelação e na reelaboração de seu material, outros escritores perguntavam-se: quando é que ele dorme? Sua presença estava começando a ser sentida por toda a parte e presumia-se muitas vezes que seu impacto era igualmente penetrante. Com freqüência, na adega de uma vinícola em algum lugar no mundo, um jornalista citava opiniões de Parker, como fez um escritor americano numa viagem da imprensa de que participei em Cornas, na pequena adega, de piso imundo, de August Clape, uma das favoritas de Parker. Clape, nitidamente contrariado, ouviu, ouviu e depois disse, num tom de voz ríspido, com um piparote em seu cigarro, de modo que a cinza veio a cair diretamente na frente do jornalista: "Parker não tem nada a ver com o modo como fazemos nosso vinho... *comprenez-vous*?

EM 1986, A *NEWSLETTER* DE PARKER CUSTAVA US$28 POR ANO, tinha 17.800 assinantes em 37 países, uma taxa de renovação de 70% a 80% e ganhava US$500 mil brutos anuais; Parker gastava entre US$60 mil e US$74 mil em vinhos, o que correspondia, segundo ele, a cerca de 75% de todo o vinho que degustava em garrafa. No entanto, tudo isso tinha importantes deduções – diretamente, na forma de deduções de impostos e, indiretamente, na valorização da imagem que ele queria projetar para o consumidor do escritor que paga para preservar sua independência. Os outros 25% de seu vinho eram amostras grátis, não solicitadas, de vinhos ainda não lançados no mercado e despachados para ele (e para muitos outros escritores de vinho), ou as linhas de vinhos que os importadores mandavam para o Milton Inn, a fim de que ele os degustasse. Três anos mais tarde, o número de assinaturas da *newsletter* bateu o número de 28 mil, estava com 40 páginas e o preço havia subido para meros US$2, mas Parker estava agora fazendo muito dinheiro, cerca de um milhão de dólares por ano, incluindo a renda proveniente de seus livros.

A publicação de cada livro era ainda outra oportunidade para recensões críticas e entrevistas, muitas das quais incluíam informação sobre como assinar *The Wine Advocate*. A maioria das críticas era francamente favorável, mas o mais importante era que todas contribuíam para divulgar o nome e a história de Parker, que ele polia toda vez que era contada de novo. Tinha uma velha história que caía bem no gosto dos americanos: a história de sair do nada para o sucesso, do herói que "chegou onde nenhum homem havia chegado antes", o rebelde honesto, sem papas na língua, que desafia os ladrões de casaca. E Parker não hesitava em dar palmadinhas em suas próprias costas. Os jornalistas do mundo exterior ao vinho, em revistas nacionais como *People*, *Time*, *Newsweek*, devoraram-no. Ser simplesmente quem e o que ele era resultou ser a melhor história de todas.

Em 1988, quando Parker se tornou o perito em vinhos pago para participar do Prodigy Interactive Personal Service, uma das primeiras redes de computadores em escala nacional, em 1988, ele levou a discussão sobre vinho a um novo veículo de informação e ajudou a divulgar o vinho online nos domínios da cibernáutica. Em Prodigy, um empreendimento conjunto da IBM e da Sears, Roebuck, contratou um pequeno *staff* para editorar o conteúdo, assim como especialistas em vários campos, como Parker, para escrever colunas semanais, responder a perguntas enviadas por e-mail e participar de discussões nos ativos painéis de intercâmbio eletrônico. E estes comercializavam agressivamente seus especialistas. Assim, Parker tornou-se o primeiro guru online do vinho, e seu sistema de classificação encontrou pronta aceitação entre muitos dos usuários que entravam nos painéis para chats online. "Ele atraiu os mais fanáticos cibernautas", diz Mark Squires, que veio a ser o líder dos painéis. "Todo mundo queria falar com Parker – ou xingá-lo." Isso se tornou uma comunidade muito coesa que passou até a se reunir para festas offline. A maioria era de adeptos de Parker, que acabaram por formar a base para uma espécie de seu fã-clube. Eles o apoiavam e defendiam de todas as críticas, divulgando seu nome e suas idéias sobre vinho em outros painéis. Outros o fulminavam e insultavam, chamando-o de idiota e até o comparando a Hitler. As acaloradas discussões online eram, com freqüência, virulentamente pró ou contra. Os egos estavam em jogo. Um surpreendente número de enófilos passava um tão grande número de horas falando nos painéis que o pessoal online os apelidou de "clube dos boas-vidas". Quando o Prodigy começou a declinar e a perder dinheiro, reduziu os honorários dos especialistas, o que levou Parker a optar pela saída. Sua conexão durou apenas alguns anos, mas muitos dos que participavam no painel continuaram amigos, o que permitiu que se reunissem mais tarde quando Parker iniciou seu próprio website.

Parker escolhia cuidadosamente os locais para suas aparições públicas, recusando lucrativas ofertas para televisão e rádio – saboreava e era muito cioso de sua privacidade –, mas acolhendo, de bom grado, todas as oportunidades que lhe permitissem pressionar assinantes potenciais entre os prosélitos do vinho em lojas importantes como a Zachy's ou em degustações organizadas como um orador convidado. Como celebridade do vinho, ele gerava tanta excitação que estar perto dele afetava algumas pessoas de modo muito estranho. Um varejista de Nova York que deu carona a Parker no aeroporto ficou tão emocionado por estar com ele que, enquanto rodavam para Manhattan, manteve seus olhos constantemente pregados em seu passageiro, e não no caminho. Conduzia de maneira tão desastrada que, enquanto discorria sobre vinho e um aterrorizado Parker o observava, ia batendo estrepitosamente nos gelos-baianos de concreto e metal ao lado da rodovia, amassando toda a lateral do carro.

Uma das primeiras aparições públicas de degustação de Parker, em 1984, num seminário sobre Bordeaux organizado pelos Executive Wine Seminars, de Howard Kaplan e Robert Millman, em Nova York, foi ilustrativo dos muitos que se realizaram na década seguinte. Oitenta pessoas, em sua maioria homens, pagaram US$28 pelo privilégio de uma degustação, com Parker, às cegas de uma dúzia de vinhos das safras de 1978 e 1979. Foi realizado num salão privado de banquetes no Doral Inn, na Avenida Lexington. Parker colocou exemplares de *The Wine Advocate* numa pilha impecável sobre uma toalha de mesa branca na mesa à sua frente e estava de terno. Muitos nunca tinham ouvido falar dele – os vinhos eram a atração, não Parker – e a folha de degustação nem sequer tinha seu nome. O que a todos conquistou, dizem aqueles que lá estiveram, foi sua sinceridade e sua paixão. Ele parecia um sujeito boa-praça, que descrevia os vinhos como "feitos astuciosamente", não em termos excessivamente técnicos ou pomposos, de fato, o tipo que não encara a gente de cima para baixo, como se você fosse um pedicuro de New Jersey com peruca e uma dúzia de caixas de vinho no porão. Recebeu uma estrondosa ovação.

Kaplan e Millman, vendedores de vinho da Morrell's, já eram fãs de Parker e seus seminários especializados tinham em vista executivos ansiosos por adquirir sólidos conhecimentos sobre vinho – exatamente aquelas pessoas que Parker estava tentando influenciar. Não pagavam honorários a Parker; como este os tinha tão freqüentemente apoiado, em troca lhe ofereciam publicidade. Incluíam um folheto de propaganda de *The Wine Advocate* em sua correspondência normal, assim como um *plug*, o tipo de inserção gratuita que eles nunca tinham feito antes: "Em nossa opinião, se você pretende assinar uma publicação de vinhos, deve escolher *The Wine Advocate.*" Assim começou um longo relacionamento com Kaplan e Millman; Parker, intensamente leal a todos os que o apoiaram quando ele não era ninguém, continuou a comparecer anualmente (embora a uma taxa de honorários gradualmente crescente) e ainda comparece. Dentro de poucos anos, Mr. P., como se referiam a ele, atraiu o dobro do público; mudaram-se para o salão de baile do Doral e esgotaram as entradas com dois meses de antecipação. Estavam recebendo chamados de grandes empresas que lhes ofereciam honorários de quatro algarismos se persuadissem Parker a realizar uma palestra para seus executivos. E, em

1990, o terno e gravata tinham levado um sumiço há bastante tempo; Parker apresentava-se com a roupa que lhe apetecesse.

Todo mundo solicitava Parker. Ele falou no International Wine Center, lotou degustações em Londres, foi manchete numa conferência sobre o Pinot Noir no Oregon, orientou degustações em eventos de caridade em Washington, D.C. e deu até um curso no Goucher College para ensinar a apreciar o vinho. Em 1933, estava dirigindo uma degustação do Bordeaux 1982 num restaurante de Detroit. Poucos anos antes, num evento análogo na cidade, ele havia sido apenas um outro sujeito que, por acaso, elogiara a safra certa. Agora, os titãs da indústria automobilística de Detroit e os "beberrões" do Centro-Oeste pagavam US$275 para, como disse um jornal, "estar na presença do príncipe herdeiro do vinho".

O PRIMEIRO CONCORRENTE DE PARKER, ROBERT FINIGAN, ESTAVA perdendo terreno gradativamente. Por causa de uma pendência legal envolvendo um investidor que faliu, ele foi forçado a suspender a publicação de sua *newsletter* por mais de um ano, justamente quando a estrela de Parker estava subindo e as garrafas do Bordeau 1982 tinham começado a chegar. Quando Finigan recomeçou, tinha perdido o embalo para Parker e, realmente, nunca mais o recuperou, apesar de a *newsletter* ser publicada com um novo formato. De fato, em outubro de 1987, por causa de cartas de assinantes pedindo classificações mais precisas dos vinhos, Finigan teve de sucumbir ao inevitável. Ele "não acreditava que experiências sensoriais de qualquer espécie pudessem ser reduzidas ao gênero de escores apropriados para uma prova de matemática", mas cedeu ao uso da escala de 20 pontos. Opinou que o sistema de 100 pontos de Parker era ridículo.

Quem prometia vir a ser um sério concorrente era *The Wine Spectator*, de Marvin Shanken. No final do verão de 1985, Shanken voou de Nova York para San Francisco para um dos encontros criativos independentes de dois dias que ele realizava regularmente no escritório de *The Wine Spectator* para energizar seu jovem *staff* e trabalhar no aperfeiçoamento da revista. Com o charuto preso no canto da boca, o paletó pendurado no espaldar da cadeira, em mangas de camisa e usando uns suspensórios que eram sua marca registrada, Shanken inclinou-se para diante na mesa de conferência e apresentou para ser discutido o assunto Parker.

Dois anos antes, apenas alguns meses depois de Parker ter defendido a safra 1982, Shanken e o *staff* de *The Wine Spectator* deram uma reviravolta e publicaram um número dedicado ao Bordeaux, no qual também se elogiava a safra de 1982. Depois, para enfatizar sua credibilidade junto aos consumidores e mostrar que *The Wine Spectator* podia ser tão imparcial quanto Parker na crítica de vinhos, foi criada uma nova seção em que eram enumerados vinhos que eles consideravam medíocres demais para serem recomendados. Os anunciantes que viram seus vinhos nessa lista ficaram furiosos e contaram a Shanken.

"Temos esse concorrente, Robert Parker", começou Shanken, estreitando os olhos enquanto observava em torno da mesa Harvey Steiman e sua avançada calvície, Jim Laube com seu característico bigode negro e o recém-contratado Jim Gordon, que viria a ser o diretor-gerente da *newsletter*. "O que podemos fazer a esse respeito? Poderíamos adotar o sistema de 100 pontos? Que tal discutirmos isso?" O assunto foi apresentado como uma interrogação, mas, segundo Gordon, todos os membros do *staff* conjecturaram que Shanken já tomara uma decisão mas queria que eles manifestassem sua concordância. Estava claro que Shanken e *The Wine Spectator* estavam competindo com Parker por influência. Ele estava procurando obter uma parcela da memória do consumidor, não do mercado – *The Wine Advocate* não admitia anunciantes, de modo que, por esse lado, não havia concorrência. Após dois dias de discussões, todos estavam de acordo. Parker havia testado a idéia no mercado, provando que as pessoas podiam entender perfeitamente o sistema e que os varejistas o adoravam. Laube opinou que, se o usassem, seriam tomados mais a sério como críticos de vinhos. Shanken decretou que somente os escritores do *staff* poderiam usá-lo, para garantir que não haveria escores conflitantes na revista. Basicamente desconfiado das estrelas independentes do vinho, ele quis construir uma equipe que formulasse coletivamente seus julgamentos, detivesse o poder e exercesse influência. Sua nova política de não aceitar convites de degustações grátis para a imprensa tinha todo o aspecto de uma resposta à postura de Parker de ausência de conflitos de interesses. Embora isso unisse ainda mais a equipe de Shanken, separava-a de seus colegas escritores de vinho.

Na melhor das tradições de cooptação, Shanken telefonou a Parker convidando-o a escrever para o *Spectator* (Parker disse não). Depois, expressou até seu interesse em comprar *The Wine Advocate* (outro não). Mas a rivalidade, quando não hostilidade, entre os dois homens aprofundou-se. Numa história apócrifa que não morrerá tão cedo, Shanken teria supostamente convidado Parker para um jantar na Califórnia, no qual as primeiras palavras que pronunciou, mesmo antes que seu convidado se sentasse, foram: "O que você pensaria de mim se eu lhe roubasse seu sistema de 100 pontos?" Parker teria replicado: "Que diferença isso faz? De qualquer modo, você dá 90 pontos a todo mundo." Shanken revidou: "Nós vamos botar vocês para fora do negócio."

Shanken tentou impor uma regra por meio da qual os anunciantes do *Spectator* não poderiam usar escores de Parker em seus anúncios, mas a regra não funcionou. De fato, em 1990, Zachy's, uma das principais lojas de vinhos do país, comprou-lhes uma página inteira de anúncio com o seguinte título: "Zachy's apresenta o Hall of Fame de Parker 95-100." O anúncio enumerava 43 vinhos que Parker havia classificado com 95 pontos e acima, incluindo seu escore e nota de degustação para cada um. A página inteira em 1991, entretanto, incluiu escores de Parker e de *The Wine Spectato*r.

A adulação de Parker pela mídia, que o elevou à categoria de o maior crítico de vinhos do mundo, irritou não só Shanken, como também todos os membros de sua equipe. Cada vez que aparecia outro artigo, recorda Jim Gordon, eles rolavam os olhos e reclamavam: "Ah, essa não! Outra história de Parker e de como cresceu bebendo Coca-Cola!" Estavam fartos de ouvir a história de Parker, sentiam-se menosprezados e decidiram que, embora se referissem a *The Wine Advocate* sempre que uma nova história a respeito de futuros do vinho o requeresse, não pretendiam fazer com que essa referência tivesse algum significado de peso. Afinal de contas, alguém já viu a *Newsweek* escrever a respeito da *Time*? Não havia uma norma rígida, mas Gordon sabia que, se Parker fosse mencionado em alguma história, Shanken iria querer ver o que foi escrito antes de seguir para o prelo. Ocasionalmente, Gordon batia-se por manter alguma referência a Parker, mas, quando isso não parecia importante, Shanken lhe dizia: "Corte o Parker." Porém, como era natural, liam de fio a pavio todo o número de *The Wine Advocate*, passando-o de mão em mão e rubricando-o, como prova de que tinha sido lido por todos; também publicavam recensões críticas dos livros de Parker, usualmente em termos favoráveis.

Shanken era também um *workaholic*, mas seu gosto em música inclinava-se mais para James Brown, padrinho do *soul*. Sendo muito mais do que Parker um homem de negócios consciente, explorava continuamente modos de expandir seu crescente império. Enquanto Parker confiava primordialmente em si mesmo e na transmissão oral para divulgar seu nome, Shanken tomava iniciativas mais típicas de um homem de negócios para incrementar o poder e a influência de *The Wine Spectator*. Primeiro, mudou de um jornal para uma revista a quatro cores e trabalhou para conseguir que ela fosse vendida em lojas de vinhos. Era ilegal a venda de qualquer outra coisa além de vinho nas lojas do ramo em Nova York, de modo que ele contratou lobistas para induzir a legislatura de Nova York a isentar as revistas. Em meados de 1991, cerca de 1.500 lojas em todo o país tinham sua publicação à venda, com o pretendido resultado. Varejistas testemunharam que os clientes compravam de acordo com as recomendações de *The Wine Spectator*. Essa era a espécie de influência que Parker exercia e que

Shanken estava também procurando obter. Ele queria os escores de *The Wine Spectator* colocados a seguir aos de Parker: RP 90, WS 91.

Outro êxito comercial foi o evento anual *Wine Experience*, uma produção espetacular organizada por Shanken, em que, durante três dias, num fim de semana, os donos das principais propriedades vinícolas do mundo pagavam para que seus vinhos fossem oferecidos gratuitamente aos consumidores para degustações e seminários. Shanken considerava esse certame um equivalente do Super Bowl para os produtores de vinhos finos. Uma foto formal feita no decorrer do evento de estréia revela como Shanken se posicionava no mundo do vinho. Ele está no centro de uma pequena multidão de vinicultores das mais ilustres propriedades do mundo. Embora muita gente em Bordéus e na Borgonha não gostasse pessoalmente dele, vê-lo dando-lhes todo o apoio promocional era outro exemplo da atuação de "O Americano Feio" no estrangeiro: ele conseguiu convencer os produtores a comparecerem ao evento. Por tabela, a globalização do mundo do vinho recebeu um grande impulso. Robert Drouhin, o famoso exportador de Borgonha, apresentou-se a Christian Moueix, do celebrado Château Pétrus, de Bordeaux. Nunca se haviam encontrado. Vinicultores da Itália tiveram uma chance de se reunir com os franceses e degustarem seus vinhos pela primeira vez.

Mas o encontro foi também um modo de enfatizar aos europeus a importância dos consumidores e do marketing americanos. Angelo Gaja estava surpreendido por ver tantos enófilos interessados em fazer fila para lhe apertar a mão. Shanken foi ungido como a pessoa mais importante no negócio do vinho. Se alguém era convidado e declinava o convite, seria convidado de novo, a menos, é claro, que fosse o dono de uma propriedade no topo de escala. Shanken queria que quem quer que fosse importante no mundo do vinho participasse do evento e, em 1988, persuadiu até o próprio Parker a dirigir uma degustação de Côtes du Rhône, fornecendo excelente publicidade para o seu recém-publicado livro sobre a região do vale do Ródano e seus vinhos.

Em 1933, Shanken transferiu a revista para Nova York e ampliou de modo considerável o número de vinhos que classificou. Em termos de captar a atenção da mídia americana, porém, *The Wine Spectator* estava cometendo uma falha fatal: a revista era uma coleção de vozes. Os heróis americanos raramente se apresentam em magotes. Como Parker, eles não pertenciam a um clube. A história de Parker era do gênero que os americanos mais gostam, a história de um indivíduo – uma pessoa, um paladar.

Outras publicações americanas também sentiram a pressão para adotar o sistema de classificação de 100 pontos se quisessem que suas recomendações sobre vinhos fossem levadas em conta. Uma delas foi *The Wine Enthusiast*, fruto de um catálogo comercial do mesmo nome para vender equipamentos vinícolas e unidades de controle de temperatura para a armazenagem doméstica de vinhos finos; seu iniciador foi Adam Strum, um esgrouviado vendedor de vinhos que virou empresário. Graças à promoção de Parker do Bordeaux 1982, pessoas que compraram dezenas de caixas de vinho correram a adquirir essas unidades de controle de temperatura para armazená-las, e a companhia tinha ganho um bom dinheiro. A revista de Strum tinha o maior prazer em dar a Parker sua lista de endereços postais se, em troca, ele escrevesse alguns artigos com base em sua *newsletter* sem, é claro, seus preciosos escores. Ele também concedeu à revista várias entrevistas exclusivas, que seus leitores devoraram, boa publicidade para atrair mais assinantes para *The Wine Advocate*. *The Wine Enthusiast* tinha começado a classificar vinhos com um sistema de estrelas, mas, em 1993, Strum insistiu na adoção de números. Uma vez mais, diz o ex-editor W. R. Tish, "era uma decisão de marketing, com o objetivo de obter uma fatia do mercado".

Mas, na batalha dos números, no final da década, Parker ainda era quem desfrutava de maior crédito.

O MUNDO LÁ FORA TOMOU NOTA DA INFLUÊNCIA DE PARKER. Alguns já a tinham percebido mesmo antes da safra de 1982. No começo de julho desse ano, um jovem corretor chamado Eric Samazeuilh tinha rastreado as encomendas de vinho que entravam na empresa Tastet & Lawton, no curvilíneo Quai des Chartrons, na cidade de Bordéus, a tradicional localização dos *négociants* da cidade. Está de frente para o estuário do Gironda e, em tardes ensolaradas, a luz que bate nos edifícios setecentistas de pedra tinge suas ornadas fachadas de um suave tom dourado. Encomendas para garrafas dos mais conhecidos *châteaux* chegavam com a regularidade de uma pulsação. Mas, ao entardecer desse dia, uma avalanche de pedidos para o que era um obscuro quinto *cru*, Château du Tertre, criou uma súbita e aberrante corrida. Um intrigado Samazeuilh perguntou a um colega: "O que é que está acontecendo com o Château du Tertre? Acabo de receber 25 pedidos e esgotou-se o estoque."

"Oh, parece que um americano, um tal de Robert Parker, escreveu algo de bom a respeito dele", foi a resposta.

Na crítica da safra do Bordeaux de 1979, publicada no número de junho, Parker dedicara quatro linhas ao Château du Tertre. A restaurada e revitalizada propriedade estava "começando a produzir vinhos clássicos de primeira classe, profundamente aromáticos". Seu escore de 85+ e a anotação "altamente recomendado" promoveram-no rapidamente ao nível dos vinhos que custam muito mais.

O espetacular impacto sobre os preços, quando, num número subseqüente, Parker atribuiu 100 pontos ao Château Mouton 1982, forneceu uma indicação do que estava para acontecer. O Mouton chegara ao mercado a 170 francos em 1983 e subira para 330 francos em setembro de 1984, mas, imediatamente depois que Parker deu ao vinho 100 pontos em fevereiro de 1985, "nesse momento os preços dispararam para 450, 500, até atingir a cotação de 750 francos", lembra o *négociant* Bill Blatch, mostrando-me as páginas apropriadas no volumoso caderno de notas que conserva meticulosamente para acompanhar vinhos e preços. "Quadruplicar o preço no prazo de três anos era algo sem precedentes. Isso nunca teria acontecido sem Parker." Em 1986, a influência de Parker estendeu-se para além do nível varejista, levando os produtores a aumentar os preços ou a reter seus estoques. E mesmo em Paris, em sua loja de vinhos, Caves de la Madeleine, Steven Spurrier podia dizer exatamente que vinhos tinham as mais altas pontuações nas mais recentes *newsletters* de Parker pelas vendas realizadas em sua loja.

Em 1986, donos de *châteaux*, *négociants* e corretores em Londres e em outros centros do mercado internacional do vinho tinham os olhos postos em Parker e observavam a firme ascensão de sua influência e poder. Mas Blatch e muitos outros em Bordéus acreditam que suas avaliações das safras de 1989 e 1990 do Bordeaux foram a causa de seu impacto redundar numa alta vertiginosa. Blatch está convencido de que, no começo, Parker excedeu-se em seu elogio da safra de 1989, mas o efeito foi que "os *châteaux* entenderam finalmente que podiam ganhar muito dinheiro". Foi a mais dispendiosa safra jamais vista para o Bordeaux. "Fizeram-se preços que só vendo dava para acreditar", disse-me o *négociant* Dominique Renard.

COMO SUAS PONTUAÇÕES ELEVADAS PARA VINHOS SE TRADUZIAM em vendas imediatas, mudaram as reações de alguns dos proprietários que Parker visitava e de importadores com quem degustava. Muitos pareciam sinceramente gostar dele – ele era, de fato, um sujeito muito simpático, amistoso, agradável, de um entusiasmo caloroso e contagiante pelo que fazia, se bem que algumas pessoas tivessem começado a fazer comentários sobre seu bem desenvolvido ego e sua certeza dogmática acerca de suas opiniões sobre a qualidade de um vinho e, cada vez mais, sobre os métodos corretos de fazer vinho – mas todos entendiam o que estava em jogo quando o viam por seu lado bom. À semelhança de um príncipe recém-coroado, ofereciam presentes a Parker – passagens aéreas para as regiões vinícolas, convites para estadas como hóspede de vinícolas e *châteaux*, convites para almoços e jantares, até valiosas caixas de música e, uma vez, um Porsche. Após uma degustação no Milton Inn, um importador insistiu, "Fique uma semana em minha casa de praia em Barbados", mencionando um outro escritor de vinho seu amigo que freqüentemente se aproveitava da oferta. Parker interpretou o modo solerte como quando um par de *vignerons* na França lhe apresentaram suas filhas como uma espécie de proposta indecente – sexo em troca de um bom escore para seus vinhos. Ele tinha declarado, desde o começo, que pagaria sempre todas as suas próprias despesas, de modo que rechaçou essas ofertas, subornos e propostas dúbias. As pessoas do mundo do vinho ficavam freqüentemente espantadas ao ver Parker pagar sua conta num restaurante, embora aceitasse almoços e jantares na residência de amigos. Os *châteaux* de primeiros *crus* não se atreviam a lhe mandar uma caixa anual de vinho, como um escritor inglês de vinho disse a Parker que eles sempre faziam isso para ele.

Na Itália, Angelo Gaja contou-me, com uma expressão de repulsa, que jornalistas europeus deixavam abertos os porta-malas de seus carros durante visitas a vinícolas, esperando encontrá-los cheios com várias caixas antes de partir. Isso nunca aconteceria com Parker, diziam as pessoas, e ele usava essa reputação ilibada para se situar à parte, para reforçar como sua conduta era diferente e enfatizar que não era influenciado pela necessidade de angariar anunciantes ou retribuir favores. A implicação óbvia era que seus julgamentos eram inteiramente idôneos. Era uma postura familiar dos enófilos consultarem regularmente o *Consumer Reports* antes de comprar um lava-pratos ou um automóvel, e confiavam nele.

Mas fixar o limite para conflitos potenciais de interesses provou ser mais complicado do que originalmente parecia desde o ponto de vista moralmente rígido de Parker. Como a maioria dos escritores de vinho, Parker também aceitou centenas (possivelmente milhares) de garrafas de amostras não solicitadas para suas regulares degustações às cegas. Quando Alexis Lichine o convidou para jantar no Château Prieuré-Lichine, ele foi e bebeu apreciativamente das mais antigas e inacessíveis safras, impossíveis de obter no mercado, como ocorreu também no almoço com Christian Moueix, no Pétrus. Se jantasse num restaurante com qualquer dono de *château* ou vinicultor, bebia os vinhos que eles traziam, mas pagava sua refeição. Como todos os jornalistas do vinho, Parker dependia da gente do vinho para deixá-lo degustar da barrica em suas adegas – não existe forma de pagamento para isso.

Tampouco havia uma maneira de atender ao convite dos Hospices de Beaune – o único leilão de caridade realizado anualmente na Borgonha desde 1831 –, a menos que se fosse o convidado de um *négociant* que lhe pagaria o ingresso para o leilão. Quando Parker compareceu como convidado da Maison Louis Jadot em 1989, Bob Foster, um assinante de *Prodigy* e promotor público no

Departamento de Justiça da Califórnia que passava a maior parte de seu tempo dirimindo conflitos de interesses, citou isso no Bulletin Board como uma questão ética. No fim de contas, não tinha Parker – como era costume – contatado Jadot para esvaziar e engarrafar a barrica de vinho que Parker tinha licitado e ganho no leilão e depois, alguns dias mais tarde, degustado os vinhos de Jadot em seus escritórios e lhes atribuído altas pontuações? Não era isso um conflito de interesses? Parker, porém, não o via desse modo. Ele pagara a barrica de vinho, sua própria passagem de avião e seu quarto de hotel

E o que dizer dos inevitáveis gestos de amizade profissional? Depois que Parker e Pat adotaram Maia como filha em 1987, Angelo Gaja na Itália e Dominique Lafon na Borgonha, cujos vinhos Parker comentava regularmente em termos elogiosos, enviaram-lhe uma caixa de vinho para o dia de aniversário da menina. Devolvê-los, decidiu Parker, seria demasiado insultante, de modo que a solução encontrada foi doar seu valor em dólares como contribuição para uma obra de caridade em nome deles.

Não demorou para que o poder de Parker começasse a distorcer até as mais simples interações de uma maneira de que ele, provavelmente, mal percebia. Embora atribuísse freqüentemente motivos pouco elevados aos seus rivais jornalísticos, aceitava muitas vezes por seu valor aparente os elogios, cumprimentos e ofertas de amizade de muitos importadores e produtores que o procuravam. "Qualifico os vinhos do modo como os vejo", gostava muito de dizer, mas, para fazer isso, tinha de degustá-los, e o único modo como poderia chegar aos menos acessíveis, menos conhecidos vinhos era se alguém lhe recomendasse que os degustasse ou os introduzisse para ele numa fila de amostras. Tinha ele uma idéia de quantas vezes vinhos ainda por descobrir eram reservados para ele, sabendo que ficaria excitado por ser o primeiro crítico a degustá-los? Possibilidades para oportunismo e exploração existiam em todas as regiões vinícolas. Quando alguém possui um poder crescente numa indústria, atua como um magneto. Todos aqueles que têm alguma coisa a ganhar querem conhecê-lo.

Um dos bordaleses que estavam impacientes por conhecer Parker era o Dr. Alain Raynaud, um charmoso e *bon vivant* médico de sociedade cuja família era proprietária de um pouco falado *château* de Pomerol, La Croix-de-Gay, desde o século XV. Eles se conheceram por meio de Michel Rolland. O vinho de Raynaud, inclusive o da safra de 1982, não impressionou Parker; chamou-lhe "um Pomerol de piquenique" – nada do intenso sabor que, segundo lera, havia mostrado nas décadas de 1940 e 1950.

Quando Raynaud descobriu que não podia vender seu vinho depois de uma degustação da Union des Grands Crus nos Estados Unidos, não perdeu tempo em enviar uma carta a Parker. Como ele a descreveu para mim durante um aperitivo em seu jardim, com o *négociant* Jeffrey Davies e o fabricante de vinho Jean-Luc Thunevin: "Escrevi ok, Mr. Parker. Depois de duas semanas com outros amigos meus e comparando meu vinho com os outros, devo concordar que o senhor está inteiramente certo. Assim, permita-me que lhe prove que entendi o que quis dizer, e que lhe prove que posso produzir algo suscetível de ser um bom vinho." Após esse encontro, tal como Raynaud o descreve, "comecei a entender do que é que ele gostava. Entendi que devia reduzir minha produção e melhorar a fabricação". Na opinião de Raynaud, isso pode ter parecido, mas só parecido, o começo de uma bela amizade.

Parker deve ter se sentido encantado – disse a Raynaud que ele era o único bordalês que tinha reagido desse modo a seu julgamento, que os proprietários tomam geralmente suas observações como uma ofensa pessoal, reagindo com cartas e telefonemas insultuosos. Alguns anos depois, Raynaud convidou-o para ser o padrinho de seu novo bebê e Parker disse-me que não viu como poderia recusar. Mas foi uma relação que, depois de algum tempo, acarretaria problemas.

AS VIAGENS DE PARKER TINHAM SE CONVERTIDO NUMA ESPÉCIE DE viagem oficial de um soberano, e Parker começou a notar uma mudança no modo como era recebido nas regiões vinícolas, especialmente em Bordéus. A região é famosa por sua hospitalidade formal com aqueles que considera "um aliado potencial", como observou o escritor britânico de vinho Stephen Brook.

Quando Parker chegou ao Château Brane-Cantenac para uma breve parada para degustação, esperando ver apenas seu amigo Lucien Lurton, eis que deu de cara com a família inteira à sua espera, incluindo muitos dos dez filhos de Lurton, para cumprimentá-lo mal saía do carro. Dispostas numa grande mesa para ele estavam duas dúzias de safras que remontavam a 1961. Os membros da família se alinharam ao longo da parede da sala de degustação e observaram, em total silêncio, enquanto ele avançava de vinho em vinho, considerando medíocre o melhor deles, sujo e produzido com desleixo o pior. Por sorte, ninguém lhe perguntou diretamente o que pensava dos vinhos degustados. Quando se encaminhava para a parada seguinte, pensou: "Não vai ser com certeza pior do que esta."

A recepção no primeiro *cru* Château Margaux em 1986 foi claramente para a realeza visitante do vinho, como Jancis Robinson a descreveu numa coluna do *Sunday Times*, de Londres. A grande mesa circular no novo e imaculado salão de degustação estava coberta com uma espessa e alvinitente toalha de linho para que o rei do vinho pudesse julgar a cor do vinho. Elegantes copos de cristal, de longo pé e impecavelmente polidos estavam postos em cada lugar da mesa, acompanhados de grandes e atraentes pires de serragem cuidadosamente acondicionada para se cuspir. Exposto sozinho num aparador estava o recém-publicado livro de Parker sobre o Bordeaux. O diretor do *château*, Paul Pontallier, o *maître de chai*, Jean Grangerou, e o *régisseur* (gerente), Philippe Barre, estavam todos presentes. Como a *assemblage* final ainda não tinha sido feita, eles serviram amostras de seis diferentes cubas e perguntaram a Parker qual era sua preferência. Ele admitiu que a última amostra era a sua favorita, um "sucesso arrasador", ao passo que Pontallier favoreceu o penúltimo copo, uma amostra mais classicamente aromática. Grangerou e Barre, como assinalou Robinson, "imediatamente sublinharam que, na realidade, eles sempre tinham gostado da última amostra".

Mas, para Parker, a primeira indicação de uma mudança sísmica ocorreu em 1987, quando, pela primeira vez, o dono do célebre Château Lafite-Rothschild, o alto e afável Eric de Rothschild, deixou o banco de sua família em Paris para voar até ao Château a tempo de receber Paker quando este ali chegasse para o encontro marcado de 45 minutos. Ele acolheu Parker com um sorriso urbano e não deixou sua mão direita enfiada no paletó, estilo Napoleão, do jeito que era tão freqüentemente retratado, mas estendeu-a para um caloroso aperto de mão. Agora, até Lafite permitia que Parker degustasse amostras de barrica em março, apesar de não ter sido ainda feita a *assemblage* final.

Les Oenarques, um clube de degustação composto de oito dos mais importantes nomes em Bordéus, incluindo os *négociants* Jean-François Moueix, também co-proprietário do Château Pétrus, e Pierre Castéja e Jean-Bernard Delmas, o administrador e o *maître de chai* de Haut-Brion, então convidavam Parker para participar de seus íntimos jantares de degustação uma vez por ano. Era um clube com uma longa história, cujos membros usavam como indumentária para eventos especiais coletes de xadrez vermelho e verde e gravata-borboleta vermelho-escuro. Eles testavam o paladar uns dos outros degustando os vinhos às cegas com cada prato; aqueles que adivinhavam corretamente a comuna e o *château* eram premiados com um "Bravo!"

Na Borgonha e no vale do Ródano, a chegada de Parker ainda não era considerada um evento marcante, exceto pelos importadores. O atarefado produtor de Côtes du Rhône, Emile Champet, ausente para tratar de seus outros interesses agrícolas, faltou a dois encontros. Mas na Alsácia, Madame Faller, proprietária do Domaine Weinbach, uma propriedade que Parker havia colocado no mapa americano poucos anos antes, ofereceu um almoço tão extraordinário, com todas as especialidades da região, que Jay Miller disse a Parker após a refeição que para ele bastava e simplesmente não podia seguir com ele para a próxima arada. Ele teve de voltar para o hotel a fim de se recuperar. Parker deixou seu adjunto para trás e avançou para Josmeyer, onde o aguardava uma degustação de vinho e queijo da Alsácia.

A PRIMEIRA APOTEOSE DE PARKER COMO CRÍTICO DE VINHO OCORREU em 30 de janeiro de 1993, quando o presidente da França, François Mitterrand, lhe conferiu uma das principais condecorações francesas, a Cruz de Cavaleiro da Ordem Nacional do Mérito. Poucos americanos a tinham recebido e nenhum do mundo do vinho da América. A cerimônia teve lugar em Libourne, na Margem Direita em Bordéus. A indicação de Parker, ele sabe, originou-se aí, em Pomerol, embora ele não faça a menor idéia de onde foi que começou o processo. Em seu discurso, Mitterrand proclamou-o "referência mundial sobre os vinhos da França", cujo trabalho teve "um singular impacto sobre o aumento da qualidade do vinho francês". Considerando-se que Parker é americano, essa é uma declaração e tanto. Mas, no fim de contas, ele tinha escrito quatro livros sobre o vinho francês nesses últimos poucos anos. Parker proferiu, no melhor francês que conseguiu reunir diante de 500 pessoas, um vibrante e emocionante discurso, dedicando a condecoração à sua mulher. Ela o escutou com lágrimas nos olhos.

NO FINAL DE 1993, OS NÚMEROS PARECIAM BONS PARA PARKER. Sua *newsletter*, agora com 15 anos e ainda prosperando, estava com 29 mil assinantes. Ele havia degustado aproximadamente 130 mil vinhos desde que começou e escrevera sete livros. Tinha sido homenageado pelos franceses, ganhara 30 quilos comendo toda essa esplêndida culinária em seus grandes restaurantes, e era uma celebridade nos círculos do vinho. Num sofá de sua sala de estar, jaz uma almofada, enviada por seu agente literário, com estas palavras bordadas: "Quando Parker cospe, o mundo escuta."

Mas isso era apenas um ensaio geral para o que ele realizaria a seguir.

6

PERIGOS NA ROTA DA DEGUSTAÇÃO

JACQUES HÉBRARD, O GERENTE DO CHÂTEAU CHEVAL Blanc em St.-Émilion, estava muito, mas muito zangado com Parker. Num número de *The Wine Advocate*, Parker tinha descrito amostras de barrica da safra de 1981 do Château como "decepcionantes" e "medíocres", e caracterizou-a como não mais do que nível médio. Hébrard acreditava que Parker estava errado. Estava tão excitado a esse respeito que, uma noite, telefonou para o hotel onde Parker estava hospedado para lhe dizer isso e pedir que fizesse uma nova degustação. Parker, tendo encerrado as visitas do dia, estava tranqüilamente sentado em seu quarto, revendo e ampliando suas anotações, como normalmente fazia em viagem, refletindo sobre o que acabara de degustar e bebericando água mineral. O telefonema foi uma desagradável surpresa. Sim, ele entendia que Monsieur Hébrard estivesse contrariado. Sua agenda para o dia seguinte estava apertada, mas, sim, ele poderia ir ao *château* no fim do dia, depois de seu último encontro programado. Acertaram a hora para a visita.

O Château Cheval Blanc, qualificado como um dos oito maiores vinhos Bordeaux e um dos dois em St.-Emilion classificados como *premier grands crus*, usa mais Cabernet Franc em sua *assemblage* (o restante é Merlot) do que qualquer outro Bordeaux, mais de 50%, conferindo-lhe uma textura sedosa e um caráter distinto. Redondo, quase doce e enganadoramente fácil de beber quando jovem, o vinho carece dos poderosos taninos que dão aos vinhos feitos primordialmente de Cabernet Sauvignon, como o Château Mouton-Rothschild e muitos outros vinhos no Médoc, fibra e densa estrutura. Assim mesmo, porém, em boas safras, o Cheval Blanc envelhece de modo brilhante. Parker, de fato, tinha elogiado o famoso Cheval Blanc 1947 como um dos maiores vinhos que já degustara. Hébrard pensava que ele era provavelmente o maior vinho do mundo, mas, por outro lado, a família de sua mulher era proprietária do Château nos últimos 150 anos. A safra de 1947 foi a que deu ao Château a sua moderna reputação e convenceu os conhecedores ingleses de que os vinhos de St.-Emilion poderiam ser tão grandes quanto os aristocráticos Médocs.

No final da tarde seguinte, Parker estacionou seu carro em frente ao modesto *château* de dois andares com persianas brancas que se ergue no centro de um bolsão verde, com uma pequena capela e um encantador laranjal de um lado e o *chai* no outro. Bateu à porta. Hébrard abriu-a, e um pequeno cão, um miniatura schnauzer, saiu e arremeteu direto contra uma das panturrilhas de Parker, mordendo-a ferozmente. Hébrard, um homem corpulento de cabelo grisalho, uns cinco centímetros mais alto do que Parker, permaneceu impassível na porta, observando o atônito crítico de vinho sacudindo vigorosamente a perna para se desvencilhar do cão. Depois de muitas tentativas, o cão finalmente soltou Parker e fugiu rosnando.

Um abalado Parker acompanhou o silencioso Hébrard até o escritório do Château e deu-se conta de que não só a perna de sua calça estava rasgada, mas sua perna sangrava. Em vez de lhe trazer a bandagem que Parker solicitara, Hébrard apanhou, em uma pilha de publicações, seu exemplar de *The Wine Advocate*, jogando-o, irritado, sobre a mesa e dizendo: "Isso foi o que você escreveu a respeito do meu vinho!"

Parker tentou apaziguá-lo, lembrando-lhe que estava ali para uma nova degustação. Com uma expressão empedernida, Hébrard disse subitamente: "Bom, eu não vou deixar você degustá-lo."

A essa altura, Parker achou que já havia agüentado o bastante. Podia sentir o sangue escorrendo pela perna abaixo. Disse a Hébrard: "Você queria que eu voltasse a degustar seu vinho. Estou aqui para isso. Se eu estiver errado, não hesitarei em dizê-lo." (Algum tempo depois, Hébrad afirmou que a perna de Parker não sangrara.)

Hébrard saiu da sala. Passaram-se alguns minutos. Quando Parker estava prestes a dar meia-volta e sair, Hébrard retornou e disse, carrancudo: "Venha degustar."

Na sala de degustação, Parker provou o vinho duas vezes. Hébrard poderia estar certo, pensou ele. Agora que tinha sido engarrafado, parecia ser um vinho diferente, aromático e encorpado, muito melhor do que quando o provou da primeira vez. Em seu relatório final sobre a safra, um ano depois, promoveu-o a um dos 13 melhores vinhos da safra e, por fim, em seu livro *Bordeaux*, abençoou-o com um escore de 90. No entanto, Hébrard impediu Parker de degustar da barrica o 1983.

Com o tempo, suas relações se tornaram mais cordiais, porém, alguns anos depois, quando seu amigo Bob Schindler mencionou que iria visitar Cheval Blanc em sua próxima viagem a Bordéus, Parker pediu-lhe, gracejando: "Dê por mim um chute no cachorro, por favor." Quando o cão finalmente morreu, Hébrard fez questão de informar pessoalmente Parker.

HÉBRARD NÃO ERA O ÚNICO PRODUTOR DE VINHO QUE FICAVA furioso quando Parker criticava seus vinhos com escores medíocres e, por vezes, cruéis ou mordazes notas de degustação em sua *newsletter*. Ao mesmo tempo em que, diligente e brilhantemente, construía sua reputação nos Estados Unidos ao longo dos anos 80 e começos da década de 1990, Parker deixava certo número de proprietários resmungando em sua esteira para onde quer que viajasse. Poucos o atacavam diretamente, da maneira como Hébrard (ou melhor, seu cão) o fizera – ninguém queria correr o risco de sofrer a má vontade de Parker –, mas, particularmente, queixavam-se dele. Quanto maior a influência que Parker exercia sobre que vinhos os comerciantes e consumidores americanos compravam, mais o que ele dizia sobre este ou aquele vinho, esta ou aquela vinícola, afetava o negócio dos produtores. O que significava, é claro, dinheiro.

Como retaliação, alguns bordaleses como Hébrard simplesmente se recusavam a permitir que Parker degustasse vinho da barrica (embora Hébrard cedesse um ano depois) nem enviavam amostras para os *négociants* que organizavam suas próprias degustações. Em 1987, Lucien Lurton não permitiu que Parker degustasse em seus três *châteaux* em Margaux; o Château Rauzan-Ségla fez o mesmo. Mas, em 1990, negar a Parker o acesso aos seus vinhos era um negócio arriscado para os *châteaux* bordaleses, que confiavam no mercado de futuros. Os escores de Paker tinham se tornado essenciais para a venda de vinhos como futuros e muitos compradores se baseavam neles. De fato, em 1990, os "supersegundos" tinham tomado a medida óbvia de só liberar seus preços para os *négociants* depois de terem sido publicados os escores de Parker para seus vinhos. Os que obtiveram escores elevados sabiam que, como resultado, poderiam pedir preços muito mais altos e acabariam sendo premiados com lucros extraordinários por terem esperado. Não obstante, o importador

Robert Chadderdon desencorajou os proprietários que trabalhavam com ele na França e na Itália a convidarem Parker para degustações. Ele lhes disse que não necessitava do *imprimatur* de Parker para vender os vinhos deles nos Estados Unidos. E, de um modo geral, uma negligência benigna sempre era melhor do que receber um escore baixo.

Um obscuro produtor de Beaujolais processou Parker por *não* escrever sobre seus vinhos. Parker recebeu uma carta dizendo, em essência, Monsieur Parker, gostaríamos de saber por que razão o senhor não comenta nossos vinhos. Parker nunca tinha ouvido falar nesse produtor, enviou-lhe uma nota perguntando onde poderia obter os vinhos do homem nos Estados Unidos e, em resposta, viu-se com uma ação judicial nas mãos. A acusação do produtor – que não conseguia vender seus vinhos se Parker não lhes fizesse qualquer referência – foi repelida pelo tribunal. Alguns produtores escreviam cartas se queixando e, depois, voltavam a se queixar porque ele nunca lhes respondia. Parker tentava ser deferente e polido em pessoa, e degustava de novo se o pressionassem para isso, mas sua resposta clássica, quando os produtores tentavam contestar seus escores, era: "Meu primeiro dever é para com meus assinantes. Eu o classifico de acordo com o que vejo nele." (Na verdade, ele, algumas vezes, melhorou o escore mais tarde, mas para o produtor isso já vinha tarde demais.)

As pessoas que fazem vinho e cuidam de vinhas formam um grupo muito obstinado. Discordavam freqüentemente da avaliação de seus vinhos por Parker e contestavam, por vezes, as idéias dele sobre como deveriam ser produzidos os grandes vinhos. No vale do Ródano, no Domaine de Mont Redon, um acalorado bate-boca com Jean Abeille redundou numa sonora troca de desaforos. E, no vale do Napa, Randy Dunn, que havia feito nome quando era o enólogo de Caymus Vineyards e dirigia agora sua própria vinícola epônima no Monte Howell, disse-me que havia advertido Parker para ter muito cuidado com quem ele acusava de adicionar ácido a seus vinhos. Quando um vinicultor de Napa, Robert Sinskey, escreveu a Parker negando que seu vinho tivesse sido acetificado como ele afirmava, Parker não corrigiu seu parecer – e os vinhos de Sinskey receberam escores ainda mais baixos na vez seguinte em que foram testados.

Em sua *newsletter*, aproveitava todas as oportunidades para deixar seus leitores saberem quando produtores furiosos não lhe permitiam degustar ou até lhe proibiam a entrada em suas propriedades. Isso sublinhava sua reputação de honestidade ao lhes fornecer a verdade pura e simples sobre a qualidade de um vinho.

Os franceses, em particular, não estavam habituados a esse gênero de escritor de vinho, alguém que dispunha de tamanha influência. Muitas águas já haviam rolado sob a ponte desde que o poderoso Raymond Baudoin, da *Revue de Vin de France*, apontara um dedo acusador contra o mau desempenho dos produtores e instilara medo nos *châteaux* e *domaines* por causa de sua opinião sumamente crítica a respeito dos vinhos que eles estavam produzindo na década de 1930. Por um lado, Parker era um entusiasta do vinho francês, cujas vendas ele tinha ajudado a expandir nos Estados Unidos durante a década de 1980, quando, virtualmente, criou a demanda de futuros para os Bordeaux e patrocinou um florescente mercado para os até então negligenciados vinhos do vale do Ródano, mas, por outro lado, embora a taxa de câmbio dólar/franco estivesse longe de ser tão favorável como quando chegaram os vinhos da safra de 1982, seus escores haviam começado a afetar os preços de abertura dos *châteaux* do Bordeaux na praça de Bordéus. Isso era assustador – e sério – ainda que estivessem ganhando mais dinheiro.

O falatório a respeito de Parker chegou a lugares improváveis, como jantares comuns em Paris, onde os convivas discutiam e denunciavam esse americano que parecia estar perigosamente perto de controlar o mercado de vinho dos franceses. "A América está tentando tornar-se o centro do mundo", queixavam-se consternados. "Mas deviam ao menos deixar que cuidemos dos nossos vinhos." Em termos de imagem, preços e cultura do vinho em geral, os vinhos franceses haviam desfrutado de elevado prestígio durante séculos, em grande parte por motivos históricos, e os franceses queriam que as coisas continuassem nesse pé.

Mesmo alguns cujos vinhos o paladar de Parker havia consagrado estavam ficando intranqüilos e constrangidos em face de seu poder para movimentar mercados, e muita gente no comércio vinícola, assim como outros escritores de vinho, começaram fazendo ouvir os temas de crítica que seriam usados contra Parker daí em diante. Sua opção por certos vinhos e certas regiões era questionada, e seu sistema de pontuação, seus métodos de degustação e suas preferências pessoais de gosto, tudo passou a ser alvo de ataque. Sem mencionar sua certeza inabalável de que estava certo.

De fato, em 1987, Parker estava se convertendo num pára-raios para queixas e lamentações sobre o que estava acontecendo na indústria vinícola, boa parte do que não era causado por ele. Ironicamente, ele próprio já havia começado a se preocupar com "um certo recuo" e confessou a um repórter: "Quando você está sendo descoberto, todo mundo fala com entusiasmo a seu respeito. De súbito, você chega ao topo, tem influência e agora já acham que você está ficando poderoso demais e que as pontuações são um truque." Mark Squires, seu colega no Prodigy Wine Board, observou: "Como dizem os japoneses, ser o número um significa que é em você que o vento bate mais."

DURANTE A DÉCADA DE 1980 E INÍCIO DA DE 1990, A INDÚSTRIA VINÍCOLA cresceu no mundo inteiro, pulando para uma indústria de US$8 bilhões anuais em 1993. Durante a maior parte desse período, a França esteve feliz: no decorrer dos anos 80, o Bordeaux teve seis safras assombrosamente boas; o Borgonha, quatro; e o Champagne, cinco. Para áreas que estavam com sorte se tivessem de duas a quatro, foi algo maravilhoso. Mas, perto do final da década, o valor do dólar tinha caído 50%, havia uma superabundância de bom vinho francês já nas linhas de abastecimento dos Estados Unidos e do Reino Unido, e o número de vinhos californianos de alta qualidade estava crescendo e capturando uma parcela cada vez maior do mercado americano de vinhos finos. O negócio de vinhos finos nos Estados Unidos estava se tornando rapidamente uma indústria de relações públicas e de alavancagem jornalística, mas muitos na França, bem como no resto da Europa, ainda não tinham entendido muito bem como era feito esse jogo nos Estados Unidos. Os vinicultores da Califórnia, que estavam ansiosos por atrair as atenções do mundo, tinham uma clara compreensão do que era necessário fazer para conquistar a opinião pública e gerar excitação para seus vinhos. Eles entendiam de marketing afoito e agressivo. Para isso, publicidade e visibilidade eram a chave. Desafiar os vinhos franceses em degustações comparativas organizadas em cidades de todo o país, do modo que William Hill Winery e Mondavi fizeram, era um caminho a seguir. Uma boa nota e um alto escore de Parker podiam garantir ambos com menos esforço e despesa.

Robert Mondavi havia assumido o papel de diplomata sênior do vinho americano e parecia estar em todo lado, sua familiar voz rouca, crucitante, pregando para quem quer que o ouvisse o futuro do vinho da Califórnia e do vale do Napa em particular. Na década de 1980, virou piada que onde quer que se fosse na França, Robert Mondavi ou tinha acabado de sair ou estava para chegar nos próximos dias. Jantando em Bordéus no Dubern, ou no St. James, ou no Clavel, os jornalistas americanos do vinho de visita à região aprenderam a não ficar surpreendidos quando a voz de Robert Mondavi, que parecia não parar nunca para readquirir fôlego, emanava de uma sala contígua. Elogiava o vinho francês como seu modelo, lembrando-lhes que os americanos estavam trabalhando com o maior empenho e esforço possíveis para colocar seu vinho no mesmo nível.

Em contraste, as relações públicas na maioria das regiões vinícolas da Europa pareciam subdesenvolvidas, oferecendo ou propaganda repetitiva ("Esta é a safra do século") ou notícias de ruína e desolação, como por ocasião das terríveis geadas em Bordéus em 1991, quando as vinhas foram danificadas, usando ambas para justificar a alta nos preços. No caso do Bordeaux, a questão era que os proprietários se limitavam a receber prodigamente um seleto grupo em seus *châteaux*, não atingindo os novos consumidores com a abertura de salas de degustação e promoção de visitas às adegas para o *hoi polloi*, como faziam as vinícolas americanas. Essa falta de promoção estava em contraste com os sofisticados esforços publicitários e as ardilosas estratégias de marketing no final do século XIX para o Champagne, que assim conseguiu se estabelecer como a bebida-símbolo do luxo, "uma das glórias da nação francesa", como relata Kolleen Guy em seu livro *When Champagne Became French*.

Era freqüente Mondavi viajar com Harvey Posert, um veterano da indústria que estava encarregado de suas relações públicas. "Os franceses não entendiam relações públicas da maneira como as conhecemos nos Estados Unidos", explicou Posert. "O mundo tinha vindo até eles. Eles eram o máximo e acreditavam piamente nisso. Os escritores vinham render culto ao *terroir*. Os bordaleses e borgonheses eram reservados e insulares, e confiavam em *négociants*, *shippers* e importadores para vender seus vinhos no exterior. Por que teriam eles próprios que se dar ao trabalho de ir a qualquer lugar para promover seus vinhos?" Mas tinham ficado obcecados com Robert Parker. Onde quer que Posert e Mondavi fossem, ouviam "Parker esteve aqui" ou "Parker nos visitará no mês que vem". E a pergunta que pairava nos lábios de muitos produtores franceses, especialmente em Bordéus, era algo excruciante: "Como nos livrarmos de Robert Parker?"

Por trás da pergunta, estava o espectro do domínio americano sobre a indústria do vinho. Os Estados Unidos já dominavam o globo militar, econômica e culturalmente. Agora, o poder e as preferências de um americano estavam ameaçando dominar também o mundo do vinho.

ENTRE OS MAIS VOCIFERANTES CRÍTICOS DE PARKER, ESTAVAM OUTROS escritores de vinho nos Estados Unidos, na França e especialmente na Inglaterra, que, durante décadas, tinha sido o reino da literatura sobre vinho, a última palavra sobre vinho francês no mundo de fala inglesa. Os livros de autoria de muitos deles, especialmente Hugh Johnson, tinham causado impacto nos Estados Unidos durante a década de 1970 e boa parte da de 1980. Parker era um novato para muitos dos escritores de vinho ingleses e, embora ele tivesse elogiado seus livros, também os criticara por suas pouco claras alianças com o comércio vinícola.

Mesmo antes da publicação do primeiro livro de Parker, os escritores britânicos dominantes no mundo do vinho já o vinham criticando. Seu nome veio à baila em torno de magníficos bifes e algumas garrafas de Bordeaux na Sparks

Steakhouse de Nova York, em 1985, quando meu marido e eu jantamos com três deles, Serena Sutcliffe, seu marido David Peppercorn e Michael Broadbent. Sutcliffe, com sua balouçante cabeleira loura presa com uma banda de veludo, perguntava, em voz alta, como Parker podia supor que suas declarações sobre vinhos franceses eram tão definitivas quando ele não visitava uma região mais do que duas vezes por ano. "É espantoso", disse ela, maliciosamente, "que ele se sinta confiante o bastante para assim proceder. David e eu aparecemos por lá o tempo todo, para poder ter uma idéia mais exata de como os vinhos vão progredindo".

O queixo forte e saliente e o nariz aristocrático de Serena Sutcliffe deram origem a que a tivessem apelidado de a "Vanessa Redgrave do mundo do vinho". Notada por seu elegante vestuário sempre no rigor da moda e por ter sido a segunda mulher a se tornar Master of Wine, ela e Peppercorn importavam vinhos; o grisalho Broadbent, chefe do departamento de vinhos no Christie's, estava sempre farejando uma grande adega que a casa pudesse leiloar. Renomado degustador, especialmente de vinhos velhos, ele vinha cuidadosamente registrando suas impressões em pequenos cadernos vermelhos de anotações de todos os vinhos que tinham passado por seus lábios desde setembro de 1952, embora suas descrições de vinhos fossem muito diferentes das de Parker e favorecesse o uso de estrelas em vez de escores. Enquanto falava, Broadbent erguia freqüentemente a mão num gesto de aceno para trás, como se rejeitasse a maioria do que ouvia e, ocasionalmente, deixava que sua opinião sobre a vulgaridade americana viesse à tona em letra de forma, como neste comentário: "Se eu tenho alguma crítica a fazer sobre amizade em tudo mais cativante e calorosa de nossos amigos americanos, é que sua prodigalidade é, por vezes, um pouco pródiga demais: uma degustação ou um jantar são planejados como se fosse o último ato dos quais eles ou quaisquer outras pessoas participarão, muitas vezes com pratos demais, vinhos demais."

Sutcliffe, Peppercorn, Broadbent e outros não tinham a mesma preocupação com conflitos de interesse que Parker manifestava nem sentiam que seus envolvimentos comerciais comprometessem o que escreviam. O colunista Edmund Penning-Rowsell, que escrevia uma coluna semanal para o *Financial Times*, era também o presidente da Wine Society, o primeiro clube do vinho britânico que efetuava transações por correspondência, embora fosse escrupuloso a respeito de qualquer sobreposição. E o afável Hugh Johnson, com suas hirsutas sobrancelhas e seus ternos de banqueiro, que escrevia com refinado estilo e elegância sobre vinho, era membro do Sunday Times Wine Club e um dos diretores de Château Latour. Não obstante, Broadbent e Johnson tinham escrito elogiosas "orelhas" que figuraram na sobrecapa do livro de Parker, *Bordeaux*. Corria a história de que Johnson tinha pensado que os escores de Parker eram sinais gráficos de impressão e que, se soubesse o que realmente significavam, não teria endossado o livro. Mas quem primeiro apresentou oficialmente Parker ao público britânico numa entrevista à imprensa foi um dos escritores de vinho britânicos da nova geração, a jornalista Jancis Robinson, cuja reportagem foi publicada no *London Sunday Times* em 1986. Robinson assinalou que o impacto de Parker estava começando a atingir a Grã-Bretanha – até a casa de leilões Sotheby's usava agora as notas dele em seus catálogos de vinhos – e referiu-se à sua influência como "o fenômeno Paker", uma frase que penetraria na consciência enófila britânica.

Parker era o superdegustador com um paladar auto-educado; muitos dos que escreveram sobre vinho na Inglaterra tinha passado por rigoroso treinamento, em comparação, e alguns adotaram uma abordagem do assunto quase acadêmica, histórica. O Institute of the Masters of Wine – inaugurado na década de 1950 para garantir um maior nível de conhecimentos e profissionalismo no comércio britânico – proporcionou um curso profissional completo, inclusive com exames de degustação, que dava aos seus graduados o direito de usar as letras M. W. (Master of Wine) após os seus nomes, tal como os professores usavam Ph.D. Robinson foi o primeiro jornalista inglês fora da área vinícola a obter o mestrado.

Para os americanos, isso tinha muito pouca importância. Como afirmou Matt Kramer em *The Wine Spectator*: "Uma das atrações irresistíveis da cultura americana é estar livre da presença de zeladores autonomeados." Entretanto, alguns disseram que, se existissem mais profissionais graduados na indústria vinícola americana, poderia haver confiança em simplistas classificações numéricas para vinho, promulgadas por peritos autodidatas como Parker.

O ataque britânico começou após a publicação de *Bordeaux* na Inglaterra, no outono de 1986, e a subseqüente viagem de Parker a Londres para promover o livro, durante a qual falou em numerosas degustações públicas organizadas por John Armit, um comerciante de vinhos do Reino Unido. Armit, então consultor para a firma Corney & Barrow, colocara Pomerol no mapa no Reino Unido e era o fundador de um fundo de investimento em vinho que cuidava dos interesses de um grupo de abastados clientes particulares. Embora muitos escritores ingleses considerassem Parker – para surpresa deles – um sujeito simpático, agradável, terra-a-terra, um excelente degustador e até uma pessoa um tanto modesta, não eram poucos os que denunciavam seu sistema de pontuação como uma tolice, um absurdo, seus métodos de amostragem como inadequados e suas preferências de paladar como um tanto esdrúxulas. Mas o pior de tudo, aos olhos deles, era sua jovial arrogância e inabalável certeza acerca de seus julgamentos impressos.

A crítica ponderada mas muito positiva de Peppercorn, do *Bordeaux*, na revista inglesa de vinho *Decanter*, abordou diretamente essas questões. "Para o leitor inglês, apresenta-se um certo grau de choque cultural logo a partir do título desse primeiro livro de sua autoria, *Bordeaux, o Guia Definitivo*... essa impressão prossegue no texto do livro pelos julgamentos extremamente decisivos de Parker, os quais, para ouvidos europeus, podem parecer superdogmáticos, especialmente em suas avaliações dos relativos méritos de cada *châteaux* e na apresentação de sua própria classificação." O uso exacerbado da palavra "definitivo" é irritante. Poucos autores estavam dispostos a conceder a Parker a última palavra sobre o assunto, especialmente aqueles que, como Peppercorn (um M.W.), tinham escrito seus próprios livros sobre o Bordeaux. Ele achou o sistema de pontuação falho, pouco útil e altamente enganoso.

Em minhas incursões por Londres, encontrei-me com Bill Baker, um dos sócios da empresa Reid Wines, perto de Bristol, cujo rosto amplo e jovial e cuja avantajada pança o marcaram como um hedonista, a exemplo de Parker. Sua contundente crítica de *Bordeaux* para uma obscura *newsletter* regional tinha sido, de fato, polêmica ao extremo, e suas opiniões a respeito de Parker não pareciam haver mudado. À medida que ia avançando na leitura do livro, escreveu ele, foi ficando "cada vez mais furioso", dando voz à ladainha de queixas e protestos que acompanharia Parker daí em diante. Baker viu as reivindicações de Parker de que era a primeira pessoa fora do comércio a escrever sobre o Bordeaux e de que não conhecia "ninguém que degustasse esses vinhos com tanta freqüência quanto eu", não só como incrivelmente jactanciosas em sua ânsia de autopromoção – levando em consideração todos aqueles com uma longa história no comércio de vinho, como Harry Waugh –, mas também mentirosas. Criticou asperamente a metodologia de amostragem de Parker: sua degustação era muito prematura e ele "não entrava no carro com a intenção de visitar todos os *châteaux* sérios em cada comuna". De suas degustações maciças nos *négociants*, escreveu Baker, "apenas espero que ele não confunda os copos". Considerou as opiniões de Parker "cheias de superavaliação, subavaliação e notória propaganda subliminar para algumas propriedades que ele julga serem as melhores em Bordéus de momento". Depois, há o que Baker viu como suas óbvias preferências de paladar para vinhos imensamente frutados, imediatamente agradáveis e concentrados. E escreveu: "É esse poder e riqueza que caracteriza os vinhos 100/100 de Parker... Outra chave para suas predileções e aversões pode ser observada em seu tratamento de vinhos que estão cheios de fruta, mas que possuem a espécie de austera elegância que procuro num bom clarete maduro." Preocupou-se com a quantidade de poder nas mãos de Parker e ouviu que os americanos estavam a tal ponto dominados por suas pontuações que só compravam vinhos com escores de 90 e acima. "Se tal coisa viesse a acontecer aqui", escreveu ele, "sinto que seria obrigado a ir vender automóveis ou geladeiras".

Nem todas essas críticas eram justas, é claro; por exemplo, Parker não visitou regularmente *châteaux* além de degustar dúzias e dúzias de amostras em escritórios de *négociants*. Mas a carta de Parker de 1º de abril de 1987 e a contestação, ponto por ponto, a Baker em cinco páginas mostraram até que ponto sua pele era fina e sensível a críticas. Afinal, a crítica de Barker só havia aparecido numa publicação com reduzido número de leitores. Quem a tinha visto, além de um punhado de ingleses? Era tão importante assim para merecer uma resposta? É claro que Parker achou que sim. Como ocorria por vezes com as reações de Parker às críticas, a carta tocava as raias da paranóia e até mesmo da retaliação. Parker acusou Baker de inveja – "sua carta inverídica é a de uma pessoa pequena e invejosa". Acusou Baker de ser incapaz de "vislumbrar a única razão para o meu sucesso", que era ele "trabalhar mais" e "ser mais confiável do que qualquer outro naquele campo". Parker afirmou que "se contentava simplesmente em julgar um vinho pelo que estava na garrafa, pagando suas próprias despesas, sem favores, sem influência de ninguém durante todo o processo. Nenhum escritor britânico que se tenha especializado no assunto do Bordeaux pode fazer essa mesma declaração". Parker elaborou uma defesa ponto por ponto de seus vinhos altamente qualificados, sobre os quais a opinião de Baker diferia, e o acusou de ser falso e insolente, insistindo em que a principal queixa de Baker era o fato de Parker, um *parvenu* e americano, ter chegado onde chegou e ser tão respeitado.

A reação de Parker pareceu exorbitante aos olhos de Clive Coates, amigo de Baker que publicava uma *newsletter* mensal, *The Vine*. Ele reproduziu essas linhas da carta em um estilo Baker *versus* Parker em seu número de julho e comentou acidamente que, "em vez de ter a honestidade e a humildade de aceitar que ele próprio poderia estar errado ou, pelo menos, não ser 100% infalível, Parker acusa Baker de tendenciosidade, preconceito, retaliação e malevolência". E prosseguiu: "O Sr. Parker pode ser tratado como Deus em certas partes dos Estados Unidos da América... Pode até supor que a deferência com que é tratado pelos *négociants* e proprietários em Bordéus – ou por alguns deles – seja apenas o que lhe é devido. Mas não poderá ser, antes, fruto do medo que o poder de *The Wine Advocate* exerce? Não será mera bajulação?" Finalmente, advertiu: "Um pouco de humildade seria agora oportuna, Sr. Parker... O senhor não é infalível, e aqueles que discordam de seus critérios e julgamentos não são idiotas nem patifes."

Clive Coates, M.W., tinha sido comerciante de vinhos por vinte anos quando, inspirado pelo sucesso de *The Wine Advocate*, "aposentou-se" e lançou *The Vine* em 1985. Também classificou, por vezes, com pontos, mas usou o mais familiar sistema de 20 pontos, e suas notas de degustação eram sucintas e evitavam os rosários de exuberantes adjetivos tão característicos de *The Wine Advocate*. Coates não degustava às cegas. Considerava-se um antipalavrório, contra a "abordagem empolada e elitista de outros tempos", mas falou igualmente contra a escala de 100 pontos e a classificação de vinhos por números de um modo geral. Parker tinha feito a *The Vine* um elogio, escrevendo que era essa a única publicação sobre vinho cuja saída dos números ele aguardava com expectativa. Coates achava que Parker era "muito bom nos vinhos do Ródano", mas, como muitos outros escritores, definia-se freqüentemente pelos aspectos em que diferia de Parker, especialmente no Borgonha. Bem-humorado e comunicativo, ainda que um tanto pomposo, com características sobrancelhas pretas contrastando com a barba branca e predileção por gravatas-borboletas, Coates realizava regularmente degustações de Borgonhas nos Estados Unidos. Sob os usuais candelabros do salão de baile do hotel, atrás de filas de copos sobre toalhas brancas, Coates começava habitualmente com uma advertência: o Borgonha é "um vinho de delicadeza e matizes", fato não levado em conta por "aqueles que julgavam o Borgonha através das lentes Cabernet". Todos os enófilos na platéia sabiam que isso era uma alfinetada não muito sutil em Robert Parker.

As "Cartas do Leitor" em *Decanter*, a mais destacada revista de vinhos da Inglaterra, que tinha sido fundada em 1975, tornou-se rapidamente um fórum sumamente divertido para os detratores e defensores de Parker. Em praticamente número sim número não, a revista publicava cartas exaltadas, veementes, sobre Parker e seu sistema de pontuação, pró e contra, embora a maioria fosse das últimas, e o debate ainda prossegue. As cartas traziam títulos como "Parker e seus pontos: impacto mundial" ou "Vinho e números" ou "Os pontos de Parker" ou ainda "Os números em alta para críticas de vinho." Respostas ocasionais, como "Um apelo para Parker", eram mais positivas; alguns leitores o defendiam como "um dos poucos bravos que não temem dar sua opinião sobre cada vinho, quer o julguem bom ou ruim", e louvavam seu paladar e honestidade, mas era mais típico aquele leitor que se lhe referia como o "pulverizador de 100 pontos".

Parker escreveu muitas vezes à revista, intervindo no acalorado debate para se defender pessoalmente.

Hugh Johnson tinha sido, durante certo tempo, o mais importante e conhecido escritor de vinho nos Estados Unidos, mas, em fins da década de 1980, Parker estava assumindo esse lugar. Quanto à influência sobre o comércio vinícola americano, os escritores britânicos de vinho estavam perdendo mercado para Parker e *The Wine Spectator*. Um grupo de escritores britânicos mais jovens entrou na arena – Robinson se tornou colunista para *The Wine*

Spectator por um breve período, além de suas atividades na Inglaterra –, mas, embora influenciassem os consumidores ingleses, como era o caso de Clive Coates, não tinham entre os franceses a influência e o poder para movimentar os mercados de que Parker dispunha. No cenário mundial da literatura sobre vinho, a influência inglesa parecia estar declinando ao mesmo tempo em que a indústria vinícola da Califórnia estava explodindo.

Em ambas as margens do Atlântico, as críticas mais acaloradas incidiam sobre o sistema de classificação de 100 pontos de Parker, que o mundo do vinho estava rapidamente adotando. E isso concentrou as atenções mais diretamente em Robert Parker como a pessoa que primeiro o usou, embora outras publicações americanas, incluindo *The Wine Spectator*, também o tivessem adotado. É claro, não existe nada de melhor do que uma ruidosa e polarizadora controvérsia para divulgar o nome de alguém e aumentar sua reputação.

Robert Finnigan chamou ao sistema de pontuação de Parker um "truque". Hugh Johnson detestava todas as classificações numéricas porque davam a "impressão de que todo o vinho bom está competindo numa corrida... Cada vinho procura ser a expressão de algo diferente. E isso não tem o mesmo significado que competir". Tim Atkin, então redator-chefe da *Harpers Wine & Spirit Weekly* na Inglaterra, achou que o uso de escores estava "tratando o vinho como um jogo de basquete em que um dos times tem que ser o vencedor". Era uma postura reducionista fazer dos vinhos nada mais do que vencedores e também aspirantes a um dia o serem. O vinho não seria mais do que isso? Onde ficam a dimensão humana, a história de seus antecedentes e o contexto cultural? Mais cedo ou mais tarde, todo mundo recorre ao argumento estético: imagine-se entrar num museu de arte e atribuir pontos a este Picasso ou àquele Matisse. Que utilidade isso teria e qual seria sua exatidão? Em suma, o vinho vem sendo apreciado há milhares de anos sem estar ligado a quaisquer números. Por que tanto trabalho? Essas objeções, que tiveram início em meados da década de 1980, alimentaram um debate ainda em curso entre escritores, enófilos, importadores, varejistas, produtores de vinho e executivos de marketing e relações públicas que se avizinha do obsessivo e que prossegue nos dias de hoje. Ouvimos essas objeções em jantares sociais, na voz de profissionais que se inclinam para os microfones em painéis dedicados a eventos industriais, em adegas de todas as regiões vinícolas do mundo, e lemos opiniões *ad nauseam* em publicações sobre vinho e, mais recentemente, em painéis de mensagens na Internet. E basicamente reduzem-se às seguintes:

Degustar vinhos é uma experiência subjetiva. Vinhos podem parecer diferentes para a mesma pessoa sob diferentes condições e em momentos diferentes. A ordem em que eles são degustados, os tipos de copos usados, a temperatura dos vinhos, o estado de espírito do degustador – tudo isso afeta a percepção de qualidade, e os próprios vinhos mudam e evoluem mesmo depois de estar na garrafa. Por mais objetiva que uma pessoa seja, um escore é apenas algo equivalente a um instantâneo fotográfico – e talvez pouco nítido. Embora os métodos de Parker visassem à precisão, e ele parecia ser de uma notável coerência, não era uma máquina especialmente calibrada na qual se pudesse despejar uma onça de vinho, esperar alguns segundos e depois ler o número num visor digital que indicaria repetidamente o mesmo escore. Um "vinho 94" é coisa que não existe, como me disse enfaticamente Michael Broadbent.

Outro problema era o fato de a escala de 100 pontos ser enganosa, passível de desorientar o consumidor. É possível medir os aspectos químicos do vinho – nível de álcool e de acidez, por exemplo –, mas não a qualidade. Pessoas que degustam profissionalmente sabem muito bem ser impossível efetuar juízos absolutos, com precisão científica. Estatisticamente, um vinho de 92 pontos e um de 93 pontos simplesmente não revelam tal diferença; a noção de que um é melhor do que o outro é absurda. Toda essa jogada era pseudocientífica, parte do que Theodore Roszak chamou em seu livro *The Making of a Counter Culture*, o "mito da consciência objetiva". O problema é que o número se torna uma abreviação, talhada em pedra e, portanto, "absoluta" *ad aeternum*.

Depois, temos a questão de preferências de paladar. Dentro de qualquer grupo de vinhos semelhantes, um profissional poderá dar a maior pontuação a vinhos frutados, com muito corpo, "que dão uma paulada"; outro poderá dar escores mais elevados a vinhos mais leves, mais sutis, mais elegantes. Quando Parker demoliu o Château Potelle Chardonnay de 1988 com um 67 e *The Wine Spectator* o premiou com um 88, os donos das vinícolas da Califórnia imprimiram ambos os escores num anúncio e sugeriram aos amantes de vinho que tomassem sua própria decisão. Em suma, não havia um conjunto universal de critérios objetivos.

Os escores são limitados. Não nos dizem se o vinho é delicioso, esplêndido com um determinado prato ou tem um bom valor em função do preço. Categorias inteiras de vinhos nunca receberam um escore acima de 90. Mas um perfeito Beaujolais não deveria receber também 100 pontos? Não era a perfeição, digamos, perfeita?

E, por último, mas de não menos importância, as pontuações distorcem os preços, o que, naturalmente, é o que os vinicultores com elevados escores estavam esperando. Os caçadores de pontos, tomados pela febre do 90+, esquadrinhavam as prateleiras em busca de vinhos com elevados escores e, com a demanda em desenfreada alta, os preços seguiram-lhe o exemplo. Parker, que freqüentemente censurava com severidade os produtores pelos altos preços que praticavam, não se dava conta de que estava contribuindo para o próprio fato contra o qual se insurgia.

Parker apresentava suas alegações em defesa da escala de 100 pontos a quase todos os entrevistadores que a questionavam: o vinho não era diferente de outros produtos de consumo, e os escores eram meramente uma síntese que acompanhava suas extensas notas de degustação. Quanto à preferência por certas categorias de vinhos em relação a outras, ele era apaixonado por vinhos da Alsácia produzidos em carvalho e, embora não gostasse do caráter vegetal ou da elevada acidez em vinhos, era um grande fã de elegantes Bordeaux como o Haut-Brion, que tem fruta e *finesse*.

Mas, em todo o caso, era culpa de Parker se seus escores tinham tanto poder? Até mesmo alguns de seus críticos admitiam que não, responsabilizando os marqueteiros do vinho e os consumidores decididos a encher suas adegas com nada menos do que os vinhos dos mágicos 90 pontos. Com exceção de certos setores, esse fenômeno prosperou muito mais nos Estados Unidos, sublinharam os britânicos, cheios de prosápia. Eles teriam provavelmente concordado com outro filho dileto de Maryland, o satirista H. L. Mencken, que disse que os americanos geralmente buscam respostas que sejam rápidas, simples e geralmente erradas.

Nos Estados Unidos, as lojas de vinhos estavam começando a amar e odiar o sistema de pontuações. Sim, os vinhos saíam voando pela porta fora quando Parker lhes atribuía um 90, mas os vinhos de 70 e 80 pontos estavam cada vez mais difíceis de vender. Varejistas e importadores instruídos em vinho começaram a sentir que seus próprios conhecimentos e perícia eram inúteis: seus clientes não queriam saber o que eles pensavam sobre um vinho, mas tão-somente que pontuação Parker lhe tinha dado. Os importadores de Bordeaux deixaram de enviar aos varejistas as anotações de seu pessoal relativas às degustações *en primeur*; agora, eles só estavam interessados em saber que escores Parker lhes tinha dado.

Em 1993, o sistema de classificação de 100 pontos se convertera numa das mais contenciosas questões na indústria do vinho. Um Wine America Trade Show em Nova York nesse ano dedicou dois seminários a esse tópico. Mas o debate estava longe de acabar.

A prática de Parker de degustação maciça de amostras da barrica se viu atacada por ninguém menos do que o grande professor Emile Peynaud, que estava agora oficialmente aposentado, mas ainda era consultado pelos maiores *châteaux* do Bordeaux. "Com o intuito de obterem furos de reportagem", disse ele numa entrevista de 1987 para o jornal *Amateur de Bordeaux*, "os jornalistas classificam um vinho de uma safra muito prematuramente". Como a jornalista britânica Joanna Simon observou no *Times* em Londres, "foi uma postura corajosa mas certamente não é suficiente para eliminar o fenômeno Parker".

Muitos vinicultores, como Richard Arrowood, o astro do Chateau St. Jean que tomou a iniciativa de fundar sua própria vinícola epônima, admitiu francamente que era muito difícil ser preciso com amostras de barrica. Os vinhos mudam muitas vezes radicalmente enquanto estiveram em barrica, de modo que, embora seja possível obter uma idéia aproximada da safra, é muito difícil formular um julgamento definitivo sobre o caráter individual de um vinho.

Era exatamente isso o que os britânicos vinham dizendo o tempo todo, mas parecia não fazer a menor diferença.

QUANDO ATACADO, ERA FREQÜENTE PARKER REAGIR DE FORMA excessiva. Ele era simplesmente incapaz de deixar passar uma crítica sem resposta; tinha de tentar corrigir as coisas, insistir em que era ele quem estava certo. Parecia ter uma preocupação quase paranóide com sua imagem – mas ocorria que sua reputação estava intimamente vinculada à sua habilidade para degustar e julgar vinhos pelo que estava na garrafa. É fácil entender sua frustração com muitas das críticas. Afinal, não era um megalomaníaco que tivesse sonhado com a escala de 100 pontos como parte de uma diabólica trama para dominar o mundo do vinho. Embora esperasse ser bem-sucedido e ambiciosamente se autopromovesse, nunca imaginara vir um dia a ter a espécie de poder que agora detinha, e sentia não haver muita coisa que pudesse fazer para moderá-lo. Sentia, em sã consciência, que suas intenções eram boas. Gratificava-o o reconhecimento por muitos de que ele era um catalisador para a mudança e o aperfeiçoamento. Lembrava-se de que, onde quer que fosse, exortava os produtores de vinho a fazer melhor e os elogiava quando assim procediam, e de que sua integridade era tão inatacável quanto a de qualquer homem de bem. Acreditava ser uma pessoa decente que tentava fazer as coisas certas e que dava tempo, dinheiro e vinha para obras de caridade. Não tinha ele angariado US$40 mil num leilão a favor do Hospital Pediátrico de Seattle, quando doou um jantar no Milton Inn com a presença dele e de Pat? Tinha a certeza de que trabalhava mais do que qualquer outro na área do vinho e, no entanto, ainda escrevia críticas generosas (e orelhas) para livros escritos por seus concorrentes. Estava convencido de que era um coerente e talentoso degustador, e de que merecia seu sucesso. Parker estava grato por sua nova vida e fortuna. Em todos os números de dezembro, ele agradecia profusamente aos seus assinantes. Qual era o problema?

Mas, em sua reação às críticas, Parker mostrou um ponto cego. Freqüentemente, como ocorreu com Baker, punha em dúvida os motivos de seus críticos, expressando sua convicção de que eles deviam sentir inveja de seu sucesso ou ter "um plano".

Mesmo quando Parker não respondia, a mais leve discordância sobre qualquer coisa que ele houvesse feito ou escrito era interpretada por muitos de seus fiéis adeptos como prova evidente de preconceito e ciúme. Quando Harvey Steiman, de *The Wine Spectator*, escreveu a crítica do livro de Parker sobre o Borgonha, por exemplo, sublinhando ser difícil acompanhar sua organização e sugerindo que algumas das notas de degustação não eram atuais, Howard Kaplan, dos Executive Wine Seminars, escreveu uma carta afirmando que "Steiman, como todos os outros agressores de Parker na indústria, é motivado por inveja pura e simples. Eles simplesmente não admitem que Parker chegou onde se encontra hoje com talento, dedicação e trabalho árduo. Entretanto, os depreciadores de Parker ignoram suas imensas contribuições para a indústria vinícola, preferindo dedicar-se a desacreditá-lo". Pouco importa que, nesse mesmo número, Marvin Overton, que tinha sem dúvida bebido mais grandes Borgonhas do que a maioria dos escritores de vinho, declarasse concordar com a avaliação de Steiman. A guerra entre os depreciadores de Parker e os Parkeristas – mais tarde apelidados de "O Escudo Humano" e, por vezes, "As ovelhas de Parker" – tinha apenas começado.

A HONESTIDADE E A INTEGRIDADE DE PARKER ERAM AMPLAMENTE reconhecidas, mesmo por aqueles que discordavam de seu sistema de classificação e de seus julgamentos de degustação. No entanto, sua contínua insistência em que ele era um dos poucos escritores de vinho, senão o único, que escrupulosamente evitava conflitos de interesses resultaria em alguma espécie de contragolpe. Quando ele investiu numa vinha, outros críticos lhe saltaram em cima.

Em 1986, quando estava de férias no Oregon, o cunhado de Parker, Michael Etzel, descobriu que uma granja de 88 acres de gado leiteiro e de suínos que havia sido antes uma vinha estava listada entre as vendas por execução de hipoteca pela Federal Housing Administration (FHA). Sua localização, em Chelahem Valley, perto de Newberg, era ideal. Não demorou em telefonar a Parker. Estaria disposto a emprestar a Etzel o dinheiro para a compra?

Inicialmente, Pat ficou em dúvida. Mike Etzel pensou que sua irmã estivesse provavelmente preocupada com a possibilidade de atritos na família, e que ela acabasse no meio do fogo, como apaziguadora, com o irmão de um lado e o marido do outro. Mas Pat estava também preocupada sobre se isso pareceria aos olhos dos outros algo como um conflito de interesses e pudesse, no futuro, vir a causar problemas para o marido. Por fim, após muita discussão entre eles, Parker disse sim ao empréstimo, se o preço fosse justo. Dois dias depois, Etzel chamou. Tinha comprado a granja por US$120 mil; ninguém mais se apresentara na venda. Etzel se mudou com a família do Colorado para o Oregon, com a intenção de produzir o grande Pinot Noir. Batizaram a futura vinícola com o nome de Les Beaux Frères (os bons cunhados). Etzel plantou uma vinha de 16 acres (mais tarde, ampliada para 34 acres) em 1988; as filas de vinha foram dispostas com intervalos muito pequenos entre as cepas, como era comum na Borgonha, e, nos anos subseqüentes, fez com Dick Ponzi, dos vizinhos Ponzi Vineyards, seu próprio aprendizado para fazer vinho.

Os vinhedos e a vinícola se converteram rapidamente num buraco negro para verbas, de modo que Etzel e Parker procuraram e obtiveram um terceiro sócio financeiro, um homem de negócios de Quebec, Robert Roy, em 1991, o mesmo ano em que Etzel produziu seus primeiros vinhos – 75 caixas. Mas sua primeira safra propriamente dita foi em 1992 – um total de mil caixas, em números redondos, feitas nas adegas de Ponzi com a assistência de seu mentor. Enviou regularmente amostras inacabadas a Parker para sua avaliação e conselho de perito, e Parker pegou um avião e voou para lá, a fim de participar do corte final. De acordo com sua filosofia, o rendimento foi baixo, as uvas colhidas tiveram ótima maturação e o vinho foi manipulado o menos possível antes de engarrafado, o que significava nada de afinamento ou filtragem para clarificá-lo.

À medida que o vinho envelhece na barrica, a borra – células mortas do fermento, sementes de uvas, bactérias etc. – vai assentando no fundo. Freqüentemente, as vinícolas aceleram esse processo introduzindo um agente de afinamento como clara de ovo, que absorve e arrasta esses elementos para o fundo. E muitos filtram o vinho antes do engarrafamento, uma prática que passou a ser controvertida quando se trata de vinho fino. Parker, seguindo a orientação de Kermit Lynch, estava convencido de que a filtragem, em especial, era prejudicial aos vinhos tintos da mais elevada qualidade.

Etzel e Parker tinham a intenção de criar um estilo com fruta intensa, uma textura rica e flexível, e aquela obsedante e sedutora fragrância Pinot, característica dos melhores Borgonhas tintos. Mas, para Parker, os resultados provaram ser frustrantes. Os vinhos eram bons, opinou ele, mas faltavam-lhes a complexidade e a grandeza de um Borgonha. Alguns críticos, como os pioneiros do Oregon, cujos engarrafamentos enfatizavam mais a delicadeza do que a riqueza, acharam que o engarrafamento prematuro demais era o responsável pelo fato de o vinho estar excessivamente madeirado – mas a maioria elogiou.

Desde o começo, Parker informou seus leitores de que não escreveria ou falaria nem classificaria vinhos de Les Beaux Frères, e recusou-se inclusive a comentar sobre a *cuvée* de Pinot Noir 1990 do vigésimo aniversário de Ponzi porque metade das uvas usadas para fazê-lo era proveniente da vinha dos

Beaux Frères. Entretanto, assim que o vinho foi posto no mercado no início de 1994, ao então elevado preço de US$34 a garrafa, mais questões e críticas vieram à tona. Talvez Parker não comentasse nem classificasse o vinho dos Beaux Frères, mas todos no mundo do vinho sabiam que ele tinha interesse financeiro na vinícola. Sua reputação e seu poder não garantiriam vendas e escores positivos? Depois, havia o fato de que Parker servia Beaux Frères a importadores que iam ao Milton Inn e os colocava na berlinda ao lhes solicitar suas opiniões. Se não gostassem, poderiam permitir-se dizer-lhe abertamente o que pensavam?

Embora Etzel planejasse vender 500 caixas de Beaux Frères exclusivamente por meio de uma lista de endereços postais, as restantes 500 seriam distribuídas pelo importador Robert Kacher, amigo de Parker. Um varejista me sugeriu que isso seria um "presentão" – Kacher podia ganhar muito dinheiro com o Beaux Frères sem precisar de muito esforço. Ademais, isso propiciou a Parker um poderoso vínculo com alguém no comércio, cujos vinhos ele comentava regularmente. Isso não seria um conflito de interesses?

Dan Berger, escritor de vinho para o *Los Angeles Times*, sublinhou outro: "Se você possui uma vinícola e concorda em não escrever sobre os próprios vinhos, poderá ser 100% objetivo quando estiver escrevendo sobre sua concorrência?" *The Wine Spectator* aproveitou a deixa para realizar uma reportagem sobre a vinícola Les Beaux Frères, e Marvin Shanken disse ao *Baltimore Sun* em 1993: "É ridículo e pretensioso criticar outras pessoas quando ele próprio [Parker] está violando um princípio ético, que é o conflito de interesses... Ele devia decidir de uma vez por todas o que quer ser: escritor de vinho ou vinicultor." No entanto, *The Wine Spectator* julgou o vinho com base em seus próprios méritos, dando à safra de 1992 um 91 ao ser colocada no mercado.

Malcolm Gluck, que escrevia uma espirituosa e bem-humorada coluna sobre vinhos, "Superplonk", para o *Guardian*, ao defender seus compatriotas britânicos das acusações de Parker de conflitos de interesses, perguntou: "Pode um homem que recebeu do Presidente Mitterrand o galardão de *La Croix de Chevalier de l'Ordre National de Mérite* escrever imparcialmente sobre vinho francês? Poderá o sócio de uma vinha no Oregon ser considerado um modelo de desinteressada virtude quando tiver de considerar outros vinhos da mesma região?" Era justamente isso o que Parker mais tinha temido.

UM INDIVÍDUO NO NEGÓCIO DO VINHO QUE NÃO ESTAVA NADA satisfeito com Parker foi muito mais além de queixas e acusações. Em 1990, Parker estava preparando sua viagem para promover o livro *Burgundy: A*

Comprehensive Guide to the Producers, Appelations and Wines, com um programa que incluía paradas e tardes de autógrafo em importantes estabelecimentos de vinho por todo o país. Mas, numa manhã do início de outubro, quando sua secretária, Joan Passman, ouviu as mensagens na secretária eletrônica ao chegar ao escritório, escutou uma perturbadora ameaça. Abalada, ela encontrou Parker e disse: "Acho que você deve ouvir isso." A voz na fita advertia Parker: "Você será morto." A mensagem havia sido deixada um pouco depois da meia-noite, fixando o padrão para as nove ameaças que se seguiriam; todas tinham sido deixadas entre as 11 da noite e as 2 da madrugada.

Parker telefonou imediatamente para a polícia local e para o FBI, que colocaram seu telefone sob escuta. Ele já havia realizado localmente algumas tardes de autógrafos, e a Editora Simon & Schuster concordou em providenciar proteção para os futuros eventos. Parker prosseguiu com o *tour* previsto, mas os telefonemas persistiram. O mais preocupante era que o autor das ameaças parecia familiarizado com o programa e o itinerário de Parker. A Simon & Schuster tinha colocado anúncios em seletas publicações de vinho para permitir aos fiéis conhecerem os locais e as horas. "Se você comparecer na Draper & Esquin no sábado, será morto", entoou o homem numa das mensagens. Drope & Esquin, em San Francisco, era uma das lojas da etapa da Costa Oeste da viagem de Parker que fazia parte do programa, que incluía também outras lojas em San Francisco, no Menlo Park, e em dois locais de Los Angeles e arredores. Nesse ponto, seus editores decidiram que não poderiam proteger Parker de maneira adequada. Seria excessivamente dispendioso. Aconselharam-no a cancelar o resto da viagem, com o que ele concordou.

Quando a escuta telefônica do FBI conseguiu finalmente determinar que os telefonemas ameaçadores eram provenientes de um varejista de vinho da cidade de Nova York, Parker informou as autoridades locais.

"O senhor sabe, o mais aconselhável neste caso seria contratar um investigador particular, alguém que fosse um policial aposentado, e deixar que ele se enfrente com o sujeito que está deixando essas mensagens", contou-me Parker sobre a sugestão da polícia a respeito. "É possível que as coisas parem por aí. Mas, se o senhor quiser prosseguir, vá em frente. Mas é provável que não tenha muita sorte, porque não há nenhum buraco de bala nem ferimentos de faca." Fazer ameaças de morte é considerado um crime grave em Nova York e Maryland, mas a polícia local sublinhou que, se a pessoa não disse "Eu vou matar você", não há muito que possa ser feito. Advertir alguém de que pode ser morto ou que pode levar um tiro não é suficiente para incriminar ninguém.

Parker, apreensivo e furioso, comprou uma arma e instalou um sistema de segurança em casa. Quando chegavam pacotes, Pat tinha medo de abri-los, temendo que pudessem conter uma bomba. Parker contratou um tenente aposentado da Polícia da Cidade de Nova York como investigador particular, que não tardou em descobrir que o varejista estava cheirando cocaína à noite, depois de fechar a loja, e fazendo ameaças telefônicas semelhantes para outras pessoas. Foi comprovado que ele tinha ameaçado prejudicar outro escritor de vinho espalhando que ele era "bicha", quando era sabido que o escritor em questão não era homossexual e, pelo contrário, tinha fama de não poder ver uma saia à sua frente. Depois que o ex-policial se enfrentou com o comerciante na loja, dizendo-lhe "Temos todas as gravações. Você se meteu numa encrenca e tanto", os telefonemas pararam, como a polícia havia preconizado.

Parker, buscando justiça, foi ao distrito policial de Manhattan central com seu investigador particular. Passando por policiais e gente algemada, ambos se dirigiram aos fundos do distrito, onde entregaram cópias das gravações à unidade apropriada e informaram o nome do varejista. Parker queria que o homem fosse processado e gastou uma hora preenchendo os papéis requeridos. Um mês depois, recebeu uma carta das autoridades de Nova York declarando que tinham declinado dar seguimento ao caso, de modo que Parker, obstinado, recorreu às autoridades de Maryland. Mas também elas se recusaram a instaurar processo. O problema era semântico: o homem nunca disse "Eu vou matar você", somente "Você será morto".

Parker ainda sobe pelas paredes quando lhe lembram o episódio.

AS CRÍTICAS E CENSURAS VIERAM À TONA SOBRETUDO EM ARTIGOS de jornais e revistas, menos freqüentemente em encontros cara a cara com Parker e em cartas para *The Wine Advocate*, das quais sua mãe cuidava há anos. Certa vez, conta ele, perguntou à mãe: "Ninguém me escreve a não ser para me mandar elogios e felicitações?" Ela respondeu: "Essas são as únicas que eu deixo você ler", uma história que ela me confirmou quando a procurei em seu escritório, com uma pilha de envelopes na mão.

As críticas implacáveis eram o inevitável contrapeso para a crescente adulação, fazendo do lar de Parker ainda mais um refúgio psíquico para o ardiloso mundo do vinho, indigno de confiança. Era um lugar de retiro e repouso, onde ele podia degustar em particular e viver como uma pessoa comum, longe dos holofotes do mundo. Pat, que já deixara de viajar com ele, era (e ainda é) a sua mais importante caixa de ressonância e conselheira quando se trata de *The Wine Advocate* e de suas experiências e seu papel no mundo do vinho, assim como seu principal prosélito quando ele era atacado. Parker se apoiava muito nos conselhos dela. As coisas negativas que as pessoas diziam a respeito de seu marido a deixavam freqüentemente furiosa. Por vezes, perguntava-lhes: "Quer que eu lhe dê uma surra?" Mas o que mais a enfurecia era quando alguém propalava o que ela sabia serem mentiras acerca da honestidade e da integridade do marido. "Ele sempre teve como um absoluto ponto de honra jamais aceitar seja o que for", insistiu ela, em tom arrebatado, "e, se alguém disser o contrário, gostaria de lhe torcer o pescoço".

Ambos podiam entender as objeções de um proprietário a uma crítica desfavorável. "Isso é como dizer a uma mãe que seu filho é feio ou estúpido", admite Parker. Pat acabaria por encarar o ressentimento de seu marido como parte da vida de um crítico. Se meu sustento estivesse dependendo da palavra de outrem, eu provavelmente também me sentiria ressentida", disse-me ela.

Enquanto Parker cumpria sua rotina de viagens e degustações, Pat estava agora empenhada em cuidar de Maia, da casa e da ampliação do jardim. Ela sempre fora uma jardineira apaixonada, mas o ensino em tempo integral e as viagens tinham limitado muito do que ela podia realizar. Agora, ela se entregava a isso, ingressando no clube local de jardinagem, do qual veio a ser presidente, assim como campeã no cultivo de narcisos do prado. Não era um interesse de que Parker compartilhasse, não do modo como ele gostava de viajar com sua tão unida família, especialmente à Disney World, que eles visitaram sete vezes desde que Maia completou quatro anos até o seu oitavo aniversário.

OS MAIORES PROBLEMAS DE PARKER NA ROTA DA DEGUSTAÇÃO surgiram na Borgonha, onde as personalidades e a estrutura do negócio do vinho, assim como as dos próprios vinhos, tinham um caráter inteiramente diferente de Bordéus, Califórnia ou Itália. Comparada com a formalidade e a grandeza de Bordéus, a Borgonha era rústica, um lugar de produtores e fazendeiros de mentalidade independente, que cuidavam das minúsculas vinhas de suas propriedades de família e estavam freqüentemente no campo com seus tratores quando Parker chegava para um encontro marcado, assim como de *négociants* mais mundanos, como a Maison Louis Jadot, que fez e engarrafou vinhos de dúzias de diferentes vinhas. Comparada com a Califórnia – onde a ênfase era sobre vinícolas individuais e seus astros da enologia, onde os vinhos eram convenientemente rotulados com a variedade da uva e onde a maioria das pessoas tinha uma perspectiva internacional –, a Borgonha nas décadas de 1970 e 1980 parecia desordenadamente complicada e confusa, e a maioria dos *vignerons* sumamente insulares, mais concentrados em suas terras e suas tradições de família do que no marketing. Era um lugar onde vozes levantadas contra Parker se convertiam num coro.

O que estimulou o poder de Parker na América no tocante ao Bordeaux foi o sistema deles de vender futuros que os consumidores podiam provar. No caso da Borgonha, a situação era diferente. Eram muitos os nomes a decorar – dezenas de aldeias, centenas de vinhedos individuais com muitos donos diferentes e pequenos e pouco conhecidos produtores que engarrafavam seus próprios vinhos. A qualidade podia ser amplamente variável, mas os vinhos medíocres eram vendidos aos mesmos preços incrivelmente altos dos bons. Para os consumidores americanos ansiosos por obter o melhor que seu dinheiro podia comprar, a região era freqüentemente citada como "um campo minado". Amantes do vinho tinham sido repetidamente "escaldados". O que eles necessitavam era de um guia instruído que separasse os rótulos a evitar e os vinhos que eram compras "quentes". Parecia ser uma região madura para o domínio de Parker, mas sua influência provou ser muito menos importante na Borgonha do que em Bordéus, porque os vinhos eram produzidos em quantidades tão diminutas que muitos *domaines* podiam vender tudo o que faziam, quer Parker gostasse deles ou não. O que freqüentemente lhes importava mais era a sua avaliação de uma safra como um todo. Se ele a criticasse negativamente, muitos americanos não comprariam nada. Quando chegou à Borgonha, Parker se viu enredado numa complexa teia de história, tradição e sensibilidades regionais.

A região abrange cinco diferentes áreas, mas a Côte d'Or, que inclui a Côte de Nuits e a Côte de Beaune, é a origem dos maiores vinhos da região, feitos de duas uvas: Pinot Noir para os tintos, Chardonnay para os brancos. Nessa estreita faixa de terra de 50 quilômetros de extensão, cujas encostas escarpadas de pedra calcárea estão cobertas de vinhas e muros de pedra, encontram-se alguns dos mais famosos vinhedos do mundo. Outrora, eles pertenceram a meia dúzia de aristocratas e a mosteiros cujos vinhos ganharam fama na Idade Média, mas, depois da Revolução Francesa, todos os latifúndios foram desmembrados. O Código Napoleônico, que aboliu a primogenitura, acelerou a fragmentação da propriedade; a resultante manta de retalhos de propriedade da terra e a complexa rede de acordos de arrendamento de vinhedos garantiram que uma enorme variedade de pequenos lotes individuais de vinha, de estilos de produção de vinho e de técnicas, se concentrasse numa região muito pequena. Um rosário de 25 aldeias, incluindo Volnay, Nuits-St.-Georges e Chassagne-Montrachet, dá seus nomes aos vinhos básicos; dentro das aldeias, estão 476 vinhas individuais classificadas como *premier crus* e 32 como *grands crus*. Há mais de 500 *apellations*. O que aumenta ainda mais a confusão é que dezenas de produtores podem ser donos, cada um deles, de algumas fileiras de cepas num único grande vinhedo: o *grand cru* de 124 acres Clos de Vougeot, por exemplo, tem uns oitenta donos, dos quais cerca de cinqüenta produzem o vinho rotulado Clos de Vougeot. Os vinhos mais finos são produzidos em tão pequenas quantidades que é fácil a demanda superar a oferta.

Até a década de 1930, quase todos os pequenos vitivinicultores vendiam suas uvas ou vinhos a grandes *négociants* (entre eles, Latour, Drouhin, Rodet, Faiveley, Bouchard e Jadot) que adegavam, engarrafavam e comerciavam os vinhos, embora alguns também fossem, eles próprios, donos de extensos vinhedos. Raymond Baudoin foi o primeiro a insistir com os proprietários para que vinificassem e engarrafassem seus próprios vinhos; Frank Schoonmaker e Alexis Lichine reuniram toda a produção e embarcaram-na para o mercado americano, no que foram seguidos pelos primeiros importadores especializados, como Robert Haas, Kermit Lynch e Robert Chadderdon, assim como Becky Wasserman, uma americana que tinha ido viver na Borgonha em 1968 com o marido, artista plástico. Ela formou uma sociedade com Chistopher Cannan em Bordéus e tornou-se corretora – e amiga íntima – de muitos *domaines* pequenos, vendendo seus vinhos para importadores e distribuidores nos Estados Unidos. Parker havia elogiado muitos deles. Ao mesmo tempo, os próprios franceses começaram a comprar direto, à semelhança de muitos importadores especialistas ingleses.

Tudo isso ajudou a acelerar a prática de engarrafamento de *domaine* nas melhores propriedades pequenas durante a década de 1980. Embora fosse arriscado para os pequenos *domaines* engarrafar seu próprio vinho, eles ganhavam mais dinheiro desse modo e, em 1992, cerca de metade de todos os vinicultores e uma elevada proporção das melhores propriedades estavam engarrafando seus vinhos. Alguns vinicultores se tornaram até "micro-*négociants*", comprando uvas ou vinhos de um ou mais pequenos vinicultores seus vizinhos e engarrafando e vendendo também para alguns importadores especialistas. Suas relações com importadores eram intensamente pessoais e emocionais e, para os importadores, obter algumas dúzias de caixas exigia, com muita freqüência, persistência e delicada negociação, muitas vezes durante um lauto e cordial jantar de *boeuf bourgignon* e garrafas de um barril especial. A confiança era de suprema importância – poderiam contar com o importador para lhes pagar? Muitos produziam tão pouco vinho que duas ou três transações representavam a renda anual da família para um ano de trabalho.

A Borgonha está situada no limite setentrional da produção de uva, o que significa que todo o ano é um jogo contra possíveis fracassos – que a geada na primavera danifique os brotos, que as uvas não amadureçam ou que as tempestades de granizo destruam uma colheita. Cerca de seis em cada dez anos, as uvas não amadurecem totalmente e o vinho tem de ser chaptalizado, ou dosado com açúcar durante a fermentação, para alcançar um nível suficientemente elevado de álcool. Entretanto, ocasionalmente, a temperatura sobe de modo alarmante. Quando acompanhei Parker em sua viagem à Borgonha em 2002, a temperatura na principal cidade da região, Beaune, era de 38°C – uma onda de calor – muito diferente da chuva e até granizo que eu enfrentara em minha última visita. A qualidade do vinho pode ser aí mais variável do que quase em qualquer outro lugar. A Pinot Noir de pele muito fina é uma cepa notoriamente difícil de cultivar; o Borgonha tinto é talvez o vinho mais difícil de fazer do mundo.

Porém, apesar de tudo isso, o Borgonha exerce um atrativo especial para os enófilos. Os complexos brancos são os modelos para grandes Chardonnays, e os tintos podem ser os mais aromáticos, sedosos e sedutores vinhos de todos, embora de cor mais clara e mais delicada do que os profundos e tânicos Bordeaux tintos em que Parker tinha treinado seu paladar e os opulentos Rhônes que ele tinha passado a amar. Mais do que quaisquer outros vinhos, eles parecem captar a essência do que os franceses chamam o *terroir*, uma noção complexa que engloba geologia, solo, microclima, exposição à luz, altitude e intangíves da alma e do espírito que os borgonheses elevaram a uma espécie de teologia.

Na época em que Parker começou a escrever sobre o Borgonha, estavam em curso mudanças que culminariam num vinho de melhor qualidade. Uma nova geração, com treinamento profissional em enologia, estava começando a assumir o comando das propriedades da família e recorrendo à ciência, em vez de seguirem as práticas de seus pais na adega. Os borgonheses estavam começando a trabalhar, a degustar vinhos do Novo Mundo e a adquirir uma perspectiva mais ampla, sobretudo estavam iniciando uma ampla revolução viticultural para revogar radicalmente o uso generalizado de fertilizantes químicos e clones de uvas de alta produtividades. Kermit Lynch, em especial, havia começado a convencer os produtores a não superfiltrarem seus vinhos e a embarcá-los para os Estados Unidos em contêineres refrigerados, apelidados *reefers*, para que eles não cozessem no trajeto e chegassem ao destino como mercadoria danificada.

UMA DE MINHAS PARADAS FOI NUM SOLAR DO SÉCULO XV EM BOUILLAND, pequena aldeia a uns trinta minutos de carro de Beaune, onde residia Becky Wasseman. É o gênero de cenário bucólico com que sonham os americanos quando fantasiam mudar para uma região de vinho: galinhas debicando perto do celeiro, uma casa com traves expostas e uma enorme lareira de pedra, prateleiras vergando ao peso de livros bem manuseados e uma mesa num terraço de pedra à sombra de árvores de fruta, onde as pessoas se sentam para beber em pequenos tragos algum delicioso e pouco conhecido vinho, como eu fiz com Wasserman, seu marido, Russel Hone, e o filho do casal, Peter Wasserman, que viera de Nova York para visitá-los.

Quando ela se encontrou com Parker pela primeira vez, no começo da década de 1980, Wasserman, uma gorducha americana de cabelos encaracolados, tinha vivido na Borgonha por uns quinze anos e conhecia praticamente todo mundo na região. Iniciara-se no negócio do vinho exportando barris para os americanos, depois passou a exportar os vinhos de pequenos produtores, especialmente para os Estados Unidos, em sociedade com um inglês em Bordéus, Christopher Cannan. Para muitos importadores americanos pioneiros, como Kermit Lynch, Wasserman foi o ponto de entrada, o intermediário de que precisavam para conhecer os mais interessantes vinicultores.

O que primeiro impressionou Wasserman a respeito de Parker foi o mais profundo prazer e entusiasmo com que ele descobria vinhos. "Você podia ver isso em seu rosto", disse ela, soltando uma baforada do cigarro. Ela pensa nesse tempo como a idade da inocência de marketing na Borgonha, antes de ser "um grande negócio" e os produtores entenderem até que ponto a aprovação da mídia americana podia ser vital para as vendas. A coisa importante era os americanos terem informações sobre o Borgonha, disse ela. Parker era a "última novidade na área" e foi com muita satisfação que ela organizou uma degustação de vinhos de seus produtores para ele. De fato, ele louvou o "gênio de Cannan e Wasserman" num número de *The Wine Advocate* no começo dos anos 80.

Em junho de 1985, Parker apresentou-se na residência de Wasserman às 9 horas da manhã, degustou cerca de 130 vinhos pela manhã, ficou para o almoço, degustou mais 50 depois da refeição e seguiu para degustações no Domaine des Comtes Lafon e no Domaine de la Pousse d'Or. Wasserman lembra-se nitidamente de como todos os produtores degustaram os vinhos depois que Parker saiu e guardaram suas notas para comparar com as dele quando fossem publicadas. Para eles, os métodos de Parker foram um choque; sentiram-se perplexos com o extraordinário ritmo de suas degustações, um vinho a cada minuto – *e ele nunca degustava de novo*. Disseram à dona da casa que aquilo lhes pareceu terrivelmente rápido para um julgamento que resultaria numa nota publicada. Quando as críticas vieram a lume, Wasserman e muitos de seus produtores concordaram que Parker parecia claramente ter preferências estilísticas definidas, além de uma forte prevenção contra a filtragem. Ela começou a se preocupar com a possibilidade de que um de seus produtores tivesse admitido filtrar "quando necessário", o que seria interpretado como "ruim" e afetaria o julgamento de Parker, sem levar em conta o gosto do vinho quando ele o degustou.

Robert M. Parker, Jr., e Patricia Etzel, sua futura esposa, no restaurante Maxim's em Paris, 1968.

PAT PARKET

Parker em Washington, D.C., no lançamento de *The Wine Advocate*, agosto de 1978.

CHRISTOPHER BARKER

Parker trabalhando em seu escritório.

ELIN McCOY

A parede com artigos da imprensa no escritório de Parker, 2002.

CHRISTOPHER BARKER

Parker em casa com seus amados cães Hoover e o falecido George.

Parker na adega
de Château Rayas,
setembro de 2003.

E. JUNQUENET

Parker com Michel Chapoutier em Hermitage, setembro de 2003.

JEAN-JACQUES SAUBI/SUD OUEST

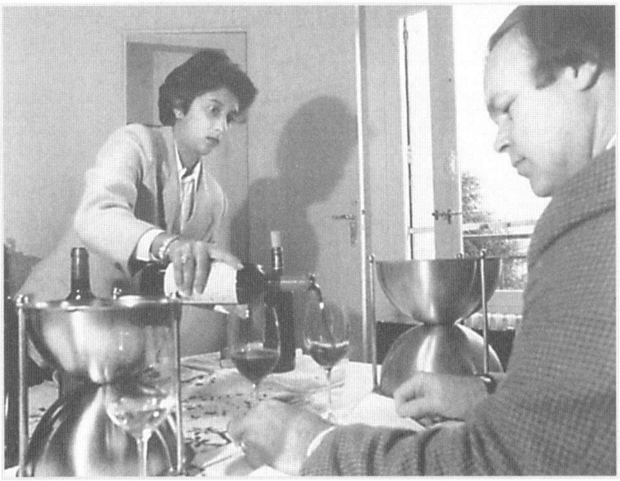

Hanna Agostini com Parker na residência dela em Bordéus, fins da década de 1990.

VINEXPO

Parker e Michel Rolland na VinExpo de Nova York, outubro de 2002.

ELIN McCOY

Parker degustando em Shafer Vineyards, vale do Napa, Califórnia, com o vinhateiro Elias Fernandez, maio de 2002.

Cartum da *Harpers Wine and Spirit Weekly*, 2 de abril de 2002.

TONY HUSBAND

Cartaz de gozação distribuído pelo Château Soutard, aplicando escores e notas de degustação de Parker a parafusos de vários tamanhos: "Para as festas do fim do ano de 2001. Parafusos Parker. Seleção de amostras colhidas à mão (uma apresentação vertical)."

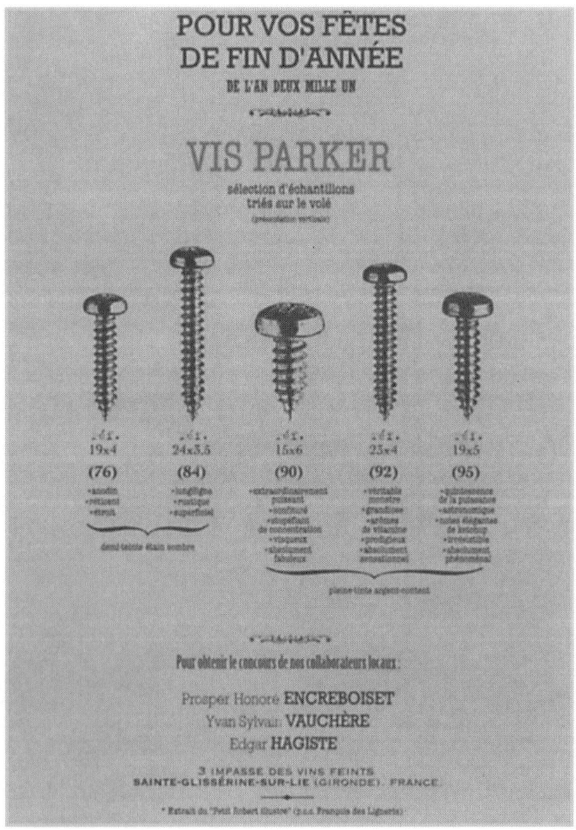

FRANÇOIS DES LIGNERIS, CHÂTEAU SOUTARD

CHÂTEAU BOUSCAUT

Anúncio do Château Bouscaut depois de Parker ter dado ao vinho da safra de 1999 dessa vinícola 79-82 pontos em sua escala de 100: "...um vinho de bom *terroir*?... com muita *typicité*?... sem dúvida, uma nota má de Parker!"

JORY WINBERY

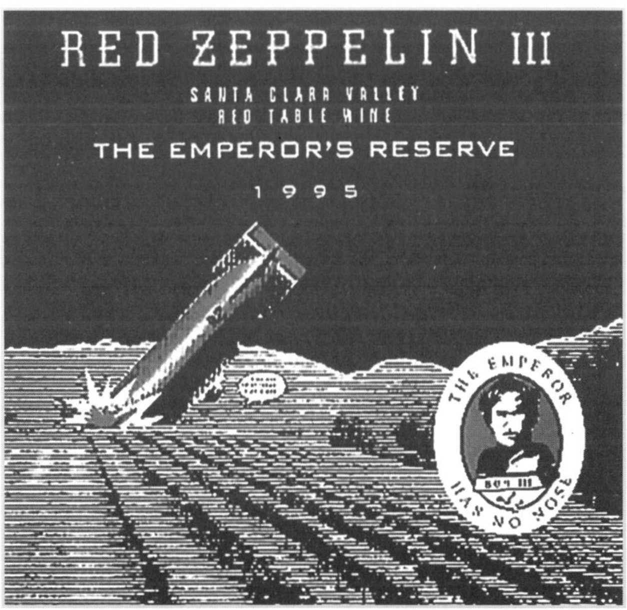

Rótulo de Jory Winery para o vinho A Reserva do Imperador, Imperador Bob III, 1995.

Da esquerda para a direita: Maia, Parker, Pat e Jacques Chirac, Presidente da França, na recepção no Elysée Palace depois de Parker ser agraciado com a Legião de Honra, junho de 1999.

MARTY KATZ

Um dos passatempos favoritos de Parker: comer *dim sum* e degustar vinhos com amigos na Mark's Duck House, em Falls Church, Virginia, março de 2003.

Kermit Lynch havia pressionado seus produtores para não filtrar seus vinhos antes do engarrafamento, porque a excessiva filtração os despoja de aroma e cor, especialmente no caso do Pinot Noir. Foi uma posição importante. Muitos dos melhores produtores afinavam e filtravam o menos possível, mas embarcar vinhos para a América totalmente não-filtrados parecia arriscado. Se certos elementos num vinho não tivessem assentado naturalmente, poderiam causar problemas na garrafa, a menos que fossem embarcados em *reefers*. Lynch tinha de educar esses indecisos e desconfiados clientes americanos, e ensinar-lhes que um pequeno sedimento no fundo de uma garrafa não é necessariamente ruim – isso mostra que o vinho é um produto natural.

Wasserman viu uma implicação mais ampla. "A expressão 'não-filtrado' tinha provavelmente boas conotações para os americanos", observou ela. "Receber notícias 'não-filtradas' sugere que se está recebendo a verdade completa, a coisa tal como realmente é." *Não-filtração* tornou-se um dos mantras de Parker para o grande Borgonha; ele apertava os produtores com perguntas e, por vezes, até lhes dava aulas, e divulgou a idéia entre seus leitores ao mencionar regularmente em sua *newsletter* quais os *domaines* que filtravam e não filtravam seus vinhos. Muitos importadores americanos mais novos, como Robert Kacher, concordavam com Parker e Lynch, e podiam também ver que não-filtrado era o santo-e-senha para quem quisesse obter um escore elevado. Para muitos vinicultores, porém, incluindo alguns dos melhores, uma ligeira filtração e afinação antes do engarrafamento, desde que feitas de modo correto, eram necessárias e, acreditavam eles, impossíveis de ser detectadas, sobretudo depois que o vinho estivesse em garrafa por muitos meses.

Em tempos idos, os produtores tinham acolhido Parker – e especialmente Pat – com satisfação em suas adegas, mas, agora, muitos irritavam-se por ter de lhe submeter amostras para degustar numa localização central ou no quarto dele no Novotel, nos arredores de Beaune. Queriam que ele os visitasse, conversasse com eles, ouvisse a história que cada um tinha para contar. E alguns já começavam a se sentir ofendidos com o fato de alguém vir ensiná-los a fazer seus vinhos. Wasserman sabia, de fonte segura, que alguns produtores estavam começando a esconder seu equipamento de filtração antes que Parker chegasse e simplesmente mentiam.

Gerald Poter, que administrava o Domaine de la Pousse d'Or, na aldeia de Volnay, um dos representados de Wasserman para a exportação, não mentiu. Homem orgulhoso (faleceu em 1998) que fora o mentor de toda uma geração de fabricantes de vinho borgonheses, ele gostava de Parker, que havia comprado vinhos Pousse d'Or para a sua própria adega. Mas, depois que Potel lhe disse que filtraria se achasse necessário, Parker escreveu que ele tinha começado a filtrar seu vinho – uma interpretação deturpada do que Potel tinha realmente dito – e, como resultado, o Domaine perdeu considerável parcela de seu mercado americano. Potel ficou profundamente magoado.

Na visita seguinte ao Domaine, em 1986, que coincidiu com a de um jornalista alemão, Potel serviu-lhes dois vinhos de 1985, um filtrado e um não-filtrado, apenas para ver o que Parker diria. Potel afirmou mais tarde que Parker não só não pôde identificar qual deles era qual, como também preferiu o filtrado. "Meu pai cometeu um erro embaraçando Parker diante de outro jornalista", diz hoje o filho de Potel, Nicolas, um *négociant*. Parker, que tinha chamado ao 1985 um dos melhores vinhos da safra, nunca mais voltou ao Domaine; atribuiu escores muito inferiores às safras subseqüentes desses vinhos e, vários anos depois, deixou de escrever completamente sobre eles. "Era uma briga de moleques", diz Nicolas, encolhendo os ombros. "Nenhum queria ouvir o que o outro tinha a dizer." Mas isso afetou Potel até a sua morte. Nicolas Potel acredita que a insistência de Parker na não-filtração resultou em que os produtores passassem a adicionar enzimas geneticamente modificadas que não têm sequer origem na Borgonha, o que ele considera ser uma solução muito pior do que uma ligeira filtração.

Parker afirma que nunca houve essa degustação. Sua versão do fato é muito diferente. Ele achava que os vinhos de Potel haviam começado a declinar com a safra de 1986 e procurava descobrir as razões para isso. Então, teve conhecimento de que Clive Coates andava dizendo: "Parker nunca degustou os vinhos Pousse d'Or sobre os quais escreveu." Parker enviou a Potel uma carta indagando se ele tinha dito isso a Coates. Nunca obteve resposta. "Que imbecil!", pensou Parker, e parou de degustar os vinhos.

Mas porque Parker era importante nos Estados Unidos, o principal mercado deles, Wasserman e Hone continuaram organizando regularmente degustações conjuntas dos produtores seus representados. Em 1988, eles pré-degustaram a difícil safra de 1986 com os produtores Dominique Lafon e Daniel Rion, retirando, de antemão, os vinhos que pensavam que Parker detestaria. Em 1993, a casa de Wasserman foi a sua última parada num sábado à noite e ele chegou com duas horas e meia de atraso. Ofendidos, os produtores já tinham ido embora e os vinhos, que tinham sido abertos há horas, não se apresentavam nas melhores condições. Wasserman dizia: "Meus importadores nos Estados Unidos não se cansam de me dizer: 'Você deve mostrar seus vinhos a Bob.' Mas eu ficava pensando. Por que é que tenho de submeter tudo o que faço a uma pessoa para julgar? Devo mostrar-lhe todos os vinhos ou só aqueles que eu sei que ele vai gostar, mesmo considerando-se que Borgonha significa diversidade e individualidade?"

Parker, como outros jornalistas, fazia as visitas quando lhe eram convenientes, sem levar em conta se esse era o momento ideal para degustar do barril. "Beber vinho é uma performance ao vivo", sublinhava Wasserman. Os vinhos podiam estar no meio de sua segunda ou maloláctica fermentação e sem gosto. A pressão barométrica parecia afetar o gosto dos vinhos no barril. Para muitos dos produtores de Wasserman, como Michel Lafarge, em Volnay, pouco importava, de qualquer modo, o que Parker dissesse. Seus vinhos estavam todos vendidos.

Parker diz que ficou desiludido com Wasserman, a quem chama de "a diva de Borgonha"; eles estavam filosoficamente em desacordo sobre o que queriam de um Borgonha. Ela não exigia de seus produtores que parassem por completo de filtrar, nem de seus compradores que usassem para o transporte contêineres com temperatura controlada. Ele contrapõe: "Disse-lhe categoricamente, com todas as letras: 'você é a grande defensora do Borgonha e, no entanto, não está encorajando essas pessoas a engarrafar a essência de seus vinhedos, nem está assumindo qualquer responsabilidade sobre a forma como ele é tratado assim que deixa as adegas. Penso que isso é uma conduta muito irresponsável.'"

Por seu lado, Wasserman diz de Parker: "Ele acredita que está 100% certo. Dizer 'Eu não gosto' é, portanto, sinônimo para ele de 'Não presta' e 'Gostei' quer dizer que é bom. Isso é muito americano. Com o grande poder, vem a grande responsabilidade."

WASSERMAN NÃO ERA A ÚNICA PESSOA NA BORGONHA QUE COMEÇAVA a resistir a Parker e a se irritar com suas severas opiniões. Embora Parker destacasse dezenas de propriedades para elogios e elevados escores, também escrevia freqüentemente que os vinicultores e *négociants* eram "gananciosos e desleixados demais" e que os vinhos na Borgonha eram "perfeitamente adequados para masoquistas... a pessoa tem de sofrer maus-tratos e dores para sentir prazer". Os borgonheses, a seu turno, achavam que ele tinha profunda má vontade com a região. Em 1992, Parker anunciou que deixaria de classificar os vinhos que degustava no barril porque "havia pouca correlação entre o que os produtores apresentavam do barril e o que era posto finalmente na garrafa. Essa lamentável situação não existe em nenhum outro lugar da França. Na Borgonha, os produtores têm uma tendência de mostrar somente seus melhores lotes aos escritores de vinho que os visitam". Numa entrevista, ele sugeriu que talvez os borgonheses o estivessem usando para "salgar o mercado". Como disse Anthony Hanson, o especialista inglês em Borgonha, a opinião de Parker parecia ser que a região era o reino dos pecados vinícolas: superprodução, superfiltração, mau tratamento do vinho, nunca embarcar o que estava no barril. A Borgonha era responsável antes de provar sua inocência. Nada disso era visto com bons olhos por produtores, *négociants*, importadores e escritores compreensivos. Achavam que isso era prova de que Parker não entendia a região, sua cultura, seus vinhos, a situação do pequeno produtor, a natureza mercurial, delicada, do Pinot Noir e a importância suprema do *terroir*. Mesmo pessoas cujos vinhos ele cumulou de elogios, como Dominique Lafon, de Comte des Lafon, e Aubert de Villaine, de Romanée-Conti, formularam objeções ao seu modo de julgar vinhos e sua aparente preferência por grandeza em vez de delicadeza. Parker, porém, dizia ironicamente que suas opiniões e notas de degustação eram "não-filtradas".

"Ele tinha idéias profundamente falsas sobre o modo como os vinhos envelhecem e formulou juízos errôneos sobre safras como a de 1993", diz Hanson, que viveu na Borgonha durante três anos, enquanto escrevia um livro sobre a região e exportava vinhos para a empresa de que tinha sido um dos sócios no Reino Unido. "Às vezes, Parker escreve sobre o Borgonha como se pensasse que esse vinho devesse ser mandado para a prisão", escreveu ele. "O ponto de vista antagônico do advogado é original e pode ser apropriado para surpreendentes diatribes, quando é favorável a uma condensação e pesada sentença, ou quando procura a absolvição de um bem falante criminoso que o convenceu de sua inocência em algum sombrio e clandestino abrigo."

Ainda assim, alguns produtores conseguiram construir um bom relacionamento com Parker. André Gagey, da Maison Louis Jadot, foi um dos primeiros a saudá-lo como um jovem jornalista, e os borgonheses estavam convencidos de que Parker sempre tivera um fraco pelos vinhos de *négociants*. Ele foi um dos 45 convidados, incluindo os maiores *chefs* e *restaurateurs* da França, para a celebração em 6 de abril de 1992 da aposentadoria de Gagey, após 45 anos no negócio do vinho. Parker voou no Concorde (pagou sua própria passagem) para a degustação de uma dúzia de vinhos, quase todos do século XIX, realizada nas *caves* do antigo Couvent des Jacobins, seguido de um almoço e discursos. E dezenas de pequenos produtores como Bertrand Ambroise, cujo *domaine* Parker "descobriu" em 1987 e continuou elogiando, estavam-lhe muito gratos. Ambroise, que conheceu Parker por intermédio do importador Robert "Bobby" Kacher e sentiu existir uma "corrente de simpatia" entre ambos, atribui seu sucesso a Parker. Ambroise produziu 20 mil garrafas em 1987; em 2002, estava produzindo 150 mil garrafas por ano, em sua grande maioria exportadas para os Estados Unidos.

Isso não impediu que outros borgonheses o chamassem "O Ditador do Vinho". "Você não é obrigado a não gostar de qualquer coisa que ele não goste, e está manifestamente errado se o fizer", disse um deles. O ceticismo de Parker sobre a importância mística do *terroir* soava como heresia na Borgonha.

Ele via isso como apenas um dos elementos que contribuem para a fabricação de um grande vinho. "*C'est l'homme qui fait la difference*" (É o homem que faz a diferença), dizia freqüentemente – um sentimento que, na boca de Parker, cheirava à propensão do Novo Mundo para elevar o vinicultor acima da vinha. "Ele está... procurando impor na região um sistema de celebridade, uma mentalidade hollywoodiana de 'Nasceu uma estrela', com a qual ele acredita, sem dúvida, que os americanos poderão ter mais facilidades de relacionamento", escreveu Hanson. Sua abordagem coloca nos píncaros da lua certos indivíduos, o que os torna particularmente apropriados para um certo tipo de consumo americano. Isso pode ser um caminho conveniente para alguns americanos, outros, e os consumidores em outros países podem muito bem perguntar-se se querem que os Borgonhas sejam compulsivamente desviados para um molde americano."

Até mesmo muitos da geração borgonhesa mais jovem resistem a isso. Enquanto Nicolas Potel – de shorts bege, tênis e camiseta branca – me levava de barril em barril em sua adega de *négociant* em Nuits-St.Georges, confiou-me sua própria visão de fazer vinho: "Temos de ter muito cuidado. As uvas são apenas uma memória, uma impressão digital cujas variações provêm do solo, do vento, dos astros. Onde a vinha está localizada existe ou não uma força que dá essa memória às uvas. Com as velhas cepas, há uma definição mais nítida de *terroir*." Para ele, era um simples modo de pensar, "existe uma conexão entre tudo o que está acima e abaixo da terra". Eis uma visão que se escuta repetidamente na Borgonha e que não é nada fácil captar na escala de 100 pontos de Parker.

O *AFFAIRE FAIVELEY*, COMO VEIO A SER CHAMADO, FOI UM DIVISOR de águas para muitos borgonheses. Sua origem pode ser atribuída a duas frases na terceira edição de *Parker's Wine Buyer's Guide*, publicado no outono de 1993, no final de uma das quatro páginas e meia de uma crítica altamente positiva dos vinhos de Faiveley, sob o título de "Outros Pensamentos": "Do lado sombrio, continuam circulando rumores de que os vinhos de Faiveley degustados no estrangeiro são menos ricos do que os degustados em suas adegas – algo que eu também já notei. Humm...!"

Esse comentário inspirou François Faiveley, uma das mais amadas e poderosas figuras da Borgonha, a processar Parker; seus editores, Simon & Schuster; o então seu diretor-gerente Richard Snyder; e numerosas livrarias em Paris, incluindo Brentano's e W.H. Smith, por calúnia, em fevereiro de 1994. Faiveley instaurou o processo na França, ao abrigo de uma cláusula do Código Napoleônico, argumentando que tinha sido desonrado quando Parker deu a entender que ele estivesse envolvido numa fraude.

The Wine Spectator estampou uma história de meia página com a foto de um pensativo Faiveley. O texto diz: "Fontes próximas de Faiveley afirmam que ele está muito perturbado por considerar que o comentário deu a entender que ele fornecia a Parker e a clientes degustações em suas adegas com vinhos de qualidade muito superior à dos que eram efetivamente embarcados. Faiveley declarou ao *Spectator* que seus distribuidores em todo mundo não interpretaram a declaração de Parker como referente a problemas de armazenagem ou embarque.

Por fim, foi firmado um acordo extrajudicial, mas, em essência, Parker perdeu. O caso e suas repercussões afetaram todo o Borgonha e, em alguns aspectos, ainda afetam.

Agora, quase uma década depois, sentei-me no escritório de François Faiveley, numa pacata rua de Nuits-St.-Georges, para ouvir a história toda. A sede da Maison Joseph Faiveley, fundada em 1825 por Pierre Faiveley, é um estranho edifício de concreto, emoldurado por alinhados canteiros de flores e aparadas sempre-verdes, que assenta sobre tão históricas quanto cavernosas adegas. François Faiveley é a sexta geração a dirigir a companhia, um dos maiores *domaines* na Borgonha – eles possuem 275 acres de vinhedos divididos entre Mercurey e Côtes de Nuit – e também um respeitado *négociant*. Os escritórios pareciam bastante modestos para um dos homens que, segundo se diz, é um dos mais ricos da França. A fortuna do Faiveley contemporâneo deriva de Faiveley Transport, uma companhia sediada em Paris, fundada em 1919, que inventa e vende equipamentos para a TGV na França e em todo o mundo. Hoje, Faiveley S.A. também tem uma divisão de plásticos, escritórios e fábricas em dez países, além de um movimento anual de cerca de 415 milhões de euros. Faiveley detém a maior parte dessa soma, o que lhe proporciona mais do que dinheiro suficiente para satisfazer a duas de suas grandes paixões: velejar e converter seu amor pelo vinho na fabricação do melhor.

Faiveley vestia sem formalismos uma camisa de cambraia azul de mangas curtas e calça azul-escura quando se sentou à sua escrivaninha. Há agora um centro calvo em seus rebeldes cabelos encaracolados, mas o cabelo e os óculos de aros de tartaruga ainda lhe dão a aparência estudiosa de um veemente intelectual francês, um daqueles teóricos contemporâneos que discutem política tarde da noite num grande restaurante. De fato, ele é um grande amante da música, especialmente Bach, e batizou dois de seus barcos à vela como *Glenn I* e *Glenn II*, em homenagem ao grande pianista canadense Glenn Gould, notável por suas interpretações das *Partitas* e das *Variações Goldberg*, de Bach.

Parker e Faiveley se conheceram em meados dos anos 80 e até 1993 Faiveley convidou regularmente o crítico para almoçar em sua casa quando Parker percorria a Borgonha em suas maratonas de degustação. Os anos de Faiveley dirigindo o *Domaine* corriam paralelamente aos anos de Parker dirigindo *The Wine Advocate*: havia apenas uma diferença de poucos anos entre as idades de ambos e eram, assim pensava Faiveley, amigos. Este achou Parker "*quelqu'um sympatique*". Parker, por seu lado, viu em Faiveley "um bom sujeito" cujos vinhos admirava, tendo incluído seu nome na lista das "Melhores Performances por Personalidades do Vinho/Vinicultores do Ano" em 1988. Em seu livro sobre o Borgonha, Parker deu cinco estrelas à empresa de Faiveley, sua cotação máxima. E escreveu: "Faiveley... é uma das empresas mais impecavelmente dirigidas de toda a Borgonha e, sob a inspirada liderança do jovem François Faiveley, os vinhos rivalizam com o que de melhor se produz na Borgonha... Desde que François assumiu a produção de vinho em 1978 [em 1976], sua qualidade pulou para o topo."

Uma noite, em meados de janeiro de 1994, depois de passar o dia todo em Paris em reuniões com a diretoria da empresa, Faiveley regressou a Nuits-St.-Georges. Eram dez horas da noite e ele fez uma breve parada em seu escritório para checar as mensagens. Havia um desconcertante fax pessoal de seu distribuidor no Brasil, Sr. Campos de Lello, que acabara de retornar de férias com a esposa na Califórnia e comprara um exemplar da terceira edição de *Parker's Wine Buyer's Guide*. De acordo com Faiveley, o fax dizia: "Não sei se já teve a oportunidade de ler ou ver isso, mas é um completo desastre porque a maneira como ele escreveu o livro dá claramente a entender que os vinhos que lhe foram dados para degustar não são os mesmos que o senhor embarca para seus clientes." Faiveley ficou sem saber o que pensar. Não conhecia pessoalmente o homem e pensou que talvez o inglês do Sr. Lello não fosse muito bom. Assim, Faiveley telefonou para seu escritório na manhã seguinte e pediu que lhe enviassem por fax uma cópia da página do livro.

Quando a recebeu, "Li e reli o texto", conta Faiveley, parecendo perturbado só de recordar o caso. "Guy, meu pai, ainda era vivo, telefonei-lhe e disse: 'Papai, vou ler uma coisa para o senhor em inglês. Poderia me dar sua opinião a esse respeito?'"

"Fica difícil dar uma opinião assim de cara," respondeu meu pai depois de ouvir o texto. "Sou um velho e prefiro que me mande uma cópia. Preciso ver isso impresso. E lhe darei minha opinião sobre a coisa toda."

Quando seu pai finalmente retornou a chamada, disse: "François, a coisa é por demais óbvia. Parker considera que o Domaine Faiveley é dirigido por um bando de mentirosos... Parker não lhe dá qualquer alternativa. Você vai ter de fazer alguma coisa. *Voilà, c'est tout.*"

Nesse meio tempo, Faiveley telefonou também para o seu corretor americano, Henry Cavalier, que lhe disse: "Já sabia disso há mais de uma semana, há uns dez dias, mas não me atrevi a telefonar. Confesso que não sabia como contar." Dois distribuidores nos Estados Unidos já tinham falado com Cavalier para lhe manifestar suas apreensões. Outros, incluindo um na Escócia, ligaram diretamente para Faiveley para perguntar sem rodeios se o vinho que tinham em estoque era o mesmo que eles haviam degustado nas adegas Faiveley. Em face dessas reações, Faiveley concluiu que, se não tomasse urgentemente alguma iniciativa, a imagem da empresa de sua família estaria manchada "para sempre".

No mês de setembro anterior, em 1993, Parker e Jay Miller tinham almoçado com Faiveley e sua mulher, Anne, na residência do casal. "O ambiente era amistoso como sempre", recordou Faiveley. Discutiram música, e Faiveley abriu uma garrafa de um Bordeaux muito velho de sua adega pessoal. À saída, acompanhou os dois até o carro. Parker deve ter entregue seu manuscrito à Simon & Schuster muito antes desse almoço, observou Faiveley. "Eu ainda digo para mim mesmo: 'Por que foi que ele aceitou um convite para almoçar *chez moi*, enquanto estava escrevendo aquilo?'" Esse pensamento ainda parecia perturbá-lo.

Para Faiveley, era óbvio que, "se você come à mesa de alguém, *en famille*, com sua mulher, você não escreve coisas como essa. Se as escreve, então não vai comer com eles." Ele via a ação de Parker como uma "traição pessoal" à amizade de ambos.

O mundo do vinho na Borgonha é pequeno e a notícia se propagou rapidamente. As pessoas telefonaram para Faiveley oferecendo apoio, e ele consultou amigos na região, incluindo Hubert de Montille, um advogado em Dijon e proprietário de um pequeno mas muito conhecido *domaine* em Volnay, que trabalhara para ele em alguns assuntos legais; a corretora americana Becky Wasserman, a quem ele conhecia desde 1979; e Dominique Lafon. Dentro de três semanas, ele havia contratado dois advogados em Paris, especialistas franco-americanos em casos de difamação, e instaurado um processo. Um jornalista francês e alguns outros advertiram-no de que Parker era, ele próprio, advogado, que a lei na América era complicada e, de qualquer modo, seria muito difícil obter justiça contra um jornalista nos Estados Unidos. Mas Faiveley acreditava que a honra e o nome da família estavam em jogo e foi em frente.

O processo parecia ter atraído as atenções de toda a Borgonha e provocado profundos conflitos. Em reuniões de vinicultores e *négociants*, cada um intervinha acaloradamente com sua opinião. Era como um referendo sobre Parker, a quem muitos consideravam poderoso demais. Agora era o momento oportuno para "lhe cortar as asas". "Se você perder", avisavam outros, "toda a

Borgonha perderá". Mas Faiveley não cedeu: "Eu disse-lhes que Charles de Gaulle se identificava com a própria França, mas não sou a Borgonha. Estou fazendo isso apenas pelo meu nome... Se eu perder o caso na justiça, François Faiveley é o único que perderá!

"SE TIVESSE SIDO QUALQUER OUTRO, EM VEZ DE FAIVELEY...", SUSPIROU o *négociant* Pierre Meurgey, da Maison Champy, recordando a situação durante o almoço. "Todo mundo tinha grande respeito por ele; as pessoas o apoiavam. Ele era um dos poucos *négociants* a escolher a qualidade como a chave do negócio, sem transigências nem concessões. Era como se a própria Borgonha tivesse sido criticada não sobre qualidade, mas sobre honestidade. Aquilo não era teatro para Faiveley. Ele estava autenticamente ferido." Wasserman me disse que "Faiveley era o que na Borgonha mais se aproximava de um santo."

Dentro desse compacto mundo do vinho, houve duas reações.

Muitos produtores que eram amigos de Faiveley, como Montille, sentiram-se quase tão insultados quanto Faiveley e simplesmente anunciaram que nunca mais receberiam Parker. Becky Wasserman sentiu-se enojada. Seus produtores estavam chocados; todos falavam e comentavam a respeito "daquele terrível Hummm!" Produtores telefonavam para dizer: "François, gostamos muito de você." Em jantares e degustações, pessoas se levantavam de suas mesas e iam até Faivelay para lhe dizer: "Estamos do seu lado." Pequenos *domaines* declararam que não deixariam mais Parker degustar seus vinhos.

Outros, incluindo muitos *négociants*, adotaram uma postura mais fria e tentaram levar Faiveley a reconsiderar, conta Meurgey, porque temiam as conseqüências. Acreditavam que Parker consideraria "a reação de Faiveley uma reação regional."

Numa reunião, Louis-Fabrice Latour, presidente da Maison Latour, um grande *négociant*, expressou a opinião de que Faiveley devia desistir do processo porque não valia a pena "ter um inimigo do Borgonha". Latour achou que Faiveley estava agindo infantilmente ("Quero ver quem se atreve a me criticar!"). E sublinhou que "a maneira como a Maison Latour foi tratada no começo dos anos 80 foi dez vezes pior do que aquilo que Parker escreveu a respeito de Faiveley. Parker era um bom promotor do Borgonha nos Estados Unidos. Não havia motivo para levar a discussão a tais extremos". Latour foi um dos poucos que sustentaram essa posição e, disse ele, "não porque morresse de amores por Parker". Mas, em 1993 e 1994, o negócio estava uma dureza só. Era de opinião que Parker deveria ser olhado de um ponto de vista estratégico. Muitos dos produtores, disse ele, criticavam Parker, não vendiam sequer seus vinhos nos Estados Unidos, mas "andavam insinuando 'como é que *The Wine Advocate* pode ser uma boa *newsletter* se não falarmos com ele nem o deixarmos degustar os nossos vinhos?'" Acreditavam que, se cortassem as relações com Parker, o estariam punindo, mas, por outro lado, ele não poderia oferecer a seus assinantes uma cobertura completa do Borgonha e a *newsletter* sofreria com isso.

Bertrand Devillard, gerente da Maison Antonin Rodet e, na época, presidente do Syndicat des Négociants, tinha ouvido dizer que Parker estava com a impressão de que toda a Borgonha se mobilizara para combatê-lo, e de que era vítima de uma reação organizada por parte do sindicato. Telefonou a Parker para lhe assegurar que o sindicato não estava intervindo oficialmente nas discussões em torno do caso. Mas também acrescentou que a acusação contra Faiveley era "séria demais para ficar sem resposta", salvo se ele pudesse fornecer provas. "Parker não deu ao que escreveu o mesmo significado que Faiveley e os borgonheses lhe tinham dado. Afirmou que não tivera a intenção de dizer que Faiveley estava sendo desonesto. Mas foi essa a maneira como suas palavras foram entendidas. Era sua a responsabilidade de usar as palavras certas quando escrevia... eram só três linhas em três páginas, mas era nelas que estava *le coup-de-pied de l'âne* – o coice do burro."

POR SUA PARTE, PARKER DISSE-ME EM SUA CASA, APÓS UM ALMOÇO EM que se destacaram suas famosas empadinhas de caranguejo: "Este processo está sendo meu ponto vulnerável." Só soube que estava sendo processado quando lhe entregaram a notificação judicial em sua residência, em fevereiro. Como advogado, sabia melhor do que ninguém o que acontece quando os advogados se apossam de um caso, de modo que telefonou a Faiveley numa tentativa de "botar água fria na fervura". Mas Faiveley não quis atender seus telefonemas.

Parker sempre fizera excelentes críticas aos vinhos de Faiveley, mas afirma que, nos últimos três anos, o advertira por diversas vezes de que, quando comprou os mesmos vinhos nos Estados Unidos, eles lhe pareceram, com freqüência, totalmente diferentes dos que degustara em suas adegas. Teriam sido os vinhos danificados durante o transporte de um continente para o outro? Parker desconfiou de que o problema talvez estivesse no modo como os vinhos estavam sendo manipulados pelo importador americano de Faiveley, que, diz Parker, não parecia preocupar-se muito em saber como eles eram embarcados e armazenados. O maior distribuidor de vinhos do Texas, que comerciava uma quantidade enorme de vinhos de Faiveley, serviu alguns com um sabor terrível num almoço que o distribuidor ofereceu a Parker e a 35 de seus admiradores durante um *tour* de promoção. Um consternado Parker pensou que seria deselegante demais fazer qualquer comentário durante o almoço, mas, quando o distribuidor lhe mostrou depois o inventário de vinhos, ficou claro para Parker qual era o problema. Os vinhos estavam alojados num armazém com a altura de dois andares e uma área que equivalia à de três campos de futebol, telhado de chapa ondulada de zinco e sem ar-condicionado. Pior ainda: todos os grandes vinhos, incluindo os de Faiveley, estavam arrumados no topo das pilhas de caixas! Parker pensou que, se a temperatura embaixo era de 38°C, imagine quanto faria lá em cima! O distribuidor colocava as caixas de vinhos mais caros por cima, para evitar roubos – era necessária uma empilhadeira de patola para trazer os vinhos para baixo.

"Você devia cuidar disso", teria Parker aconselhado Faiveley em mais de uma ocasião, mas parecia a Parker que ele não estava disposto a ouvi-lo.

No entanto, como Parker tinha recebido reclamações de seus leitores a respeito dos vinhos de Faiveley, decidiu dizer alguma coisa na edição seguinte de seu *Wine Buyer's Guide*, que estava sendo preparada. Pat não fez a revisão das provas, como fazia com as *newletters*. Ela me disse que nunca teria deixado passar aquelas frases, em especial aquele "Hummm!" Mas, na editora, ninguém viu qualquer problema. Parker já tinha escrito coisas muito piores. Quando a ação foi distribuída em juízo, Parker pensou: "Tudo bem, essas linhas vão provocar algumas perguntas", mas, para ele, tratava-se de uma clássica super-reação.

Assim, Parker consultou-se com seu advogado em Baltimore e com algumas pessoas que conhecia bem em Bordéus. Recomendaram-lhe para representá-lo o muito respeitado Professor Eric Agostini, do corpo docente da Faculdade de Direito da Universidade de Bordéus. A esposa de Agostini, Hanna, também advogada, falava inglês fluente e encarregou-se de traduzir o "legalês" francês que Parker não entendia.

Na Simon & Schuster, o então presidente Dick Snyder não estava nada satisfeito. Parker soube que um Snyder profundamente irritado indagara de seus auxiliares: "Mas quem é esse Parker?" O processo arrastava-se. A Parker, ele já estava parecendo interminável. Uma das exigências de Faiveley era que fosse suspensa a distribuição dos livros delituosos e, como isso podia significar um vultoso prejuízo para a editora, Parker acreditava que Simon & Schuster estava deixando a coisa arrastar-se, querendo protelar uma solução final para mais tarde e o mais longe possível.

Faiveley e Parker reuniram testemunhos de importadores, distribuidores e outros no mundo do vinho, e Parker apresentou tudo o que tinha escrito até então acerca de Faiveley.

Da Borgonha, Parker não recebeu cartas agressivas nem palavras de encorajamento. Estava surpreendido, desapontado e um pouco magoado também, porque depois de ter sido publicada em *The Wine Advocate* a notícia sobre a ação judicial movida contra ele nem um único jornalista do vinho veio em sua defesa. Ele sabia não ter muitos amigos entre seus colegas do colunismo do vinho, depois de tantos anos maltratando-os sem dó nem piedade em letra de forma, mas, apesar de tudo, pensou ele, por que não erguem suas vozes em defesa da liberdade de expressão?

FINALMENTE, O ADVOGADO DE PARKER, ASSIM COMO OS ADVOGADOS de Simon & Schuster, concordaram em pôr termo ao litígio. Se eu não tivesse nutrido antes tanta afeição por Parker, declarou Faiveley, teria levado a ação adiante.

"Robert Parker concordou com o que pedi", disse Faiveley a *The Wine Spectator* em outubro de 1994, depois que a ação foi liquidada mediante acordo entre as partes. Conforme estipulado pelo acordo, noticiou o *Spectator*, Parker e Simon & Schuster eliminariam as polêmicas linhas das futuras edições do livro e cessariam a distribuição da edição corrente depois de assinado o acordo entre as partes. Na edição de agosto de *The Wine Advocate*, Parker publicou um comunicado, em linguagem lapidada pelos advogados, no qual declara não pensar que Faiveley estivesse fraudando seus clientes. Apesar de terem circulado amplamente notícias de que Faiveley havia pedido um milhão de dólares de indenização por perdas e danos, ele declarou a *The Spectator* que requereu de Parker apenas um pagamento simbólico: um franco. Para Faiveley, a ação não era em torno de dinheiro, mas em função de conceitos fora de moda: honra e verdade.

Quando os amigos íntimos borgonheses de Faiveley se reuniram numa das regulares degustações e refeições informais, manifestaram-lhe seu contentamento. Quando o assunto Parker veio à tona, cada um deles disse: "Bem, se Faiveley não pretende receber mais Parker, tampouco eu o farei."

Em minha entrevista com Faiveley, ele disse que sempre se recusara a discutir sobre Parker ou o caso em questão com jornalistas antes do acordo, porque não queria parecer vingativo. Até hoje, ele conserva seu volumoso dossiê do caso, que inclui todas as notas, cartas e documentos, assim como dois exemplares do *Wine Buyer's Guide* de Parker – um com as linhas ofensivas e um exemplar corrigido – que ele retirou da estante para me mostrar. Ele continua perguntando-se por que razão Parker teria escrito aquelas linhas sem falar primeiro com ele.

No fundo, tratava-se de um choque de culturas.

FINDO O PROCESSO, UM PARKER MAGOADO E FURIOSO RETIROU AS caixas de Borgonha de sua adega particular, empilhou-as em seu escritório e disse a um amigo que, embora gostasse muito de beber Borgonhas, pretendia vendê-los todo em liquidação. Como um dos amigos americanos de Parker me disse, uma vez que Parker fique seu amigo, é amigo para a vida toda, mas, se você o apunhalar pelas costas, ele nunca mais esquecerá. Parker ainda acredita que os advogados exploraram e ampliaram, de modo desproporcional, o que ele escreveu, e que a reação de Faiveley foi excessiva, mas admite: "Eu devia ter exposto minha opinião de um modo diferente." Uma das ironias do episódio é que, embora o processo tenha acabado por custar a Parker mais de US$100 mil em honorários e custas judiciais, a publicidade fez com que o livro vendesse muito na França. Essencialmente, os direitos autorais extras cobriram a maior parte das despesas judiciais e a exposição provavelmente incrementou as vendas de todos os seus subseqüentes livros editados na França. Um apoio inesperado veio de países como a Suíça e a Bélgica, onde a opinião parecia ser algo como "Ah, você foi processado; isso deve significar que você está falando a verdade".

Até esse ponto, Parker não possuía seguro de responsabilidade para ações judiciais. Agora já tem.

PARKER VOLTOU DEPOIS A BORGONHA PARA DEGUSTAR ALGUMAS VEZES, mas, embora tudo parecesse em boa ordem na superfície, ele pôde sentir uma subjacente hostilidade residual. As pessoas tenderam a globalizar a situação, pensa Wasserman. "Ninguém podia ficar tranqüilo. Se Parker pode fazer isso a Faiveley, pensavam as pessoas, então o que não faria comigo? Isso ensinou a todos a fragilidade do sistema."

Por sua vez, muitos na Borgonha pensavam que Parker também ficara uma fera com a região. Quando o processo foi finalmente resolvido, diz Devillard, "ele pretendeu fazer com que os borgonheses pagassem por isso. Fomos punidos. Agora, com os anos que já transcorreram desde o fim do caso, ele provavelmente já se deu conta de que a Borgonha não merece esse tratamento." Ele sente que Parker deveria ter se conduzido mais como "*grand seigneur*" e não, talvez, "como um amante desapontado".

Parker simplesmente alimentou o fogo na Borgonha quando escreveu para a sua *newsletter* "um guia irônico para a travessia a são e salvo do campo minado da Borgonha", o que soou mais a "uvas azedas" do que a um ensaio bem-humorado. Foram enumeradas dez frases do "jargão da Côte d'Or", com a interpretação de Parker do que elas realmente significam. Segundo Parker, o subtexto de "*C'est um vrai vin de garde*" (literalmente: este é um clássico vinho para longo envelhecimento) significa que, quando usado por borgonheses e muitos comerciantes americanos do Borgonha, "o vinho é excessivamente tânico e perderá, sem dúvida, a maioria de sua fruta muito antes de o tanino derreter por completo". A oitava frase, "*Monsieur Parker n'em sait rien*" (O Sr. Parker não sabe nada), afirmou ele, significa "Não podemos influenciar o Sr. Parker nem suborná-lo".

No livro de Parker, *Burgundy*, de 1990, Faiveley havia recebido uma classificação de cinco estrelas; na terceira edição de *Wine Buyer's Guide*, em 1993, ele foi rebaixado para um *domaine* de quatro estrelas, embora os escores médios fossem os mesmos; na quarta edição, publicada em 1995, depois que a ação judicial tinha sido solucionada, Parker rebaixou o *domaine* para três estrelas e escreveu que tinha chegado a acordo com dois outros escritores, que os vinhos de Faiveley eram "duros" e "demasiado terrosos e grosseiros", após vários anos de idade em garrafa. Entretanto, quase todos os escores para os vinhos eram tão altos (em alguns casos, mais altos) para a safra de 1991 quanto para os vinhos da edição prévia.

Parker lamenta que ele e Faiveley, de quem diz gostar pessoalmente, tivessem brigado. Ele sempre teve esperança, disse-me com expressão melancólica, de que, em um de seus numerosos vôos para Paris ou de volta aos Estados Unidos, dessem de cara um com o outro e as coisas, de alguma maneira, se consertassem entre ambos. Embora reconheça que devesse ter escolhido outras palavras para o que escreveu, ainda sente amargura pelo desfecho. "Se os borgonheses pensaram que quebrariam meu poder", disse ele, numa bravata beirando a arrogância, "não conseguiram, em absoluto. Isso só aumentou a consciência das pessoas sobre o que eu estava fazendo". Parker declara: "Meu trabalho lá era bom. Meus interesses por Borgonha eram muito mais benéficos para seus interesses a longo prazo como região."

Depois que contratou Pierre-Antoine Rovani para fazer a cobertura da Borgonha para a sua *newsletter*, Parker tentou dar a entender que o que passou, passou, e providenciar para Rovani uma degustação na adega de Faiveley, mas este recusou. Isso, comentou Parker, foi "infantil, estúpido e nada profissional".

AUBERT DE VILLAINE, QUE ADMINISTRA O DOMAINE DE LA ROMANÉE-Conti, contou-me que, certa vez, se recusou a ser entrevistado para um artigo sobre Parker porque ninguém mais na Borgonha se mostrava disposto a dizer o que realmente pensava a respeito dele. Mas agora estava disposto a falar. Em sua sala de estar de paredes brancas em Bouzeron, sentado diante da maciça lareira, disse: "Os Estados Unidos têm muito poder. O modo como os americanos influenciam o mundo do vinho é por intermédio de Parker. Ele tem sido extraordinário para o vinho, um fator incrível para a expansão do vinho no mundo. Mas há um lado negativo em sua autoridade. Seu êxito se baseia no fato de que ele diz 'este é bom, este é ruim'. Ele oferece um julgamento claro, mas, quando você formula julgamentos com essa clareza, pode cometer erros, como o patriarca da família. Alguns membros da família podem sofrer em decorrência dessa autoridade. É importante que as pessoas entendam que esse é o julgamento de um homem. As pessoas deveriam ser um pouco mais críticas a respeito do gosto de Parker."

De Villaine reconheceu que, desde que Parker deixou de ir à Borgonha, "sentimo-nos mais livres, embora isso torne as coisas mais difíceis. Vinho não é um exame. Agora não temos o que parecia ser uma máquina extraordinária nos julgando. Podemos nos concentrar no *terroir*."

7

O AVANÇO DO IMPERADOR

ÀS 7:55 DE UMA MANHÃ DE MAIO DE 2002, ESTACIONEI meu carro na área em frente ao edifício da recepção do Meadowood Country Club & Resort no vale do Napa e fiquei bebericando um café com leite da Oakville Grocery enquanto aguardava Robert Parker. Sua nota rabiscada às pressas tinha especificado 8:00 horas e eu, com certeza, não queria chegar atrasada. Eu estava seguindo de perto um dos dias de maratona do imperador do vinho durante sua visita anual à região vinícola da Califórnia setentrional. O dia estava nublado e frio; nessa semana, já me tinha chegado aos ouvidos a informação de que as vinhas estavam com duas semanas de atraso em relação ao ponto em que deveriam estar num período de desenvolvimento normal.

Meadowood, no alto de uma sinuosa estrada transversal à Silverado Trail no vale do Napa, era um lugar de fácil acesso e altamente seleto, perfeito para uma celebridade visitante como Parker, além de luxuoso: quartos a partir de US$400 por noite. De propriedade do investidor imobiliário Bill Harlan, cujo vinho *cult* Harlan Estate era um dos Cabernets californianos favoritos de Parker (com 100 pontos nas safras de 1994 e 1997), o Meadowood foi inaugurado em 1981, o mesmo ano do primeiro leilão de vinho do vale do Napa. Lembro-me muito bem disso: as vinhas, nesse mês de junho, estavam adiantadas, em virtude de uma onda de calor com temperaturas acima dos 45°C, e o interior da tenda estava tão sufocante que o leiloeiro Michael Broadbent mantinha seus pés descalços numa bacia de água gelada escondida atrás da cortina do estrado, de onde exortava os licitantes a comprar vinhos de que nunca tinham ouvido falar. Como também eram poucos os que na época tinham ouvido falar em Robert Parker, o surpreendente duelo travado entre dois licitantes em torno de uma caixa de Opus One, que finalmente foi arrematada por US$24 mil, foi um augúrio de muitas coisas por acontecer. Duas décadas depois, a cultura do vinho no vale do Napa mudara de modo espetacular; o leilão do vale do Napa angariou US$55 milhões para obras de caridade e todo mundo conhecia de cor e salteado o nome de Parker.

A nota de Parker lembrou-me que nosso dia seria longo, terminando provavelmente por volta das 8:00 da noite, sem parada para almoço. Foi por isso que coloquei rações de sobrevivência numa bolsa – uma maçã, um "muffin" de mirtilo e um naco de queijo Sonoma Jack (bem embrulhado, para que seu odor não contaminasse o sentido do olfato do grande homem), tabletes de chocolate e duas garrafas de litro de água Crystal Geyser –, preparada para ter de repartir tudo isso. Mais um bom blazer, no caso de Parker me aparecer mais formalmente vestido do que pensava que ele estaria, além de um suéter para as gélidas adegas.

Parker chegou minutos depois, a bordo de um modesto Taurus SES branco. Não precisava me ter preocupado com o que eu estava vestindo. Sua forte compleição trajava uma bermuda preta com bolsos com zíper e uma camisa preta tipo "pólo" com etiqueta vermelha, sobre a qual trazia um anoraque vermelho e negro aberto – cores em harmonia, mas, definitivamente, não o *dernier cri* em termos de moda. Seus velhos e cambos sapatos marrons de cordões e as pernas das meias enroladas acima dos tornozelos pareciam poder enfrentar qualquer vinhedo lamacento – o que provavelmente tinha acabado de fazer. Usava uma joelheira preta; o joelho estava lhe causando problemas – de fato, ele estava mancando –, mas ainda não tivera tempo para programar a cirurgia artroscópica que precisava fazer.

Seus olhos estavam um pouco vermelhos. Tinha chorado em seu quarto, confidenciou-me, porque a mulher de seu melhor amigo, Park Smith, estava morrendo de um câncer muito agressivo no cérebro e tinha acabado de falar com ele ao telefone. Os dois tinham se conhecido em 1988; Smith, um grande colecionador de vinhos (suas cinco adegas continham cerca de sesenta mil garrafas) e um dos sócios do Veritas Restaurant em Nova York, chamava Parker de "Mongo" e Parker apelidava-o de "O Magnânimo Parkster". Quando em casa, os dois falavam-se ao telefone todos os dias. Parker preocupava-se muito com a possibilidade de que Carol Smith, conhecida como "Ma", viesse a falecer enquanto ele estava fazendo essa viagem e tivesse de interromper tudo e voar de volta para o funeral. Mas isso era algo que ele não hesitaria em fazer. "Irei nem que tenha de abandonar tudo", disse ele.

Abril não tinha sido um bom mês para Parker. Sua mãe, a quem tinha sido diagnosticado um câncer em fevereiro, pouco depois que eu estive com ela, morrera no dia 8. Em seu cunhado – não o que era seu sócio na Beaux Frères –, tinha sido implantado um quádruplo *by-pass*, apesar do fato de nunca ter fumado, não ser obeso, caminhar e praticar exercícios regularmente. Agora uma boa amiga estava morrendo. Outras pessoas poderiam achar difícil ou sem sentido viajar por aí degustando vinho em tais circunstâncias, mas Parker viu essa viagem de 12 dias como uma bem-vinda distração. Sua incrível concentração no tocante a vinho era uma característica dominante de sua conduta na rota de degustação. "Bloqueio toda a tristeza e deixo-a lá fora", dizia ele.

Suas viagens à Califórnia sempre causavam alvoroço – se bem que não tanto quanto suas viagens à fofoqueira Bordéus – e dezenas de vinícolas que não figuravam em seu programa enviavam garrafas de amostras ao seu quarto, esperando despertar suas papilas gustativas. Cinqüenta e um felizardos em Napa e Sonoma estavam no itinerário dessa viagem, uma mistura de "pontos de referência" – gente que "realizava esforços extraordinários para fazer um grande vinho" – e novos produtores e pessoas com quem ele não tivera contato nesses últimos anos, como era o caso do magnata do cinema de Hollywood, Francis Ford Coppola, que tinha comprado há vinte anos as antigas vinhas de Inglenook e se encontraria agora pessoalmente com Parker. Ele estava na lista, embora Parker nunca tivesse demonstrado muito entusiasmo por seus vinhos.

Parker minimizava freqüentemente o poder que tinha, mas, quando enviava os faxes com a data e a hora em que queria um encontro, não havia uma só vinícola que lhe pedisse para transferi-lo para outro dia ou hora. (Hoje, ninguém se atreveria a se recusar a vê-lo, como Justin Meyer, de Silver Oak, fez há alguns anos, embora Parker fosse, de qualquer modo, um apreciador entusiástico de seus vinhos.) Ed Sbragia, o vinhateiro-chefe de Beringer, uma das mais antigas e maiores vinícolas de primeira linha do estado, interromperia suas férias e voaria de volta para passar quatro horas e meia com ele daí a alguns dias. À maioria das vinícolas, só era concedida uma hora. Mas a gama de vinhos de Beringer era imensa, como a de alguns outros gigantes que mereciam paradas longas e regulares. O único enólogo de uma propriedade pequena a quem era concedida uma audiência de muitas horas era a favorita de Parker, "guru e deusa do vinho" (como ele a chamava), Helen Turley.

Entrei em seu carro. No banco traseiro, uma caixa de água engarrafada Poland Spring fazia companhia a um enorme cacho de bananas. "Nunca como enquanto estou na rota da degustação", explicou Parker, "mas, quando sinto fome, o sabor e a contextura da banana não parecem interferir em minhas papilas gustativas". O jantar seria tranqüilo, uma salada e água mineral em seu quarto. E depois uma chamada para Pat; às vezes, telefonava-lhe três vezes num único dia. E levava sempre consigo três ou quatro livros numa viagem de degustação, para descontrair após um dia concentrado na boca. Sua leitura predileta eram os romances policiais e de mistério, como os do autor baltimoreano Stephen Hunter, que fora crítico de cinema do *Baltimore Sun*. Em geral, colocava uma fita de Neil Young no toca-fitas enquanto dirigia e punha o som bem alto. Mas, dessa vez, fomos conversando pelo caminho.

O CENÁRIO VINÍCOLA NO VALE DO NAPA E NA CALIFÓRNIA GERALMENTE era muito diferente em 2002 do que fora nos primeiros anos de *The Wine Advocate*, quando Parker escreveu contundentes ataques contra a maior parte dos vinhos e vinicultores do estado. Em contrapartida, estes últimos queixavam-se amargamente de que ele manifestava uma forte predisposição a favor dos vinhos franceses. De alguns gigantes industriais e um punhado de lojas que vendiam localmente a maior parte dos vinhos que produziam, o rol de vinícolas da Califórnia inchara para mais de um milhar, muitas das quais exportavam seus vinhos para o mundo inteiro.

Em 1990, Parker chegara à conclusão de que "só um idiota podia ignorar que a Califórnia está produzindo agora muitos dos maiores vinhos do mundo". Entretanto, no final da década, ele estava convencido de que menos de uma centena de vinícolas estava produzindo vinho de classe mundial. Muitas delas estavam localizadas no vale do Napa, sendo esse o motivo por que eram valiosas suas viagens anuais.

Algumas coisas não tinham mudado. Na década de 1970, as vinícolas da Califórnia tinham procurado e conseguido depender da imprensa de um modo que os franceses não praticavam. Tinha sido uma luta para as pequenas vinícolas dedicadas à qualidade atraírem a atenção dos consumidores de vinho do mundo – elas haviam organizado eventos e promovido audaciosas e por vezes arbitrárias degustações comparativas, colocando vendedores para percorrer o mercado e pressionando a mídia para que prestasse atenção a seus vinhos, na esperança de que resultasse uma história e uma menção favorável para eles. Não dispunham de décadas para construir reputações, precisavam agir com rapidez, e a mídia era a melhor máquina de marketing que poderiam obter num país onde 12% da população bebia 88% do vinho. A divulgação em escala global pela mídia do mundo do vinho teve seu início nos Estados Unidos, a capital mundial da mídia.

Num campo congestionado de concorrentes, cada vinícola necessitava mais do que nunca da imprensa para ganhar destaque, para sobressair do conjunto; para uma vinícola novinha em folha, a atenção da mídia era essencial para construir sua reputação. Muitas vendiam seus vinhos em salas de degustação, mas, para persuadir distribuidores nacionais, varejistas e restaurantes a oferecerem seus vinhos, requeria-se uma produção substancial ou boas qualificações de Parker e de *The Wine Advocate*. Uma nova safra de pequenas vinícolas surgiu na década de 1990, muitas das quais vendiam toda a sua diminuta produção por intermédio de uma exclusiva lista de endereços e dependiam substancialmente de "ser notícia" na mídia para, no começo, construir uma clientela para vinhos que pularam de US$50 para US$100 a garrafa. Elas acolheram Parker de braços abertos, sabendo que mesmo compradores ricos queriam a garantia de que estavam obtendo um *big bang* graças a essas garrafas de *big dollars*.

Os estilos de vida tinham mudado durante as décadas de 1980 e 1990, quando os vinicultores deixaram de copiar modelos franceses para tentar apurar o que a Califórnia fazia melhor, o que resultou ser, na maioria dos casos, vinhos feitos de fruta suculenta, quase doce, amadurecida ao quente Sol da Califórnia. Poder, concentração, fruta intensa e tanino abundante tinham sido as marcas registradas dos primeiros Cabernets da Califórnia que ganharam elogios de Parker nos primeiros anos de *The Wine Advocate* – Silver Oak, Dunn, Caymus, Diamond Creek, Mayacamas – e os nobres e frutados Chardonnays, com um pitada de carvalho especializado que compensou em poder o que lhe falta em sutileza e elegância. Com a ciência e a tecnologia do seu lado, as vinícolas acreditavam ser capazes de transpor, de um único salto, séculos de tentativas e erros para se igualar às regiões produtoras da Europa, com a variedade certa de uva. De suma importância eram os mágicos criadores de vinhos que estavam convencidos de que a ciência *high-tech* e a moderna enologia eram o caminho para a grandeza; durante a década de 1980, eram poucos, entre eles, os que manifestavam muito interesse por técnicas vitivinicultoras – eles só começavam realizando suas mágicas quando as uvas entravam nas cubas. No início da década, alguns tinham por objetivo fazer vinhos mais balanceados e austeros – apelidados "vinhos de alimento" (*food wines*) – e técnicas outrora vistas como "dilapidadoras" eram chamadas de "esculturação". Quando Warren Winiarski anunciou, durante o *Four Seasons' Barrel Tasting Dinner*, que havia filtrado e afinado seus mais recentes Cabernets, apupos e vaias audíveis acolheram essa confissão do que muitos consideravam uma violação do vinho.

Para Parker, apesar de cerca de uma dúzia de vinícolas estelares, o estado "liderava nessa época o mundo na produção de vinhos desinteressantes, altamente processados, que são excessivamente acidificados, têm pouco aroma e sabores deslavados porque os vinhos foram esvaziados por múltiplas filtragens". Uma vez mais, ele era o advogado severo denunciando crimes vinícolas, especialmente os mais sérios de todos: "A destruição da alegria do vinho em nome do progresso."

Mas, a partir da década de 1990, as coisas mudaram de modo espetacular. Os vinicultores estavam ocupando novas regiões como Santa Bárbara, adotando novas variedades de uva, como Syrah, e muitos tinham deliberadamente voltado a fazer vinhos num ousado e vigoroso estilo americano – vinhos maduros, ricos, com grandes sabores e tremenda concentração. É muito menor o número dos que têm o caráter pesado, rústico, tânico, dos superambiciosos engarrafados dos anos 70, mas alguns eram tão intensos, exóticos e demolidores por seu elevado teor alcoólico que, ainda hoje, suscitam críticas. Não para Parker. Apesar de um paladar treinado em vinhos franceses, ele descreveu a si mesmo como um "fanático da fruta", com um gosto pela riqueza e a intensidade que ocorrem naturalmente na Califórnia. Parker chamou os oito anos, de 1990 a 1997, de "história em elaboração" para a qualidade do vinho da Califórnia.

Terroir era, anos atrás, uma palavra que só um punhado de produtores da Califórnia – como Paul Draper, de Ridge Vineyards, nas montanhas de Santa Cruz – teria porventura proferido algum dia. Mas, na década de 1990, surgiu um novo grupo de influentes consultores de administradores de vinhedos, como David Abreu e John Wetlaufe. Os novos "cobras" da indústria, enólogos-consultores como Helen Turley e Heidi Peterson Barrett, começaram a prestar mais atenção ao que acontecia na vinha e lideraram o processo para produzir o vinho mais naturalmente na adega. Levaram sua filosofia de vinícola em vinícola e ganharam o status de *chefs* famosos. Tal como Parker, muitos dessa nova geração de enólogos pareciam ajustar-se ao molde de obstinados e ambiciosos "franco-atiradores", independentes, solitários, quase sempre autodidatas, que voltaram as costas ao *establishment* (neste caso, o Departamento de Enologia da Universidade da Califórnia, em Davis) e estavam convencidos de que conheciam o caminho certo para alcançar a grandeza. Essa era a história a que Parker era favorável.

A década de ouro do vinho na França, segundo Parker, fora a de 1980, e ele tinha estado lá para apreciar e elogiar os melhores entre os melhores. No início da década de 1990, os Bordeaux sofreram com safras medíocres e os vinhos americanos tinham subitamente realizado um estupendo avanço que os colocou na dianteira. As principais vinícolas, acreditava Parker, estavam agora produzindo grandes vinhos, mas, lamentavelmente, algumas, a quem ele fustigava com regularidade, estavam agora colocando seus vinhos a preços "em proporção com seus egos". Em suas visitas ao vale [do Napa], ele estava de olho no que era novo e excitante – a primeira safra de um Cabernet com potencial para virar *cult*, a mais recente novidade de Helen Turley, o aprimoramento do Clos Pegase desde que contrataram outro vinhateiro – e em quem ele pensava que entrara em declínio no ramo. Nesses últimos anos, essa lista passara a incluir muitas vinícolas para as quais Parker sempre tivera elogios, como Clos du Val, dirigida pelo vinhateiro francês Bernard Portet; Diamon Creek, de Al Braunstein, e até Robert Mondavi.

Parker nutria fortes opiniões sobre os estilos e as técnicas certas para a produção de vinhos na Califórnia, da mesma forma que as tinha para o Borgonha e qualquer outra região vinícola. Azar de quem discordasse – como Tim Mondavi, com quem ele estaria dentro de poucos dias.

A Robert Mondavi Winery era um dos "pontos de referência" que Parker visitava todos os anos e que vinha elogiando durante a maior parte da década de 1990. Mas isso não o impedira de, no número de dezembro de 1999 de *The Wine Advocate*, repreender o filho de Robert, Tim, que supervisionava a produção de vinho, pelo rumo que os vinhos de Mondavi estavam recentemente tomando. "É óbvio que a força dos vinhos finos da Califórnia não reside na delicadeza e na *finesse* à la Bordeaux, mas no poder, na exuberância e na fruta gloriosamente madura", escreveu ele. A busca por Tim Mondavi de "vinhos de delicadeza primorosamente nuançada não contraria a verdadeira força da Califórnia?" Ficou claro que Tim ignorou a mensagem, de modo que, em dezembro de 2000, Parker adotou um tom mais estridente, até emocional, a respeito do que chamou a equivocada adoção por Tim da "euroelegância". "Ao fazer vinhos cada vez mais leves e, no meu modo de pensar, inexpressivos e inócuos, que erram ao ficar do lado da insipidez intelectual, em detrimento da busca de vinhos de coração, alma e prazer... [ele] está indo contra o que a Mãe Natureza deu à Califórnia", fulminou Parker. A maioria dos escores que havia conferido aos vinhos declinara para os 85 pontos e menos, com alguns despencando para os 70. Parker já decidira que o que a Califórnia tinha feito de melhor – e devia continuar a fazer – era produzir "vinhos de ultramaturação, majestosa riqueza e provocante intensidade". Tudo o mais parecia estar "mortalmente errado".

Depois de publicada a crítica de Parker, as ações de Mondavi caíram 14 pontos.

Como acontecia com freqüência quando outros sustentavam um ponto de vista diferente sobre vinho, Parker não levava em conta a abordagem de Tim ao estilo de vinha como simplesmente diferente daquilo que ele próprio gostava; ele a atribuía a uma causa externa que devia ser a causa da atual discrepância. Seis anos antes, ele havia incluído Tim Mondavi na lista de seus "heróis", de modo que alguém devia ter exercido sobre ele uma nefasta influência. Como a vinícola e Tim estavam envolvidos em meia dúzia de projetos multinacionais, Parker teorizou que Tim estava gastando tempo demais com "famílias produtoras dos mais finos vinhos da França, Itália e alhures" que pensavam que os vinhos da Califórnia eram alcoólicos em excesso e ultrapassavam todos os limites, "exemplos vínicos da vulgar cultura americana". Seis meses depois, Jim Laube, que cobria a Califórnia para *The Wine Spectator* e vivia no vale do Napa, ecoou o ponto de vista de Parker em letra de forma.

Todo o alarido acabou guindado ao status de uma daquelas rivalidades industriais alimentadas por falatório e mantidas por meio de reportagens em duas publicações inglesas de vinho e da desconstrução em profundidade no *Global Vintage Quarterly* e no *Wine Business Monthly*, publicado em Sonoma. Dan Berger e muitos outros escritores de vinho enviaram a Tim cartas de indignação e apoio – "Quero apenas dizer-lhe que os argumentos dele são improcedentes" – e o varejista Gerald Weisl divulgou sua própria carta e a resposta de Tim no website de sua loja. A maior parte das vezes, Tim e o pai, Robert, foram de uma complacente afabilidade a respeito de Parker quando entrevistados – "ele fez muito pela indústria e tem seu ponto de vista, nós temos o nosso" foi o tom dominante –, mas ambos estavam magoados e ofendidos, sobretudo a respeito dos comentários pessoais de Parker sobre Tim e a implicação de que a seus vinhos faltava "coração e alma", algo que era garantido enfurecer Robert em particular. Os Mondavi solicitaram um encontro com Parker para discutir seus comentários.

Mas, se a família amaciava as coisas nos comentários públicos, em particular Robert Mondavi não se privava de falar sobre as ásperas censuras de Parker aos vinhos deles. No pequeno lanche de aniversário que sua filha lhe ofereceu no apartamento dela em Nova York, ele me disse: "Temos um estilo que é só nosso. Acreditamos nele. Se você põe todo o seu coração e alma num vinho, as pessoas preferirão o seu, inclusive a um melhor do vizinho do lado."

Tim, que, tal como seu pai, dificilmente conseguia parar de falar, com sua conversação digressionando sem rumo certo até que se lhe puxasse a rédea para fazê-lo fixar-se num determinado tema, estava convencido de que o problema começou quando ele não pôde estar na vinícola para a degustação anual de Parker, em outubro de 2000, porque tinha ido ao evento *New York Wine Experience*, organizado por *The Wine Spectator*. Genevieve Janssens, diretora de enologia da Mondavi, contou a um entrevistador que Parker havia chegado de mau humor e fora muito rude e brusco, dizendo repetidas vezes enquanto degustava os vinhos Mondavi: "É um problema, é um problema, onde está o prazer?"

Parker, com uma risada, recordou o episódio de modo diferente – ele estava desapontado, não de mau humor, e queria discutir seu ponto de vista, mas não houve resposta. Quando soube que Mondavi havia contratado Michel Rolland, o ubíquo consultor de enologia de Bordéus, a quem Parker conhecia e respeitava há cerca de vinte anos, este deve ter certamente suposto que eles haviam levado suas palavras a sério e estavam procurando melhorar os vinhos que ele depreciara, como tinham feito quinze anos antes. De 1975 a 1985, Mondavi tinha filtrado todos os seus vinhos. Os comentários devastadores de Parker os persuadiram a voltar a fazer vinho tão naturalmente quanto possível. Robert Mondavi assim declarara. Michel Rolland afirmou que Tim o convocara duas semanas depois de publicada a *newsletter*, mas a posição oficial da vinícola era que Roland fora chamado para trabalhar num projeto específico de Merlot.

Depois da crítica demolidora de Parker aos vinhos de Mondavi, Enologix, um laboratório em Sonoma que publica o *Global Vintage Quarterly*, organizou um painel de degustação formado por enólogos profissionais para avaliar às cegas os Cabernets Mondavi contra vários outros a quem Parker havia atribuído elevados escores. Nenhum deles considerou que os vinhos de Mondavi fossem inferiores a esses. O seguinte comentário é atribuído a Tim: "Não penso que ele [Parker] tenha alguma vez dito que deveria existir um único estilo, mas, com base naquilo que ele escreve, creio que poderíamos concluir que, de fato, ele acredita nisso."

Mas isso tinha sido no ano anterior. Eles tinham finalmente se reunido e supostamente acertado os ponteiros. A visita desse ano seria mais satisfatória – pelo menos para Parker.

CURVADO SOBRE O VOLANTE, PARKER ENTROU EM ST. HELENA, reanimando-se quando começou a mentalizar seu ingresso no mundo do vinho. Depois dobrou para o Sul, na Rodovia 29, a estrada Norte-Sul que divide ao meio esse estreito vale. Os trabalhadores já estavam nas vinhas, pulverizando, mas o tráfego era escasso se comparado com o do tempo da vindima, quando o número de caminhões que transportavam uvas podia reduzir a marcha dos demais veículos a um passo de tartaruga. Dirigimo-nos a Rutherford, onde faríamos nossa primeira parada, Staglin Family Vineyard, mas Parker, frustrado, não tinha certeza de qual desvio tomar para sair da rodovia e não tinha mapa. Assim, pesquei em minha bolsa o guia que trazia comigo, com as vinícolas marcadas nele. Saímos no desvio de Bella Oaks Lane e, no final, incrustado na encosta do Monte St. John, nas montanhas Mayacamas, estava o portão de ferro para entrar na estrada que, ladeada de vinhedos, subia até a vinícola. O portão estava fechado. Parker apertou o botão no pilar de pedra. "Oi, Bob Parker", disse ele. A voz desencarnada de Shari Staglin respondeu: "Ah, ótimo. Poderia trazer para cima os jornais?"

O imperador do vinho me olhou com expressão divertida, como para me dizer, *Está vendo, no fim de contas não sou esse tal sujeito chapa branca*, riu e apanhou os jornais na caixa de correio. Parker simpatizava com os *self-made* e incrivelmente ricos Staglins, que, achava ele, tinham sido "realmente surrados" na última crônica do vale, *The Far Side of Eden*, de James Conaway, na qual eles são retratados como a encarnação dos "novos ricos" que tinham vindo para o vale na última década para cultivar uvas e fazer vinho com o propósito de adquirir status, satisfazer aos seus próprios egos e ter "uma boa porção de estilo de vida", como dizem os Staglin. Bem, eles podiam ser vistos desse modo. Possuem certamente mais dinheiro do que a maioria das pessoas poderia imaginar. Construíram um falso palacete toscano de 1.100 metros quadrados cuja decoração incluía um tapete em ponto de cruz que é uma cópia do teto pintado de um palácio italiano da Renascença, começaram produzindo Cabernet e emprestaram a propriedade a Disney para a filmagem da nova versão de *The Parent Trap*, para consternação geral dos vizinhos. Mas, feitas as contas, eles doaram uma batelada de dinheiro, ofereceram jantares e vinho para obras de caridade, em benefício especialmente de doentes mentais, e Parker admirava isso. Tentou fazer a mesma coisa, se bem que, é claro, numa escala muito menor.

O vale estava repleto de outros empresários, especuladores imobiliários e banqueiros de investimentos que haviam ganho tanto dinheiro e tão depressa nos vertiginosos anos do "boom" dos anos 90 que dificilmente conseguiam encontrar projetos suficientes para investir. Resolveram, então, fazer o que os Staglin tinham feito. A idéia de começar uma vinícola com seu próprio nome pareceu um sonho hedonista facilmente realizável.

Os dois *terriers* Jack Russell, dos Staglin, Sami e Deuce (os anfitriões caninos de um Doggie Dinner Party que arrecadou US$28 mil num leilão de vinhos do vale do Napa), ladraram furiosamente à vista de Parker, quando este se juntou à família Staglin, incluindo seus dois filhos adultos, o filho Brandon e a filha Shannon, à entrada de sua recém-inaugurada e ambientalmente acolhedora vinícola de 2.250 metros quadrados, construída diretamente na encosta. A última vez que Parker os visitara, dois anos antes, eles ainda estavam fazendo seu vinho num vizinho lagar esmagador. Levara dez anos, além de um projeto que ocultava a vinícola num subterrâneo, a fim de se obter a aprovação das autoridades de planificação urbana para a sua construção. As pessoas diziam que a contribuição de US$1 milhão de Garen Staglin para a meninados-olhos de Robert Mondavi, o Copia American Center for Wine, Food and the Arts em Napa, tinha sido o que finalmente ajudara a deslanchar a construção da nova vinícola. Os Staglin estavam impacientes por mostrá-la a Parker.

Garen e Shari Staglin eram ambos de estatura baixa, magros e veementes, ele de cabelo escuro, fisionomia sorridente, ela loura, com uma vivacidade que se refletia facilmente em sua loquacidade, e usavam a mesma implacável e jovial energia na produção e na promoção de seus vinhos que haviam aplicado na condução de seus negócios – uma companhia de vidros de segurança e agora uma empresa de sistemas de pagamento eletrônico, a One Global, com 1.100 empregados – o que lhes rendia dinheiro bastante para, em primeiro lugar, se darem ao luxo de concretizar outras iniciativas como a vinícola.

De fato, era imperioso dar-lhes a mão à palmatória. Fosse por sorte ou por argúcia, eles tinham feito tudo certo, se pretendiam criar um grande vinho. Primeiro, em 1985, compraram um histórico vinhedo de 50 acres que pertencera ao pioneiro do vale do Napa, Georges de la Tour, o fundador de Beaulieu Vineyard. Não tinha sido fácil convencer sua neta, Dagmar Sullivan, a vendê-lo. Originalmente plantado sob a supervisão do célebre Andre Tchelistcheff, o vinhateiro que transformou a fabricação de vinho americano nas décadas de 1940 e 1950, a vinha contribuíra com uvas para um dos primeiros grandes vinhos da América, o Georges de la Tour Private Reserve Cabernet Sauvignon, do Beaulieu Vineyard. Era o mais perto que a América podia chegar do aureolado *terroir* com boas provas feitas e uma igualmente boa imagem.

Como administrador do vinhedo, contrataram o controvertido David Abreu, que Parker tinha inscrito como um de seus "heróis" em 1993, para mostrar que eram sérios. Durante a década de 1990, Abreu trabalhou como consultor de vinhedo para uma lista de "Quem é Quem" entre os produtores de vinho *cult* do vale. Parker tinha classificado com 100 pontos um dos próprios vinhos de Abreu, o Abreu Madrona Ranch 1997, do qual existiam escassas 300 caixas. Felizmente, ele estava ausente nesse dia. Tornara-se conhecido por ficar falando horas a fio com Parker, toda vez que se encontravam, sobre todos os aspectos técnicos da viticultura – clima, vinhedos, épocas apropriadas, qualquer coisa.

Os Staglin investiram no mais moderno equipamento, aprenderam a falar o jargão do vinhateiro e souberam como comercializar seus vinhos tirando partido de todos os elementos que Robert Mondavi usara antes deles. A herança italiana de Garen (o nome de família tinha sido Stagliano), a idéia de família (seus filhos também estavam envolvidos, "é um negócio dinástico") e sua extensa coleção de arte, tudo estava ligado ao vinho deles. Era o conjunto certo de requisitos para o sucesso. E dois anos antes, haviam contratado o enólogo Michel Rolland para trabalhar como consultor do vinhateiro deles.

(Isso, confidenciou-me Shari, tinha resultado muito mais dispendioso do que esperavam.)

Como muitos outros e prósperos recém-chegados ao vale, eles queriam fazer unicamente o melhor (nenhum americano tinha por meta fazer um segundo *cru*, muito menos o vinho de um pequeno *château*) – e, é claro, ganhar a validação de Parker. O Cabernet 1990 deles chegou um tanto apertado aos 90 pontos, mas o Cabernet 1994 arrancou fácil um 90+. Parker chamou a um outro dos vinhos dos Staglin, o Sangiovese, o melhor exemplo na Califórnia. Em conformidade com a herança italiana de Garen, eles dizem que fazer vinho com a mesma uva usada para fazer Chianti na Toscana "valorizou a história dos Staglin".

O novo vinhateiro, Andy Erickson (que os deixaria em 2003), usando um suéter verde-escuro de gola em V, assumiu a condução do giro pela fábrica e da degustação de 12 vinhos, e foi cortesmente informando Parker, que nunca o tinha visto, sobre seu currículo na profissão: uma temporada em Harlan Estate, depois Spottswoode, dois favoritos de Parker, e sua mulher trabalhava para Abreu. Após um breve período de conversa trivial e de uma olhada aos cinco túneis atravessados por três, à sala de 9 metros de altura por 10 de largura e 30 de comprimento, e aos sete ventiladores que ligavam automaticamente quando a umidade ultrapassava os 80%, Parker mergulhou com visível agrado nas minúcias do que era novidade na produção de vinho desde a sua última visita. Erikson estava satisfeito por lhe servir de cicerone: Abreu estava reduzindo a produção no vinhedo, experimentando novos clones, mudando os intervalos entre cepas onde foram replantadas para que a fruta amadurecesse mais depressa, trasfegando cada vez menos quando os vinhos estavam em barrica, manipulando o vinho cada vez menos ("pensamos que o vinho é feito no mantra do vinhedo") – em suma, pairavam no ar todas as palavras em voga no vocabulário vinhateiro contemporâneo. Parker inclinava a cabeça em claro sinal de aprovação, interrompendo para dar suas próprias lições de um parágrafo sobre tópicos de vinicultura que são caros a seu coração – a importância de baixas produções para garantir vinhos de caráter e de deixar a uva amadurecer plenamente na vinha, os problemas de filtração. Shari Staglin defendeu, com pertinácia, a idéia de produzirem um Sangiovese; Parker gostou disso, mas, sob uma perspectiva global, perguntava-se o que ganhariam em produzi-lo na Califórnia. Ele não estava dando-se aí tão bem quanto na Toscana. Mas os Staglin tinham razões sentimentais e, além do mais, isso condizia com sua história.

A degustação numa grande mesa redonda posta com um jogo de cristais foi acompanhada pelos latidos de Sami e Deuce, mas Parker, com similar experiência canina em casa, não se perturbou. Ele gostava especialmente da amostra de barrica do Cabernet Sauvignon 2001, a primeira safra de Erikson na casa. "Realçamos a intensidade", explicou Erikson, "mas faremos o corte final quando vier Michel [Rolland]". O Cabernet 1999 não estava afinado nem filtrado. "Seguimos o conselho de Michel. Tem de haver uma razão para você fazer isso. Se não há problema algum, por que filtrar?" Parker não podia estar mais de acordo com isso.

"Staglin é uma obra em franco progresso", disse-me Parker no carro. "Continuo voltando muitas vezes porque vejo motivação para fazer vinhos de classe mundial, e estão chegando muito perto." Ele acabou dando à amostra de barrica do Cabernet 2001 seu mais alto escore até então: 94 pontos. Andy Erickson havia sido uma excelente contratação.

PARKER VINHA VISITANDO FLORA SPRINGS, NOSSA PRÓXIMA PARADA, há muitos anos. Julie Garvey, sua proprietária, juntamente com seus dois irmãos, e cujo marido era administrador de vinhedos, recebeu Parker calorosamente, mas com um leve toque de nervosismo. Parker normalmente degustava com o vinhateiro, Ken Deis, que não pôde estar presente. Edle e Deis eram fanáticos por basquete universitário, e Garvey sabia que Parker estava provavelmente na expectativa de uma animada discussão sobre a forma como os Terrapins, a equipe de basquete da Universidade de Maryland pela qual Parker torcia, tinham conquistado, no mês anterior, o título masculino da NCAA. Como brincadeira, Julie lhe entregou uma pequena tartaruga com uma miniatura de bola de basquete entre as patas, que ela comprara em Napa, junto com uma flâmula do Terrapins que colocou sobre a mesa de degustação. "Ei, isto não é para induzi-lo a nos dar um bom escore, você sabe", acrescentou ela, rindo. Ele parecia tocado por esse gesto e também por seu simpático comentário de solidariedade: "Lamento muito por sua mãe, Bob." Parker tinha visto o jogo, mas sem concentração alguma, porque sua mãe estava agonizante no hospital. Todos os que faziam parte do mundo do vinho na Califórnia sabiam do falecimento de sua mãe, e foram muitos os que lhe enviaram mensagens pessoais de condolências.

Flora Springs era praticamente uma veterana, uma participante da onda de vinícolas iniciada em fins da década de 1970, antes de os escores do vinho se apossarem da consciência americana. Tinha sólida reputação, mas nunca esteve em moda ou foi uma *superstar*, a despeito dos excelentes vinhos. Os pais de Garvey tinham comprado uma velha granja que, junto com a casa, trouxe duas vinícolas-fantasma. Em vez de se aposentarem, como haviam planejado, decidiram plantar cepas e fazer vinho, e acabaram sendo uns dos primeiros a lançar um corte de Cabernet estilo Bordeaux, a que puseram o nome de Trilogy. Agora, a família possuía seiscentos acres de vinhedos e produzia mais de uma dúzia de diferentes vinhos. Como muitos na região vinícola da Califórnia, não puderam resistir à experimentação, tentando uma chance com alguma nova variedade de uva. Esse amor à experimentação sempre foi uma das grandes diferenças entre a América e a França no tocante a vinho. Foi o que impediu que o negócio descambasse para a monotonia e o tédio. "Se tivéssemos ficado presos ao Cabernet e ao Chardonnay, já estaríamos liquidados há muito tempo", declara Julie Garvey.

Flora Springs nem sempre tivera um grande relacionamento com Parker. Desde meados da década de 1980 até o início dos anos 90, ele elogiara seus brancos, mas viu o Trilogy, no máximo, como "elegante e polido". Tinham pela frente um trabalho árduo para conseguir adeptos para ele. Garvey não tinha esquecido. "Era um bom vinho, não tão grande no estilo quanto é agora. Tínhamos que colocá-lo na boca das pessoas. Não ganhamos um 99 de Parker." Mas a opinião de Parker sobre os vinhos começou a mudar com a safra de 1991 e, em seguida, ele os visitava todos os anos.

Garvey era uma mulher cordial e franca, e Parker parecia sentir-se especialmente à vontade com ela; trocavam informações sobre seus filhos, reclamaram das novas exigências para as viagens aéreas e discutiram a tendência da Califórnia para vinhos cada vez maiores. Parker pôs-se do lado de "o vinho como bebida de prazer", uma de suas frases favoritas, ao passo que Garvey disse: "Meu palpite é que a questão vai ser, para mim, se chegaremos ou não a um ponto de decrescente retorno em capacidade de envelhecimento. Esses vinhos maiores vão demorar mais? As pessoas estão começando a fazer coisas estranhas a fim de extrair aquelas espécies de caracteres que são elogiados e premiados por críticos." Em outras palavras, a fruta saliente, supermadura e o elevado teor de álcool são uma garantia de que o vinho durará muito, ou de que se decomporá rapidamente?

Parker escutou e depois interrompeu: "Você pode fazer grandes vinhos, mas têm de ser balanceados." Essa foi a primeira de muitas vezes em que diria isso nesse dia.

Garvey havia alinhado 24 vinhos, varietal por varietal, numa comprida mesa na sala de degustação da vinícola, mas, quando Deis checou por telefone, pouco antes de chegarmos, se estava tudo em ordem, ele disse que Parker preferia degustar por safra. "Quer que eu reorganize tudo?", perguntou ela. "Não, não importa", disse Parker. Uma folha de degustação continha todos os detalhes sobre cada vinho que ele gostava de conhecer – variedade de uva, preço, número de caixas feitas, data de liberação. Instalado numa cadeira com rodinhas que Garvey trouxera do escritório de Deis, ele foi avançando ao longo da fila, despejando um terço de um copo, favorecendo sua narina direita ao inalar, degustando, cuspindo numa bacia de plástico vermelho, comentando – gostou do Pinot Grigio de US$12 – e fazendo perguntas. Qual era o programa de carvalho para o Chardonnay? (Era francês.) Garvey estaria vendo uma tendência para abandonar a fermentação maloláctica, a fim de preservar mais acidez no vinho? E quanto ao carvalho? "Ouvimos pessoas dizerem que estão cansadas de carvalho e riqueza", disse Garvey. E qual era a opinião dela sobre as condições durante as três safras passadas? Enquanto ela falava, Parker ia registrando o que queria e bloqueando todo o resto durante a degustação, como se estivesse dentro de uma silenciosa bolha de vidro. Na Faculdade de Direito, ele havia estudado com o som estéreo aos berros; isso não era diferente. Disse a um escritor que podia degustar com "uma centena de crianças gritando na sala".

Quando um vinho entrava em sua boca, a primeira impressão que surgia na cabeça de Parker era estrutural, depois um quadro, uma fotografia do vinho, quase em três dimensões. Ele já tentara muitas vezes descrever o processo. Sabia que isso soava como conversa-fiada, mas ele via o vinho em camadas e texturas, e, em sua mente, ele as descascava uma por uma. Por vezes, pensava nisso como se estivesse abrindo sucessivas cortinas, outras com se estivesse escalando um edifício de dez andares. "Estou pensando sobre o que existe aí e quanto existe de cada coisa, onde está a acidez cara a cara com o tanino, com o álcool", disse ele. Em geral, fazia perguntas sobre o carvalho. Se ele conhecer uma vinícola que tenha usado somente 50% de carvalho novo e a amostra da barrica repercutir excessivamente a madeira, sabe desde logo que eles ouviram dizer que ele gosta de muito carvalho e adulteraram as amostras. "Quando isso acontece", disse ele, "não comento o vinho e não lhe dou nota. Que se danem".

O braço esquerdo de Parker fazia uma curva protetora sobre o grosso livro de notas de capa preta aberto enquanto ele escrevia – ele é canhoto. Nada de tentar espiar os escores. Mas pude ver os adesivos de Tartaruga Ninja que uma jovem Maia colara no livro de notas do papai.

Após alguns dias de degustação, Parker estava convencido de que 2001 seria um bom ano Cabernet Sauvignon. "Gosto dessa safra; você pode ver a doçura. Penso que as grandes safras vão ser como esta por toda a parte, grandes desde o começo. Flora Springs, como a maioria das vinícolas da Califórnia nestes últimos anos, passou a ter a obsessão do *terroir*, tal como ocorria na Borgonha. Tinham iniciado uma nova série de Cabernets de vinhedos separados que "falam do lugar". A excitação de Parker – "Eh, isto é novo! Donde veio isto? – era evidente ao degustar um que ainda nem sequer tinha um nome, seu rosto suavizou-se. O crítico tinha um meio sorriso aflorando-lhe nos lábios;

era a sua expressão habitual, quase beatífica, quando alguma coisa de que gostava atingia seu famoso palato. Por vezes, fazia um estalido de lábios, como fez depois de sorver um pouco de Flora Springs Wild Boar Cabernet. "É um vinho no velho estilo da Califórnia, não 100% politicamente correto", admitiu Garvey. "Que Deus o abençoe", disse Parker, fervorosamente, chamando-lhe "um vinho para os Anjos do Inferno", embora em sua *newletter* baixasse o tom para "motoqueiros durões".

O nome Trilogy significava Cabernet Sauvignon, Cabernet Franc e Merlot, as três uvas usadas no corte. Em 1984, quando Flora Springs o produziu pela primeira vez, poucos estavam fazendo um corte de Bordeaux como esse. "Na verdade, Bob não gostou muito dele", disse Garvey, voltando-se para mim. A voz dela tinha um tom de gracejo bem-humorado, mas também um tudo-nada cortante.

"Sim, fui realmente duro com vocês", concordou Parker, parecendo um tanto encabulado.

Ela continuou a falar para mim, embora olhando Parker de soslaio. "E não só nesse vinho. Ele não gostou de nenhum dos vinhos que fizemos depois desse. Achou que eram elegantes demais."

"Nada disso. Achei que lhes faltava textura e que eram acídicos em excesso."

"Hum-hum. Mas a palavra que você usou foi 'elegante'."

"Bem, politicamente corretos demais, elegantes demais, polidos demais. "Agora, mudando um pouco de assunto, este [o 1999] é um estilo quintessencialmente elegante de vinho. Mas estou dizendo elegante num sentido positivo. Naqueles dias – o período do alimento-vinho – os vinhos eram muito minimizados, muito comedidos. Elegante não é uma coisa ruim. Mas muita gente na minha profissão usa a palavra 'elegante' para desculpar o vinho diluído e ralo, sem caráter."

"Bem, nunca pensamos que nosso vinho fosse um vinho sem caráter. Mas não estávamos tentando fazer um vinho grande, saturado. E penso sinceramente que os da safra de 1990 eram mais generosos. Aprendemos à medida que fomos trabalhando, assim como creio que Bob também evoluiu à custa de degustar", disse ela rindo, para atenuar a insinuação irônica.

"Mas você pensa... Eu sempre desconfiei de que havia uma mão pesada na acidificação."

"Não, nunca. De fato, essa era a coisa que mais nos irritava, porque você falou sobre como adicionávamos ácido e superfiltrávamos, e nunca fizemos nenhuma dessas coisas."

"Então, estavam colhendo a uva cedo demais."

"Não sei, não... Penso termos chegado ao ponto em que colhemos com percentagens de maturação diferentes do que fazíamos nos anos 80. Todo mundo faz isso. Penso que sabemos hoje muito mais..."

"Mas você viu certamente que meus escores sobem quando há muito mais textura."

"Não, não vi. Mas... a maior mudança é que reduzimos o Cabernet Franc. Nosso Cabernet Franc o pega forte e domina uma parte de seu paladar que você não está habituado a sentir. Ele como que atrapalha o conjunto todo e faz com que este pareça mais delgado... e estamos colhendo em níveis mais maduros do que na década de 1980. Concordo que eles estão melhores do que nos anos 80, mas não acho que os de 80 fossem assim tão ruins."

"Minha retórica era então mais irritante."

"Você disse 'morte ao vinhateiro'. Isso machucou os sentimentos de Ken", lembrou ela a Parker, que estendeu as mãos para o alto e se voltou para mim.

"Essa é uma atitude indecorosa de minha parte... Tem certeza de que eu disse isso? Eu devia realmente estar muito fora de mim ao degustar esses vinhos." O tom de voz de Parker soou contrariado.

Garvey foi buscar garrafas de Trilogy de 1985, 1987, 1990, 1992 e 1996 para degustarmos de modo a provar seu ponto de vista.

Mais tarde, ainda ruminando sobre essa troca de palavras, Parker me perguntou: "Você acha que isso soa a algo que eu possa ter dito? Tenho muito boa memória para o que escrevo. Não posso acreditar que tenha escrito 'morte ao vinhateiro'. Não é o meu estilo, em absoluto."

Localizei o trecho ofensivo descrevendo o Trilogy num número de *The Wine Advocate* de 1991: "Se Shakespeare vivesse hoje, poderia muito bem estar dizendo: 'Matemos primeiro todos os advogados e, em seguida, todos os enólogos.' Este vinho de mesa tinto magro, excessivamente acidificado, pungente e estéril de aroma é um exemplo de como a enologia da Califórnia pode ser violentada por alguns proprietários."

Não admira que eles ainda se lembrassem disso 11 anos depois.

Houve maior duelo de palavras, maior diferença de opiniões em Flora Springs do que em Staglin; uma visão de Parker mais descontraída, menos reverente; e, de fato, a coisa mais próxima de um desafio às suas opiniões e juízos que ouvi durante todo esse dia.

Flora Springs estivera em situação difícil durante muito tempo, sobreviveu a escores medíocres, refez-se, progrediu e estabeleceu uma boa reputação, embora não figurasse entre os inovadores, como as vinícolas *cult* a cujos vinhos Parker dava escores de 95 pontos e mais. A concorrência era agora feroz; havia dúzias e dúzias de *blends* tipo Bordeaux e grandes Cabernets.

"Prefiro francamente degustar os vinhos privadamente e esquecer todo este palavreado que não leva a nada", admitiu Parker no automóvel. E talvez não ter de suportar que o desafiem? "Os vinhos deles sempre mostraram ser melhores na garrafa. Não concordo com tudo o que fazem aqui, mas existem muitos meios para um fim. Staglin é o caminho francês. Aqui é o velho estilo Joe Heitz de fazer vinho. E funciona." Sua voz soou como se tal constatação o deixasse quase surpreendido.

PARA OS DONOS DE PATZ & HALL, QUE NOS AGUARDAVAM UM ALGUNS quilômetros mais adiante em Honig Cellars, a vinícola onde eles faziam seus vinhos, Parker era quase um herói ou um santo – ele os salvara no último instante, mais uma prova de seu poder para fazer ou desfazer. Chegamos sete minutos atrasados, coisa incomum para Parker, que se orgulha de sua pontualidade. Os quatro donos – o enólogo James Hall e sua mulher, Anne Moses, também enóloga, e Heather e Donald Patz, que cuidavam da administração e das vendas – se reuniram na pequena sala de degustação estilo cozinha branca com armários pintados de verde. Jogos de copos, cada qual mais elegante do que o outro, obviamente reservados para Parker, estavam dispostos numa mesa quadrada branca. Foram adicionados alguns para mim, mas não com muita afabilidade; eu era uma intrusa inesperada para a performance seguinte. Havia canecas para a cuspideira. Amontoamo-nos, tomando assento em desconfortáveis cadeiras rústicas de tampo de palha. A atmosfera tensa quase pulsava em expectativa.

No vale do Napa, existiam poucas opções para ingressar no jogo do vinho se o candidato não contasse de entrada com uma boa soma de metal sonante. O tão repetido aforismo – para fazer uma pequena fortuna no negócio do vinho, comece com uma grande fortuna – era de uma peregrina veracidade. Durante a década de 1980, os preços das terras dispararam, o custo de plantar uma vinha inflacionou-se e, como transcorrem muitos anos antes que se possa extrair vinho das uvas, era requerido um significativo capital. A solução Patz & Hall, quando fundaram a companhia em 1988, foi tornarem-se *négociants*, comprando uvas dos melhores vinhedos, depois fazerem o vinho numa vinícola "hospedeira", no caso deles a Honig Cellars, onde Hall era então o vinhateiro. A nova preocupação californiana com o *terroir* combinava nitidamente com seus objetivos, e agora eles faziam seis Chardonnais e quatro Pinot Noirs com uvas compradas de alguns dos principais viticultores da Califórnia setentrional.

Em abril de 1991, porém, eles haviam ficado desesperados e deprimidos. Seus vinhos de 1989 tinham sido um fracasso. Estavam ficando sem dinheiro e, após liquidarem uma vultosa dívida tributária, restavam-lhes US$600 na conta bancária e vinho em barris que não tinham condições de engarrafar. A liquidação de parte dele a granel pôs em seus bolsos dinheiro suficiente para engarrafar 500 caixas de Chardonnay 1990. A sorte estava lançada: 1991 seria o ano do tudo ou nada. Foi então que aconteceu o milagre. Um bom amigo deles, Bruce Gearhart, que também conhecia Parker, pressionou-o para que experimentasse o vinho. Ele o degustou. Uma crítica altamente elogiosa foi publicada na contracapa de *The Wine Advocate*. O vinho de Patz & Hall e sua nova descoberta tinham "restaurado minha fé nos Chardonnays artesanais do vale do Napa". O escore: 92.

No Leste, o distribuidor deles, Lauber Imports, recebeu uma súbita enxurrada de pedidos, despachando 400 caixas em apenas quatro dias. Um mês depois, chegou um cheque e, de súbito, disse Hall, "tínhamos saído do vermelho, com dinheiro suficiente para estabelecer uma linha de crédito e prever um fluxo de caixa – seguir adiante!" A busca de empregos estava adiada; quase choraram de alívio. Depois disso, o que quer que Lauber lhes pedisse da limitada quantidade de vinho de que dispunham, Lauber recebia.

Compreensivelmente, a primeira vez em que Parker os visitou, em outubro de 1998, James Hall sentia-se nervoso, como se tivesse de se desempenhar com brilho num exame oral para o qual ignoravam as perguntas. Ele já havia conhecido montes de críticos que eram de temperamento bilioso e intratável. "Eu esperava que ele fosse exigente e difícil, que viesse disposto a fazer perguntas ardilosas", recorda. "Os primeiros dez minutos foram de estraçalhar os nervos, como se estivesse sentado em cascas de ovos. Eu não queria ser demasiadamente técnico." Hall foi apaziguado pela cordialidade de Parker e pela percepção nascente de que ele tinha gostado de seus 1997 e de que um relacionamento duradouro iniciara seu curso.

Nesse dia, os donos me pareceram à vontade, mas animados e totalmente concentrados em impressionar Parker. Não houve conversa mole. Eles mergulharam logo na descrição detalhada do rigoroso controle que têm de exercer sobre os viticultores de quem compram; a complexidade dos contratos de acreagem para quadras específicas da vinha que os habilita a avaliar a exata extensão da poda, a limitação da safra, o tempo de vindima; e a necessidade de um bom relacionamento com os viticultores. Daí passaram aos problemas de natureza técnica da fabricação de vinho, às virtudes de fermentos nativos, separação do vinho de prensa, *batonnage*, longas fermentações malolácticas, até seus esforços para obter as melhores barricas de carvalho francesas. Puseram-nos inclusive ao corrente de boatos que tinham chegado aos ouvidos deles a respeito de clones de Pinot Noir especial trazidos em mala de mão da França pelo Canadá (isto é, brotos de vinha contrabandeados para os Estados Unidos).

A essa altura, os articulados Hall e Moses já tinham dado sobejas provas de que sabiam muito bem como preparar uma boa degustação para Parker: falando sem parar o tempo todo, fazendo Parker sentir-se parte da equipe, fornecendo-lhe pacientemente, pouco a pouco, suas próprias opiniões sobre a qualidade e o caráter da safra, que sabores atribuíam aos vinhos, por que motivos eles eram bons, e não escondiam sua satisfação quando o jornalista concordava com eles ou ecoava o que eles tinham dito. O Alder Springs Chardonnay 2000 lembrou a Parker um Batard-Montrachet francês, com sugestões de flor-de-laranja e tangerina (escore publicado mais tarde: 92). O Pinot Noir do mesmo vinhedo, notou ele, "impunha-se através da boca". O Pinot Noir dos Pisoni Vineyards – como todos os outros vinhos de Patz & Hall – tinha extraordinária pureza de fruta". Isso era o que a Califórnia possuía e devia maximizar, insistiu Hall, uma opinião em consonância com a de Parker, que, com freqüência, defendia exatamente a mesma coisa.

Alguns vinhateiros cínicos na Califórnia diziam que esse gênero de conversa era muito importante para moldar como Parker escrevia sobre os vinhos deles e os julgava – se eles não a conduzissem nesse sentido, ele simplesmente não teria uma opinião bem formada a tal respeito – embora não pensassem que Parker se dava conta de que eles estavam tentando orientar suas impressões.

Será que ele se dava conta disso? É difícil dizer, porque Parker também estava desempenhando seu papel, atuando às vezes mais como um torcedor fanático do que com um crítico isento e poderoso, extraindo detalhes e opiniões em conversas amistosas, lançando jornalisticamente no ar observações sobre o vinho que ouvira de outros vinicultores visitados, na expectativa de obter uma reação, enfim, pontificando como um colega de *métier* apoiado em sua experiência com a Beaux Frères, tudo isso como se realmente quisesse granjear simpatias, que pensassem nele como um "cara legal". Tinha claramente o maior empenho em fazer com que vinicultores e proprietários se sentissem à vontade com ele. Dar-se pessoalmente ares de grande senhor com a gente do vinho não faz seu estilo. "Não sou nenhum ogro", disse-me ele.

Ele forneceu informações a respeito de um tipo de barril de carvalho que dispunha de um mecanismo rolante para conveniência de transporte e prometeu enviar um catálogo; e eles lhe contaram a história de como tinham conseguido obter uvas de uma das mais recentes e mais modernas vinícolas do estado, Pisoni (o Pinot Noir custa US$7 mil a tonelada), e levaram-no a um novo e badalado *sushi bar*, o Matsuri Sushi, em Benicia, à margem da Rodovia Interestadual 780, no caminho para Walnut Creek, onde "devoraram" um almoço acompanhado por um *magnum de* Krug Champagne. Parker fez logo planos de voltar a comer aí no caminho para o aeroporto na semana seguinte, e sua expressão era a de quem já estava com água na boca.

As viagens de Parker se concentravam na degustação, não na visita a vinhedos, mas Hall experimentou tentá-lo: "Se você quiser visitar Alder Springs Vineyard, no Mendocino setentrional, o proprietário, Stu Bewley, uma doçura de sujeito, ficará maravilhado. Só a expectativa de que você aceite visitá-lo já o está deixando excitado demais. Tem programado que, se você der a qualquer de seus vinhos mais de 90 pontos, ele dará 1.500 dólares a cada um dos que trabalham na vinha." O vinhedo está situado a 650 metros acima do nível do mar, a uns 11 quilômetros da costa do Pacífico. Talvez, disse Paker, se eu vier com Pat para umas férias na costa, possa uma manhã dar uma escapada até lá.

À saída, Hall me entregou uma máquina fotográfica e pediu-me para fotografar os quatro com Parker à porta de casa. Comprimiram-se dois de cada lado do seu salvador e exibiram amplos e luminosos sorrisos sob um súbito e rutilante raio de Sol.

O RESTO DA TARDE INCLUIU UMA HORA NO BAR DE DEGUSTAÇÃO em Signorello, onde Ray Signorello, muito magro, com os cabelos lustrosos penteados para trás e fungando com um renitente resfriado, reuniu finalmente coragem para perguntar muito timidamente a Parker por que motivo deixara de recomendar os vinhos de Signorello; ele os tinha virtualmente ignorado após uma série de críticas encomiásticas muitos anos atrás. Parker arvorou um ar semicontrariado. Aquela não era, aparentemente, pergunta que se fizesse. "Somente 30% dos vinhos que degusto têm lugar em *The Wine Advocate*, explicou Parker. Quando se dirigiu ao banheiro, notei que ele tinha cuidadosamente virado a página em seu caderno de notas, de modo que só uma folha em branco era visível.

Shafer Vineyards, um pouco mais adiante, ofereceu uma degustação que era um virtual ágape de confraternização numa ampla sala branca com piso de ladrilho mexicano, uma grande lareira aberta numa extremidade e parreiras visíveis através das janelas. A luz refulgia nos elegantes copos alinhados em cuidadosas filas sobre a mesa coberta por toalha branca. Numa ponta, o alto e desengonçado Doug Shafer, de camisa cor-de-rosa, recostava-se com expressão meio ausente, como se tivesse acabado de fumar parte de um cultivo favorito, enquanto seu pai andava de um lado para o outro de jeans e tênis, e o vinhateiro Elias Fernandez enchia os copos e aguardava as perguntas. Parker fora exuberante em sua apreciação dos vinhos Shafer desde 1991, especialmente o Hillside Select Cabernet, que considerou um dos 12 melhores do país. Era visível que ele se sentia em seu elemento; um sorriso lhe coroava o rosto após degustar quatro safras de Hillside Select. A amostra de barrica de 2001 ganhou um suspiro e um "Uau!" e, mais tarde, um escore de 96 a 100, potencialmente perfeito. Essa visita parecia ser o ponto alto do dia para Parker. O vinho sabia a Sol e calor, disse Fernandez, precisamente o que Parker pensava ser o sabor que um grande Cabernet californiano deveria ter. Nos *sweepstakes* de Cabernet que tinham lugar na mente de Parker, Shafer ainda era um dos que cruzavam a linha de chegada entre os primeiros.

Na estrada com Parker, era de uma gritante evidência até que ponto ele se tornara poderoso. Para todos, a bênção de Parker era útil mesmo que não precisassem ser salvos da falência. Ser descoberto pelo grande homem podia lançar um produtor para as culminâncias da fama e, portanto, da fortuna, mas nenhuma vinícola estabelecida queria tampouco regredir, como havia acontecido a Groth, que, três anos depois de seu Cabernet ter recebido o escore de 100 pontos, foi rebaixado e, uma década mais tarde, Parker retirou completamente os vinhos deles de seu *Wine Buyer's Guide*, embora elogiasse os vinhos de Saddleback Cellars, produzidos por Nils Venge, seu antigo vinhateiro. Randall Grahm, o divertido e eclético vinicultor em Bonny Doon, outro grande que tinha sido rebaixado, escreveu queixoso em sua carta publicada na *newsletter* do outono de 2001: "Parece que muito provavelmente (e muito lamentavelmente) queimei todas as minhas pontes com o Sr. Parker, que parece ter deixado de comentar os vinhos Bonny Doon. Esta atitude pueril – posso fazer isso sozinho, não preciso de ajuda de ninguém, muito obrigado – não é uma atitude que eu posso continuar a alimentar se quiser que o negócio continue a prosperar."

Às 6:30 da tarde, quando regressamos a Meadowood, Parker estava ainda em forma, pronto para uma degustação com o vinicultor italiano Angelo Gaja, que chegara ao vale do Napa com amostras de seu novo empreendimento vinícola, Ca'Marcanda, em Bolgheri, na costa toscana, que ele queria degustar com o americano. Sassicaia, o primeiro dos vinhos de base Cabernet conhecidos como "Supertoscanos", era feito em Bolgheri e dera início a uma revolução do vinho na Itália.

Gaja, um dos vinicultores italianos mais inovadores, ambiciosos e bem relacionados com a mídia, conhecera Parker quando este era ainda um completo desconhecido. Ele respeitava Parker por sua generosidade, que considerava uma qualidade incomum num escritor de vinho. Tinha sido recebido no lar dos Parker em muitas ocasiões. Numa viagem à Itália em 1998, Parker fora, inclusive, o anfitrião de um almoço de trufas para vinicultores que, segundo se falava, lhe devia ter custado não menos de US$3 mil. Gaja apreciava a franqueza de Parker e seus elogios aos estilos de vinho moderno (Gaja) e tradicional no Piemonte. "Quando ele sugere que um vinho tem qualidade, os clientes vêm imediatamente. Os pequenos produtores que arriscam todo o seu dinheiro no que fazem recebem encorajamento e isso multiplica nossas possibilidades", declarou ele. Uma nova região produtora podia sempre encontrar bom uso para um defensor.

Sem dúvida, Parker podia ser bastante imperioso em seu entusiasmo. Ele visitara a Itália apenas três vezes em vinte anos. No entanto, isso não o impediu de sugerir a David Shaw, do *Los Angeles Times*, que "entendia os vinhos Barolo e Barbaresco de 1997 melhor do que as pessoas que os fizeram, algumas de famílias que estão fazendo vinho há muitas gerações... Penso que elas realmente não percebem o que têm em mãos."

HAVIA DEZENAS DE HISTÓRIAS SOBRE REGIÕES QUE PARKER TINHA POSTO no mapa e de vinícolas e vinicultores que ele tinha elevado ao estrelato durante a década de 1990, quando o mundo do vinho esquentou na Califórnia, assim como globalmente. Era freqüente ouvi-lo dizer: "Estou pouco ligando para o tempo que vocês estão fazendo vinho, qual é o *pedigree* de vocês, onde ele é feito ou se custa US$4 ou US$400. Se ele é bom, é isso o que vou dizer." O resultado foi que, onde tinha levado décadas, até mesmo uma geração inteira, para construir a reputação de uma região ou de um vinho, ele e sua colocação do mundo do vinho tinham encurtado esse prazo para poucos anos, ou menos ainda.

De fato, Parker se orgulhava de ajudar a triunfar os produtores que inovavam na criação de bons vinhos e considerava que recompensar os mais promissores com atenção e bons escores era um dos modos como ele contribuía para o aperfeiçoamento da qualidade do vinho de uma forma geral. O processo não era muito diferente daquele com que Parker tinha "feito" o Bordeaux 1982. Regra número 1: Parker gostava de "descobrir" vinhos que os outros haviam negligenciado, de que nunca tinham ouvido falar ou que não tinham sido levados a sério.

Veja-se, por exemplo, a região do vale do Ródano na França, para a qual Parker chamou a atenção dos consumidores de vinho não apenas em sua *newsletter*, mas também por meio de seu livro sobre a região publicado em 1987 (e atualizado uma década depois), no qual ele meteu na cabeça de todo mundo sua convicção de que os Côtes du Rhône eram grandes vinhos que estavam sendo subestimados. Ele considera esse seu melhor e mais original trabalho, e ainda se mostra desapontado por ter vendido menos do que qualquer de seus outros livros. A epígrafe de uma de suas próprias obras –

"Quando bebo um grande Rhône, é como se meu coração e meu paladar tivessem trocado de lugar" – é testemunho de um caso de amor com os vinhos que remonta aos anos de Parker na Faculdade de Direito, quando primeiro os descobriu. Com exceção dos grandes vinhos de Hermitage, eles não tinham sido considerados a par dos Bordeaux ou Borgonhas nem eram tão colecionáveis quanto esses. No passado, tinham sido freqüentemente olhados como meros estimuladores dos Borgonhas, levados para dar aos pálidos Pinot Noirs da região a cor e o vigor que os compradores do Borgonha na Inglaterra pediam.

Para Parker, o produtor que primeiro o apoiou foi Guigal, um gesto que se concretizou em 1946 quando Etienne Guigal deixou o *négociant* Vidal Fleury e, com seu filho e vinhateiro Marcel, um jovem de elevada estatura e feições passariformes que raramente era visto sem sua boina campesina, meteu pés a caminho para vir a ser o dominante *négociant* e dono de vinhedos em Côte Rôtie, uma denominação na parte norte do Ródano setentrional. Marcel iniciou a renascença da denominação e introduziu significativas mudanças no modo como o Cote Rôtie vinha sendo tradicionalmente produzido – colheita de uvas supermaduras, envelhecimento do vinho em carvalho novo, em vez dos grandes e velhos *foudres* [tonéis] dos quais o gosto da madeira já se dissipou há muito, e engarrafamento dos vinhos provenientes de vinhedos específicos, em lugar de misturá-los todos, criando, assim, algumas das primeiras "*microcuvées* de luxo". O conceito se propagou a outras vinícolas e, na década de 1990, dezenas de novas vinícolas atraíram a atenção de Parker e obtiveram elevados escores.

Os vinhos Guigal Côte Rôtie provenientes de três pequenos vinhedos, La Mouline, La Landonne e La Turque (adicionado em 1985), deixaram Parker absolutamente atônito, quando chamou a La Mouline "o maior vinho tinto do mundo". La Mouline era "um dos vinhos mais intensamente perfumados do mundo, oferecendo nas grandes safras aromas quase sobrenaturais de gordura de *bacon*, pão frito, cassis, flores brancas, amoras silvestres e, ocasionalmente, azeitonas provençais". O mais dócil e sedutor dos três vinhos, "oferecendo voluptuosamente textura e bebida hedonística para 15-20 anos", era "o Mozart do repertório Guigal", ao passo que o denso, maciço, "quase atemorizante" La Landonne era "o Brahms". Guigal reduziu a produção em seus vinhedos, usou intervenção mínima na fabricação do vinho e, acima de tudo, não o filtrou – pelo menos, foi o que ele disse a Parker.

Ao longo dos anos, Parker concedeu a Guigal mais escores de 100 pontos para esses três vinhos do que para qualquer outro produtor no mundo – La Mouline, por si só, teve oito, mais do que qualquer *château* do Bordeaux – e seus preços refletiram isso. No final da década de 1990, eles tinham mais do que quadruplicado de preço para US$400 e US$500 a garrafa nos Estados Unidos, adquirido o status de *cult* e era virtualmente impossível encontrá-los fora das salas de leilões. Era a velha história de demanda e oferta: havia somente entre 300 e 500 caixas de cada. Embora procurados na França por restaurantes com duas e três estrelas no Michelin, a disputa por adquiri-los e os preços aqui, disse certa vez um importador do Guigal, eram devidos, em grande parte, a Parker. Na estação turística do verão, por vezes uma centena de pessoas por dia fazia fila à porta da Guigal, em Ampuis, para comprar vinhos. Enviavam cheques, implorando por uma garrafa de uma safra maias antiga. Marcel Guigal não sabia o que fazer para atender a toda essa gente.

O êxito financeiro de Guigal ensinou a outros produtores que a América pagaria mais caro por vinhos de *cuvée* de luxo produzidos por vinhedos especialmente apreciados, e produtores ambiciosos como Chapoutier e Domaine de Pegaü, entre outros, seguiram-lhes o exemplo. Parker também os elogiou por essa decisão.

Mas nem todos eram fãs. Robin Yapp, um comerciante britânico que havia importado vinhos Rhône desde os anos 70, achava que eles eram encorpados demais, fartos e madeirizados, faltando-lhes a *finesse* dos verdadeiros vinhos do Ródano setentrional. Kermit Lynch e Robert Chadderdon, que colocaram em competição vinhos feitos em estilo muito diferente, mais elegante e tradicional, concordaram com ele. Mesmo outros produtores de Côte Rôtie disseram que os vinhos de Guigal tinham excesso de carvalho e álcool, mas Parker rejeitou essas críticas como oriundas dos que produziam vinhos inferiores ou eram invejosos. Não poderia dizer isso a respeito de Pat, que lhe perguntou, "Como é que você pode gostar desses?", quando ele abriu uma garrafa de Guigal para servir ao jantar. Ela argumentou que o vinho tinha madeira demais. "Eu sempre tive uma reação muito honesta de Pat a respeito de um vinho", diz Parker, "ela é durona". Decidido a mudar a opinião dela, serviu uma noite vários exemplos de dez anos das melhores *cuvées* de Guigal. Pat afirmou que tinha gostado deles... se eram envelhecidos. Parker, que me contou a história, não mencionou se lhe disse: "Eu não falei?"

Com seus imensos lucros, Guigal construiu uma vinícola de muitos milhões de dólares e um enome armazém, e comprou um Mercedes-Benz de US$50 mil. A aura dos vinhos "La La", como eram conhecidos, refletiu-se nos seus simples mas deliciosos Côtes du Rhône, vendidos a US$10 a garrafa. Guigal ampliou rapidamente a quantidade de Côtes du Rhône que produziam – um típico lance para lucrar à custa da publicidade – e não tardou que, para adquirir seis garrafas dos vinhos "La La", os importadores tivessem de comprar uma centena de garrafas de Cotes du Rhône.

PARKER SENTIA PRAZER EM FAZER A REPUTAÇÃO DE UM VINHO DE UM dia para o outro.

Pouco depois de seu casamento em 1990, o *restaurateur* de Los Angeles Manfred Krankl estava sentado uma noite em seu terraço, em Ojai, pensando em como seria estupendo se estivesse bebendo um vinho feito por ele mesmo em sua própria vinícola.

O alto e barbudo Krankl, austríaco de nascimento, então sócio-gerente do restaurante Campanile e de La Brea Bakery, sabia alguma coisa a respeito de vinhos – tinha a seu cargo a adega do restaurante e organizara uma lista estelar –, mas nem ele nem sua mulher, Elaine, tinham qualquer prática como vinhateiros nem eram donos de vinhedo algum. Além disso, Krankl estava ocupado o tempo inteiro com a administração de um restaurante popular e de uma padaria. Mas – e daí? Estava farto de andar à cata de vinhos *cult* para a lista do restaurante. Ah, se comprassem algumas uvas, poderiam fazer uns barris de vinho para o restaurante e os amigos, e ele poderia pôr em prática seu próprio conceito sobre que gosto deve ter um vinho: denso, rico, distinto, complexo e completamente único. Afinal de contas, pensou Krankl, suas convicções sobre o que era requerido para criar um grande vinho – paixão sem limites, uma abordagem espontânea feita de coração e alma e pouca interferência no processo – não eram muito diferentes das nutridas pelos grandes padeiros.

Durante algumas semanas, a idéia de fazer vinho tornou-se obsessiva para Krankl, que, a cada dia, ficava mais entusiasmado. Primeiro, experimentaram um barril de Chardonnay, depois um corte de Barbera/Cabernet e uma prova de Syrah. Mas Krankl, então, deu alguns telefonemas para vinhedos no vale de Santa Maria e obteve finalmente do Bien Nacido Vineyard uma boa informação a respeito de uma antiga vinha Syrah. Como tantos vinhateiros principiantes, Krankl era impulsivo, apaixonado e maníaco. Dado a usar camisetas e jaquetas de couro, ele podia facilmente passar por um motoqueiro da Califórnia. Felizmente, sua intensidade era compensada por um malicioso senso de humor.

Assim nasceu a Sine Qua Non Winery. O nome latino significa "sem a qual não", por outras palavras, "algo indispensável". Seu primeiro vinho foi criado com equipamento emprestado e uvas Syrah compradas numa outra vinícola. Mais tarde, seria usado um galpão ferrugento ao lado de um armazém de sucata à margem do Ventura Freeway. Não havia um plano de negócios nem escritório, porque, na realidade, não era uma empresa – pelo menos, ainda não. Krankl deu o nome de Queen of Spades [Rainha de Espadas] ao seu escuro, profundo, maduro e frutado vinho de 1994, meteu-o em garrafas absurdamente pesadas, de exótico formato, e pôs toda a sua pouco plausível veia artística, somada a uma caprichosa caligrafia gótica, nos rótulos para lá de cafonas. Havia apenas uma centena de caixas empilhadas na adega. Os Krankl venderam algumas caixas ao Campanile e aos restaurantes de um par de colegas, deram garrafas aos amigos e começaram pensando no que fazer com o resto.

Por brincadeira (diz ele), Krankl mandou uma garrafa a Parker junto com uma carta em que descrevia como o vinho era feito – completamente natural, sem filtração, nada de madeira etc. Cerca de uma semana depois, tocou o telefone. Era Parker. Tinha adorado o vinho e estava pedindo detalhes, tais como a quantidade de caixas produzidas. Quando soube que o número de contato que possuía era o telefone da residência de Krankl, ele o aconselhou a obter imediatamente um número de telefone comercial e a lhe telefonar de volta. "Pode acreditar", disse-lhe Parker, "já passei por isso antes. Você vai receber uma tonelada de telefonemas depois que estiver na rua o próximo número da minha *newsletter*. Você não vai querer que eu imprima seu número de casa".

Felizmente, Krankl deu-lhe ouvidos porque, como Parker havia previsto, o telefone tocou, tocou e não parou de tocar. Choveram centenas de pedidos de Nova York, Tóquio, Londres e outras cidades, a toda a hora do dia e da noite, encomendando o vinho a que Parker chamou "um deslumbrante *tour de force*" e ao qual dera 95 pontos. O resto do vinho se esgotou em dois dias. Quando acabou, algumas pessoas não aceitavam o "não" como resposta. A secretária do chefe do executivo de uma companhia seguiu Krankl até ao *Campanile* para pedir uma caixa para o seu patrão e recusou-se a sair, debulhando-se em lágrimas, porque temia ser demitida se não conseguisse obtê-la. Finalmente, Elaine gravou uma mensagem em sua característica voz aguda, quase esganiçada: "Obrigado por ter chamado. Lamentamos. O 1994 Queen of Spades Syrah está esgotado, mas deixe seu nome e endereço se quiser estar em nossa lista para a próxima safra." Em poucas semanas, havia mais de 500 pessoas na lista de endereços, o Sine Qua Non convertera-se num negócio viável e os contínuos escores elevados de Parker forçaram a subida dos preços e mantiveram uma crescente demanda de inserção na lista de endereços postais. Cada vinho era um exemplar único, com um diferente nome excêntrico – Impostor McCoy, The Bride [A Noiva], Backward and Forward [Para trás e para a frente] – e zombava da própria exclusividade, da qual Krankl, astuciosamente, tirava bom proveito. Alguns anos depois, Parker escreveria que "até a menos impressionante *cuvée* eletrificou meu olfato e meus circuitos sensoriais".

Parker simpatizava pessoalmente com o iconoclasta Krankl; tinham gostos comuns em vinho – varietais do Rhône, os engarrafados de Helen Turley, Guigal e, na Itália, Elio Altare – e ambos eram filhotes de cidade pequena que abriram caminho e fincaram pé no grande mundo. Ambos tinham um bem desenvolvido senso de humor, uma similar filosofia a respeito do vinho e uma paixão por culinária e vinho que tocava as raias da obsessão. Se ele pudesse permitir-se fazer amizade com um vinhateiro, disse-me Parker, o escolhido seria Krankl. Mas isso, ele sabia, não aconteceria; não podia deixar isso ocorrer. Parker achava que tinha de manter sua distância dos produtores cujos vinhos comentava; a amizade poderia ser interpretada como um conflito de interesses e alcançar repercussões desproporcionais – as pessoas acreditariam na honestidade de sua avaliação se ele convivesse socialmente com vinhateiros? Além disso, um amigo também poderia esperar que ele desse ao seu vinho o benefício da dúvida. Parker tinha de ser cauteloso; ele estava confinado por seu papel. Não mencionou estar preocupado sobre o que eu pensei ser óbvio – que os produtores pudessem fingir ser seus amigos em proveito próprio. De fato, ele parecia ter dificuldade em distinguir amigos de bajuladores, como acontece a muita gente poderosa. Tudo isso parecia um pouco triste.

NA CALIFÓRNIA, A ENÓLOGA/CONSULTORA HELEN TURLEY FOI A PESSOA cuja reputação mais se beneficiou dos elogios de Parker, que freqüentemente se lhe referia como "uma deusa" e "um gênio". Tal como em Bordéus, na Itália e em outros lugares, a década de 1990 na Califórnia viu a ascensão do consultor de vinho/enólogo. A loura Turley, de 1,83m de estatura, que usava cabelos longos e suas prediletas camisas de brim meio surradas, e trabalhava ombro a ombro com seus operários, desenvolveu sua filosofia do vinho desde que chegou ao vale do Napa nos anos 70. Na década de 1990, adotou um estilo particular de vinicultura e de vinho – rico, exótico, supermaduro – e tornou-se um dos mais solicitados consultores no estado. Parker tinha-lhe elogiado os vinhos durante o tempo em que ela trabalhou para Peter Michael, Pahlmeyer, Colgin, Bryant Family Vineyard, Martinelli e Landmark, bem como os de sua própria vinícola, a Marcassin, e contratá-la significava que Parker certamente iria degustar os vinhos de quem a contratou, presumindo-se que provavelmente os elogiaria também. Essa foi certamente uma das razões pelas quais a contrataram os milionários do Texas que fundaram Blankiet, uma nova pretendente a superestrela, conforme vaticinou Parker. Famosa por sua ojeriza ao convívio social, Turley raramente falava ao resto da imprensa. Não precisava disso. No final da década, Turley e o marido, o viticultor John Wetlaufer, cobravam das vinícolas honorários por volta dos US$200 mil a US$250 mil dólares por ano. E também eram conhecidos por insistir em trabalhar com carta-branca e em não aceitar cheques cruzados.

Parker reconheceu numa *newsletter* que, "com as estratosféricas classificações numéricas, os pródigos elogios profissionais e a incomensurável admiração que esta publicação tem expressado por Helen Turley e John Wetlaufer, duas eminentes personalidades do vinho, posso entender se os leitores suspeitarem de que compartilho com eles de uma conta bancária na Suíça". Os elevados escores de Parker para determinados vinhos traduziam-se diretamente em ofertas de trabalho e honorários mais elevados para os consultores que os haviam criado. Havia na Califórnia um punhado de outros consultores que ele respeitava – os "feiticeiros atrás da cortina" Tony Soter, Mia Klein, Heidi Peterson Barrett, Philippe Melka, Paul Hobbs e alguns mais – e contratá-los parecia ser o caminho certo para uma vinícola ter seus produtos degustados por Parker.

NESSE PONTO DE SUA CARREIRA, A VIDA PRIVADA E A VIDA PROFISSIONAL de Parker sobrepunham-se continuamente; ele trabalhava nos sete dias da semana, passando pelo escritório sempre que queria escrever alguma coisa, verificar os faxes ou sentar-se à sua escrivaninha para se pôr ao corrente das informações que chegavam e dos e-mails que requeriam resposta. Grande parte de sua vida privada continuava a gravitar em torno de comida e bebida. Os Parker recebiam freqüentemente, e cada jantar com amigos era uma oportunidade para tirar vinhos fabulosos de uma de suas três adegas e organizar uma "minidegustação". Havia sempre mais vinho do que qualquer pessoa tinha possibilidade de beber, mas Parker dispunha pequenos baldes em torno da mesa para que ninguém se sentisse obrigado a terminar de beber todos. Ao final da noite, a mesa estava juncada de garrafas vazias. Os amigos dos Parker eram (e são) um amplo e eclético agregado, desde colecionadores ricos e pessoas no negócio do vinho a bem-sucedidos profissionais liberais – médicos, advogados, professores. O que todos eles tinham em comum era o amor a vinho e à gastronomia. "Se você não gosta de vinho, não será convidada a jantar aqui", disse-me Pat, rindo.

Alguns desses amigos datavam dos tempos da Faculdade de Direito e dos primeiros grupos de degustação em Baltimore. Ainda outros eram importantes colecionadores, como Park Smith, o amigo de Parker que fundou a companhia epônima de móveis e equipamentos domésticos com sede em Nova York, e sua mulher, Carol, vice-presidente da companhia. Parker e Smith tinham-se conhecido em Washington, D.C., por intermédio de um comerciante de vinhos que insistira em que eles tinham de se conhecer; alguns meses depois, almoçaram juntos e, desde então, ficaram amigos muito íntimos.

De fato, depois que Faiveley processou Parker em 1994, num gesto de solidariedade, Smith desfez-se de todas as garrafas de Borgonhas Faiveley que tinha nessa altura em sua adega, muitas delas como presentes de Natal, afirmando que não suportava mais olhar para elas. Com efeito, Smith parou completamente de colecionar Borgonha. Compartilhava da paixão de Parker pelos Rhône, especialmente o Châteauneuf-du-Pape, e por certos rótulos californianos, como o Harlan Estate e o Sine Qua Non, mas também era dono de sessenta caixas de Mouton 1982, um dos 100 pontos de Parker. Ocasionalmente, Parker e Pat passavam um fim de semana na residência dos Smith em Connecticut; num desses fins de semana, Smith retirou uma centena de vinhos de sua adega, mas os dois casais só conseguiram dar conta de 51.

Durante anos, Pat tinha sido a *chef* exclusiva *chez* Parker, mas este estava começando a cozinhar cada vez mais. Parecia achar isso relaxante. Ambos concordam em que sua receita para empadinhas de caranguejo é superior; ele não hesita em reconhecer, porém, que "Pat faz as melhores fritadas de caranguejo". Suas especialidades, como acontece com muitos homens, baseava-se na carne grelhada, com destaque para os bifes temperados em tiras; os estufados e quaisquer pratos de carne que requeressem acompanhamentos eram o território de Pat. É ele quem corta as cebolas, porque elas incomodam Pat. O repertório de Parker também inclui batatas *au gratin* e espaguete com almôndegas de carne; Pat diz que o marido tem a mão pesada com a manteiga e o azeite de oliva. À noite, para refeições improvisadas, eles cozinham juntos, enquanto conversam sobre os acontecimentos do dia, mas, para os jantares com convidados, acham difícil e estressante demais ficarem os dois trabalhando juntos na cozinha.

O sucesso de Parker havia proporcionado segurança econômica e recursos financeiros suficientes para comprar *Kobe beef steaks* por US$100 na Lobels, assim como para ceder à satisfação de seus outros interesses além do vinho e da comida. Um deles era o ciclismo na modalidade *mountain bike*. Costumava correr com Pat, mas agora ele estava pesado demais e, além disso, seus joelhos acusavam um acentuado desgaste; em vez disso, preferia fazer 30 quilômetros diários ou mais de bicicleta quando podia, normalmente uns 250 quilômetros, pelo menos, durante o ano. Tinha desistido de pedalar na estrada e comprara o último modelo de *mountain bike*. Parker gostava dos solavancos; pedalar atravessando os campos com todos os seus acidentes naturais era mais emocionante. Um de seus percursos favoritos era o NCR Trail, o leito de uma antiga ferrovia de 2,5 metros de bitola que se estendia por cerca de 100 quilômetros desde o Norte de Baltimore, passando por Monkton e Parkton, até York, Pensilvânia. Essa distante e solitária trilha acompanha, em sua maior parte, o curso de um rio, atravessa uma paisagem bucólica e pitoresca, repleta de vida silvestre e passa por um velho hospital do tempo da Guerra Civil. Aí Parker podia relaxar e pensar. Pat não fazia com ele essa trilha. "Sou agressivo demais. Pedalo num ritmo de macho", admitiu Parker. "Sou o clássico Tipo A."

O envolvimento de Pat nas atividades escolares de Maia, no trabalho do clube de jardinagem e, nos bastidores, na assistência a *The Wine Advocate* mantinha seus dias ocupados. Foi dispensada de trabalhar com Parker nas regiões vinícolas, degustando com ele. Seu marido estava agora em grande evidência. Todo mundo sabia "do menor passo que ele dava" e ela detestava essa vigilante bisbilhotice. Mas, de tempos em tempos, ela se juntava a ele em Paris ou em algum outro ponto de sua viagem de degustação, e nunca se cansavam de explorar juntos novos restaurantes.

Parker comparecia aos eventos escolares sempre que estava em casa e, quando Maia estava na sexta série, visitou sua sala de aula para falar sobre a França e o vinho francês. Quando o maior crítico de vinho do mundo mostrou a todos os estudantes como abrir uma garrafa de vinho com saca-rolhas, causou grande alarido entre os pais dos alunos, que protestaram por ele estar incentivando o consumo de álcool.

Como Parker tinha adquirido maior proeminência no mundo do vinho e da gastronomia, as obras de caridade abordavam-no regularmente para donativos para os seus eventos, e estes passaram também a ser uma parte importante da vida social dele e de Pat. Raramente rejeitava qualquer pedido de ajuda, sobretudo quando se tratava de financiamento de pesquisas sobre doenças cardíacas ou câncer, e era "um chorão" quando os fundos se destinavam a pesquisas sobre câncer em crianças. Sentia-se feliz ao usar sua fama para levantar dinheiro para os menos afortunados. Tinha sido criado desse jeito, disse-me um dia. Assim, quando Ruth Bassin, a mulher e agora viúva de Addy Bassin, da MacArthur Liquors, que tanto contribuíra para ajudá-lo a lançar *The Wine Advocate*, solicitou seu apoio para uma campanha de coleta de fundos para a American Heart Association em memória de seu filho, Parker não hesitou; selecionou e recrutou as mais destacadas propriedades do Bordeaux para uma degustação e jantar que o teria por anfitrião. Os *châteaux* atenderam rapidamente à solicitação para comparecer ao evento com seus vinhos. (Quem se recusaria, em face do poder de Parker?) Uma das mais desejáveis doações era jantar com o grande homem num restaurante, o que geralmente atraía grandes lances. Parker escolhia o menu, trazia os vinhos e pagava por tudo. Pat compareceu algumas vezes. A maioria era divertida. Parker via a ocasião mais como um encontro entre desconhecidos. Curiosamente, quando ele, ano após ano, se ofereceu para doar a mesma coisa para o leilão na escola de Maia, a oferta só veio a ser aceita quando ela concluía o curso secundário.

Mas não era sempre vinho, vinho, vinho. Parker organizou-se para umas férias com a família num condomínio de praia e depois num condomínio de esqui no Colorado, onde fez *mountain bike* durante o verão e a família experimentou o *rafting*. Uma vez por ano, deixa crescer a barba, o que, diz ele, o deixa com pinta de Rasputin. Pat não gostava disso. Durante duas a três semanas em agosto, Parker renunciava completamente ao vinho. Quando voltava a degustar, um pensamento lhe acudia sempre: *Como pude ficar tanto tempo sem isto?*

NA DÉCADA DE 1990, AMERICANOS OUSADOS PLANTARAM VIDEIRAS EM novas regiões da Califórnia, no Oregon e em Washington, e também na Costa Leste. Donos e corretores de vinícolas e de *châteaux* na Europa puseram os olhos em regiões pouco conhecidas – Priorato, Ribeira del Duero e Bierzo na Espanha, Sicília e Bolgheri na Itália – e correram para países do Novo Mundo onde existiam condições corretas para plantar videiras e a terra era barata. Foi o equivalente em uva a uma nova corrida do ouro. Floresceram as parcerias internacionais, porque era mais fácil e mais rápido para o dono de um *château* francês ou de uma vinícola americana fazer sociedade com uma empresa local já existente e criar um engarrafamento especial para vinhas já plantadas.

As uvas que a França tornara famosas – Cabernet Sauvignon, Chardonnay, Pinot Noir, Syrah etc. – tinham se convertido em uvas internacionais, eram o sabor do vinho moderno, as uvas que as pessoas estavam cultivando no Novo Mundo (e em algumas partes do Velho), a fim de poder competir no mercado internacional. Na França, como na maioria das regiões vinícolas européias, as uvas tinham estado sempre associadas a um lugar. Séculos de experiências e de malogros tinham provado que Pinot Noir e Chardonnay se desenvolviam de forma exuberante na Borgonha, por exemplo, e o nome da uva ficou subordinado ao da região e do vinhedo.

Em contraste, o lugar nunca teve esse mesmo significado nos Estados Unidos e em outras regiões do Novo Mundo, porque ninguém sabia ainda o que daria o melhor resultado e onde. Era a uva quem mandava na América. O nome da uva era como as vinícolas americanas identificavam a maioria de seus vinhos, e novos empreendimentos em outros climas fizeram o mesmo. Os enófilos tinham aprendido a degustar o Chardonnay contemporâneo e esperavam um gosto idêntico de toda e qualquer garrafa rotulada com o nome da uva, quer o vinho fosse da Califórnia, da Austrália ou do Chile. As uvas populares na América eram as familiares, o que é uma boa razão para que tantas novas regiões vinícolas as plantassem, e tudo isso, a par da divulgação da vinicultura científica, contribuiu para estilos de vinho em todo o mundo que se aproximavam cada vez mais uns dos outros. O problema não era produzir vinho fino nesses lugares; era vendê-lo. Nos Estados Unidos, a diminuição do número de atacadistas não ajudara nada. Em 1963, havia 10.900; no final da década de 1990, apenas 300, e um terço do vinho era comercializado por apenas cinco.

O MUNDO DO VINHO ESTAVA FICANDO GLOBAL, MAS, EMBORA PARKER viajasse anualmente para a França e a Califórnia, ele não tinha planos de viajar para novas áreas. Os vinhos tinham simplesmente de vir até ele.

Eram três as principais vias de acesso para fazer chegar um novo vinho até Parker. Uma, é claro, era o envio de uma amostra para os escritórios de *The Wine Advocate* e esperar que Parker a incluísse em uma de suas degustações regulares e a elogiasse. Isso pode acontecer, mas esse método parece ser mais ou menos tão eficiente quanto o envio para um editor do precioso manuscrito em que um escritor trabalhou durante anos, na esperança de que alguém o pince da empoeirada pilha de manuscritos não-solicitados e lhe ofereça um contrato. Melhor aposta é usar a famosa via enólogo/consultor, na qual o nome certo vale seu peso em platina. A globalização do vinho tinha sido ajudada por uma nova estirpe de especialistas de aluguel – havia uma centena deles, em números redondos, dos quais cerca de uns vinte tinham status de astros e somente um, Michel Rolland, era um superastro – que iam de jato de região para região e, por vezes, de continente para continente. Esses "vinhateiros voadores", à semelhança dos arquitetos mundialmente famosos ou dos mais célebres *chefs*, distribuíam conselhos mediante rígidos honorários. Sentenciavam o que plantar, quando vindimar e quais eram as mais adequadas técnicas de produção de vinho, habilitando as vinícolas a fazer mais sofisticados, mais atuais e internacionalmente atraentes, muitas vezes melhores vinhos do que se os fizessem por conta própria. Levando com eles sua própria visão e um portfólio das mais recentes práticas de fabricação, eles estavam mudando o modo como o vinho era internacionalmente feito. O mais influente de todos para vinho fino era Rolland, o mestre do Merlot, que, depois de aperfeiçoar suas teorias de produção de vinho em Pomerol, acabou ampliando sua orientação profissional a mais de uma centena de vinícolas em doze países, espalhados em quatro continentes. No final da década de 1990, sua lista de clientes lia-se como um "Quem é Quem" da elite mundial de propriedades vinícolas: cerca de sessenta *châteaux* do Bordeaux, uma dúzia de vinícolas na Califórnia, a Casa Lapostelle no Chile, Bodegas Etchart na Argentina, Rupert & Rothschild na África do Sul, até uma vinícola na Índia.

Desde que se conheceram, Parker foi um grande adepto do estilo enologista de Rolland, que procurava obter vinhos redondos, frutados, especialmente os tintos, fáceis de agradar quando jovens. Rolland tinha sido um dos pioneiros do uso de uvas mais maduras e de mais carvalho novo, e estava empenhado em evitar a filtração – um dos mantras de Parker – e levou essas idéias para onde quer que fosse. Os críticos disseram que sua ênfase em maturidade e carvalho era uma fórmula que fazia todos os seus vinhos terem exatamente o mesmo sabor, o que não era inteiramente verdade, embora muitos tivessem uma familiar semelhança de estilo. Uma nova vinícola, ou uma que lutasse por se firmar no mercado, sabendo que Parker gostava dos vinhos de Rolland, contratava este, na expectativa de atrair as atenções daquele. Um *château* de Bordeaux compilou uma lista dos 73 vinhos da safra de 2001 que tinham obtido escores de 90 e acima, e os nomes de seus respectivos consultores enológicos: Michel Rolland tinha sido usado para 47 deles.

A terceira via era por meio de um *négociant* ou importador que tinha o ouvido – ou melhor, as papilas gustativas – de Parker. O importador Leonardo LoCasio tinha apresentado a Parker em 1995 o homólogo italiano de Rolland, Riccardo Cotarella. Cotarella era uma figura-chave na revolução italiana do vinho que estava transformando a viticultura das regiões central e meridional do país. Ele começou com a propriedade de sua família, Falesco, na Úmbria, e com vinhos brancos, e progrediu rapidamente, tornando-se o consultor de mais de 50 vinícolas. Cotarella atribui a uma conversa com Parker os elementos essenciais para a sua formação de uma filosofia do vinho. "Parker mostrou-me o que os consumidores queriam", contou-me ele, "e eu entendi o que tinha de fazer para produzir vinho para o mercado". No número de junho de 1996 de *The Wine Advocate*, Parker chamou-o de "o equivalente espiritual de Michel Rolland". Cotarella também era um grande apreciador da uva Merlot que fazia a mesma espécie de tintos elegantes, suaves, que Rolland tinha tornado famosos. Parker elogiou os vinhos da propriedade do próprio Cotarella e aqueles de quem ele tinha sido o consultor. Como aconteceu tantas vezes, o efeito Parker era circular: os escores de Cotarella lhe traziam mais trabalhos de consultoria, os quais lhe proporcionavam mais escores elevados, e assim por diante.

Uma nova e ambiciosa vinícola escolheu um importador para representá-la nos Estados Unidos, contou-me um pequeno importador, um dos fatores que levaram em conta era se o importador podia obter boas críticas de Parker. Seus escores eram como médias de pontos no beisebol. Alguns importadores eram muito bem-sucedidos na obtenção de elevados escores e em garantir uma boa venda para os seus vinhos. Isso ajudava a vinícola a obter um bom fluxo de caixa. Um importador podia ser alijado do mercado se não conseguisse emplacar os vinhos de seus representados. Como me disse um deles, "Cotarella aumentou a reputação de LoCasio, que, por sua vez, atraiu outros produtores e deu a LoCasio um impulso que ele não tinha antes". Além disso, Cotarella levou para LoCasio muitos dos que o consultavam, como Morgante, uma pequena vinícola siciliana. Quando a visitei, o vinhateiro, que não falava uma palavra de inglês, expunha orgulhosamente *The Wine Advocate*, no qual o escore de 92 pontos para o seu melhor vinho, o Don Antonio 1999, estava claramente sublinhado. Era apenas a segunda safra de Morgante desde a sua fundação.

E claro, a coisa também funcionava no sentido oposto, com importadores relutantes em aceitar uma nova vinícola a menos que estivessem certos de que os vinhos obteriam altos escores. Eu ouvi – confidencialmente, é claro – que alguns submetiam uma amostra à apreciação de Parker antes de decidir aceitar um novo produtor. Se ela recebesse uma boa pontuação, o negócio era fechado.

Em meados da década de 1990, numerosos importadores chamaram a atenção de Parker para o novo estilo de vinhos provenientes da Espanha. Um desses importadores é o dinâmico Jorge Ordoñez, que fuma Marlboros em série e cuja estrela subiu às alturas por causa das críticas de Parker em 1994 e 1995 de Remelluri, na Rioja, e de Costers, de Siurana, na emergente região catalã de Priorato. Em pé diante de um grupo de varejistas e distribuidores que ele esperava converter em compradores, Ordoñez acenava no ar uma garrafa de um vinho que agradara a Parker, sacudindo-a vigorosamente e gritando em seu inglês com acentuado sotaque hispânico: "94 Parker! 94 Parker!" Os produtores lhe telefonavam com propostas; ele era visto como dotado de talento mágico para obter escores elevados de Parker, e Ordoñez jactava-se de estar levando Parker a percorrer toda a Espanha.

"Graças à crítica de Parker sobre Alejandro Fernandez e sua Pesquera", contou-me o importador Manny Berk, proprietário da Rare Wine Company, "a região de Ribeira del Duero passou a estar na moda". O próprio Berk apresentou a Parker um outro vinho da região, o Pingus, criado pelo vinicultor dinamarquês Peter Sisseck em 1995; Parker lhe deu um 98. No começo, ele era todo exportado para os Estados Unidos, mas os preços e os escores deflagraram, por fim, o interesse dentro da Espanha. Em 2000, o Pingus 1995 era vendido nos Estados Unidos a US$500 a garrafa e, na Espanha, a US$1.000.

EM 1993, PARKER HAVIA DEMOLIDO COMPLETAMENTE A AUSTRÁLIA como uma "fonte de oceanos de vinhos medíocres e sofrivelmente produzidos", mas, no final dessa década, um certo número de pequenos importadores o haviam convencido do contrário. "Oh, mas este vinho é um espetáculo, benza-o Deus!", disse ele a John Larchet, depois de degustar o 1994 Clarendon Hills "Australis" pela primeira vez. Dan Philips, que Manfred Krankl apresentara a Parker, trouxe um punhado de super-ricos, supermaduros e superconcentrados Shiraz de antigas vinhas do vale de Barossa para a sua companhia The Grateful Palate. Era quase garantido que esses vinhos agradariam a Parker e, quando ele atribuiu 100 pontos a muitos deles, a notícia repercutiu na televisão e na rádio australianas, e os jornais estamparam manchetes como "Parker descobriu a Austrália!" e "Por que demorou tanto, Bob?"

A primeira e até hoje única incursão de Parker na Austrália, duas semanas em fins de junho e começos de julho de 2001, foi oficialmente de férias com Pat e Maia – passearam em Sydney, comeram em Tetsuya e em outros reputados restaurantes da cidade e foram mergulhar na Grande Barreira de Coral – mas reservou cinco dias para visitar algumas pequenas vinícolas no Sul da Austrália que ele já tinha canonizado e para comparecer numa degustação maciça de Penfold's Gange, um tinto há muito considerado o maior vinho feito no continente. Todos os produtores que negociavam com Larchet lhe estavam perguntando: "Quando é que ele vem? Pode trazê-lo aqui para me ver?" O resto da indústria vinícola australiana sentiu-se desprezada.

A primeira vinícola a dar as boas-vindas a Parker foi a da Burge Family Winemakers, no vale de Barossa, ao Norte de Adelaide, onde Rick Burge estava desde o romper do dia aquecendo o escritório e preparando os vinhos para a degustação. Desde que Parker dera 99 pontos ao seu Draycott Shiraz Reserve de 1998, suas encomendas para exportação haviam pulado de 25% para 60% e recebia faxes o tempo todo. Compreensivelmente, ele considerou Parker "um tipo muito decente". Mais tarde, juntou-se a Parker e a três outros vinicultores para o almoço. Os preços para todos os seus vinhos eram astronômicos nos Estados Unidos, mas quem estava colhendo os lucros eram os importadores americanos, não as vinícolas. Isso deixou o vinicultor Chris Ringland, que também esteve no almoço, tão irritado que subiu 923% o preço no atacado do seu Three Rivers Shiraz de 1996 (100 pontos, "um vinho de concentração irreal – semelhante a um Porto safrado seco") para US$600 a garrafa e, mesmo assim, ainda o vendeu todo em duas semanas.

Como sempre, Parker não hesitou em sentenciar o que os vinicultores australianos deviam ou não estar fazendo – produzindo vinhos no estilo europeu. "O que considero uma ofensa", disse Tim White, o colunista de vinho da *Australian Financial Review*, enquanto compartilhávamos copos de Stoniers Pinot Noir durante um almoço em Sydney. "É a atitude de esnobe condescendência americana de que o vinho australiano era um ilustre desconhecido até que Parker e os Estados Unidos o descobriram e 'vocês, rapazes, limitem-se a fazer o que sabem fazer bem'. Parker está no país há uma semana, degustou com meia dúzia de produtores... a Austrália não é o vale de Barossa." White, que tinha a crítica de Three Rivers (favorável) e de Clarendon Hills (desfavorável) muitos anos antes de Parker ter ouvido falar neles, sublinhou que o continente tinha, de fato, uma história de 150 anos de cultura de vinha. O sistema australiano de espetáculos de competição vinícola, asseverou ele, havia influenciado o estilo para grandes e opulentos vinhos que podiam enfrentar qualquer fila de degustação – mas isso nada tinha a ver com Parker e era-lhe muito anterior. No entanto, num tom mais acalorado, prosseguiu: "Minha preocupação é a respeito dos vinhos 'Parker-cola' como o Cape d'Estaing – eles são 'MacVinhos' de sabor doce."

O que ele apreciou em Parker foi a idéia de que, "se um vinho é bom no copo, ele é bom". E, além disso, Parker fez com que os vinhos parecessem "algo que você gostaria que ficasse colado ao céu da boca".

Parker, como de costume, tinha muito pouco respeito pela imprensa do vinho australiana. Tinha a certeza, como me disse, de que toda ela estava no bolso das quatro grandes vinícolas do país.

PARTE DO QUE TORNOU GLOBAL O MERCADO DO VINHO FOI QUE POVOS sem história de consumidores de vinho e sem conhecimento do vinho, especialmente em Hong Kong, Cingapura e Japão, estavam adotando a cultura da uva e os vinhos franceses, e com eles Parker e seu sistema de pontuação. O catalisador para o poder e a reputação de Parker entre os consumidores de vinho no Japão foi um residente americano de longa data, Ernie Singer, que começou a importar Borgonhas e Bordeaux na década de 1990. Ele tinha falado com Marvin Shanken a respeito da publicação de *The Wine Spectator* em japonês, mas, depois, viu Parker como mais útil para construir o mercado – sua postura como advogado dos consumidores foi decisiva; e ajudou ainda o fato de ele ter construído sua reputação com base nos Bordeaux, um investimento de primeira ordem. "Para o vinho deslanchar teria de ser um produto idôneo, digno de crédito", declarou Singer, que também assumiu a tarefa de traduzir o livro de Parker, *Bordeaux*. O sistema de pontos de Parker também serviu como forma de encurtar caminho para os zelosos japoneses que tinham dificuldade de ler os rótulos ocidentais e, assim, ele acabou por se impor sozinho, o perito supremo, uma imagem que Singer sabia que assentava bem no contexto da cultura nipônica. Em 1985 e 1986, os "Parkerpoints" ganharam aceitação corrente e vinhos altamente cotados como o Domaine de la Romanée-Conti subiram de valor de US$200 a garrafa para US$4.000 e US$5.000. A divulgação de uma notícia falaciosa de que o vinho tinto curava o câncer estimulou ainda mais as vendas e, depois que Shinya Tasaki, *sommelier* no prestigioso Hotel Seiyo Ginza, em Tóquio, foi o primeiro asiático a vencer o concurso mundial de *sommeliers* em 1995, o interesse pelo vinho acentuou-se ainda mais. É disso testemunha a imensa popularidade de Joe Satake, o herói-*sommelier* de uma série herói-cômica japonesa (*manga*): ele solucionava crimes com a ajuda de um paladar super-refinado e um espantoso conhecimento de *premier crus* e obscuras *appellations*, suplantando e derrotando arrogantes *sommeliers* europeus que o desafiavam para degustações às cegas.

Singer e o *négociant* de Bordeaux Dominique Renard vinham insistindo há tempos com Parker para visitar o país e promover seu livro, argumentando que a ida da personalidade mais importante no mundo do vinho, a única que os japoneses lêem e em quem confiam, demonstraria que o Japão tinha passado a ser uma parte importante da indústria. E, de fato, já era. Apesar da recessão asiática, as importações de vinho francês aumentaram 115%, com um valor de US$1,32 bilhão só no biênio 1997-1998; o número de caixas de vinho importado da Califórnia tinha quintuplicado em relação a 1992, com um total ao redor de US$30 milhões.

Uma oportunidade ocorreu em 1998, quando Parker passou quase um mês excursionando pela Ásia. Cerca de 3 mil pessoas lotavam suas degustações e a cobertura da mídia propagou ainda mais seu nome. Os organizadores da *VinExpo Asia* em Hong-Kong dispensaram a Parker o tratamento de astro no que um participante chamou "o show francês de cão e pônei". Ele lembrou a platéia de uma de suas palestras que "é preciso ser humilde quando se julgam vinhos". Depois, as pessoas ficaram pacientemente em fila para lhe pedir autógrafos. Um artigo de um jornal asiático insistiu em que os escores de Parker haviam encorajado os ricaços com pretensões a colecionadores de vinhos raros a começar a beber Bordeaux: se um sujeito bebe um vinho de elevado escore numa festa, todo mundo fica sabendo que esse vinho é o melhor porque assim o decidiu Parker.

Finalmente, Parker voou para Cingapura e daí para o Japão, onde, disse Singer, "ele foi recebido como um astro do *rock*". Câmaras de televisão e repórteres o seguiam por todo o lado, esperando obter uma declaração ou um comentário do, como lhe chamaram, "deus do vinho". Entre os que o aguardavam para lhe dar as boas-vindas no aeroporto, estava uma atriz de segunda categoria, Naomi Kawashima, conhecida nos círculos de Tóquio por manter viva sua carreira artística fazendo-se fotografar nua. Decidida a participar do jantar VIP de traje a rigor, após a degustação do Bordeaux 1996 e da conferência de imprensa de Parker, ela logrou seu intento sob um nome suposto.

Quando a esposa de Singer, que estava sentada ao lado de Parker no estrado, se dirigiu a microfone, Kawashima aproveitou a oportunidade e sentou-se furtivamente na cadeira vazia. "Ela vestia um longo cujo decote lhe chegava ao umbigo", recordou Singer. Inclinava-se de forma provocante na direção de Parker, seu *décolleté* garantindo que um fotógrafo não perderia a chance de bater um foto dos dois. "Não creio que Parker tenha se dado conta do que estava acontecendo, mas, quando percebi a jogada, chamei a segurança e a moça foi retirada da sala", contou-me Singer. A foto amplamente divulgada fez a carreira de Kawashima; ela se tornou, diz Singer, "a rainha dos anúncios da indústria vinícola, um nome que ficou conhecido em todo o mundo".

Parker não tinha nenhuma experiência prévia com saquê e sabia muito pouco a seu respeito, mas isso não o impediu de estender seu método e sistema de classificação a uma degustação muito completa de 225 dos melhores, em Tóquio, embora mais tarde a descrevesse como uma das mais difíceis que realizara. O nível de álcool no saquê é 18% mais elevado do que a média de 14% ou 15% para o vinho de mesa e, a cerca de um terço do processo, o suor alagava-lhe o sobrecenho. Parker refletiu: *em que diabo de encrenca vim me meter?* Sentia-se como se fosse cair morto ali mesmo. Daí em diante, se uma amostra não tivesse um cheiro convidativo, passava-a adiante. Quando relatou a degustação em sua *newsletter*, 52 saquês mereceram escores entre 87 e 92. Estava num terreno mais familiar numa degustação para profissionais no Pan Pacific Hotel Yokohama, onde foram servidos dez dos vinhos "perfeitos" de Parker.

DURANTE A DÉCADA DE 1990, O PODER E A FAMA CRESCENTES DE PARKER trouxeram junto a habitual mistura de admiração e crítica, paródia e humor, reservada aos que possuem status de celebridade. Os apelidos abundaram para ele na imprensa: Le Grand Bob, o Papa do Vinho, His Bobness (Sua Bobneza), O Guru, Mr. P.

O varejista David Raines, de Gordon's Fine Wines & Spirits, em Waltham, Massachusetts, que era conhecido por suas excêntricas *newsletters*, teve um sonho em que um atacadista preparava uma falsa edição de *The Wine Advocate*. Daí resultou a sua divertida "The Wine Avocado", que mostrava o saca-rolhas de Parker com um abacate e redefinia seus escores: "95-100, goelas cheias de fruta tropical; 90-95, boas porções de fruta tropical, 85-90, alguma fruta tropical." Enviou-a para Parker, que lhe escreveu dizendo que havia "estourado" de tanto rir.

Mas, na maior parte dos casos, Parker permaneceu o hipersensível de sempre, e não se mostrou avesso a usar seu imenso poder para bater duro em quem o espicaçou. Houve, por exemplo, o caso do rótulo de vinho de paródia criado pela vinícola Jory Winery na Califórnia e colocado em algumas garrafas de seu 1989 Red Zeppelin, com o propósito de zombar do rótulo de Bonny Doon "Le Cigar Volant", como piada do Dia das Mentiras – foi lançado no 1º de abril de 1991. As garrafas também exibiam um rótulo de gargalo com uma caricatura – um busto de homem com o nariz coberto –, com a inscrição Imperador Bob III (uma referência ao lugar de Parker na linha de críticos que o antecederam, Bob Balzer e Bob Finigan). Isto era cercado pelas palavras "O Imperador Não Tem Nariz". *The Wine Spectator* sugeriu que a imagem seria de Robert Parker. O senso de humor de Parker o abandonou por completo quando a paródia chegou aos seus ouvidos: a vinícola recebeu uma carta de um escritório de advocacia de Nova York ameaçando processá-la em nome de seu cliente. Em sua resposta, o presidente e vinicultor Stillman Brown, insistiu em que a semelhança no rótulo não era com Parker mas usara por modelo a efígie de Nero; além disso, perguntou: "Vosso cliente é conhecido como Imperador Bob III?" As ameaças dissolveram-se. Na terceira edição de seu *Wine Buyer's Guide*, de 1993, Parker escreveu "Jamais encontrei um vinho de Jory que me agradasse", qualificando seus "truques engarrafados" no estilo Rhône de misturas "anoréxicas, ofertas virtualmente desprovidas de qualquer charme e vazias de prazer". Jory não se deu por vencido; colocou o mesmo rótulo nos dois engarrafamentos seguintes do Red Zeppelin, com esta linha adicional: "A Reserva do Imperador".

Boletins informativos da Internet, sobretudo Prodigy, no qual Parker colocava suas notas de degustação e respondia a perguntas, permitiram que fossem travadas verdadeiras batalhas verbais. Um colaborador freqüente, Stuart Yaniger, que tinha formação científica, declarou-se frustrado pelo modo como Parker lhe respondia quando ele lhe solicitava esclarecimentos mais específicos. Ele próprio havia experimentado dois vinhos, um filtrado e um não-filtrado, em degustação cega, em duas diferentes ocasiões, e não encontrou as diferenças apontadas por Parker. Parker poderia dizer-lhe que vinhos tinha usado para seus experimentos similares? Se Parker dava a um vinho 93 pontos e a outro 92, isso significava que havia degustado um em confronto com o outro? E se degustou um com um vinhateiro ao jantar e o outro mais tarde, numa vinícola, como saberia que tinha gostado de um mais do que do outro? Yaniger não tardou em perceber que Parker não recebia com bons olhos tais questionamentos diretos de suas idéias e métodos, interpretados como "argumentativos". Se Parker se dignava em responder, era como uma escapatória. E, então, diz Yaniger, "isso era logo seguido de trinta, quarenta ou cinqüenta e-mails do Escudo Humano ou rebanho de Parker – 'como você se atreve a insinuar que o grande homem é algo menos do que um modelo impecável de honestidade? É evidente que você é uma pessoa horrível que deve morrer de inveja diante do Grande Bob'." Estas reações, conclui Yaniger, "eram mais religiosas do que qualquer outra coisa".

Em 1996, Parker organizou um desafio para desmascarar, alguns disseram para humilhar, um de seus críticos on-line, Robert Callahan, vendedor de uma empresa de vinhos que se convertera em "irritante para Parker" – alguém que não acatava as regras tácitas nem respeitava a etiqueta da Corte do Imperador. Parker estava em sua plena fase pró-Califórnia, na década de 1990, e Callahan, que não era fã dos vinhos californianos, pediu-lhe que explicasse suas novas críticas positivas dos vinhos, afirmando que elas eram não só erradas mas também ridículas. Então, no que Mark Squires, que havia gerenciado o painel informativo eletrônico de Prodigy, qualificou como "um ataque maciço do tipo 'não façam prisioneiros'", Callahan investiu contra o Beaux Frères, safra 1994. Para Parker, isso parece ter sido a última gota. "Mr. P", como ele era chamado por seus *ciberfãs*, convidou Callahan (que convidou Yaniger) e vinte dos fiéis adeptos de Parker na Internet para uma degustação às cegas de trinta vinhos a que ele tinha dado 90 pontos e mais, para ver se eles poderiam apontar quais eram os da Califórnia e os europeus. Ele pagaria o almoço de todos os participantes e ofereceu-se até para pagar a Callahan a passagem aérea ou de trem.

O evento, intitulado por Parker "O Desafio de Robert Parker: a Degustação de Prodigy" teve lugar no começo de dezembro de 1996 em seu refúgio habitual, o Milton Inn em Sparks, Maryland. Uma "equipe de dezesseis convidados" voou desde lugares tão distantes como a Califórnia. Como sempre, Parker foi um generoso e hospitaleiro anfitrião, oferecendo um almoço de seis pratos "digno de um Baco" e sacando de sua adega vinhos estelares e muito caros, como o Château Margaux de 1983. Parker havia preparado um cardápio impresso descrevendo os pratos e vinhos. Também figurava nele uma citação de Shakespeare que depois foi muito comentada: "Cuidado com a inveja: ela é o monstro de olhos verdes que escarnece da refeição de que se alimenta."

Os convidados fizeram suas conjeturas sobre que vinhos eram franceses e quais eram os californianos. Alguns tiveram melhores performances do que outros; Calahan identificou corretamente 60% dos vinhos. Resultou que um de seus dois melhores Pinot Noirs foi o Beaux Frères de 1994, de que Callahan havia previamente falado mal. Ele sentiu-se profundamente humilhado. Parker teria preparado esse golpe? Se, no entanto, o evento tivera a intenção de silenciar Callahan, não o conseguiu.

No ano seguinte, Callahan colocou uma nota crítica em alt.food.wine.com, na qual questiona a avaliação de Parker a respeito de um vinho e a correção da informação fornecida a seu respeito na edição revista de seu livro sobre o

Rhône, e indaga, em termos retóricos, se Parker simplesmente a escreveu no piloto automático sem que, na realidade, o tivesse degustado. Dias depois, um mensageiro entregou uma carta do advogado sênior da editora Simon & Schuster ao patrão de Callahan na loja de vinhos onde ele trabalha. Nela, é afirmado que, "enquanto o tremendo sucesso do Sr. Parker como crítico de vinho deriva de sua capacidade para oferecer honestas, significativas, independentes e não-censuradas avaliações de vinhos baseadas em sua degustação", as declarações de Callahan "são, pelo contrário, falsas e difamatórias, e prejudiciais ao Sr. Parker em sua profissão..." Se Callahan não suprimisse o que declarou em sua nota no citado endereço eletrônico, Parker e Simon & Schuster "considerariam a adoção de outras medidas legais cabíveis". Felizmente para Callahan, seu patrão achou que toda essa história estava sendo muito divertida. Callahan colocou toda a controvérsia, incluindo a carta, em vários boletins informativos da Internet, onde ficaram desde então supurando.

Tudo levava a crer que Parker, agora o mais poderoso crítico no mundo do vinho, estava tendo muita dificuldade em aceitar seu status de celebridade e as críticas, justificadas ou não, que constituem seu inevitável acompanhamento.

COM A EXPANSÃO DO MUNDO DO VINHO, PARKER VIU-SE LIMITADO EM sua esfera de atuação. Sabia que algumas regiões vinícolas recebiam escassa atenção em *The Wine Advocate*. Ele queria continuar a ser, como pensava que já era, "o guia de compras de vinho mais respeitado, confiável, completo e pró-consumidor em circulação no mundo".

The Wine Spectator, que era, na realidade, seu único concorrente, dispunha agora de especialistas para as várias partes do globo: Jim Suckling cobria Bordeaux, Itália e Porto; Per-Henrik Mansson, a Borgonha (embora isso viesse a mudar); Jim Laube, na Califórnia; Harvey Steiman, o Noroeste do Pacífico, Nova Zelândia e Austrália; e Bruce Sanderson, Alemanha, Áustria, Alsácia e Champagne (e, mais tarde, a Borgonha). Os enófilos incondicionais se queixavam freqüentemente da irregularidade das notas de degustação e classificações em *The Wine Spectator*. Apelidaram-no de *"The Speculator"* e suscitaram indagações sobre se os grandes anunciantes não estariam recebendo melhores classificações. Mas Marvin Shanken sabia o que estava fazendo. Era um negócio e ele o administrava muito bem. Seus suntuosos escritórios na Park Avenue, com suaves e confortáveis sofás de couro, uma coleção de antigos e artísticos umedecedores na sala de conferências e uma sala de vinhos de paredes envidraçadas, repleta de garrafas estelares, eram testemunho do seu êxito. *The Wine Spectator* estava prestes a se tornar uma publicação na área das revistas dedicadas ao "estilo de vida", repleta de belas fotos coloridas e artigos sobre a vida nos países e regiões vinícolas, perfis de vitivinicultores, restaurantes em grande voga e anúncios de artigos de luxo e, no final da década, sua circulação atingira mais de 300 mil exemplares. No entanto, quando se tratava de Bordeaux, ele não agitava o comércio do modo como *The Wine Advocate* o fazia. E nenhum de seus redatores tinha o mesmo status e a mesma influência exercidos por Parker no plano internacional. Eles eram jogadores na equipe de Shanken e Parker, o sábio solitário de Monkton, Maryland, ainda era a melhor história para a mídia.

Na sombra de Parker, outros críticos de vinho pareciam ser luzes secundárias. A *newsletter* de Steve Tanzer, *The International Wine Cellar*, era respeitada, sobretudo por sua cobertura do Borgonha, que muitos pensavam ter sido melhor entendido por Tanzer do que por Parker, mas ele tinha muito menos assinantes e pouca influência sobre a maioria do comércio. A estatura de Frank Prial derivou de sua posição como colunista do *The New York Times*, não por suas opiniões sobre vinhos. Escritores da Costa do Atlântico, como Dan Berger, permaneceram de importância regional, só conseguindo ocasionalmente ganhar repercussão mais ampla quando chamavam a atenção para algumas das limitações de Parker. Mas, como observou um escritor (que pediu para não ter seu nome citado) durante uma longa conversa telefônica, não havia simplesmente nenhuma base concreta para justificar as críticas que outros críticos faziam a Parker. Nenhum deles estava ganhando tanto dinheiro ou tinha tanta influência quanto ele, o que inevitavelmente levou muita gente – inclusive o próprio Parker – a presumir que toda a crítica era o resultado de simples inveja e a rejeitar o que eram questões e interesses reais sobre o que estava acontecendo no mundo do vinho.

O Reino Unido tinha uma turma de articulados escritores de vinho. Alguns da geração mais jovem, como Andrew Jefford e Anthony Rose, pensavam que Parker tinha efetivamente sido uma força positiva e respeitavam sua postura de "nenhum conflito de interesses". Mas nenhum dos escritores britânicos de vinho tinha grande impacto fora da Grã-Bretanha. As opiniões de Michel Bettane, chamado o "Robert Parker francês", tinham apenas uma modesta influência na França, apesar de dirigir à época a mais importante revista de vinho do país, a *Revue de Vins de France*.

Globalmente, Parker não tinha pares. Mas ainda precisava de ajuda, e começou a procurá-la.

No número de dezembro de 1996 de *The Wine Advocate*, Parker anunciou a seus leitores que havia "contratado um assistente para degustação e redação": Pierre-Antoine Rovani. Os dois tinham se conhecido em 1992 quando Rovani, então com 28 anos, estava trabalhando na MacArthur Liquors e Parker o ouviu acidentalmente quando descompunha um importador pelo telefone num irritado mas razoavelmente explícito francês. Ambos gostavam de piadas, ambos gostavam de comer, compartilhavam de uma visão semelhante sobre boa comida e bom vinho, e logo se tornaram amigos, degustando juntos com freqüência. Rovani também tinha um rosto cheio e uma linha de cintura em notória expansão, embora longe ainda do perímetro abdominal de Parker. Mas seus antecedentes eram muito diferentes. Rovani cresceu em Washington, D.C. Seus pais são franceses – o pai trabalhou no Banco Mundial, e a mãe, na embaixada francesa – e ele é bilíngüe, impregnado de cultura francesa desde o nascimento; seu pai tinha uma adega doméstica, se bem que, quando nos conhecemos, eu não tenha detectado em sua maneira nenhum verniz de *savoir-faire* francês. Rovani tinha aprendido a recitar os nomes das aldeias de Beaujolais aos cinco anos de idade, contou-me ele, e fez sucesso num teste de identificação de vinhos quando freqüentava ainda a primeira série. Seu pai foi um dos primeiros assinantes de Parker.

Após cinco anos na MacArthur, Rovani estava tentando decidir entre numerosas ofertas de vários importadores e prestes a sair para uma viagem de compra de vinhos no vale do Ródano. Quando pediu a Parker um conselho, este lhe ofereceu, em vez disso, um emprego.

Mais ou menos uma semana depois, eles discutiram e acertaram os ponteiros durante o café-da-manhã num Novotel ao Norte de Avignon, e Rovani ingressou na folha de pagamentos de *The Wine Advocate*. Finalmente, Parker tinha alguém para escrever sobre áreas nas quais tinha pouco interesse ou pouco tempo para cobrir, como as regiões de clima frio que produzem vinhos mais leves, aqueles onde os vinicultores que costumavam implorar sua atenção deram-se conta de que seus delicados engarrafamentos tinham, do ponto de vista comercial e financeiro, muito mais a ganhar se continuassem ignorados pela crítica do que se tivessem de escapar ao esmagador jugo de um baixo escore. E, convenientemente, Rovani podia cobrir a Borgonha, onde Parker deixara de ser *persona grata*. Ele advertiu Rovani de que sua aceitação na Borgonha poderia levar algum tempo. E, de fato, sua primeira viagem à região como empregado de Parker foi difícil. "Então, você é o homem de confiança de Parker?", desdenhou um vinhateiro com sorriso escarninho. Embora Rovani fosse ajudado por seu fluente francês e por um estilo reconhecidamente mais avesso a confrontos do que o de Parker, alguns manifestavam escasso respeito por seus dotes degustativos. Ele era visto como um clone de Parker, com predileção idêntica por vinhos grandes e ricos e pouco entendimento do que seja delicadeza e *finesse*. Muitos discordaram veementemente de sua avaliação da safra de 1998 e desconfiaram de que ele teria recebido de Parker diretrizes no sentido de desvalorizá-la.

Rovani também cobriu a Alsácia, Alemanha, Nova Zelândia e o Noroeste do Pacífico, com variáveis graus de sucesso. Ele admirava e gostava de Parker e, embora magoado por não ter tanta influência quanto a que achava merecer, não se importava de ser o número dois. De fato, podia agir de forma tremendamente protetora quando sentia que seu patrão estava sendo atacado e mobilizava o fã-clube para defendê-lo.

Teria ele a esperança de vir a ser um dia o herdeiro do império? Isso, disse-me ele, seria algo que competia a Parker decidir. Entretanto, Parker reiterou a seus leitores que não estava, em absoluto, "reduzindo seus esforços... Minha bandeira continua desfraldada e minha disposição de espírito é idêntica à de um cavaleiro no dia de uma carga de cavalaria". O Cavaleiro Solitário ainda estava em plena atividade, só que tinha Tonto cavalgando agora a seu lado, ou melhor, logo atrás dele.

Parker também contratou uma assistente na França, Hanna Agostini. Seu marido, Eric, fora o advogado de Parker no caso Faiveley e, depois que o processo foi finalmente solucionado, Parker contratou Hanna, formada em advocacia, a fim de trabalhar para ele em meio expediente, traduzindo e enviando questionários para a atualização de seu livro do Rhône. Em 1996, ela iniciou a tradução dos livros de Parker para Solar, seu editor francês. Gradualmente, ele passou a depender cada vez mais dela para marcar suas reuniões em Bordéus, coletar amostras para degustações e, por fim, traduzir *The Wine Advocate* para o francês. Ele sentia grande afeição pelo casal e por sua filha, e referia-se a Hanna como "La Grande Parkerette". Jantava freqüentemente na residência dos Agostini quando estava na França e, uma vez por ano, durante três anos, palestrou na escola freqüentada pela filha do casal sobre a perspectiva americana da França.

PARKER ERA TÃO APAIXONADO POR GASTRONOMIA QUANTO POR VINHO, quer comendo à sua própria mesa ou nos melhores restaurantes do mundo. Também era opiniático em tal matéria e tão expedito em condenar grandes restaurantes que estavam deixando muito a desejar em seu serviço quanto os vinhos que não correspondiam à sua reputação. Em 1997, começou a redigir extensos comentários críticos sobre seus restaurantes favoritos em *The Wine Advocate*, numa recapitulação de fim de ano de suas melhores refeições no decorrer do ano. Não havia escores. Nas duas últimas décadas, ele e Pat haviam comido praticamente em todos os restaurantes Michelin de duas e três estrelas, mas um de seus favoritos continuou sendo o grande bistrô L'Ami Louis em Paris. Até 1997, já aí fizera suas principais refeições umas oitenta vezes e ainda continuava sendo merecedor de "três 'uaus!' na escala Parker de decadência", especialmente por suas imensas porções de pernil de cordeiro com bolinhos de batata ao alho e pelo perfeito frango assado, que inspirou seu "santo graal" a descobrir um saboroso frango na América. Mas "o maior *chef* francês do planeta "era, em sua opinião, Daniel Boulud, dono do Restaurant Daniel na cidade de Nova York, onde Parker comia tão freqüentemente quanto possível.

No topo de sua lista de alimentos favoritos, estavam as trufas, o *foie gras*, o pato de Pequim e *dim sum*. Lamentavelmente, havia uma escassez de bons lugares para comer na vizinhança imediata de Monkton, e até mesmo em Baltimore. O Milton Inn fechou; Parker reunia-se agora com importadores no Oregon Grille, na vizinha Cockeysville. Pelo menos uma vez por mês reunia um grupo de amigos no restaurante chinês local, o Mark's Duck House, em Falls Church, Virginia, para almôndegas de frutos do mar, peixe frito Hunan e um cozido misto de mariscos e carne branca, acompanhados de garrafas de velhos Barolos e Barbarescos de sua própria adega. Para ele, eram uma combinação perfeita.

Em 1997, Parker fez 50 anos; foi uma ocasião para mais comilança. Em Bordéus, celebrou "com muitos outros que tinham recentemente cruzado a marca do meio século". Degustaram 28 garrafas da safra de 1947; ele deu 100 pontos a três: Mouton, Cheval Blanc e Pétrus. A essa altura, sua fama como guru do vinho já tinha ultrapassado há muito as fronteiras do mundo do vinho. Parker se tornara uma genuína celebridade, aparecendo até em colunas sociais que em geral cobrem as extravagâncias e os caprichos de atores de cinema, astros do *rock* e delinqüentes famosos. Durante um almoço de aniversário de dez pratos com meia dúzia de amigos no Restaurant Daniel, sua cabeça começou a rodopiar. Sentiu-se alagado em suor frio e um médico na mesa pensou que ele estava prestes a sofrer um ataque cardíaco. Parker, certo de que não era esse o caso, pediu uma Coca. Quando a ambulância finalmente chegou, ele foi carregado para fora por uma equipe de resgate, tendo seu considerável físico prostrado na maca alarmado o Governador George Pataki, que, nesse instante, entrava no restaurante. "Não comam os escalopes!", gritou Parker. A coluna "Page Six" do *New York Post* noticiou o incidente sob a manchete: "Porto Demais Assentou Mal em Parker."

NO FINAL DA DÉCADA, A INFLUÊNCIA DE PARKER ERA SENTIDA NA MAIOR parte do globo. Mas, apesar de sua fama mundial, suas atividades vinícolas eram olhadas como duvidosas, senão ilegais, em seu próprio estado natal, Maryland. A revogação da Proibição em 1934 deixou a cada estado a regulamentação sobre a venda de bebidas alcoólicas, e Maryland foi um dos muitos estados que proibiram a prática de embarcar vinho diretamente para consumidores sem passar por um atacadista. Centenas de amostras não-solicitadas eram entregues anualmente na residência de Parker, somadas às muitos mais que Parker encomendava e pagava. Por fim, em 1998, o Dr. Charles Ehart, então diretor da Alcohol Tax and Tobacco Unit do Escritório do Fiscal de Contas Públicas do Estado de Maryland, decidiu avaliar a situação. Ele tentou encerrar definitivamente as atividades de Parker, fazendo-o ver que o que ele vinha fazendo há 19 anos era ilegal e insistindo em que teriam de qualificar Parker como um "perito em vinho". Isso acarretou uma visita aos escritórios do órgão em Anapolis e o preenchimento de um questionário, assim como a obtenção do mesmo tipo de licença que é concedida aos hospitais para a compra de produtos que contêm álcool para fins exclusivamente curativos. "No fundo, eles queriam simplesmente provar-me que eu tinha de dançar de acordo com a música deles", contou-me. "Sou um cara temperamental e perdi a calma. Aqui é mais fácil obter uma arma de fogo do que receber em casa uma garrafa de Chardonnay." Parker já estava pronto para desfechar um ataque contra a "polícia do prazer", que ele vê como os vestígios do puritanismo" na América que subsistem nos bastidores das cruzadas contra o álcool. Que diferença da França, onde o vinho não é suspeito; ele faz parte da cultura nacional. Uma pesquisa de opinião perguntando a cidadãos franceses o que representava "ser francês" encontrou o "vinho" entre os cinco principais itens citados.

NO MESMO ANO, PARKER RECEBEU UM TELEFONEMA DA EMBAIXADA francesa para informá-lo de que tinha sido indicado para a mais alta condecoração do país, a Legião de Honra. Ficou sabendo mais tarde que a indicação tivera origem em Bordéus, a região vinícola francesa com o maior poder de influência nacional, tal como já ocorrera com sua anterior distinção honorífica, e o complicado processo consistiu numa rigorosa série de medidas para determinar se havia quaisquer manchas contra o nome de um candidato. Crente em que tinha muitos inimigos poderosos no mundo do vinho francês, Parker duvidava de que a indicação de seu nome fosse adiante. Mas, de qualquer modo, deu a notícia a seu pai enfermo pouco antes de seu falecimento, em meados de 1998.

Assim, quando recebeu uma carta do embaixador francês nos Estados Unidos em abril de 1999, informando-o de que o próprio Presidente Jacques Chirac lhe faria a condecoração numa cerimônia no Elysée Palace, em Paris, no dia 22 de junho, ele sentiu-se literalmente "arrebatado". Embora tivesse escrito jocosamente num dos primeiros números de *The Wine Advocate* que já gastara tanto dinheiro comprando garrafas de Borgonha que o governo da França *devia* dar-lhe a Legião de Honra, isso, afirmou ele, estava "além de suas mais desvairadas expectativas".

Na manhã do dia 22, Parker estava em seu quarto de hotel em Paris, preocupado em não chegar tarde para a cerimônia. Ele, Pat e Maia hospedaram-se no Hôtel Scribe, a dois passos da *Opéra* e apenas a dez quarteirões do Elysée Palace, mas Parker insistira em alugar um automóvel particular, algo que ele nunca fizera em Paris, para apanhá-los no hotel. Era tarde e Parker estava suando. Tinham de estar no palácio às 10:30. Finalmente, com apenas alguns minutos de folga, o carro chegou e ei-los a caminho, o convite do Presidente da França em punho, mas Parker continuava suando.

Ele vinha trabalhando na França nas últimas semanas e todo mundo ficara tão impressionado pelo fato de ele receber a condecoração diretamente das mãos de Chirac que veio, por fim, a entender que se tratava de algo incomum. Os presidentes franceses entregavam pessoalmente a condecoração a apenas 1% dos agraciados; a maioria dos estrangeiros a recebia dos embaixadores franceses em seus respectivos países. Mas Parker estaria ali com Ronald Reagan, Colin Powell, Neil Amstromg e Robert De Niro, entre os pouco americanos famosos que assim tinham sido agraciados. "Mas", garantiu-me ele, "eu a teria recebido das mãos de qualquer pessoa".

Cerca de uma centena de convidados se reuniu no formal salão de recepções vermelho e dourado do Palácio do Eliseu e permaneceu de pé diante das grandes janelas francesas parcialmente cobertas por colgaduras de cor vermelho-escuro, atrás da fila de dez agraciados. Pat estava com uma pequena filmadora de vídeo, mas ela e Maia só podiam ver as costas de Parker. Chirac estava no pódio, de frente para todos os circunstantes. No alto, cintilavam os enormes candelabros de vidro e a luz emanava das janelas em meia-lua, acima das ricas molduras em talha dourada das paredes.

Parker estava no centro da fila, metido num indefinível terno cinza, camisa branca e gravata listrada em vermelho e preto, o cabelo ainda marrom, só com alguns laivos grisalhos, virado para dentro da nuca no estilo pajem. Das oito pessoas que receberiam a Legião de Honra, Parker era o único americano e o primeiro crítico de vinho. A *Légion d'Honneur* foi criada por Napoleão em 1802 para homenagear, como assinalou Chirac em seu discurso de abertura da cerimônia, "aqueles que serviram a França, trazendo prestígio para o país com seus talentos pessoais". No caso de Parker, disse Chirac, isso significou "ser o homem que ensinou a América a respeito do vinho francês". Ele saudou "o paladar infalível" do homem "que é o mais ouvido e o mais influente crítico [de vinho] no mundo" e contou que o ex-Presidente Bill Clinton lhe mencionara a opinião de Parker sobre o vinho que os dois chefes de Estado estavam bebendo durante uma refeição que fizeram no bistrô "L'Ami Louis". "Este amante da França e de seus vinhos", prosseguiu Chirac, "contribuiu enormemente para a promoção do vinho francês do outro lado do Atlântico e no mundo inteiro".

Recordações das experiências nos últimos vinte anos que o haviam trazido até esse momento perpassavam na mente de Parker. Uma revolução do vinho tinha ocorrido e ele desempenhara um papel importante nela. Os anos ingerindo grandes iguarias e bebendo duas garrafas de vinho por dia também tiveram seu efeito. Parker pesava agora 120 quilos e foi com passo vacilante que se adiantou para receber a condecoração.

Quando Chirac lhe prendeu na lapela, pendente de uma fita escarlate, a estrela de cinco pontas em torno de um centro dourado, bagas de suor inundavam a testa do agraciado. Foi um momento muito intenso, "uma experiência fora do corpo", recordou ele. Seus olhos estavam rasos de lágrimas e ele balbuciou, *"Merci, le President"*. Aparentemente, não está previsto que o agraciado fale; nenhum dos outros falou, e as palavras de Parker pegaram Chirac desprevenido. Beijou Parker em ambas as faces, como manda o protocolo, e um exuberante Parker voltou a fazer o inesperado, plantando dois longos beijos nas faces de Chirac, que espelhavam, a essa altura, um ar divertido. Depois, trocaram tapinhas nos ombro um do outro, em perfeita camaradagem gaulesa.

Na recepção, os dois discorreram sobre o bistrô favorito de ambos, "L'Ami Louis", e posaram para numerosas fotos. Parker conserva em sua escrivaninha uma de Chirac e Maia apertando-se as mãos, colocada ao lado do estojo com sua medalha.

Parker, Pat e Maia fizeram um almoço comemorativo no vizinho Ledoyen, o mais recente restaurante Michelin três estrelas, e depois retornaram ao hotel para que Parker pudesse desfazer-se de seu terno e gravata, e voltasse a ser "uma pessoa normal". Quando atravessavam a Place de la Concorde, cruzaram com um destacamento de gendarmes que, de súbito, se perfilou e bateu continência para Parker. "Permaneci o mais frio e impassível que pude", contou-me ele com orgulho. Surpreendido, soube por um deles que "a legislação francesa requer que todo o policial e membro das forças armadas saúde aquele que usa a medalha".

Quando se deteve na loja no Palais Royal para comprar a pequena roseta vermelha que se usa na lapela para mostrar que se pertence à Légion d'Honneur, a balconista, toda sorridente, o reconheceu e foi buscar um exemplar de um de seus livros para que o autografasse. Que grande contraste com a sua visita em 1993 para comprar a pequena roseta azul da *Croix de Chevalier de l'Ordre National du Mérite*! Recusando-se a acreditar que um estrangeiro a pudesse ter recebido, a mesma balconista advertira-o de que usar falsamente a roseta era delito grave.

Histórias apareceram em dúzias dos mais importantes periódicos, incluindo o *The New York Times* e *Le Figaro* (mas não *The Wine Spectator*). Um importante benefício foi que ninguém na França processou ou ameaçou processar Parker depois que recebeu a condecoração. Os franceses tinham evidentemente decidido que Parker era um fato inevitável da vida e que teriam simplesmente de conviver com ele.

De volta aos Estados Unidos, Parker e Pat deram uma estrondosa festa para 150 pessoas no Restaurant Daniel em Nova York, em celebração da honraria recebida na França. Foram convidados velhos amigos e o pessoal do vinho que havia acreditado e apoiado Parker desde o princípio. Os *négociants* Archie Johnston e Dominique Renard voaram de Bordéus, a enóloga Helen Turley e o dono de vinícola Bill Harlan voaram da Califórnia, e os importadores Bobby Kacher e Marc de Grazia chegaram de Washington e da Itália, respectivamente. Parker fretou um ônibus novinho em folha para trazer o contingente de Baltimore. Todos brindaram a Parker com Dom Perignon 1990 e beberam magnums de 1990 Château La Conseillante e garrafas de 1982 Château Grand Puy Lacoste. Parker e Pat proferiram discursos inflamados e, por vezes, lacrimejantes. A mãe de Parker deu um beijo na bochecha de Daniel Boulud e declarou: "Nunca tive comida como esta em toda a minha vida." Bob Schindler, o velho amigo de Parker, disse-me emocionado: "Foi o maior evento de minha vida no mundo do vinho."

8

PRODUZINDO VINHOS PARA AGRADAR A PARKER

"A CADA 25 ANOS, O BORDALÊS PRECISA SER SACUDIDO, em tudo, porque a vida aqui é fácil e agradável", disse Jean-Guillaume Prats, com seu rosto fino abrindo-se num sorriso amplo, como se a idéia o divertisse. "Com o passar do tempo, todos se tornam complacentes. Parker foi aquele que veio aqui dar uma boa sacudida em todos." Em seus trinta e poucos anos, Prats é o administrador da propriedade do Château Cos d'Estournel, um *château* de segundo *cru* em St.-Estèphe, de que sua família foi proprietária até 1998. Ele assumiu essa função após adquirir prática e experiência trabalhando nos mercados financeiros em Londres, o que lhe proporcionou a perspectiva de um iniciado e de um estranho sobre o mundo do vinho Bordeaux. Estávamos falando a respeito de Parker durante o jantar em La Tupina, um adorável bistrô na parte antiga de Bordéus que se assemelha a uma pousada do interior completa, com lareira, reluzentes caçarolas e frigideiras de cobre penduradas, e grandes nacos de carne girando nos espetos. Acrescente-se que La Tupina é conhecido pela culinária pesada, rica e tradicional da região, como o *cassoulet*. Chegar até lá de automóvel tinha sido complicado; muitas das ruas da cidade foram desmanteladas durante um maciço plano de reurbanização, causando constantes desvios. Em 2002, o mundo do vinho Bordeaux também estava em processo de mudança. Se isso era bom ou ruim, dependia de com quem se estivesse falando.

Nos anos em que Parker promoveu o Bordeaux 1982, diz Prats, seus comentários e escores tinham impelido os donos de *châteaux* a buscar qualidades superiores e a investir em novos equipamentos, promover as reputações de nomes e marcas, além de agitar toda a região de modo a "possibilitar aos *châteaux* mais modestos pensarem que também poderiam participar do jogo". Parker foi o primeiro a expressar tudo isso numa fórmula simples: "um paladar, um sistema, um mundo". Fez uma pausa e continuou: "Foi quando as safras de 1995 e 1996 entraram no mercado de futuros que Parker se tornou tão poderoso. Ele começou, a partir daí, a fazer o preço do vinho." Pela primeira vez, muitos *châteaux* decidiram aguardar até que os escores de Parker fossem publicados em sua edição anual do Bordeaux, no final de abril, para só então estabelecerem seus preços de venda.

"Com a safra de 1995, todo o sistema comercial de Parker começou a funcionar", concordou o *négociant* Bill Blatch, com quem estive dois dias depois de meu jantar com Prats. Quem tivesse uma boa "nota" de Parker poderia cobrar preços mais elevados. Para uma propriedade de primeira linha, disse Blatch, "a diferença entre um escore de 85 e um de 95 era de 6 a 7 milhões de euros". Se um *château* recebesse um escore de 100, podia tranqüilamente multiplicar seu preço por quatro.

Todos os corretores e *négociants* acompanham dia a dia a evolução das vendas e dos preços no mundo inteiro, mas, quando passei pelo sóbrio e elegante escritório de Erik Samazeuilh, na Tastet & Lawton, num edifício antigo do Quai des Chartrons, vi como os escores de Parker são intensa e minuciosamente examinados quando se trata de comércio internacional. Sobre a simples mesa de tampo de vidro de Samazeuilh, está uma grande tela plana de computador na qual ele pode rapidamente acessar qualquer número de sua imensa base de dados sobre 800 *châteaux*. Estão incluídos, para cada vinho, seu preço de abertura, o melhor preço entre o *château* e o *shipper*, as variações entre os preços mínimo e máximo, e o escore de Parker. Em termos de impacto econômico, era somente Parker quem fazia o mercado, afirmou Samazeuilh: "*The Wine Spectator* não lhe chega aos calcanhares." Contou-me que visitara um cirurgião no Sul da França cuja adega não estava organizada por região ou tipo, mas de acordo com os escores de Parker, e que lhe mostrou orgulhosamente todos os seus vinhos de 100 pontos.

Os Estados Unidos eram o mercado mais forte dos Bordeaux e, se Parker não incitasse os americanos a comprar, o mercado do Bordeaux seria direcionado para o Sul. E a influência de Parker chegava agora aos compradores de Bordeaux na Inglaterra. Seu impacto democratizou partes do negócio do vinho até mesmo no Reino Unido, onde comerciantes como Lay & Wheeler ou Berry Brothers & Rudd tinham uma longa e ilustre história como fornecedores de vinhos finos para as classes altas. Impelida pelos escores de Parker, a inebriante especulação com o Bordeaux na década de 1980 permitiu que um novo grupo de corretores de vinho sem conexões com a clientela tradicional começasse crescer e a ter sucesso. Foi essa, por exemplo, a história da Farr Vintners, que, como explicou o sócio Steve Browett, começou no quarto da frente do apartamento de um sócio em 1978 e aumentou de importância em 1984, oferecendo futuros de 1982. Eram assinantes de *The Wine Advocate*, compravam o que Parker recomendava, começaram a incluir os escores por ele divulgados em seu próprio catálogo, e o negócio cresceu rapidamente. Parker, diz Browett, "tem o gosto do homem comum". Farr Vintners é hoje a maior vendedora de futuros do Bordeaux na Grã-Bretanha.

Circulando em Bordéus e falando com *négociants* e donos de *châteaux*, todos tinham uma forte opinião a respeito de Parker. Até a do garçom do *Restaurant La Tertre*, em St.-Emilion, era digna de ponderação, quando me explicou que a adega do restaurante dispunha de poucas meias garrafas porque Monsieur Parker havia provocado uma elevação tão grande dos preços de vinhos que os franceses não podiam sequer comprar *demi-bouteilles*. O poder de Parker fazia com que se sentissem constrangidos até mesmo aqueles que gostavam dele pessoalmente e haviam se beneficiado de seus escores. Como a minha falecida amiga e importadora Melissa Seré, que estava sempre a par dos mexericos, certa vez me disse que, "os franceses podem ver que Parker é mágico para os vinhos deles, mas, ao mesmo tempo, desagrada-lhes profundamente terem de fazer as coisas do jeito americano".

No começo de março, todos os *châteaux* estavam aguardando a chegada de "Le Grand Bob". O circo oficial *en primeur* se inicia na última semana de março, mas Parker e James Suckling, de *The Wine Spectator*, chegam usualmente uma ou duas semanas antes e, por vezes, já partiram antes da invasão da *hoi polloi* – as hordas de jornalistas e compradores que chegam agora de todo o mundo, enchem os quartos dos hotéis da cidade e se acotovelam nas degustações da Union des Grands Crus, onde os sorrisos de todos mostram dentes manchados de roxo. Cada *appellation* dava lugar a uma degustação, para a qual os *châteaux* mandavam amostras de barrica. Na década de 1980, quando essas degustações tiveram início, Parker também comparecia, mas, a partir de meados dos anos 90, deixou de participar delas e concentrou todo o seu tempo em degustações privadas nas próprias instalações dos muitos *négociants*, ou no seu quarto de hotel, ou em encontros marcados numa variedade de *châteaux*, onde ele era freqüentemente tratado como uma realeza visitante. Durante uma ou duas semanas em que ele permanecia em Bordéus, os telefones não tinham descanso; Parker era o tópico quente de todas as conversas. Suas notas, disse um dono de *château*, eram mais importantes para o vinho do que a época da vindima.

Em 1995, a UGC decretara que ninguém podia degustar amostras de barrica antes de 1º de abril. Mas, quando Parker mencionou a seu amigo, o Dr. Alain Raynaud, presidente da organização, que só poderia estar em Bordéus na última semana de março, Raynaud teria dito: "Não é problema, mudaremos a data, mas somente para você." Parker concordou prontamente em não divulgar suas notas antes do dia 1º de abril, o que, diga-se de passagem, ele nunca fez. Depois, James Suckling também insistiu em degustar mais cedo. Daí em diante, a coisa ficou meio confusa, cada um degustando quando mais lhe convinha. Parker fora, durante muito tempo, o único crítico de vinho a insistir tanto na degustação de amostras de barrica da nova safra e a divulgar, logo depois, seus detalhados veredictos, mas agora meia dúzia de jornalistas – incluindo Suckling e Jancis Robinson, da Grã-Bretanha – dava suas notas online, antes mesmo de *The Wine Advocate* ter saído.

As degustações *en primeur* geravam muita excitação e celeuma (publicidade, se quisermos ser cínicos) – sempre consideradas importantes para a venda de Bordeaux –, mas também eram repletas de reclamações e queixas, a maioria das quais tinha algo a ver com o que chamavam "*le problème Park-air*".

Uma dizia respeito à autenticidade de todas as amostras de barricas importantes. Gonzague Lurton, responsável pelo Château Durforts-Vivens em Margaux, um dos dez *châteaux* de propriedade de seu pai, Lucien Lurton, tinha sido um dos que abordaram a questão com maior franqueza. Alguns dias antes, durante a minha estada em Bordéus, discutimos o assunto enquanto almoçávamos no ruidoso Lion d'Or, um restaurante em Margaux que está sempre repleto de gente do vinho. "Durante anos, ouvimos falar sobre as 'barricas Bob' especiais", disse-me Lurton. Ele tinha certeza de que muitos *châteaux* enviam uma "Cuvée Bob" aos *négociants* para degustações de Parker que não representam fielmente o vinho final que vai ser engarrafado. Embora muitos *châteaux* procedam agora à *assemblage* por volta de março, nem todos assim o fazem, de modo que essas amostras eram apenas uma aproximação do que seria engarrafado mais de um ano depois. Diferenças existiam até entre as barricas reservadas para o *grand vin*, com algumas sempre melhores do que outras. Lurton não era o único convencido de que numa elevada percentagem de amostras eram uma *crème de tête*, colhidas somente da melhor das barricas ou alteradas para ter uma boa aparência, de modo que Parker desse ao vinho um elevado escore. Muita gente bem conceituada do ramo com quem falei, como Marcel Ducasse, do Château Lagrange em St.-Julien, estava convencida de que ocorre uma razoável soma de adulteração. "Uma piada que se ouve com freqüência em Bordéus", disse ele, "é que, quando você encontra uma barrica que é melhor do que qualquer das outras, essa é a barrica de Parker".

O delgado e veemente Lurton parecia dotado de uma sinceridade de garoto de escola, rara entre os franceses; parecia indignado, mas também um pouco triste, quando me contou que havia proposto a fixação de normas para as amostras de barrica, mas que a UGC o ignorou. "Em 1997, fiz no meu computador uma etiqueta garantindo por minha honra que esta amostra representa 547 hectolitros de vinho. Fui o único a fazer isso." Todo mundo riu da minha ingenuidade, mas, disse ele, "as pessoas sabem que eu sou assim". Muitas delas admitiram que ele estava certo, mas também eram de opinião de que, "se uma equipe está ganhando o jogo, ninguém vai querer trocar os jogadores... Gonzague, por favor, não fale tão alto". De qualquer modo, Lurton parou de enviar amostras. "Participar do grande concurso de Parker a fim de apurar qual é o maior, o mais colorido, o mais gordo... não, não quero fazer isso". Na edição seguinte de seu livro *Bordeaux*, Parker revidou, atribuindo as "falsas" suposições de Lurton sobre amostras adulteradas ao fato de que Durfort-Vivens não tinham se saído bem nas degustações às cegas.

De fato, Parker se preocupava com a possibilidade de ser fraudado. Ele também tinha muita coisa em jogo. Já tinha ouvido da existência de "cuvées Parker" e talvez fosse verdade. "Mas as amostras são por mim degustadas em muitas épocas diferentes, em diferentes contextos", racionalizou ele quando o interroguei sobre isso, "e confiro sempre as minhas avaliações com a degustação final do vinho na garrafa. Se encontro diferenças significativas, paro de degustar o vinho desse *château*". Admitiu que, por vezes, já encontrara diferenças, mas normalmente o vinho em garrafa era o melhor. Estava convencido de que as notícias de fraude generalizada eram muito exageradas. Recaiu na sua defesa usual. "O mito da 'barrica de Parker' provém simplesmente de concorrentes que morrem de ciúmes de meu sucesso."

O problema era que, mesmo no caso de as amostras serem "corretas e precisas", o próprio vinho muda a cada dia, uma vez que se desenvolve e se transforma na barrica e de acordo com as condições climáticas. "Quando o barômetro está caindo, uma amostra não terá boa aparência", disse-me vários dias depois Alexandre Thienpont, do Vieux Château Certan, em Pomerol. "Isso poderá significar", acrescentou, "uma diferença de até 10 pontos no escore de Parker".

Depois, havia as queixas de que Parker degustava mais de uma centena de amostras de uma assentada. Os *châteaux* tinham tudo a perder com essas comparações às cegas. Um vinho delicado feito sanduíche entre dois pesos pesados parecerá definitivamente anêmico. Além disso, ninguém sabe há quanto tempo as amostras foram abertas. Prats havia decidido seguir a orientação dos primeiros *crus*, como muitos outros segundos *crus* tinham feito, e só permitir que amostras do tonel fossem degustadas nas adegas do *château*, mesmo no caso de Parker. "É visto como uma exigência arrogante", diz Prats, mas, em sua opinião, seria esse o esforço mínimo que se deveria esperar de um jornalista visitante.

"É uma questão de se ter sempre em conta o que acontece numa degustação às cegas", explicou Thienpont, que adotara o mesmo procedimento. Depois que Parker degustou na adega do Vieux Château Certan, acrescentou mais 3 pontos ao escore de um vinho cuja amostra fora previamente avaliada numa grande degustação.

Perto do final dessa semana, quando me sentei na pequena e elegante sala de visitas no Château Pichon Lalande, em Pauillac, May-Eliane de Lenquesaing, a proprietária, colocou diante de mim, sobre a mesa de tampo de vidro, ao lado do cafezinho, um grosso caderno de anotações de folhas soltas e capa lilás. Esse era o seu livro dedicado a Parker, com os documentos metodicamente arquivados em bolsas de plástico separadas, uma bolsa para cada documento. Estava elegantemente vestida como sempre: seus cabelos louros penteados para trás e rematados num coque, a echarpe vermelha, azul-marinho e branca, num arranjo perfeito, sapatos vermelhos no rigor da moda, e seu bem comportado King Charles *spaniel*, chamado Picolo, enroscado em seu regaço. De Lenquesaing administrava o *château* da família desde 1978, incansavelmente aperfeiçoando a qualidade e promovendo seu vinho, na Europa e nos Estados Unidos, onde a conheci. Seu falecido marido fora um general do exército francês em missão no Kansas. O rio Missouri recordava-lhe, disse ela, o Gironda em Bordéus, o que me pareceu uma comparação inesperada.

Parker sempre elogiara Pichon-Lalande, embora nem sempre tão alto quanto de Lenquesaing pensava que ele deveria, e era especialmente irritante para ela que Parker desse ao seu vinho uma nota média em março e, no outono seguinte, quase sempre dissesse, "Oh, isto é muito melhor do que eu pensava!" Ela o conhecia bem. "Vi todos os equívocos por ele cometidos, todos os seus erros em anos passados, e eu lhe dizia: '*Attention, attention!*'" Ela punha objeções ao seu sistema de pontuação, à preferência de Parker por "grandes vinhos" – "os vinhos modernos têm grande corpo e nenhuma personalidade" –, mas, acima de tudo, ela era radicalmente contra a degustação pela imprensa de amostras de barrica tão cedo, em março. "Eles ainda estão como um garoto de quatro ou cinco anos – como se pode garantir que os espera uma carreira brilhante?", perguntou. Ela não envia amostras para grandes degustações. Todos têm de ir ao *château*, inclusive Parker. "Vou fazer 78 anos, digo aquilo que penso; se não gostam de mim, *tant pis*!", exclamou.

O Professor Émile Peynaud havia advertido todos os *châteaux* a esse respeito já em 1987: "Eles pensam que têm alguma coisa a ganhar... E não se atrevem a lhe recusar uma degustação, o que deviam fazer, com receio de que ele pensasse que o vinho deles tem algum problema que estão querendo ocultar."

Para se assegurarem de que as amostras de barrica estarão com um bom aspecto para a imprensa (ler Parker) no final de março, as pessoas estavam até mudando o método como vinificavam seus vinhos. Tudo dependia de março. "O ponto essencial é levar a vantagem de um mês", dissera o *négociant* Bill Blatch." Agora, as pessoas estão pondo os vinhos em barricas assim que termina a fermentação. Elas ventilam os vinhos como *microbullage* (micro-oxigenação), para que eles tenham um sabor mais macio e mais obviamente frutado.

"Há muita hipocrisia a respeito de as degustações serem prematuras demais", insistiu Parker. "Os *châteaux* são os que querem vender o mais cedo possível. Eu nem sempre quero ser o primeiro. De fato, *The Wine Spectator* já está na Internet muitas semanas antes do meu relatório, e Jancis também. Lamentavelmente, ninguém em Bordéus está dando a mínima para isso." O que era a pura verdade.

Como aumentara muito o número de grandes empresas que haviam comprado *châteaux* e aguardavam agora um bom retorno para seus investimentos, também recrudesceu a pressão para obter de Parker escores elevados. Um *château* que precisava fazer dinheiro de imediato era o Château Lascombes. Tendo sido Alexis Lichine e um grupo de investidores os seus últimos donos, a propriedade em Margaux foi comprada por US$67 milhões, por um consórcio que incluiu Colony Capital; Tony Ryan, o dono irlandês da Ryan Air; e alguns investidores de Goldman Sachs. A transação foi organizada pelo Dr. Alain Raynaud, que administrou o projeto e contratou imediatamente o enólogo Michel Roland. A combinação foi considerada o caminho certo para chegar a Parker. Um corretor me disse durante um jantar que, antes de o novo Lascombes oferecer sua primeira safra, estivera num almoço para corretores em que Raynaud lhes assegurara ter a certeza de que Parker daria ao vinho um escore elevado. Se você quiser vender um vinho por um alto preço para cobrir seus empréstimos bancários, terá de se assegurar de um escore de 94 a 95 pontos. Até os bancos sabem como esse escore é importante.

Nem todos tinham de esperar por um escore para saber se comprariam ou não. Em 2000, Guillaume Touton, um importador de vinhos franceses em Nova York, recebeu um telefonema em seu escritório de um muito conhecido *négociant* de Bordeaux. "Parker acabou de sair com Hanna Agostini", disse ele. Parker havia passado duas horas e meia degustando e cuspindo tranqüilamente dúzias de amostras de barrica da safra de 1999. O *négociant* ficara de pé, encostado à parede, observando Parker. "Então", continuou o *négociant*,

"Parker provou um vinho e exclamou: 'Uau!' Tentei conter a minha excitação. Isso seria provavelmente 93 pontos. Você deve comprá-lo".

"Tem certeza de que ele disse 'uau'?", indagou Touton. "Talvez fosse 'humm'."

Discutiram por alguns minutos sobre a intensidade exata com que teria soado o "uau!" de Parker. O preço do vinho seria entre US$800 e US$900 a caixa, e Touton tinha de tomar uma decisão nos três minutos seguintes. "Baseado apenas no 'uau!', tomei uma decisão de US$80 mil para reservar 75 caixas", confidenciou-me Touton, com uma risadinha de satisfação. "Foi arriscado. Mas Parker deu ao vinho 93+."

Para os bordaleses, os escores de Parker não eram diferentes das estrelas para restaurantes do Guide Michelin. Eles aguardavam o mês de fevereiro para ver quem seria revalorizado e quem seria rebaixado depois de sua visita de janeiro para redegustar os vinhos que havia provado no prévio mês de março. Em Nova York, às 11:30 da noite do dia 2 de fevereiro, Emmanuel Cruse, cuja família é dona do Château d'Issan em Margaux, foi despertado por um fax que chegava do seu escritório – uma tabulação de três páginas e meia de todos os escores de Parker da safra de 2000 até esse momento. Primeiro, estavam listados os seus escores iniciais, que tinham sido publicados em sua *newsletter* de 23 de abril; depois, os escores atualizados que ele tinha dado quando redegustou em janeiro, extraídos da edição de 28 de fevereiro, acabada de pôr em circulação; e, finalmente, a diferença entre os dois. A maioria tinha subido ou descido apenas um ponto ou até meio ponto, mas o Château Phélan Segur havia caído 7,5 pontos. Felizmente, o *château* já tinha vendido todo o seu vinho, disse-me Cruse, acrescentando: "Agora, será impossível para os comerciantes vendê-lo pelos próximos seis meses a um ano."

Parker havia mudado as regras do jogo. Na medida em que sua opinião sobre a qualidade de uma safra e sobre vinhos individuais aumentou sua influência sobre os preços, a influência dos *négociants* diminuiu. Em 1999, o Syndicat des Négociants de Bordeaux tentou contra-atacar publicando seu próprio relatório coletivo sobre os *primeurs*, mas era muito pouco e tarde demais.

Embora permanecesse convencido de que havia sido um catalisador para a mudança positiva, Parker estava ciente dos murmúrios de insatisfação e presumiu sombriamente que fizera muitos inimigos e poucos amigos reais. Quando ouviu um boato de que donos descontentes de *châteaux* estavam planejando alertar a polícia para detê-lo quando ele estivesse saindo de uma degustação, a fim de pegá-lo em flagrante por condução perigosa em estado de alcoolismo, Parker tomou a coisa muito a sério. Comprou em The Sharper Image um aparelho digital de medição do nível de álcool no sangue, e checava-se obsessivamente após cada degustação.

O QUE CAUSOU A MAIOR CONTROVÉRSIA A RESPEITO DO BORDEAUX no final dos anos 90 foi a ascensão dos vinhos da Margem Direita, em especial o antes sonolento St.-Emilion, e o punhado de vinhateiros revolucionários conhecidos como *garagistes*. O termo se refere ao fato de eles fazerem seus vinhos, chamados *vins de garage*, em pequenas quantidades em galpões e garagens, em vez dos tradicionais *châteaux*.

Para muitos proprietários de *châteaux* tradicionais, esses ambiciosos arrivistas, como o madeireiro que virou *négociant* Jean-Luc Thunevin, do Château Valandraud, ou o dono de pedreiras Michel Gracia, de Château Gracia, eram bárbaros às portas da cidade. As pessoas se queixavam de que alguns de seus vinhos eram ultraconcentrados, rutilantes, com muita madeira e supermaduros, mais parecidos com os Cabernets do Novo Mundo do que com os tradicionais e reservados Bordeaux; no entanto, alguns deles, como Valandraud e o La Mondotte, venderam efetivamente pelo dobro do preço dos primeiros *crus* nos Estados Unidos e na Ásia. O que aos seus vinhedos faltava de *pedigree* era compensado por produções superbaixas, colheita manual, fruta ultramadura, métodos discutíveis de produção do vinho, grandes porções de carvalho novo e muito dinheiro em diminutos lotes de terra. Esses experimentos e seu sucesso financeiro da noite para o dia se assemelhavam estreitamente aos vinhos *cult* da Califórnia e inspiraram dezenas de outros. Mas eram sumamente vulneráveis. Não tinham história ou dado provas sobre sua reputação, somente os pontos de Parker para justificar seus altos preços. Muitos atribuíam toda a culpa a Erik Samazeuilh, que "nem sequer existiria sem Parker". Thienpont foi ficando cada vez mais exaltado ao criticá-los asperamente. "Têm a aparência de primeiros *crus* durante uns três a quatro anos", disse ele, "e depois viram lixo".

O caso de estranhos desafiando o *establishment* com trabalho árduo e dedicação à qualidade era uma daquelas histórias que encontravam sempre boa ressonância em Parker, bem como o estilo de seus vinhos. Ele estava convencido de que esses "estranhos" representavam a onda do futuro e de que alguns de seus métodos de produção de vinho não demorariam a se tornar lugar-comum em Bordéus, um sentimento que suscitou medo e profunda irritação no coração de muitos donos de *châteaux* no Médoc.

Quando Jean-Guillaume Prats e eu comparamos num jantar a fruta já em gradual dissipação do *vin de garage* 1996 Château Haut Condissas com o clássico desenvolvimento do elegante Château Pape Clement, de 1995, ele expôs sua própria teoria sobre os motivos por que os *vins de garage* atraíam Parker: "A América é uma terra de sonhos e excitação", disse. "É divertido para ele descobrir algo que é novidade." O próprio Prats procurava ansiosamente um modo de experimentar, mas não seria feito em Bordéus – ele lançaria os olhares para a Espanha ou a África do Sul. Em Cos d'Estournel, era importante "obedecer às regras".

O sucesso dos *garagistes* que Parker tornara possível havia apunhalado a própria alma de Bordéus e reacendido debates há muito latentes sobre tradição *versus* experimentação moderna, *terroir versus* os métodos dos vinhateiros, cabedal de conhecimentos *versus* sensação, vinhos com *finesse* e elegância *versus* vinhos com poder e concentração.

Era como se os *garagistes* tivessem levado um vírus da Califórnia para Bordéus: a idéia revolucionária de que um *vigneron* [vinhateiro] não precisa de um pedaço aureolado e consagrado de campo, do solo de uma encosta identificada por séculos de labuta, para produzir uvas e vinhos superiores. Dada uma fruta razoavelmente decente, um grande vinho poderia ser criado por meio de suor, pura ambição, visão e audácia, freqüentemente ajudado, é claro, por novos avanços tecnológicos e dinheiro.

Muitos donos de *châteaux* nas margens direita e esquerda decidiram que esses vinhos estão longe do ideal de equilíbrio, complexidade e capacidade de envelhecimento do Bordeaux. Também eles, como os borgonheses, acreditam na natureza muito especial do *terroir*, essa "vaga e nebulosa noção, intelectualmente atraente", como Parker certa vez se lhe referiu, "de que uma porção de terra desempenha o fator determinante no caráter de um vinho". Era a base para o elaborado sistema por eles criado sob o nome de *appellations* e para as várias hierarquias de qualidade, além de proporcionar o "sentimento de vínculo com um certo lugar", do qual o sabor do vinho derivaria.

A crença no *terroir* significava que era a terra que detinha a magia e dava forma ao vinho, não o vinhateiro. Não crer nisso era destronar a França, despojá-la de seu lugar de honra entre as nações vinícolas. Para muitos bordaleses, como Pascal Delbeck, que administra o Château Belair em Saint-Emilion, Parker estava ajudando e estimulando os inimigos do *terroir*, aqueles que estavam prontos para privar o vinho de contexto, de cultura e da gente que vive em função do prestígio de um rótulo. Uma vez que isso era aceito, o vinho ficava reduzido a um conjunto de efeitos no copo e, nesse caso, é claro, não importava como esses efeitos eram realizados – tratava-se apenas de um produto da adega, a substância extraída de uvas anônimas e o resultado dos truques de um enólogo, não mais um líquido que sintetizava... um *lugar*.

Tudo isso se resumia, em outras palavras, a que, se não fossem feitos os vinhos de que Parker gostava, seus produtores teriam de enfrentar maiores dificuldades para vendê-los nos Estados Unidos e seriam forçados a fazê-lo por preços inferiores. Era esse o caso de Gonzague Lurton e também de Olivier Benard, do Domaine de Chevalier, um dos vinhos que os críticos ingleses acreditavam que constantemente não vinha recebendo o devido valor por parte de Parker. Era grande o incentivo para mudar o estilo de um vinho e fazer vinhos no que se supunha ser o estilo que agradava a Parker. Os franceses chamavam a esses vinhos *Parkerisé* – "parkerizado".

"Existem umas duas dúzias de puros vinhos Parker, e seu número está crescendo", disse-me o *négociant* Bill Blatch, sacudindo a cabeça. "E isso está se propagando também para a Margem Esquerda." Em minhas viagens, as pessoas citavam Château Haut Bergey, Clos L'Eglise e Haut Condissas, e se mostravam apreensivas a respeito do Château Pape Clement, um Graves, porque seu novo proprietário havia contratado um consultor... Michel Rolland.

PARKER ESTAVA CIENTE DA ACUSAÇÃO QUE LHE FAZIAM DE QUE SÓ gostava há muitos anos de um certo estilo de vinho. O assunto parecia deprimi-lo. Sentado em seu caótico escritório no final de 2000, e dando voltas à sua cadeira giratória enquanto falava, sacudiu a cabeça com ar contrariado, e depois insistiu: "As pessoas dizem que gosto desses vinhos bombásticos, com muito carvalho, acentuadamente frutados, que esse é o gosto americano incivilizado, e que estou levando todo mundo por esse caminho – e isso não passa de um grande mito. Sou francófilo, e os vinhos franceses, por sua própria natureza, são vinhos elegantes... Meus colegas europeus me acusam de isso ser uma atitude globalista. Obviamente, quando avalio a qualidade de um vinho, tenho um certo número de idéias gerais em mente, um certo nível de aceitabilidade, mas a coisa mais importante é que eles têm de refletir seu lugar de origem e as uvas de onde provêm. Quero que Nebbiolo pareça Nebbiolo." Ele não queria que tudo tivesse um sabor idêntico. "Meus gostos", afirmou ele, "são muito diversos". De fato, ele estava convencido de que apreciava e escrevia sobre os mais diferentes estilos de vinhos e o fazia mais do que qualquer outro crítico.

Afirmava ser um enófilo onívoro. Parker gostava de vinhos grandes e ricos, sim, mas também apreciava a complexidade de um Château Haut-Brion. Gostava dos vinhos do moderno estilo internacional de Angelo Gaja, mas também se deliciava com o estilo tradicional dos Barolos de Bruno Giacosa, que ele comprara regularmente para a sua própria adega até, disse ele, ficarem excessivamente caros. Com efeito, para o almoço nesse dia em sua residência, bebemos um encantador Riesling Trimbach "Clos St. Hune" de 1989 e um dócil, acetinado Château Figeac de 1970, nenhum dos quais as pessoas que estão de olho nos sucessos do momento poderiam imaginar que fossem os favoritos de Parker, se bem que talvez as escolhas tenham sido calculadas justamente para corroborar essa postura dele.

No entanto, quando leio atentamente seus livros e *newsletters*, parece-me ser possível identificar categorias de vinho que, como um todo, não lhe despertam muito interesse: o vibrante Sauvignon Blanc da Nova Zelândia, os herbáceos tintos do Loire e os tintos com elevada acidez – de fato, os vinhos magros e austeros em geral, mesmo que resultem melhores com comida. Com raras exceções, os vinhos que receberam os escores de 95+ e agitaram os mercados têm certas coisas em comum: textura opulenta, intensidade e concentração, fruta suntuosa e, para os tintos, baixa acidez. De fato, os tintos estão em grande maioria. Os vinhos de 100 pontos são mais freqüentemente aqueles que Parker descreveu como "maciços e poderosos" do que os "delicados e sutis". Alguns de seus tintos "perfeitos" e "quase perfeitos" assemelhavam-se muito a um "dry vintage port", conforme se expressou, embora a outros paladares pudessem lembrar muito mais um xarope para a tosse. Muitos haviam elevado o teor alcoólico, inclusive acima dos 16%. A sensação de fruta madura era da maior importância. Parker costumava perguntar: "Que prazer você sente em comer uma pêra que não está madura? Se não estão maduras, estão verdes, estão ácidas, simplesmente não têm sabor nem aroma, e não têm a menor graça." Ele próprio admitira que, quando chegou a Bordéus, tinha "uma preferência estilística por vinhos de textura mais opulenta com baixa acidez". As notícias de que ele estava enamorado de vinho pródigo em madeira de carvalho parecem muito exageradas. Afinal de contas, ele era um fervoroso apreciador dos Chateauneuf-du-Pape, a maioria dos quais não usa madeira nova. Parker se ajusta perfeitamente à teoria biotipológica de preferências de vinho proposta pelo escritor britânico Steven Spurrier. Os indivíduos ectomorfos, magros e longilíneos, observou ele, gostam de vinhos delicados como o *blanc de blancs* Champagne; os grandes e corpulentos mesomorfos (como Parker) tendem para os vinhos fortes e encorpados que combinam com o seu físico.

Depois de muitos milhares de vinhos, o conceito de Parker de grandeza de um vinho no final da década de 1990 recaiu de maneira firme sobre fruta, concentração, impacto sensorial geral e textura voluptuosa. Era isso algo assim tão ruim? Sob múltiplos aspectos, o que o mundo do vinho concebia como sendo o "gosto de Parker" refletia o *zeitgeist*, o espírito dominante de uma época. Era, em última análise, uma idade de sensação e de imediatismo. No livro *Bobos in Paradise*, de David Brooks, em que ele analisa a cultura emergente contemporânea nos Estados Unidos, o autor sublinha que as elites educadas na década de 1990 "amam a textura... Tudo o que a pessoa educada bebe deixará sedimentos no fundo do copo: efervescentes microfermentações, sucos de fruta não-filtrados, cafés orgânicos". Ele poderia ter adicionado o vinho. A era contemporânea, e não apenas nos Estados Unidos, parecia querer sabores aparatosos, agradáveis, fáceis e um tanto óbvios, algo que não envolva esforços para se obter. Prazer significa montões de fruta com uma insinuação de doçura e taninos macios para consumo *agora*. Em outras palavras, vinhos para satisfação imediata.

E como Gerald Asher me fez ver durante um jantar em Paris, quem pode ficar surpreendido se a sutileza e a *finesse* estão perdendo a preferência em vinho, quando elas tampouco estão em evidência em qualquer outro setor da cultura?

NO INÍCIO, A MAIORIA DE IMPORTADORES, *NÉGOCIANTS* E VINICULTORES esperava simplesmente que Parker desse a seus vinhos um escore decente. Com o aumento de seu poder, eles começaram a captar suas preferências de estilo, como fez Becky Wasserman. Quer degustassem com ele ou não, a coisa era simples: todos podiam acompanhar que vinhos obtinham os escores mais elevados. Se eles tinham um vinho que pensavam ajustar-se ao seu perfil de preferência, atraíam para ele sua atenção, como fez Dan Philips em 1967, quando começou importando vinhos dos grandes e antigos vinhedos Shiraz do Vale de Barossa na Austrália (as críticas laudatórias de Parker inspiraram uma história a respeito de Philips na revista *Time*).

Alguns adotaram uma abordagem atuante no final dos anos 80 e começos dos 90. O importador Bobby Kacher, cujo rosto afilado, com olhos sonolentos, desmentia sua reputação de vendedor atento e persuasivo, não só procurou vinhos grandes, ricos e frutados na Borgonha, mas convenceu os vinhateiros com quem trabalhava a usar as técnicas necessárias para que os vinhos se ajustassem ao estilo que agradava a Parker. Recomendou a Bertrand Ambroise que usasse muito mais carvalho, por exemplo, inclusive encomendando os barris para ele, e insistiu com outros para que colhessem uvas mais maduras e mudassem algumas de suas técnicas a fim de obter cor mais profunda e sabores mais concentrados. Havia quem se queixasse na Borgonha de que os vinhos de Kacher eram grandes e madeirizados demais, que ignoravam o *terroir* e não se assemelhavam, em absoluto, ao Borgonha tradicional. As propriedades que não quiseram cooperar, que tinham outras idéias sobre que sabor o Borgonha deveria ter, como Etienne de Montille, do Domaine de Montille, procuraram um outro importador.

Na Itália, Marc de Grazia, que tinha todo o ar de um poeta da Renascença – suaves olhos castanhos, rosto delicado, nariz proeminente, desgrenhado cabelo negro e camisas com mangas esvoaçantes – empenhou suas energias criativas estimulando os pequenos produtores com quem trabalhava no Piemonte e na Toscana a mudarem seus métodos de fazer vinhos, por vezes em face da forte reprovação da geração mais antiga. Nas famílias de vinhateiros, as discussões foram ásperas; um pai deixou de falar com seu filho por mais de um mês. Mas o resultado foram vinhos de um estilo mais moderno, com mais aroma de frutas e o sabor de carvalho francês que atraía o mercado internacional. Enquanto Parker aplaudia a qualidade superior assim obtida, outros viam Grazia como um intruso que estava matando o sabor e o estilo dos vinhos italianos tradicionais. Puseram-lhe o apelido de "Marco Disgrazia".

Mas seriam esses partidários das mudanças no vinho verdadeiros crentes no estilo que defendiam, ou apenas importadores que agiam em função dos ditames do mercado e vinhateiros que esperavam lucrar à custa das papilas gustativas de Parker? Ou reconheciam simplesmente a realidade do que os mais modernos apreciadores de vinho gostavam de beber e do que era necessário fazer para competir internacionalmente? A resposta dependia de com que importador ou vinicultor se estivesse falando. O ubíquo Riccardo Cotarella creditou a Parker ter-lhe mostrado o sabor que os consumidores queriam. Quem obedecesse à fórmula podia prever os resultados. Inevitavelmente, havia a tentação de manipular o vinho para colocá-lo na via rápida de Parker e colher os benefícios financeiros de um alto escore. Como dezenas de vinhateiros me disseram: "Se eu quiser fazer um vinho Parker 95, sei muito bem o que tenho de fazer."

Cada variedade de uva possui um certo caráter e espectro de sabores. Mas o clone da vide, se as videiras têm cinco ou cinqüenta anos de idade, em que espécie de solo se desenvolveram, a inclinação e a direção em que o vinhedo se situa, como as videiras são podadas, se são pulverizadas com produtos químicos, quais são as condições atmosféricas, quando as uvas são colhidas, o tipo de prensa usada, se a fermentação ocorre com leveduras naturais ou comerciais e a que temperatura, se o vinho é bombeado ou flui em função da gravidade, se o vinho é envelhecido em carvalho e que espécie e por quanto tempo, se é afinado ou filtrado antes de engarrafado – todos esses fatores contribuem para a impressão que o vinho causará no copo.

A fórmula básica para a Parkerização era muito conhecida, e qualquer vinhateiro podia repeti-la como um mantra: no vinhedo, reduzir a quantidade de folhas de parra (*effeuillage*) para que mais Sol incidisse sobre as uvas, a fim de permitir um amadurecimento mais uniforme e mais rápido. Reduzir a produção mediante a "colheita verde", ou corte de muitos dos cachos quando as uvas ainda estão verdes, para que a produção seja menor e todo o sabor se concentre nas uvas remanescentes. Vindimar o mais tarde possível, deixar as uvas pendentes até que estejam supermaduras, garantindo álcool e corpo substanciais, e taninos doces. A cor vem do contato com a casca da uva, deixando que o frio as macere pelo maior tempo possível. "Amaciar" o vinho no início de sua vida com fermentação malolática na barrica. Depois, fazer o menos possível. Nada de trasfegar, de afinar ou de filtrar antes do engarrafamento. Mantê-lo natural – eis a idéia básica. (É claro, métodos como a colheita de uvas mais maduras poderiam ser levados longe demais, e muitos vinicultores na França e em outros países insistiram em afirmar que uvas supermaduras fazem vinhos com sabor de geléia e excessivo teor alcoólico. Um artigo no *Wine Business Monthly* advertiu que, no intuito de fazer vinhos "troféus", vitoriosos em degustações às cegas, os enólogos criaram um novo estilo de vinho de elevado teor de álcool, os "vinhos sociais", cansativos para beber e que não complementam a comida. Os níveis médios de álcool nos vinhos do vale do Napa tinham aumentado de 12,5% para mais de 14,5% desde 1971, e "a espiral desse estilo de vinho social parecia ser totalmente ditada pelo mercado".)

A partir de meados da década de 1990, foi possível contar com novas técnicas de produção de vinho, não apenas para controle de danos na adega, mas também para afinar o produto final. Podia-se agora usar o "disque um sabor" (framboesa para fruta tropical), leveduras para a fermentação, adicionar tanino, pigmentos, ácido e *chips* (lascas) de carvalho (mais baratas do que as barricas) e empregar tratamentos que eram muito mais chegados à ciência da era espacial do que ao velho e humilde vinhateiro. Máquinas de reversão de osmose e outras concentrações podiam remover o excesso de água e criar vinhos superconcentrados. Cones giratórios removiam o excesso de álcool resultante das uvas supermaduras. A micro-oxigenação, na qual minúsculas bolhas de oxigênio são introduzidas na tina de um barril de vinho para substituir os sedimentos, pôde fixar a cor e acelerar a evolução do vinho de modo que, para os críticos, uma amostra de barril saiba melhor mais cedo. Como um vinhateiro disse claramente, "os críticos falam de vinhos naturais, mas, com freqüência, os vinhos que têm de 93 a 95 pontos foram violados".

De fato, num vulgar edifício de escritórios de um só pavimento, com paredes revestidas de estuque marrom, numa rua de Sonoma, Califórnia, o consultor de vinhos Leo McCloskey estava levando à sua conclusão lógica o conceito de fazer vinhos para agradar a Parker. Seu escritório era simples e modesto; a vista era para um gramado, não para videiras; e, na manhã em que estive com ele, sua mesa de trabalho estava deserta, à exceção de um sofisticado laptop.

Talvez fosse apenas um questão de tempo para alguém aparecer com a idéia de analisar vinhos de elevado escore num laboratório e criar então, de acordo com os dados obtidos, um programa de software que preveja se um vinho agradará ou não ao paladar do grande homem, e diga o que teria de ser mudado para ter a certeza de que o escore de um vinho baterá os 90 pontos ou mais.

McCloskey era esse homem, para alguns o Dr. Frankenstein do mundo do vinho. Ele gostava de dizer, "Resolvemos a matemática do sabor para o vinho". Sua abordagem da fabricação de vinho era uma espécie de engenharia ao avesso, partindo do ponto final – o escore – e retrocedendo até à adega e ao vinhedo.

McCloskey transmite a impressão de meio missionário, meio artista "papo-furado", como tantos no negócio do vinho, e de ser mais jovem do que sua idade real, então com 53 anos. Seu cabelo branco amarelado era penteado para cima, à maneira *punk*, e tinha o hábito de se recostar na cadeira inclinada para trás e expressar-se liberalmente na gíria adolescente (aprendida com seus filhos) e no jargão dos livros de economia da *New Age*, como *O Dilema da Inovação*, quando me expôs o modo como sua empresa, a Enologix, usa a química avançada e o poder dos computadores para ajudar os seus, em números redondos, 75 clientes vinicultores a "cruzar a barreira dos 90 pontos". A maioria era de pequenas vinícolas que seguiam métodos tradicionais de produção de vinhos finos, os quais eram regularmente reavaliados por Parker, como St. Francis, Diamond Creek e Hahn Estates. A ajuda prestada por Enologix, asseverou McCloskey, tinha impulsionado o *blend* de 1994, Insígnia, no estilo Bordeaux, de Joseph Phelps, a atingir um escore inédito de 96 pontos. Os anúncios da companhia prometiam "melhorar as classificações dos críticos nacionais" e, com freqüência, obter sua ratificação.

Em 1984, enquanto trabalhava em seu doutorado em ecologia química na Universidade da Califórnia, em Santa Cruz, e surfava em seu tempo livre, McCloskey havia pesquisado técnicas para medir a estrutura molecular das substâncias químicas nas uvas e no vinho. Um vinho consiste em cerca de 400 a 500 compostos químicos distintos, mas McCloskey havia identificado 84 – 32 nos tintos e 52 nos brancos – como "bandeiras", ou seja, aqueles mais significativos que, em diferentes combinações e proporções, ele tinha a certeza disso, estavam relacionados com o preço e a qualidade do vinho. Aliciou o chefe do departamento de matemática para ajudá-lo a criar um modelo matemático a partir dos seus dados.

Alguns testes o convenceram de que ele estava a caminho de criar algo muito "quente". Organizou, então, a degustação de uma dúzia de garrafas de Pinot Noirs com um grupo de enólogos, quando McCloskey, baseado nos perfis químicos dos vinhos, prognosticaria como eles os iriam classificar. Ele estava certo. Seu software predisse corretamente a relação entre a composição química e o preço para uma dúzia de safras de Château Lafite. E em 1995, percebeu que poderia usar seu *Quality Management System*, ou QMS, software para prognosticar as classificações que seriam dadas pelos mais destacados críticos de vinho dos Estados Unidos. Se um produtor não estava obtendo os escores que queria, o QMS o ajudaria a identificar os elementos, desde o vinhedo até a garrafa, que contribuiriam para melhorar a qualidade e, o mais importante, o escore.

O processo começou mesmo antes de as uvas serem colhidas e levou em conta a regionalidade. McCloskey esmagou um balde de uvas e criou um "lab" para vinho; usou então cromatógrafos e um espectrômetro para determinar o tempo ótimo para colher, baseado numa projeção QMS de qualidade final e envelhecimento potencial. Depois, com o vinho já nos barris, mediu os compostos da "bandeira" em diferentes barris, ligou-os ao vinhedo e aos dados de fermentação constantes da base de dados, e usou QMS para ajudar não só a determinar as técnicas adequadas de produção de vinho, mas também para criar, por fim, uma série de misturas virtuais, a fim de ver como cada uma se comportaria na boca de Parker (e de outros críticos).

A vasta base de dados de Enologix, cerca de 50 mil vinhos virtuais, cada um decomposto nos componentes químicos individuais que são responsáveis por seu sabor, textura, cor e aroma, está digitalmente arquivada num servidor seguro num armazém vizinho. McCloskey, obcecado por segredos comerciais, mantém o arquivo rigorosamente guardado e recusou-se a divulgar a ciência de tudo isso, dizendo-me: "Somos como Los Alamos."

É claro, as pessoas sempre fizeram vinhos para agradar ao mercado. Os vinhos de Hermitage, no vale do Ródano, tinham sido adicionados ao Borgonha e ao Bordeaux, a fim de lhes servir de reforço para o mercado britânico no século XIX, numa época em que os produtores de Champagne criaram *cuvées* doces especiais, atraentes para os russos. Em anos recentes, vinícolas gigantes na Califórnia e na Austrália comercializaram seus vinhos como produtos de massa que eram, após os testes com os usuais grupos de foco, a fim de determinar o exato perfil de sabor que os consumidores queriam para um específico ponto de preço. Kendall-Jackson havia alcançado elevados escores com o seu Vintner's Reserve Chardonnay, criado em 1983 com um caráter maduro, ligeiramente doce, concebido para atrair diretamente um público recém-desligado da Coca-Cola. Eram vinhos comerciais, direcionados para a massa consumidora, mas as mesmas técnicas podiam ser usadas tendo por alvo nichos de consumo.

Emile Peynaud acreditava que os enólogos eram responsáveis por mudar os estilos de vinho ao fazerem vinhos que lhes agradavam pessoalmente. "Se os gostos mudam é porque o produto muda", escreveu ele. "O público não pode imaginar um sabor que não existe." Assim como cada período tem seu próprio estilo de música, de vestuário e de padrões de conduta, também possui seu próprio estilo de vinho. "Mas", acrescentou Peynaud, "trata-se menos de uma questão de moda do que de concepção, tecnologia, organização da produção e marketing".

A nova "onda" era que a produção de vinhos finos, vinhos em sua melhor e maior diversidade, estava sendo desviada para satisfazer os gostos dos críticos – em especial, o de Parker. O gigante industrial Brown Forman concedeu, em seus Fetzer Vineyards, bonificações graduais aos vinicultores que levaram em conta as notas altas de Parker e de *The Wine Spectator*, e Dennis Martin, o diretor de vinícola, admitiu que se baseou nas preferências deles quando fez os vinhos de Fetzer a US$30. De que outro modo poderiam agitar o mercado?

Parker se ajusta agora perfeitamente à observação do sociólogo francês Pierre Bourdieu de que certas pessoas no topo de cada especialidade têm o poder de consagrar, de conferir prestígio e fama a indivíduos, assuntos e "estilos de discurso" seus favoritos, ou a modos de falar sobre eles. Bourdieu se referia aos intelectuais no mercado – acode-me à lembrança o poder de Clement Greenbeg como crítico de arte –, mas insiram-se vinicultor, vinhos e jargão vinícola nesse modelo e é evidente que "Parker = principal consagrante". Aqueles que detêm esse poder, observa Bourdieu, influenciam o gosto, favorecem certas metodologias e definem as fronteiras daquilo sobre o que se falar – tendo certamente Parker feito tudo isso.

Mas não foi apenas o sabor do vinho que Parker influenciou, ele também mudou o modo como as pessoas passaram a falar sobre vinho; alterou o próprio vocabulário, o qual mudou, por sua vez, o modo como as pessoas percebem o vinho, o que procuram nele e como outras pessoas escreveram sobre ele.

Falar sobre cheiro e sabor é difícil, em meio a metáforas, e falar sobre vinho parece, com freqüência, expressar-se numa linguagem privada, a qual exige alguma extensa e elaborada iniciação para ser penetrada. De fato, os profissionais do vinho empenham-se há décadas em apresentar um vocabulário significativo que tenha um mínimo de objetividade e reflita uma verdadeira análise sensorial, de forma que todos saibam exatamente o que os termos significam. Além de sua cor, todo vinho tem certas dimensões básicas que são mensuráveis – acidez, tanino e doçura, por exemplo. E certas falhas e defeitos, como mofo, cheiro de papelão e sabor conhecido como *bouchoné* (o mal de rolha mofada) – que resulta da contaminação por tricloroanisol (TCA), geralmente transmitida por uma rolha apodrecida –, podem ser identificadas por análise química. Não é difícil aprender a identificar essas deficiências. Mas descrever o sabor e o cheiro de um vinho é muito mais complicado. Um proeminente professor de enologia na Universidade da Califórnia em Davis, o falecido Maynard Amerine, tentou propor um vocabulário analítico em seu livro de 1976, *The Sensory Evaluation of Wine*, quando advertiu seriamente as pessoas para confiarem em sua lista aprovada de palavras, e forneceu uma extensa lista daquelas que deveriam "ser evitadas a todo custo", termos abstratos como "austero" ou "vívido" ou "grosseiro" ou "nobre". Situou-se firmemente do lado da ciência objetiva, contra o que chamou a abordagem emocional romântica ou poética para falar de vinho, ou incutindo-lhe um caráter antropomórfico com termos tais como "másculo" ou "feminino." Outro professor em Davis, Ann C. Noble, inventou sua maneira própria e fácil de usar a "Roda dos Aromas dos Vinhos", com o propósito de estabelecer um vocabulário comum para sabores e aromas, útil para ajudar os degustadores a treinarem narizes e cérebros. A Roda é um disco laminado, dividido em fatias coloridas da mesma forma que se corta uma torta; num círculo interior, estão os descritores gerais, como "floral", "frutado", "apimentado" e "oxidado"; anéis subseqüentes vão ficando cada vez mais específicos – "frutado" leva a "frutas vermelhas", que, por sua vez, levam a "framboesa". A Professora Noble também destaca palavras que são "analíticas", em vez daquelas como "fragrante" ou "elegante", a que ela chama "hedonistas" ou judicativas, termos que implicam elogio ou condenação. O professor inglês Sean Shesgreen, num artigo em que analisa o "vocabulário do vinho para um novo milênio", viu as notas de degustação contemporâneas como uma nova espécie de pastoral que se concentrou em "comidas pitorescas" e relacionou a transformação da linguagem do vinho com as amplas mudanças culturais. Os antigos termos de gênero e classe, diz ele, pertencem ao estilo formal da França, ao passo que as novas imagens alimentares e pastorais sugerem o estilo desenvolto da Itália, que é mais atraente para os consumidores de hoje. As referências a frutas e verduras, afirma, lembram "prósperos anciãos" fiéis a "alimentos saudáveis".

Entretanto, Emile Peynaud dera início a essa tendência (em *Le Goût du Vin*) com a sua própria lista de categorias de aromas do vinho, a qual foi reproduzida por Parker em alguns de seus livros. Isso formou a base do vocabulário de Parker, embora ele ampliasse consideravelmente a gama de termos.

As notas de degustação de Parker tinham evoluído de descrições toscas, deselegantes, para uma série de frases básicas, fluidas, na década de 1990, reconhecíveis pelo entusiasmo atabalhoado e a excitação ofegante que incitava seus leitores a fazerem freqüentes viagens de compras aos seus varejistas de vinhos ("corra, não caminhe", aconselhava ele periodicamente; com os varejistas, isso virou uma piada). A linguagem de Parker refletia suas próprias preferências de paladar, seu inglês comum, desinibido, sua abordagem do gênero "diga as coisas tal qual elas são", assim como a mudança cultural nos Estados Unidos do final do século XX. Essa linguagem provocara uma virada de 180 graus em relação à geração anterior. Os antigos termos de classe e sexo não significavam grande coisa para a nova geração de americanos de classe média que estava agora educando-se a respeito de vinho; eram termos que sugeriam um esnobismo ultrapassado e chauvinismo masculino. A terminologia de classe social – "nobreza", "raça", "refinamento", "classe" –, outrora favorecida pelos britânicos, era letra morta. Mortas estavam também as mais fantasiosas comparações de vinho a mulheres ("Beaujolais é uma jovem, Borgonha, uma mulher de trinta" etc.), antes favorecidas pelos franceses, que tinham até usado a palavra *jambes* (pernas) para descrever o gotejar de vinho que escorre pela parede interna de um copo depois que se faz o vinho rodopiar.

Em vez disso, a "imaginativa base de dados" de Parker incluía dezenas de termos concretos, especialmente as palavras para fruta e textura. Ele introduziu referências a praticamente todas as frutas já ingeridas no mundo alguma vez, incluindo as mais exóticas – um escritor chamou às suas notas de degustação "incansável salada de frutas". Uma nota típica para um tinto detalhou "aromas supermaduros de geléia de framboesa, com um deslumbrante caráter em que se conjugam os sabores de mirtilo, amora e cremosa uva do monte". "Bomba frutífera" e "gelatinoso" eram positivos em seu léxico. Apimentava com freqüência as suas descrições adicionando gíria para significar grandes quantidades, como em *gobs* ou *oodles* de fruta. Palavras de comestíveis também aparecem amiúde – chocolate, especiarias asiáticas, café, *pain grillé* (pão torrado), manteiga, baunilha, gordura de bacon, carne assada, mel. Aqui, nada de "eflúvios", "nuanças", "sugestões" ou "ecos" de sabores; ele é o mestre da prosa do vinho recheada de adjetivos.

A palavra "textura" (ou, mais claramente, "sensação na boca") era de suma importância, e Parker usou uma variedade de palavras relacionadas à textura: "densa", "espessa", "concentrada", "sedosa", "carnuda", "aveludada", "macia", "mastigada", "viscosa", "suculenta", "exuberante", "untuosa". Numa época em que todos se esforçam por ser magros, um vinho "gordo, carnudo, roliço" era uma mercadoria apreciada, embora uma "flácida" não o seja. Parker empregou um vocabulário impregnado de testosterona para descrever a potência dos vinhos: "grande", "robusto", "maciço", "enorme", "poderoso", "feroz", "prodigioso". Essa linguagem muscular era claramente atraente para seus leitores, em sua maioria homens americanos que devem ter se sentido tranqüilizados em face da afirmação de que o vinho era um assunto para homens, tal como o enfático "Bam!" do *chef* de TV Emeril Lagasse que é proferido enquanto apresenta suas suculentas técnicas culinárias, assinalando não ter nada demais que um sujeito normal cozinhe.

Mas o vocabulário de Parker também refletiu o sentido dos novos tempos como uma era de sensação, volúpia e sexo. Nas décadas egocêntricas de 1980 e 1990, a vida centrava-se no *agora*, no puro prazer. Parker gostava de se qualificar como hedonista, uma palavra que teve, a certa altura, um singular sabor oitocentista, mas agora parecia pertencer ao final do século XX. Ele praticamente detinha a patente do adjetivo "hedonista", pelo menos como termo relacionado com o vinho. Num período de dez anos, ele o usou umas 836 vezes para descrever vinhos "criados para fornecer puro prazer, alegria e euforia", vinhos que só poderiam ser criticados por "por ser evidente todo o êxtase por eles criado... são vinhos totalmente gratificantes, destinados a fascinar e a subjugar".

Os termos evocativos de luxo, como "opulento", "profundamente generoso" e "decadente", aparecem com freqüência. A definição de Parker do último: "Se você adora sorvete cremoso e chocolate, conhece a sensação de comer um enorme sundae prodigamente banhado em chocolate quente, creme batido e rico sorvete de baunilha. Se você é um entusiástico enófilo, um vinho carregado de opulentas e até untuosas camadas de fruta, um enorme buquê e uma redonda e voluptuosa textura, pode ser chamado de decadente." Favoreceu termos de ação como "explosivo" e "exuberante" e referências a sexo: "*sexy*", "sedutor", "sensual", "voluptuoso", até "Viagra liquefeito". Certa vez, escreveu que o Jamet Côte Rôtie de 1999 era "puro sexo" e teve problemas com o dono do Château Tertre Rôteboeuf, que ficou furioso com a descrição de seu vinho na edição francesa; a tradução incorreta disse que seu vinho se assemelhava a uma prostituta, embora uma prostituta rica.

Parker também deu múltiplas demonstrações de seu amor à música *rock* contemporânea. Em meio à loucura do mundo do vinho, a música, disse ele, "mantém minha sanidade mental". Apoiou-se especialmente nas canções de Neil Young, que tinha, disse-me ele, "cordas de guitarra atadas em seu coração". (Os dois maiores CDs de Young, em sua opinião, eram *Rust Never Sleeps*, de 1978, gravado ao vivo no Cow Palace, e o "tour de force" *Ragged Glory*.) Um artigo na revista de música *The Absolute Sound* havia até comparado a luta de Young contra a música digital industrial com a cruzada de Parker contra a filtração no vinho.

As notas de degustação de Parker eram o oposto de incisivas. Alongava-se freqüentemente por vários parágrafos, discorrendo sobre aroma, sabor e textura de um vinho, mastigando as palavras, espalhando adjetivos, só lhe faltando cheirar e degustar o vinho para o leitor. Calculou exatamente por quanto tempo o sabor do vinho demorava em seu paladar – o fim após 70 segundos parecia ser o recorde.

Ao reestruturar a linguagem do vinho, Parker também mudou sutilmente o que as pessoas estavam buscando; ele remodelou o quadro do que as pessoas esperavam que fosse o sabor de um bom vinho. O vocabulário nunca é neutro; contém uma implicação de qualidade. No universo lingüístico do vinho criado por Parker, a expressão "montões de fruta" foi muito mais destacada do que "sutileza". O que alguns poderiam chamar "refinado", Parker descreveu como "delgado"; o que outros poderiam considerar que "superou todos os limites", Parker chamou "um sucesso arrasador"; e chamou "ácido" o que uma pessoa qualificaria de "insolente".

Mas um dos aspectos mais significativos de seu modo de descrever o vinho consistia, em verdadeiro estilo pós-moderno, em desconstruir uma experiência e impressão total, decompondo-a numa combinação de muitos elementos individuais – aromas e sabores específicos. Essa abordagem se ajusta perfeitamente ao julgamento do vinho como simplesmente um produto, um líquido num copo, em vez de parcela de uma cultura mais ampla. Com freqüência, porém, a soma de seus termos não parece resultar na totalidade do quadro. Desapareceu a experiência "circundante". E, uma vez que os críticos começaram a focalizar elementos específicos do sabor, os vinhateiros puderam recorrer à tecnologia para manipular esses elementos a fim de produzir mais dos sabores que são do agrado dos críticos. Um Chardonnay poderia em breve ser apenas uma parte de manteiga, uma parte de baunilha, e assim por diante.

No entanto, esse era um estilo de escrever que outras publicações americanas com críticas de vinho garrafa-por-garrafa, como *The Wine Spectator*, tiveram de adotar. Se o leitor estiver descrevendo 50 Chardonnays, terá de fazer com que todos eles pareçam diferentes. Nem todos aprovam tal critério. Freqüentemente, Hugh Johnson se queixava da abordagem "salada de frutas" para descrever um vinho, e Michael Broadbent considerou de valor duvidoso as descrições muito elaboradas. "Devia haver mais bebida e menos degustação", disse-me ele certa vez.

Embora seja de se presumir que a linguagem de Parker tenha transmitido o que ele degustava, será que os outros entendem isso e encontram no vinho os mesmos elementos? Quando Becky Wasserman degustou com consumidores, constatou que muitos confessavam não conseguir detectar todos os sabores e aromas captados por Parker. O que servia apenas para confirmar a muitos deles que Parker era, afinal, o Superpaladar. A professora aposentada de lingüística Adrienne Lehrer conduziu uma série de experimentos em que solicitou a enófilos, tanto principiantes quanto especialistas da Universidade da Califórnia em Davis, que descrevessem determinados vinhos e depois cotejassem essas descrições com as notas de degustação de outros para um conjunto de vinhos servidos às cegas. Houve, disse-me ela pelo telefone, pouca correlação, mesmo entre os *experts*. Diferentes pessoas parecem interpretar cheiros e sabores de modo muito diferente.

Michel Chapoutier, um produtor de Côtes du Rhône, gostava de realizar um tipo análogo de experimento, a que chamou "julgar o crítico de vinho". Ele recortava as notas de degustação sobre vinhos de seis ou sete escritores de vinho, eliminava o nome do vinho e apresentava entre 15 e 30 vinhos. Pedia, então, a amigos e outras pessoas ligadas ao vinho que casassem a nota com o vinho que ela descrevia. Todo mundo achou muito difícil fazer isso – poucos conseguiram combinar corretamente mais de 25%. Mas quase todos puderam reconhecer uma nota escrita por Parker, mesmo que nem sempre conseguissem identificar qual vinho ele estaria descrevendo.

Em 2003, o enólogo Patrick Rooney e sua mulher, Eva Simonsson, que tinha sido gerente de vendas no Chalone Wine Group, tiveram a idéia de analisar e tabular o uso de palavras relacionadas ao vinho por numerosos críticos, inclusive Parker, como forma de obter perfis de sabor. Deram à sua empresa o nome de Wine Angels (Anjos do Vinho) e estavam apostando que vinhateiros e marqueteiros do vinho pagariam US$495 para conhecer os sabores e aromas exatos mais freqüentemente mencionados pelos críticos ao descreverem seus vinhos de 90+. Resultou que Parker se referia a aromas e cheiros mais freqüentemente que a sabores, ao passo que as probabilidades dos dois críticos de *The Wine Spectator*, Jim Laube e Harvey Steiman, mencionarem aromas eram quase nulas. As palavras usadas por Laube para os seus tão elogiados Merlots eram "groselha", "cereja negra", "ameixa", "apimentado", "resinoso" e "erva-doce", um sabor pelo qual ele parecia ter preferência, enquanto que os descritores positivos de Parker para o Merlot eram "cereja negra", "geléia", "chocolate", "café" e "enfumaçado".

No entanto, a parte mais importante da descrição do vinho continuava sendo o escore. O talento de Parker residia em combinar o amor dos americanos por números com seu igual amor pelo hedonismo. Para escrever boas críticas de vinho, diz ele freqüentemente, é preciso ter as duas coisas. O escore e a descrição eram reproduzidos nas "prateleiras falantes" das lojas de vinhos, colocados ao lado dos vinhos recomendados. Importadores e vinícolas extraíam o escore e a nota de degustação da *newsletter* de Parker ou de *The Wine Spectator* e imprimiam-nos num formato que pudesse ser afixado na prateleira como um mini-anúncio para ser lido pelos consumidores. De fato, *The Wine Spectator* enviava para os principais varejistas as suas próprias "prateleiras falantes" uma semana antes de o número da revista ser enviado para as bancas de jornais. No caso de um produtor ou importador não ter tempo para esquadrinhar as críticas, nasceram muitas empresas que se dedicaram a fazer esse trabalho para eles e imprimiam mediante uma remuneração mensal as desejadas "prateleiras falantes".

Mas o escore continuou sendo, como disse um escritor de Nova York, "o ícone central" do mundo do vinho. E, em lugar nenhum, isso ficou mais evidente do que no mercado de investimento e leilão de vinhos dos Estados Unidos na década de 1990. Nesse clima financeiro, as ponto.com prosperavam no vale do Silício, o Nasdaq e o Dow eram impelidos para as alturas na Bolsa de Nova York e, por toda a parte, as IPOs convertiam jovens empresários em multimilionários da noite para o dia. O intenso júbilo do consumo competitivo em produtos de luxo como o vinho fino propagou-se a novos consumidores, que confiavam nos números de Parker para saber o que comprar. Henry Leung, o proprietário do Henry's Evergreen Café em Nova York, tinha sido contaminado pelo vírus do vinho. Criou uma lista de vinhos estelares e destacou-se por organizar jantares B.Y.O.B. para os quais o preço de admissão era levar um vinho de 90, um de 98 ou até, por vezes, um de 100 pontos de Parker. Era a versão enófila do Potlach. A discussão gravitou freqüentemente em torno de que vinhos de 100 pontos fulano ou sicrano se orgulhavam de ser realmente os proprietários. Esses vinhos eram vistos como troféus e provavam que seus detentores eram bons jogadores. Foi a era dos "jantares de 1.000 pontos" – refeições em que figuravam dez vinhos de 100 pontos cada.

Os leilões de vinho se tornaram uma outra arena para o consumo conspícuo dos galardoados com pontos de Parker. Em 1994, vender vinhos em leilão passou a ser legal em Nova York, a tempo de capitalizar em cima do *boom* financeiro americano, e a cidade substituiu rapidamente Londres como o novo epicentro do mercado de leilões de vinho. Além das casas tradicionais como Christie's e Sotheby's, dois estabelecimentos de vinhos realizavam leilões regulares, uma dúzia de sites para leilões on-line iniciou suas atividades em 1998 e centenas de leilões de vinho com fins caritativos levantam até US$100 milhões por ano.

Os escores de Parker, que tinham ajudado a estimular as vendas do Bordeaux 1982, tornaram-se o indicador-chave do valor de qualquer vinho fino para investimento. Na sala de leilões de Christie's, os licitantes – colecionadores grisalhos em ternos listrados e cabeludos magnatas do *software* de tênis – consultavam as folhas de análise de escores em seus *laptops* para os vinhos em que estavam interessados, antes de levantarem os dedos para o leiloeiro. Bordeaux ainda are *blue chip*, mas os *vins de garage* franceses e de Cabernets *cult* da Califórnia tinham passado a ser os novos colecionáveis, atingindo preços astronômicos simplesmente porque todos queriam possuir algo em que só uns poucos podiam pôr as mãos. Se medido pela escalada de preço, o mais recente Cabernet *cult* era o Screaming Eagle do vale do Napa, cuja primeira safra era de 1992. O de 1997, um vinho de 100 pontos de Parker, chegou ao mercado a US$125, mas pulou rapidamente para US$2.500 a garrafa em leilão. Meio milhão de dólares foi a quantia paga por uma garrafa de 6 litros no leilão de vinhos do vale do Napa em junho de 2000. Uma marca na lista de endereços da Bryant Family Vineyard, uma vinícola *cult* cujos vinhos Parker classificava regularmente com 98, 99 e 100 pontos, atingiu US$12 mil num leilão de caridade em Nova York para angariar recursos para uma pesquisa sobre câncer de mama.

O escore de Parker era o único que contava no mercado de leilões. Ao recomendar as melhores compras de vinhos para investimento, a coluna "Collector's News", de John Stimpfig na *Decanter* apresentou sempre a "classificação de Parker" como um dos mais importantes fatores a levar em consideração para se garantir um lucro certo. Uma vez divulgado um escore, ele adere a um vinho como se estivesse gravado na rolha. Em parte alguma seu impacto sobre os preços de leilão é mais evidente do que no Bordeaux das safras de 1989 e 1990. Parker favoreceu o 1990, embora muitos críticos tivessem considerado as duas safras praticamente iguais. Mas, no leilão de 2002, L'Evangile 1989, um Pomerol com um escore de 89 de Parker foi vendido a US$125 a garrafa, ao passo que o de 1990, a que Parker dera 96 pontos, foi vendido a US$240. Quando viu isso, o consultor de vinhos Mark Golodetz liquidou rapidamente seu estoque de 1989, temendo que, sem contar com um escore elevado de Parker, seu preço nunca subisse. Parker classificou com 100 pontos a safra de 1990 de Château Margaux; permaneceu a cerca de US$6 mil a caixa (em 2004, subiu para US$8.225); a safra de 1989, classificada com 90 pontos, foi vendida por menos da metade desse valor, apesar de uma classificação de 96 por *The Wine Spectator.*

O Bordeaux Index, um dos comerciantes de vinhos finos de Londres que criou portfólios para investidores individuais e em grupo, não incluía qualquer vinho que não tivesse um mínimo de 90 pontos de Parker e, se não tivesse um nome famoso, o escore tinha de ser, pelo menos, de 95. "Os escores de Parker", disse-me em Londres o sócio de Bordeaux Index, Dylan Paris, "são o parâmetro de preço para investidores... o selo dourado da aprovação".

Não importa que Parker fosse completamente contrário à compra de vinho para investimento e declarasse isso com freqüência. Declinou repetidos convites para comparecer ao popular programa de televisão *Wall Street Week*, do comentarista econômico Louis Rukeyser, porque, disse-me ele, "tudo o que Rukeyser quer é falar sobre investimento em vinho".

QUANDO A CRENÇA NO PALADAR INFALÍVEL DE PARKER E EM SEU PAPEL como degustador supremo dominou o mundo do vinho, seus críticos suscitaram questões sobre as limitações de seu – ou de qualquer – nariz e paladar. É verdade que amigos e colegas o tinham visto desempenhando o que parecia ser façanhas surpreendentes, como reconhecer às cegas um vinho que ele já não degustava há mais de dez anos. Sua memória para sabores e cheiros parecia ser extremamente consistente, o que significava que, sempre que degustava às cegas um determinado vinho, a tendência era para lhe dar um escore semelhante e para descrevê-lo em termos semelhantes aos usados em degustações normais. Mas poderia ele realmente recordar, como afirmava, cada um dos 200 mil vinhos, em números redondos, que havia degustado ao longo de sua carreira e os escores que lhes tinha dado? E o que dizer da fadiga de paladar quando ele testou 150 vinhos de uma assentada?

Na década de 1990, uma nova pesquisa sobre cheiro e sabor estava começando a colocar em perspectiva a capacidade de degustação. De fato, mais se aprendeu numa década do que nos dois mil anos anteriores. A Dra. Linda Bartochuk, professora da Universidade de Yale e cientista que se dedica à investigação do paladar, identificou uma categoria de "superdegustadores", os 25% da população (somente 15% dos homens caucasianos) que têm mais brotamentos gustativos (na realidade, as papilas fungiformes – as estruturas que alojam os brotamentos gustativos) na língua e sentem todos os sabores, especialmente os amargos, de um modo muito mais intenso. Bartochuk especulou que Parker pertencia, provavelmente, ao grupo superdegustador. Ele nunca realizou, porém, o simples teste criado pela cientista, o qual consiste em colocar na língua do sujeito uma pequena tira de papel impregnado com uma medicação tireóide chamada PROP, para ver se ele registra níveis desagradáveis de amargo. Caso não registre, ele é um superdegustador.

Paladar, olfato e tato se sobrepõem para distinguir sabores no vinho, e sabe-se que os superdegustadores possuem igualmente um mais intenso sentido do olfato, pelo que é provável que Parker também o tenha. O ser humano pode perceber cinco diferentes sabores básicos – doce, salgado, amargo, ácido e *umami* (a palavra japonesa para substancioso ou saboroso) –, mas 10 mil cheiros diferentes. O sentido do olfato é uma das partes mais primitivas de nosso sistema nervoso, mas é potente, capaz de deflagrar lembranças intensas. Até 1991, porém, era um mistério o modo como realmente funciona. Nesse ano, o Dr. Richard Axel, hoje na Universidade de Columbia, e a Dra. Linda Buck, do Centro Fred Hutchinson de Pesquisas Oncológicas de Seatle, que ganharam em conjunto o Prêmio Nobel em 2004, descobriram a existência de uma família de cerca de 350 receptores de odor concentrados numa polegada quadrada no topo da cavidade nasal. Quando o nariz encontra um cheiro, o odor pode ativar alguns ou muitos deles – determinados odores são detectados por certas combinações desses receptores – e essa percepção é transmitida então ao cérebro. (As pessoas diferem muito em sua sensibilidade a diferentes cheiros; conheço algumas pessoas no mundo do vinho, por exemplo, que reagem imediatamente com o nariz torcido ao mais tênue cheiro de enxofre no aroma de um vinho, e outras que só parecem captá-lo quando ele já é tão escandalosamente óbvio que a pessoa tem de estar com um tremendo de um resfriado para não sentir o cheiro. Pensa-se que essas diferenças sejam em parte genéticas.) Pouco se sabe acerca do tato, que concebemos como sendo uma "textura" em termos de vinho, e que parece ser tão importante para Parker.

O cérebro, entretanto, prova ser o mais importante de todos os fatores. Um estudo italiano de maio de 2003 mostrou que, embora disponhamos todos de capacidade sensorial para degustar um vinho, a degustação em peritos treinados deflagra uma reação intelectual que é detectável no cérebro com o emprego de scanners. A memória é importante. No entanto, as preferências de paladar e cheiro são predominantemente uma questão de cultura, psicologia, geração e experiência. Um estudo mostrou que os franceses preferem aromas florais; os japoneses, os delicados; e os americanos, os vigorosos. Não existe um paladar universal.

Além disso, como gostava de dizer o falecido vinhateiro californiano Louis Martini: "O laboratório molhado de nossa boca não se encontra sempre no mesmo estado. Fazemos o nosso café todas as manhãs usando a mesma cafeteira, a mesma água, o mesmo café no mesmo fogão. Na maioria das vezes, tem sabor agradável, mas, vez ou outra, tem um sabor horrível. A diferença está na química de nossas bocas, não no café." O paladar de Parker nunca lhe terá falhado?

De fato, os narizes e as papilas gustativas são muito temperamentais, afetados por umidade, fome e expectativas. Pesquisadores apuraram que a exposição constante a um determinado aroma ou sabor reduz nossa capacidade para detectá-lo. Numa fila de vinhos madeirados, por exemplo, o degustador pode não captar sequer um forte aroma de carvalho nos vinhos degustados por último. No Monell Chemical Senses Center da Universidade da Pensilvânia, o Dr. Charles Wysocki estuda a "adaptação olfativa". Ele apurou que, quando uma pessoa está exposta a um cheiro forte, seu nariz adapta-se-lhe gradualmente, de modo que acaba por deixar de percebê-lo, e, além disso, é incapaz de cheirá-lo de novo, a menos que decorram alguns minutos num ambiente livre desse odor.

Avaliar uma longa série de vinhos tintos tânicos, como as amostras de barrica, é particularmente delicado porque os taninos se acumulam na boca, causando efeitos remanescentes que passam de um vinho para o seguinte. A Dra. Ann Noble está convencida de que a combinação de acidez e tanino faz com que os degustadores fiquem menos sensíveis aos aromas. Para os especialistas, sobretudo, suas lembranças e expectativas podem facilmente dominar os pequenos receptores que são excitados por um determinado aroma e abafar os sinais que eles enviam para o cérebro.

Depois, temos o fato irrefutável de que a percepção sensorial declina com a idade. O buquê de um vinho aumenta com o tempo; mas não a nossa capacidade para detectá-lo, sobretudo depois dos 70 anos, o que talvez seja a razão por que se requer maior intensidade sensorial nos vinhos, para que causem impacto num paladar maduro. "Quanto mais velho vou ficando", disse Parker rindo, "mais os jovens me agradam". Ele me confessou que suas capacidades gustativas não eram tão apuradas como quando era mais moço, mas pensava que isso era mais do que compensado por sua memória surpreendentemente bem abastecida de cheiros e sabores.

Na Califórnia e em Bordéus, ninguém afirma que as capacidades de Parker como degustador estejam declinando. Mas há quem diga que seu paladar mudou. Como prova evidente, sublinham o fato de que o Parker do século XXI está agora rotineiramente elogiando Cabernets que o editor de longas costeletas do *Baltimore-Washington Wine Advocate* teria asperamente criticado há um quarto de século como pretensiosos Bordeaux exageradamente alcoólicos e corpulentos.

9

JULGANDO PARKER

NA PRIMAVERA DE 2001, ROBERT M. PARKER, JR., ESTAVA no auge de sua carreira e de seu poder. Na década de 1980, tinha consolidado sua reputação ao abrir um novo mundo para os consumidores e apregoar um gênero de crítica que despertou os vinicultores por toda a parte. Na década de 1990, marcou e estendeu sua influência às regiões vitivinícolas do mundo inteiro, ampliando o mercado para os vinhos finos e, no decorrer desse processo, beneficiando financeiramente muitos donos de *châteaux*, produtores e vinícolas. Agora, na primeira década do século XXI, viu-se convertido num ícone americano, o que significou, é claro, que tinha se tornado mais do que um nome: tratava-se de uma marca registrada.

O mundo do vinho parecia fortalecer-se e prosperar com seus entusiasmos. Em sua visita anual a Bordéus, no final de março, Parker estava particularmente exultante a respeito da safra de 2000, que havia correspondido a todas as suas esperanças e expectativas como o milênio *millésimé*. Teve de abandonar todas as reservas e reticências e esvaziar sua bolsa de adjetivos para descrever a opulência espalhafatosa dos vinhos, que rivalizava com a magnificência dos de 1982. O tom já tinha sido estabelecido, mas ficou ainda muito mais entusiástico após a publicação de sua edição de abril, na qual qualificou a safra de monumental, o "maior de todos os anos para o Bordeaux", com mais vinhos excepcionais por sua "impressionante força" do que lhe fora dado apreciar em seus 23 anos de degustação. Os preços para os vinhos dessa época foram impelidos para a estratosfera, e os franceses amaram Parker por isso.

Como aquele crítico cuja opinião era mais importante do que todas as outras, Parker foi entrevistado ao vivo sobre a safra nos programas da TV *60 Minutes II* e *Charlie Rose*. Apesar do tratamento que lhe era dispensado há muitos anos na imprensa como celebridade e de suas apresentações na televisão francesa e, nos Estados Unidos, no programa *Adam Smith's Money World*, da PBS, Parker estava nervoso a respeito de como teria sido o seu desempenho em horário nobre da TV. Assim, antes de ele e Pat se sentarem para assistir ao programa na TV, foi apanhar algumas garrafas para o ajudarem a enfrentar a experiência, incluindo excelências tais como um Château Haut-Brion de 1990 e um Château Gruaud Larose de 1982. Parker lhes deu 95 e 96 pontos, respectivamente, mas não ao seu próprio desempenho diante das câmeras. Não havia, porém, motivos para se preocupar. Talvez se mostrasse pouco à vontade de terno e gravata, mas conservou seu rosto friamente impassível quando Charlie Rose, cordial e cheio de admiração (além de assinante de *The Wine Advocate*), estropiou irremediavelmente os nomes franceses de alguns *châteaux*. E declinou polidamente revelar qual o vinho da safra de 2000 a que teria dado 100 pontos. Isso teria de esperar até que saísse sua *newsletter* de abril. Os dois programas reforçaram a corrida aos vinhos e, por tabela, trouxeram mais dois mil assinantes para *The Wine Advocate*. Joan Passman e as duas outras secretárias em meio expediente viram-se subitamente assoberbadas de trabalho.

EM 11 DE SETEMBRO DE 2001, QUANDO OCORRERAM OS ATAQUES terroristas em Nova York e Washington, Parker estava em seu giro anual de degustação no vale do Ródano. Passara o dia em um de seus lugares favoritos, Cornas, e havia regressado ao hotel em Tain L'Hermitage antes de seu último encontro, um jantar leve e degustação com Gerard Chave, na outra margem do rio, na pequena cidade de Mauves. Chave o recebeu com lágrimas escorrendo pelo rosto abaixo, e ficaram vendo a televisão por uma hora em estado de choque. Finalmente, Parker disse: "Não agüento mais ver isso. Vamos degustar." Como era de se esperar, Parker encontrava uma forma de distração concentrando-se no vinho e, embora dissesse que a comida e o vinho não lhe tinham caído bem nessa noite, mesmo assim considerou que suas notas de degustação haviam sido "idôneas". Estava profundamente afetado pelo que ocorrera. Quando finalmente pôde, vários dias depois, voltar para casa, para a família que o aguardava ansiosa, mostrou-se incomumente deprimido e pela primeira vez questionou a importância do que estava fazendo. No vasto plano das coisas que regiam o universo e a vida, que importância tinha escrever sobre vinho? Mas recuperou-se dessa depressão algumas semanas depois, graças a Julia Child, quando ambos foram homenageados pelo American Institute of Wine and Food numa cerimônia em Baltimore. "O espírito e a ânsia de vida de Julia aos 89 anos", disse-me Parker, devolveram-no à sua perspectiva basicamente otimista. Conforme sua expressão, ele sempre "residira do lado da vida onde brilha o Sol".

Ele canalizou sua inquietação para a coleta de fundos beneficentes, reunindo vinhos e cedendo seu nome e presença a um jantar de US$2.500 o prato com o fim de angariar dinheiro para as vítimas de Viúvas do Mundo, onde ele e Marvin Shanken – que já não se viam há dez anos – trocaram polidamente um aperto de mão. Parker deu as boas-vindas aos convivas, serviu vinho e ficou até tarde, confraternizando depois com a turma de *sommeliers*, muitos dos quais, como o organizador Daniel Johnnes, eram seus amigos de longa data.

Sua vida estava de volta ao normal, concentrada nos prazeres da culinária e da bebida e em sua rotina. Recuperara-se o suficiente para ser o anfitrião do jantar anual "Encontro com a Decadência" que realizava todos os meses de dezembro nos últimos 15 anos. Parker retirou os melhores vinhos de sua adega – Champagne, os melhores Chardonnays da Califórnia, os melhores Borgonhas brancos e tintos e Pinot Noir americano (incluindo, é claro, Beaux Frères), Bordeaux, e depois o Rhône – para vinte amigos íntimos; a festança foi longa e animada. Recuperadas as energias, mergulhou no trabalho para uma outra edição – a sexta – de seu *Wine Buyer's Guide* (2002, 1.635 páginas); continuou a reescrever seu maciço volume sobre o Bordeaux, cuja publicação estava programada para coincidir com o 25º aniversário de *The Wine Advocate*, em 2003; e começou a planejar um livro sobre o vinho da Califórnia, há muito esperado por seus leitores. Parker estava em boa forma. Boatos sobre sérios problemas de saúde (incluindo câncer na garganta e uma cardiopatia) tinham gravitado à sua volta há anos, mas, excetuando a gota, que ele mantinha sob controle, e problemas nas costas, resultado de uma escoliose que o acompanhava a vida inteira, sua pressão sangüínea era normal, seu colesterol um baixo 140, e seu peso, estável. Seu médico lhe disse que ele era um anúncio ambulante para a dieta Atkins e para os benefícios de se beber vinho tinto.

DURANTE ALGUNS ANOS, PARKER ESTIVERA TRABALHANDO COM UM parceiro, Marc Braunstein, um enófilo de Atlanta que programara o software do seu "Gerente de Adega" ("Parker me enfeitiçou em 1987", disse-me ele) com o propósito de desenvolver um website, que foi finalmente lançado no final de 2001. Parker fora lento em entrar em contato com a web – subestimara seu potencial, admitiu ele – mas estava "convencido de que era o veículo do futuro para informação e influência". Tinha a esperança de que o website viesse a ocupar o lugar de sua *newsletter*, economizando-lhe uns US$400 mil em custos anuais de franquia postal, quase três vezes o que gastava anualmente em vinhos. Para um site online, as assinaturas eram caras, US$99 por ano, especialmente quando se considerava que as notas de *The Wine Advocate* apareciam um mês depois da edição da *newsletter*, mas tinha, por outro lado, um surpreendente número de úteis funções de pesquisa para os fiéis que lhes simplificou incrivelmente a tarefa de rastrear e reaver uma lista dos vinhos recomendados e seus escores – qualquer um podia ter acesso à informação sobre todos os vinhos de 100 pontos de Parker com um clique do mouse. Embora ele dissesse freqüentemente aos críticos de seu sistema de pontuação que o que contava eram as notas de degustação, o site parecia servir de complacente instrumento para os caçadores de pontos, ao listar os vinhos por ordem decrescente de escores.

Uma seção que provou ser sumamente popular foi "The Hedonist's Gazette", na qual Parker e Rovani apresentavam relatos de suas experiências culinárias e enófilas para divertimento indireto dos assinantes. E, quando o bem organizado correio eletrônico de seu amigo Mark Squire se transferiu para o seu site em março de 2002, Parker teve a certeza de que atrairia alguns dos mais bem informados e articulados freqüentadores da Internet. O antigo grupo Prodigy reuniu-se sob a égide de Parker. Não faltaram os abundantes e sugestivos elementos para oferecer a oportunidade de calorosas discussões sobre temas tão estimulantes como vinhos no velho estilo *versus* vinhos no novo estilo, por que razão *The Wine Spectator* não era uma fonte de sérias notas de degustação, a importância do *terroir* e se Parker havia entendido realmente o Borgonha. Um dos artigos, "Parker, Burgundy and Knownothingitis" (Parker, Borgonha e a Doença Perniciosa da Ignorantite), acabou gerando 500 respostas antes de Parker decidir tirá-lo do ar. Os fiéis de Parker, muitas vezes liderados por Rovani, estavam sempre a postos para sair em defesa da reputação, das opiniões e da presumida infalibilidade do paladar de seu líder, embora os recém-chegados indagassem, com freqüência, que proveito se tirava dessas "briguinhas entre beberrões". Afinal, eles não eram todos amantes do bom vinho? No começo, Parker raramente respondia aos e-mails, mas não tardou em começar a acompanhar as discussões e a lhes responder quase por vício. O correio eletrônico desencadeou algo em seu íntimo – finalmente, ele podia fácil e instantaneamente responder a todos os seus críticos. De tempos em tempos, escrevia longas digressões sobre muitos tópicos, encorajado por aqueles que rapidamente reagiam a suas tiradas fulminantes com apreciação. Em 23 de julho de 2002, dedicou-se a responder aos que o felicitaram por seu aniversário e escreveram parágrafos argumentando que seu paladar era mais diverso do que as pessoas diziam. Um mês depois, estava defendendo os métodos dos *garagistes*, os vinhateiros de "fundo de quintal" do Bordeaux. Mais tarde, em outubro, forneceu suas opiniões acerca das sugestões de que vinhos com alto teor de álcool envelheciam bem e, dois meses depois disso, estava justificando suas críticas dos Borgonhas tintos de 1993. Em contrapartida, os participantes regulares nessa correspondência o alertaram para os varejistas e portadores que estavam deturpando seus escores; Parker agiu prontamente, pedindo muitas vezes a Rovani que investigasse as denúncias. Mais do que nunca, sentia ter a obrigação de responder em defesa de sua reputação. Achou útil corrigir e manter atualizada sua folha de serviços e compartilhar seus "pensamentos aleatórios" sobre o vinho, e gostava de ter a oportunidade para mostrar aos seus leitores que era um sujeito comum, terra-a-terra.

A verdade era, porém, que, embora mantivesse ainda uma presença discreta na cidade onde morava (embora alguns vizinhos mencionassem seu comparecimento no programa *60 Minutes* com um "Oi, não sabia que você era um perito em vinhos!"), no mundo seu nome estava mais conhecido do que nunca. Na França, as pessoas o abordavam no TGV, o trem rápido para Bordéus, e diziam-lhe que tinham o livro dele. Era o tema de dúzias de artigos na imprensa diária e de reportagens de capa em revistas nacionais, uma figura imponente cuja influência se fazia sentir em livros sobre a região do Bordeaux e outras regiões vinícolas, e que participou, com destaque, de um controvertido documentário sobre a globalização no mundo do vinho, *Mondovino*. Seus amados buldogue George e bassê Hoover conquistaram o prêmio dos melhores cães-artistas na mesma categoria do animado concurso Palme Dog, durante o Festival de Cinema de Cannes de 2004, quando derrotaram um *poodle* francês. Parker ficou muito irritado porque *The Hollywood Reporter* descreveu felinamente seus cães como feios e flatulentos.

Seu escritório era agora um testemunho de seu quarto de século de vida no mundo do vinho. As paredes tinham exemplares emoldurados de artigos elogiosos publicados na *Newsweek*, *USA Today*, *People* e no *The New York Times*, assim como uma reportagem de primeira página em duas partes em *Los Angeles Times* e fotos dele próprio ilustrando seu perfil biográfico numa reportagem de capa do *Atlantic Monthly*. Seus prêmios e galardões são tão numerosos que alguns diplomas emoldurados estão simplesmente empilhados numa prateleira, embora o *Diplome de Citoyen d'Honneur de Châteauneuf-du-Pape* (Diploma de Cidadão Honorário de Châteauneuf-du-Pape), algo muito especial para Parker, esteja na parede, assim como uma foto autografada do Presidente

Ronald Reagan. O que ocupa lugar de honra é uma recordação do jantar que ofereceu no Restaurant Daniel para celebrar a outorga da Legião de Honra: uma foto de sua família com Jacques Chirac, montada numa moldura branca onde seus amigos escreveram suas felicitações. De sua mesa de trabalho, cercam-no imagens e símbolos de seu sucesso no mundo.

Entretanto, Parker se via cada vez mais envolvido pela crítica, que seguia em sua esteira aonde quer que ele fosse e era sussurrada, à boca pequena, em todos os eventos ligados à indústria vinícola. Ela estivera presente desde o início de sua carreira, quando seu controvertido sistema de pontuação foi alvo dos primeiros ataques. O sistema de classificação de 100 pontos continua sendo um tópico acaloradamente debatido por toda a parte, desde a Conferência Vinífera de Seattle até o painel organizado para o comércio pelo *Harpers Wine & Spirit Weekly* da Grã-Bretanha e as páginas dos jornais. Ademais, há o tema paralelo das contínuas acusações ao paladar de Parker e o debate sobre se ele está ou não destruindo a diversidade do mundo do vinho – uma comunicação apresentada numa conferência internacional do vinho referiu-se-lhe como "a *Coca-Colaização* do vinho". Tinha ficado claro que, mais do que tudo, era a sua influência sobre a produção vinícola e o seu poder sobre o mercado que preocupavam muitos no mundo do vinho, mesmo entre aqueles que o haviam apoiado no início, que gostavam dele pessoalmente e o consideravam incorruptível e um degustador soberbo.

Isso o incomodava. Espíritos tacanhos, espíritos mesquinhos, espíritos invejosos – todos o queriam conduzir, mantê-lo com rédea curta, como liliputianos amarrando Gulliver. Parker tinha de ser cauteloso por toda a parte. Em Bordéus, o falatório produzia histórias acerca de seu alegado favoritismo por alguns produtores da Margem Direita, após o seu jantar em L'Aubergade, a Sudoeste de Bordéus, em 2000. Estava previsto que se encontraria somente com Alain Raynaud, então presidente da Union des Grands Crus, mas Raynaud também havia, sem conhecimento de Parker, convidado Gerard Perse, o dono do Château Pavie, e Michel Rolland para o jantar. Na manhã seguinte, Parker degustou um certo número dos vinhos deles. Para os bordaleses, isso pareceu negócio de compadres tanto por parte dele como por parte dos produtores, mesmo tendo Parker pago sua participação. Mesmo assim, como Parker atribuíra elevados escores ao novo vinho de Raynaud, Quinault L'Enclos, a coisa não foi vista desse modo por alguns membros da UGC, que teriam acusado Raynaud de tirar proveito de sua posição e forçado sua exoneração. Parker, como de costume, deu a melhor interpretação possível à intenção de Raynaud, mas reconheceu que era um lapso de julgamento de sua parte e anunciou que nunca mais almoçaria ou jantaria com qualquer produtor enquanto estivesse na rota da degustação.

Jornais e revistas franceses pareciam incansavelmente críticos, sobretudo o jornal de Bordéus, *Sud-Ouest*, enquanto a revista *Cuisine et Terroirs* ofereceu uma pesquisa "*Pour ou contre Robert Parker*", oferecendo seis razões pró e seis contra. Os editores deram a Parker uma classificação de 85 em 100 pontos. Os *châteaux* também começaram a revidar. O Château Bouscaut, cuja safra de 1999 recebeu de Parker uma devastadora classificação de 79-82, colocou nos jornais um muito falado anúncio na forma de cartum. Nele, um lojista pergunta a um cliente: "Um bom vinho com verdadeiro *terroir*? Um vinho individualista? É um vinho com um escore ruim de Parker!!!" Até mesmo *châteaux* cujos vinhos Parker tinha elogiado fizeram objeções ao seu poder. O Château Soutard, um St.-Emilion cujos vinhos tradicionais, tânicos, recebiam regularmente escores de 87 a 91, publicou um pôster sarcástico intitulado "Para as Vossas Festas do Fim de Ano *2001, Parafusos Parker*" mostrando uma "degustação vertical" de uma série de parafusos de diferentes comprimentos e calibres, todos eles com escores de Parker "garantidos e concentrados". E um *soi-disant* "anti-Parker", Jean-Marc Quarin, iniciou sua própria *newsletter* a respeito do Bordeaux.

Uma enxurrada de artigos denegria Parker como defensor dos *garagistes* da Margem Direita. Então, em abril de 2002, após regressar de degustações *en primeur* da excelente mas não-fulgurante safra de 2001, Jancis Robinson, do *Financial Times*, escreveu que alguns *châteaux* e *garagistes* pareciam estar se afastando, finalmente, do grande e franco estilo resinoso que Parker havia elogiado, o que o aborreceu sobremaneira. Ela incluiu uma bofetada direta em Gerard Perse, o ex-megaempresário de supermercados e multimilionário *outsider*, senhor de um gigantesco ego e de arrogantes maneiras, que havia comprado numerosas propriedades em Saint-Emilion nos fins da década de 1990, entre elas o Château Pavie, que ele iluminava profusamente todas as noites, horrorizando seus vizinhos. Seu novo Pavie, grande e opulento, era um grande sucesso com Parker – 100 pontos para o 2000, 94-96+ para o 2001 (e Perse atrevera-se a reclamar!) – mas foi redondamente surrado por Robinson e muitos dos britânicos – incluindo Steve Browett, de Farr Vintners – como um vinho "caricatura", chique, com pinta de Porto e muito diferente do suave e dócil Pavie de antigamente.

Parker viu na crítica de Robinson a esses vinhos uma crítica não muito velada ao seu paladar e à sua influência. Em maio, quando realizei com ele um giro pela Califórnia, Parker trouxe à baila a coluna dela. Estava impaciente e acusatório. "É o seu DNA britânico assumindo o controle de sua lógica", disse ele. "Em primeiro lugar, eles não tinham condições de fazer grandes e opulentos vinhos em 2001 porque a Mãe Natureza não lhes deu as matérias-primas. Então, ficam enrolando com essa história de que estão fazendo vinhos mais elegantes." Ele achava que Robinson estava completamente errada a respeito de Perse: "Ela está apenas papagueando o ponto de vista de alguns dos velhos reacionários em Bordéus, e é surpreendente que alguém com o gabarito e a inteligência dela faça isso. E é uma forma ardilosa de me atingir – de dizer que Parker só gosta desses vinhos grotescos, superpesados, cheios de carvalho, o que é uma história completamente ridícula." Perse é detestado por causa de seu dinheiro e de sua arrogância", declarou Parker, mas "isso não me incomoda. Acho que temos de levar em conta somente o que ele realizou". Tudo lhe dizia que eles estavam prestes a obter vinhos "prodigiosos" e afirmou: "Estou 100% certo disso. Mais certo do que no caso dos Bordeaux de 82, e olha que eu tinha a mais absoluta certeza a respeito desses." Mas, apesar dos elevados escores, Perse fixou preços tão altos para o Pavie 2001 que muito pouco foi vendido.

ESTARIAM APARECENDO RACHADURAS NO EDIFÍCIO DO PODER DE Parker? Uma dimensão sinistra fora adicionada em janeiro de 2002 às críticas correntes – a sugestão de um escândalo criminoso. Durante sua visita regular a Bordéus, Parker foi parado no estacionamento do Château Palmer e falaram-lhe de faturas por serviços de consultoria vinícola emitidas em seu papel timbrado. Embora Parker pensasse que isso deveria ser alguma brincadeira de mau gosto, encontrou-se com a pessoa que tinha as faturas, um tal M. Laporte, gerente de um obscuro *château* de St.-Emilion, de propriedade do Geens Group, uma companhia belga que era dona de um certo número de *châteaux* de Bordeaux e de extensos vinhedos. Laporte lhe exibiu fotocópias de numerosas faturas por consultoria na produção de vinho em papel timbrado de *The Wine Advocate*, as quantias pagáveis a Hanna Agostini, assistente francesa e tradutora de Parker. Nessa noite, quando Parker se encontrou com Agostini e seu marido, ela admitiu ter feito trabalho de consultoria para clientes de vinho em Bordéus, para ajudá-los a melhorar seus vinhos, mas asseverou que lhes faturara em seu próprio papel timbrado – o de sua empresa, chamada Wine & Feathers – e mostrou a Parker essas faturas idênticas às outras. Insistiu que as faturas fotocopiadas que ele vira eram falsificadas e pareceu sugerir como isso poderia ter acontecido quando também o informou de que alguns meses atrás havia esquecido uma pasta com algumas folhas em branco do papel timbrado de *The Wine Advocate* numa propriedade onde ela estivera dando consulta.

Parker ficou contrariado com a falta de discernimento de Agostini. Se queria continuar a trabalhar para ele, disse-lhe, teria de parar de fazer trabalho de consultoria que envolvia contratos para enólogos e de dar conselhos no tocante à vinificação; e que a questão das chamadas faturas fraudulentas tinha de ser levada ao conhecimento da polícia para investigação.

Então, na última semana de abril, pouco antes de entrar em circulação o número em que Parker divulgava suas classificações para os Bordeaux 2001, apareceu em *Le Nouvel Observateur*, sob a manchete "L'Affaire que ebranlé la maison Parker" (O *affaire* que abala a Casa Parker), um artigo detalhado em que se revelava a história do trabalho de consultoria de Agostini. A informação sobre Agostini e as faturas vieram à tona como parte de uma história muito mais ampla sobre o Geens Group. O diretor administrativo fora despedido da companhia em meados de fevereiro e acusado de ter praticado um desfalque de 800 mil euros; estava em curso uma investigação em grande escala. Os Agostini tinham mantido um longo relacionamento com Geens, para quem realizaram trabalhos de natureza jurídica e, informa o jornal, Hanna Agostini havia apresentado o enólogo italiano Riccardo Cotarella e Jean-Luc Thunevin, do Château de Valandraud, a Geens, que os contratou para produzir uma série de vinhos de alta qualidade. Parker declarou a *Le Nouvel Observateur* que havia tido, pela primeira vez, conhecimento do trabalho de consultoria de Agostini em janeiro, e insistiu com ela para que parasse. No entanto, a história serviu de assunto para muito boato e falatório. Afinal, Agostini obtivera degustações para Parker, além de trabalhar para ele como tradutora. Ele havia degustado e classificado esses vinhos. Apesar de acreditar nela, Parker achou prudente contratar um advogado francês para monitorar os desdobramentos do caso Geens.

Assim, a tempestade amainou por um tempo, embora ocasionais histórias alusivas ao caso Agostini espocassem aqui e ali na imprensa francesa e Parker fosse rotineiramente interrogado a respeito, sempre que entrevistado. Alguns donos de *château* me disseram que, na opinião deles, Parker deveria ter demitido Agostini imediatamente e não podiam entender por que não o fizera.

Estive com Agostini em julho de 2002, em Bordéus. Ao me dirigir para a entrevista, sabia que Parker simpatizava com ela porque era uma mulher num mundo de homens que, com freqüência, demitiam boas profissionais, e porque certa hostilidade era dirigida contra ela ou, pelo menos, ele assim supunha, pelo fato de ser uma mulher de pele escura e uma estranha vinda de Maurício. Eu não estava muito surpreendida por ele lhe ter dado o benefício da dúvida. Parker achava que ela realizara um trabalho soberbo para ele nos últimos seis anos. A essa altura, eu também já tinha ouvido comentários de gente do vinho que não gostava dela e se convencera de que ela estava tirando proveito de sua posição. Alguns não entendiam como Parker não se dava conta do que ela estava fazendo.

Nosso encontro foi em seu escritório de Bordéus, uma sala ampla, quadrada, *démodé*, ligeiramente poeirenta, com um teto muito alto e grandes portas envidraçadas, num edifício compartilhado por ela e pelo marido. Uma mulher roliça, de formas bem marcadas, espesso cabelo preto curto e olhos negros, parecia à primeira vista tímida, desconfiada e não se encontrar à vontade. Sabia que ela concordara em me ver unicamente porque Parker lhe pedira. Eu era, disse Agostini, a primeira jornalista com quem falava e não, eu não podia gravar a nossa conversa. Na verdade, eu não tive dela uma impressão tão boa quanto a que era evidente que Parker tinha. Mesmo depois que ela se animou e se mostrou mais comunicativa acerca de seu trabalho para ele – era muito fácil trabalhar para ele, "ele nunca faz você sentir que é sua subordinada" –, não consegui desfazer a sensação de que havia muito mais na história do que ela estava disposta a me oferecer. No que dizia respeito a vinho, explicou que sequer bebia Bordeaux tinto; sua única bebida era Champagne e, para demonstrar sua preferência, abriu uma garrafa para nós e para seu marido, bebendo cada um uma taça antes de me despedir deles e sair. Mais tarde, porém, fiquei imaginando o quanto Parker não a teria estudado em detalhes e refletido para usá-la como sua assistente na profundamente conservadora Bordéus. O que ele esperava?

OS BORDALESES NÃO ESTAVAM NADA SATISFEITOS COM PARKER DURANTE o verão de 2002. Ele tinha anunciado não haver realmente nenhuma justificativa para comprar 2001 futuros, e juntou sua voz a um numeroso contingente de grandes compradores comerciais de Bordeaux que vinham clamando por preços mais baixos. Muitos *châteaux* não reduziram seus preços – de fato, o Château Lascombes apareceu até com um aumento de 35% – e os Estados Unidos seguiram Parker e não compraram. May-Eliane de Lenquesaing, cujo Pichon Lalande de 2001 me pareceu tão bom, senão melhor, do que o seu 2000, declarou: "Ele causou sérios danos e destruiu o mercado. Isso é uma responsabilidade muito grande." Para muitos dos *garagistes*, assim como para Perse, houve poucas vendas. O escritor francês de vinho Michel Bettane tinha pouca simpatia pelos bordaleses e declarou: "Parker está simplesmente fazendo o seu trabalho como escritor de vinhos. Todo o comércio do vinho ajudou a criar o problema. Quando ele os ajudou com a safra de 2000, ninguém se queixou. Como ele agora ele diz que 'os preços estão altos demais, não comprem', então ele virou um sujeito detestável. É a comédia humana."

Alguns varejistas americanos de vinho também estavam ficando irritados com o poder de Parker. Contavam-se muitas histórias de clientes que mandaram às favas o conselho de Parker e se fixaram num vinho que Parker havia recém-cotado com um 95+, em geral um engarrafamento feito em quantidades tão pequenas que era virtualmente impossível obtê-lo. Ele matou todo o prazer e divertimento que havia em ajudar as pessoas a encontrar vinhos de que gostavam. O número de comerciantes de vinhos finos bem informados nos Estados Unidos era pequeno quando Parker iniciou a publicação de *The Wine Advocate*, mas a situação era agora muito diferente. Se bem que muitos varejistas ainda se apoiassem nos dísticos das prateleiras com os escores de Parker ou de *The Wine Spectator* para vender seus vinhos, outros puseram inteiramente de lado os escores. Uma nova estirpe de donos de lojas de vinhos, como Roberto Rogness, da WineExpo, em Santa Monica, teve suas próprias epifanias européias, ficou apaixonada pelo vinho e desenvolveu seu próprio *know-how*, que quis transmitir aos seus clientes. Rogness usava freqüentemente suas *newsletters* para criticar Parker, equiparando o favorito Zinfandels do grande homem a "uma *drag queen* no meio de uma grande produção da *Carmen*". "Thelonius Monk", escreveu ele, "tem mais a ver com o método e o tipo de vinhos que selecionamos do que Robert Parker".

Os importadores também começaram a se definir por sua resistência a Parker, embora muitos fossem relutantes em falar contra ele. Um deles era Joe Dressner, um sócio de Louis/Dressner Selections, dono de um humor seco e impassível que parece ser quintessencialmente nova-iorquino. "Será que ainda vou me arrepender disso?", dizia muitas vezes num falso tom de perplexidade. "Ainda tenho de sustentar meus garotos até concluírem a universidade." Sua atitude em relação a Parker e seus escores expressou-se melhor em seu portfólio anual de degustação, em geral, como piada irônica, a imagem de uma mesa completamente vazia continha um letreiro: "Vinhos que receberam 96+ pontos em *The Wine Advocate.*" Durante algum tempo, ele apresentara regularmente seus vinhos à crítica, mas uma de suas especialidades passara a ser os vinhos do vale do Loire, especialmente o gênero de tintos picantes com uma acidez de que Parker não gostava. "Ele não reconhece nem admite suas limitações", diz Dressner. "Ainda se considera no papel de um advogado do consumidor, mas já passou há muito da tarefa de apontar os maus vinhos para se tornar o proponente de estilos de vinho que não existiriam sem ele e desvalorizar os outros. É como se um crítico de teatro só gostasse de Shakespeare. Ele não deveria confundir suas predileções com objetividade." Mas Dressner reconheceu que "não poderia ter crescido tanto sem a bênção de Parker. Se eu tivesse predominantemente vinhos de 20 dólares numa gama de vinhos de até 100 dólares e nenhuma crítica de R.P., estaria fora do negócio".

PARA PARKER, OS MESES DE ABRIL ATÉ O FIM DO ANO FORAM UM PERÍODO triste. Sua amada mãe faleceu pouco antes de eu ter viajado com ele para a Califórnia em maio. Carol Smith, a mulher do seu melhor amigo, faleceu pouco depois de seu regresso a Maryland, após o giro pela Califórnia. Em sua viagem de setembro ao vale do Ródano, acompanhado de Pat e Smith, a quem ele estava se esforçando por reanimar, os três foram surpreendidos por uma estrada inundada em Châteauneuf-du-Pape, onde o automóvel deles saiu do leito da rodovia e adernou a 40 graus. Quando a água subiu até a altura do volante, tiveram de abandonar o carro e depois seguir a pé por muitos quilômetros sob intensa tempestade, em que não faltaram raios e trovões. Parker perdeu a sua tão apreciada coleção de CDs de Neil Young, que estava no banco traseiro. (Depois de ter lamentado sua perda numa mensagem em seu website, leitores compassivos inundaram-no com substituições, incluindo gravações raras que ele nem sabia que existiam.)

Mas a parte pior estava por acontecer. Quando Parker saiu de bicicleta às 6:00 horas de uma fria e agreste manhã para dar uma volta pelos arredores de sua casa, um esquilo atravessou o caminho. Parker freou para evitá-lo e catapultou sobre o guidão a 30 km/h, batendo com a cabeça no asfalto e acabando com alguns pontos, um olho negro, uma fissura no cotovelo, entorses nos dois punhos e várias escoriações. O pensamento assustador de como o conferencista sobre assuntos vinícolas Harry Waugh havia batido com a cabeça no painel de instrumentos de seu carro numa colisão e perdera por completo o sentido do olfato deixou Parker em pânico. Voltou mancando para casa e derramou algum vinho para se convencer de que não tinha posto em perigo o seu mais precioso patrimônio para o negócio: sua capacidade para cheirar e degustar. Ainda estava padecendo em conseqüência das contusões, no final de outubro, quando o vi na VinExpo em Nova York; ele e seu amigão Michel Rolland lotaram uma sala com 650 pessoas para ouvir Parker pronunciar por que pensava ele que o Bordeaux estava melhor agora do que há 25 anos. Sua completa recuperação levou ainda alguns meses.

Em janeiro de 2003, pouco depois de Parker ter regressado a Maryland de sua rotineira viagem de degustação a Bordéus, a história de Hanna Agostini voltou uma vez mais à tona. Em 23 de janeiro, ela foi detida pela polícia de Bordéus após uma busca em sua residência; presa e interrogada durante 24 horas sob a acusação de prática criminosa de falsificações e "obtenção de lucros mediante abuso de confiança", de acordo com o chefe de polícia Jean-Pierre Steiner. Ela foi solta com o pagamento de uma fiança de US$38 mil. Agostini e seu advogado insistiram em que ela era uma vítima inocente, afirmando dispor de provas de que as faturas no papel timbrado de *The Wine Advocate*, com base nas quais era alegado que ela cobrara milhares de dólares por trabalhos de consultoria, tinham sido forjadas para desacreditar a ela e a Parker.

A situação se arrastou, com Parker fazendo declarações em seu website e a mim de que acreditava que "todo indivíduo é inocente até prova em contrário". No entanto, sua paciência estava se esgotando e, em fins de janeiro, começou a considerar se deveria "suspender temporariamente" as atividades de Agostini para *The Wine Advocate*. Cada vez mais preocupado, Parker consultou Pat e, numa atitude incomum, começou perguntando às pessoas em Bordéus: "O que devo fazer?"

DE VOLTA À SUA CASA, O LANÇAMENTO DE SEU WEBSITE FOI UM ESTRONDOSO êxito – em 2003, cerca de oito mil assinantes o tinham pago. Parker vinha auferindo excelentes lucros ao longo dos anos com seus livros e outros escritos, mas nada, é claro, comparável à fortuna dos produtores e importadores daqueles produtos que ele promoveu. Agora, estava procurando meios de colher frutos sem muito esforço. Marc Braunstein estava trabalhando em "Parker in the Palm", um programa de software para computadores portáteis, de modo que os entusiastas pudessem ter aceso aos seus escores aonde quer que fossem. "Isso seria especialmente útil para jantares em restaurantes", disse-me Braunstein. Ele tinha toda a espécie de idéias sobre como propagar o nome e os escores de Parker eletronicamente e havia adicionado meia dúzia de importantes links ao website. Providenciara para que os escores de Parker figurassem ao lado dos vinhos para venda num leilão e um website para compra/venda de vinhos e estava discutindo com sócios potenciais como colocar o nariz e a língua de Parker em lojas de vinhos de todo o país. O plano era arrendar quiosques eletrônicos a comerciantes para que seus clientes pudessem acessar o escore e a descrição de Parker para qualquer vinho que vissem nas prateleiras.

Manter um contato permanente com seus assinantes no mundo inteiro, que estavam reclamando maior cobertura para a Califórnia e a Itália, tornava-se cada vez mais difícil e Parker tomou uma decisão crucial no começo de 2003. Confiou a Itália a Daniel Thomases, para a consternação de muitos italianos e de importadores como Leonardo LoCasio. Estava procurando maximizar a cobertura em *The Wine Advocate*, mas só nesse caso abriu mão de seu poder. Seus fãs ficaram-lhe muito gratos por ter mantido para si próprio Bordeaux e os "grandes territórios tintos" do Rhône, Califórnia e Austrália.

CIRCULAVAM RUMORES DE QUE PARKER NÃO IRIA A BORDÉUS NESSE ANO, a primeira vez em trinta anos. Parker insistiu que já tinha no bolso sua passagem aérea. Seu plano, entretanto, era cobrir uma seleção de vinhos menor do que a comum. Ele estava irritado com os bordaleses: 2002 não tinha sido uma grande safra. Que obrigação ele tinha, afinal, de cobrir o *en primeur*? Mas, se ele não fosse, seria um desastre", disse John Kolasa, do Château Rauzan-Segla.

Então, após o início da guerra do Iraque, Parker mudou de idéia. Pat e Maia, lembrando-se do susto quando ele estava na França no 11 de setembro, imploraram-lhe que não fosse, e ele escreveu uma carta aberta para todos os *châteaux* esclarecendo o motivo: um pedido de sua família. Mas, na França, alguns disseram que era porque temia ser detido pela polícia de Bordéus no aeroporto em ligação com o caso Hanna Agostini. Mais tarde, Parker soube que a própria Agostini havia espalhado o boato. Seja como for, sem ele os vinhos de 2002 definharam, à deriva num mercado indiferente a uma safra sem os cruciais escores de Parker. Viria ele em junho ou setembro? Os *châteaux*, especialmente aqueles *parvenus* cujas reputações tinham sido inteiramente construídas com base na atenção de Parker, pareciam desesperados: "Temos esperança de que venha!", disse Jean-Luc Thunevin a um repórter.

NESSE MEIO TEMPO, PARKER SENTIU QUE AGOSTINI E SEU MARIDO estavam ficando cada vez mais evasivos quando lhes fazia perguntas. Durante o verão, a fim de ter acesso ao dossiê compilado pela polícia durante a investigação e ver se qualquer das alegações contra Agostini e seu uso do papel timbrado de *The Wine Advocate* eram verdadeiras, Parker incorporou-se ao processo como queixoso. Depois que seu advogado recebeu as provas, transmitiu a Parker em agosto a informação de que Agostini havia mentido o tempo todo. Parker ofereceu-lhe a alternativa de se demitir, o que ela aceitou. Uma história prejudicial à imagem de Parker, citando Agostini, apareceu no *The New York Times*. Embora cheia de erros, era profundamente embaraçosa para ele. A fim de tranqüilizar seus assinantes, usou seu conveniente correio eletrônico.

Parker, finalmente, embarcou para Bordéus em setembro. Ansioso por solucionar de uma vez a questão, pediu ao seu advogado para providenciar um encontro com Jean-Pierre Steiner, o chefe da polícia de Bordéus. Reuniram-se em 5 de setembro. A história toda era complicada e sórdida. Dois meses depois de ter sido contratada para traduzir para o francês *The Wine Advocate*, Agostinin assinara um contrato com o Grupo Geens que lhe conferia poderes para contratar enólogos de que Parker gostava, a fim de, como ele me contou, "planejarem vinhos do agrado dele e de os apresentarem a ele para seu veredicto". Para isso, ela estava sendo paga por US$50 mil anuais. Ela também abordara Alain Raynaud, que se recusou a atendê-la. "Era uma conduta estarrecedora", disse Parker, ao me contar o episódio com semblante triste e enojado. "Desde o começo, ela pensou obviamente que poderia explorar o relacionamento para ganhar dinheiro... era pura ganância." Ela havia organizado degustações de vinho para Parker, mas este dera escores medíocres à grande maioria; tendo apenas um recebido 90 ou mais. Ela até criara seu próprio papel timbrado de *The Wine Advocate*, retirando o nome de Parker do cabeçalho, e usava-o para emitir algumas faturas. O que ela contara a Parker sobre "faturas falsas" era tudo mentira.

"Minha tendência é acreditar que as pessoas são honestas até prova em contrário", disse Parker. Embora sentisse que sua reputação tinha sido afetada por toda a cobertura da imprensa – é claro, *The Wine Spectator* fizera uma reportagem explorando o assunto –, não se arrependia do fato de ter aguardado; não teria sentido que agira corretamente se tivesse demitido Agostini sem ter provas. Tinha ouvido comentários de que ela era grosseira, desaforada com as pessoas, agressiva, mas ele os rejeitara como resposta de reacionários a uma mulher de cor dotada de forte personalidade. Muitos acreditaram que ela havia abusado de sua posição junto de Parker desde o primeiro dia. Mais tarde, Jean-Bernard Delmas, de Haut-Brion, contou a Parker que Agostini se conduzira com ele de forma insultante. O dono de um *château* da Margem Direita contou-me – oficiosamente – que, quando ficou desapontado com a crítica de Parker ao seu vinho, ela organizou um almoço com Parker para ele, que se sentiu muito grato por isso. Mas ele soube que Agostini estava aliciando seus amigos nas degustações que organizava para Parker. "Tentamos adverti-lo sobre o que estava acontecendo", contou-me Alain Raynaud, assim como muitos outros amigos de Parker na Margem Direita. "Mas ele não a demitiu."

Era um exemplo perfeito da obstinação de Parker e do seu lado cego.

Lamentavelmente, Agostini ainda tinha um contrato com Solar, o editor francês de Parker, para traduzir seus livros e, de acordo com a legislação laboral francesa, ela não podia ser demitida a menos que fosse comprovada a sua culpa. Em fevereiro de 2005, o processo ainda não tinha data prevista de julgamento. Parker, decidido a impedir que o nome de Agostini aparecesse em qualquer de seus livros, contratou um segundo tradutor para dar continuidade ao trabalho dela. Fechou o escritório de Paris e suspendeu a publicação de *The Wine Advocate* em francês.

Durante essa visita de setembro de 2003, Parker foi efusivamente recepcionado por *châteaux* e *négociants* como se tivesse estado ausente por dez anos. Dizia-se à boca pequena que muitos dos menores *garagistes* beiravam a falência. Corriam rumores de que o Château Lascombes estava à venda. Parker achou a safra de 2002 sem brilho, como suspeitava que seria. Além disso, a safra de 2003 tinha atraído a atenção de todos. As uvas, já maduras, estavam sendo colhidas num tempo anormalmente quente. Ou era um grande ano que estava em formação ou um desastre de aquecimento global cujo resultado certo seriam vinhos fortes e bombásticos.

Parker realmente não pensou que tivesse feito qualquer diferença se tivesse vindo em março, comentou com Charlie Rose, quando em agosto reapareceu em seu programa de televisão. Será que Parker tinha ido à televisão para controlar em parte os danos? Dessa vez, sentado na cadeira frente a frente com Rose, sem gravata, parecia muito mais à vontade, mas também mais arrogante. Sua tentativa, numa entrevista no *Guardian*, de reconhecer, enfim, a atração quase gravitacional que exercia sobre o mercado, após tantos anos em que sistematicamente a negou ("Sim, sou a pessoa mais poderosa no mundo do vinho"), soou mais como orgulho do que como sinceridade.

Os franceses continuavam nutrindo uma poderosa relação de amor-ódio com Parker. "Eles deviam ter mais cuidado em decidir o que realmente sentem", comentou Parker, em tom de desalento, numa entrevista a um jornal. O governo francês tinha sido notoriamente hesitante a respeito da invasão americana do Iraque e, agora, alguns americanos estavam manifestando seu desagrado por essa falta de apoio político de um velho aliado despejando garrafas e garrafas de Champagne nos vasos sanitários. "Ninguém", disse ele, "promoveu mais do que eu o vinho francês na América". O que era verdade. Para ele, esses vinhos clássicos ainda eram os pontos de referência, os vinhos que ele bebia, não apenas que degustava. Suas três adegas tinham cerca de doze mil garrafas de vinho, 90% das quais eram francesas, com grande maioria de Bordeaux, Alsácia e Rhône. Ele até comprara garrafas dos Borgonhas 2000.

Mas, para os franceses, Parker tinha se tornado um pára-raios para os seus maiores temores. O mercado mundial do vinho estava mudando. Os produtores de vinho na França se desesperavam com a queda do consumo de vinho no país e a perda de uma considerável perda do mercado norte-americano, que estava sendo cada vez mais dominado por vinhos do Novo Mundo – especialmente os seus próprios. Durante muitos anos, a França fornecera os modelos para os sabores que os vinhos de mesa deviam ter, mas, orientados por críticos, os consumidores tinham começado a buscar, nos começos do século XXI, estilos mais novos e diferentes de vinho. A indústria vinícola do país estava em crise; de 600 a um milhar de produtores poderiam ter de fechar as portas; muitas famílias estavam erradicando vinhedos. Os novos vinhos da região francesa do Languedoc ostentavam no rótulo o nome da uva, tal como era feito com os vinhos americanos. Os vinhos do Novo Mundo estavam em franca ascensão; os vinhos do Velho Mundo, especialmente os franceses, tinham de batalhar por uma fatia do mercado.

Há trinta anos, em seu livro *La Mort du Vin*, o escritor francês de vinho e culinária Raymond Dumay havia preconizado que o domínio da França como o maior país vinícola do mundo terminaria e que a América assumiria esse papel, influenciando o modo como o vinho era feito em todo o mundo, justamente como a França fizera.

Tudo isso estava acontecendo, de fato. Desde que Parker iniciara a publicação de *The Wine Advocate*, o mercado americano tinha se tornado o mais importante do mundo e o paladar americano em vinho parecia agora estava destinado a dominar. E Parker presidira tudo isso.

QUANDO FALEI COM PARKER AO TELEFONE EM OUTUBRO DE 2004, SUA voz me soou fatigada. Havia sido um ano muito estressante, disse-me ele, e ainda não tinha terminado. Ele estava trabalhando demais, uma confluência de eventos de caridade aos quais havia prometido comparecer e prazos que tinha de cumprir rigorosamente, tudo isso num só ano. Quase não tivera tempo de ver amigos com quem ele e Pat gostavam de jantar. Conseguira cancelar seu contrato para um livro sobre a Califórnia – após 60 páginas, havia decidido que não o queria escrever – e, no seu lugar, estava redigindo o manuscrito sobre as maiores propriedades vinícolas do mundo, previsto para estar pronto pelo fim do ano e preparando-se para um outro *Wine Buyer's Guide*. Depois desse, declarou, acabaram-se os contratos para livros. Planejou concentrar sua atenção em seu website. Isso, acreditava ele, era a onda do futuro para a crítica de vinhos. Sobrepostos em sua agitada agenda, estavam os usuais itens de paraninfo da formatura de cursos colegiais. Pat estava mais envolvida do que nunca em jardinagem, estudando para ser juíza em projetos paisagísticos e trabalhando com o Garden Club of America. O tão amado buldogue de Parker, George, morreu no mesmo dia em que faleceu Julia Child; ele tinha agora um novo cachorrinho, de nome Buddy, como seu pai. Agora, eram as irmãs de sua mãe, de 83 e 81 anos, que se ocupavam do correio.

Os bordaleses sentiram-se aliviados quando Parker chegou, como de costume, em março de 2004 para degustações *en primeur* dos vinhos da safra do ano anterior, mas, mesmo antes que ele pudesse publicar suas notas, esquentou o debate em torno do Château Pavie. Em seu website, Robinson qualificou Pavie como "um vinho ridículo... um arremedo de Porto de tão doce que é", e Parker não pôde resistir a anunciar um quatrocentos-mais; comentário verbal no correio eletrônico de seu website: "Degustei Pavie em quatro vezes distintas e, embora reconhecendo que é diferente o paladar de cada um, Pavie não sabe, de maneira alguma (para o meu paladar), como foi descrito por Janis. Ela tem uma lamentável e bem embaraçosa história de aversão não só a todos os vinhos de Perse, mas virtualmente a todos os vinhos de *garagiste* de St.-Emilion... Seus comentários estão inteiramente de acordo com suas revoltantes agressões contra todos os Pavies feitos por Gerard Perse e são um fiel reflexo dos comentários de reacionários... em Bordéus." Ele foi ainda mais longe e atacou a credibilidade de Robinson, que, em seu website, revidou ao ataque: "Não me será realmente permitido ter a minha própria opinião? Parece que somente na medida em que ela concorde com a de Monsieur Parker... Qual é a diferença, me pergunto, entre uma revoltante agressão e uma nota crítica de degustação? Talvez a primeira não condiga com o mais poderoso paladar do mundo, ao passo que a segunda, sim."

A coisa soava a um bate-boca entre dois críticos. A maioria dos escritores ingleses ficou do lado de Robinson; os americanos, com Parker; artigos sobre a desavença apareceram em letra de forma desde Sydney a San Francisco. Farr Vintners viu no episódio um significado mais amplo: "Este debate... não é apenas sobre este vinho em particular, mas também sobre o poder dos escritores de vinho e o modo como certos produtores parecem estar fazendo vinhos para obter pontos do 'mais poderoso crítico de qualquer gênero em qualquer área e lugar'."

Numa viagem à Inglaterra, Christian Moueix, do Château Pétrus, também falou em alto e bom som contra os novos superconcentrados vinhos Bordeaux, e também da Espanha. Ele acolhera Parker com entusiasmo no início de sua carreira; agora, preocupava-o para onde o "Tio Bob" estava conduzindo o vinho. Pouco depois, a *Decanter* publicou um artigo pelo editor do *Singapore Wine News,* Ch'in Poh Tiong, que era um claro ataque ao paladar americano, aos críticos americanos e a Parker, em particular. "O Bordeaux", escreveu ele, "nunca pretendeu ser uma versão americana de um vinho demolidor".

Apesar dos resmungos, irritações e descontentamentos do mundo do vinho sob seu domínio imperial, e de as pessoas começarem a se perguntar por quanto tempo teriam de suportar ainda seu reinado, Parker pôde encontrar alívio e consolo nas intermináveis celebrações de suas realizações – e poder global. Em meados de 2004, o Primeiro-Ministro da Itália, Silvio Berlusconi, e o Presidente da República, Carlo Ciampi, nomearam-no *Commendatore na Ordine al Merito della Repubblica Italiana*, a máxima honraria civil da Itália, por suas contribuições para o vinho italiano. Foi o primeiro crítico de vinho a receber tal homenagem, juntando-se a notáveis personalidades americanas como Steven Spielberg e Henry Kissinger.

Na Califórnia, um fim de semana pródigo em eventos em outubro para celebrar o 25º aniversário de *The Wine Advocate* e angariar fundos para as bolsas de estudo de enologia criadas pelo Robert Parker Wine Advocate no Culinary Institute of America, no vale do Napa, pareciam ser uma canonização virtual. Produtores de vinho de todo o mundo voaram para lhe prestar homenagem; o ponto alto foi uma degustação na residência de Ann e Gordon Getty que apresentou dez dos vinhos de 100 pontos de Parker.

Em dezembro, Parker voou para a Ásia, onde havia organizado dois "Jantares Hedonistas" em Tóquio que custaram aos quarenta felizardos gastrônomos que deles participaram um milhão de ienes cada. O cardápio, por Joel Robuchon, considerado o *chef* do século na França por Gault Millau, apresentou dezenove pratos que pretendiam servir de vitrine para dezenove safras de alguns dos maiores vinhos do mundo, incluindo a última garrafa existente de Château Lafite de 1870 e um Lafite de 1864 que havia envelhecido na adega do castelo escocês que inspirou *Macbeth*, de Shakespeare.

Parker havia percorrido um longo caminho desde os dias em que bateu às portas de *châteaux* e *domaines* em Bordéus e na Borgonha. Sua reputação parecia um poderoso Bordeaux 1982, em seu apogeu num platô que podia durar anos.

O QUE MAIS ME IMPRESSIONA NA CARREIRA DE PARKER, NO FINAL DE 2004, é a polarização – o acirrado *pró* e *contra* Parker, que se tornou mais do que um simples indivíduo julgando vinhos. Ele é agora o símbolo de um complexo de idéias e o próprio contexto em que hoje as pessoas fazem e bebem vinho e definem seu próprio paladar. O que, é claro, constitui a razão por que tanta gente dedicou seu tempo para pensar sobre Parker, sondá-lo e estudá-lo minuciosamente, julgá-lo e desenvolver teorias sobre as razões de seu poder e seu sucesso.

Eu própria me vi situando-me ora de um lado ora do outro a respeito de Robert Parker, o homem, e o que ele significa para o mundo do vinho. Eu tinha seguido a trilha de sua notável ascensão, averiguado e captado a origem de boatos, escutado as diatribes e acusações, queixas sobre suas certezas e alegados favoritismos para os seus amigos, mas também ouvi manifestações de gratidão e de admiração, o respeito que conquistou por meio de sua impressionante ética e integridade no trabalho. A meus olhos, ele parece quintessencialmente americano e relaciono uma coisa com a outra. Suas qualidades americanas são, talvez, de uma natureza não facilmente entendida ou apreciada pelos britânicos ou os franceses: essa exuberância de paixão pelo que está fazendo parece quase excessiva, até monomaníaca; essa implacável energia orientada para a ação, a disposição para enfrentar o *establishment*, para responsabilizá-lo e incriminar, mudar o *status quo* e condenar as conseqüências; aquele traço de intenso fervor a respeito de sua missão e o ímpeto para trabalhar com mais empenho e ardor do que qualquer outro; essa abertura e esse impulso para a democracia, pronto para apoiar um pequeno produtor ou uma nova região que sonha em fazer algo muito grande e tornar-se uma estrela. A América admira quem se dispõe a correr riscos para impor suas idéias e bravamente luta por elas. Parker acredita que não possui "agenda". Ele certamente ajudou a melhorar a qualidade dos vinhos em todo o mundo, exortando as pessoas a que dêem o melhor de si mesmas ao que estão fazendo, reconhecendo quando elas assim procedem e condenando algumas práticas vinhateiras que resultam em vinhos industriais com pouco sabor e nenhuma autenticidade. Seu entusiasmo e seu deleite puros no vinho influenciaram uma geração e convenceu os enófilos de que sentir prazer no vinho não é apenas para esnobes elitistas.

Mas também me situo no outro lado. Todos esses traços americanos também têm seu lado negativo, como no caso de Parker e sua influência. Seu êxito é certamente devido, em parte, a outra não tão atraente característica americana: a convicção absoluta de que estão certos. O poder dá sempre a oportunidade de querer ir longe demais em suas imposições, dominar, esmagar a oposição, tudo isso que Parker fez, quer o admita ou não. Não aprovo a tirania do paladar de uma pessoa. Não quero ver tradições e estilos de vinhos que merecem ser mantidos serem descartados simplesmente porque o paladar de alguém não gosta deles. Preocupa-me o desaparecimento dos vinhos com *finesse* e sutileza e sabor, com sensação de frescor na boca pela presença do ácido, substituídos por vinhos frutados, espessos e opulentos, que são muito melhores numa degustação às cegas do que na mesa de jantar. Considero classificar vinhos em números uma piada em termos científicos e um engano quando se pensa em função da qualidade e do prazer suscitado pelo vinho, algo que converte o vinho numa competição, e não numa experiência.

Ao cabo de 25 anos, Robert Parker possui a espécie de poder no mundo do vinho que nenhum outro crítico em qualquer campo jamais teve, um poder que a indústria e os consumidores lhe deram cedo e continuam a alimentar. Ele tirou proveito desse poder, sim, mas este cresceu e ganhou dimensões que vão muito além de seu controle. Não obstante, Parker é insincero quando diz não haver nada que ele possa fazer a respeito do poder e da influência que detém. Em vez de ampliar a discussão e dar amparo a muitos outros pontos de vista, ele defende o dele de um modo que não tolera desafio nem contestação.

Qual será o legado do imperador para o mundo que ele governa?

Muito do que Parker diz que defende e representa fez acontecer o oposto. Defendeu a democratização do vinho e, no entanto, tornou-se o próprio símbolo da elite de peritos que se pronunciam sobre vinhos inacessíveis para a maioria. Retirou dos comerciantes a legitimação de vinhos, mas colocou-a nas mãos da mídia. Embora insistisse em afirmar que valorizava o paladar individual, o *soi-disant*. De advogado do consumidor, transformou-se no supremo juiz. Protestou contra os altos preços, mas sempre que unge um vinho, seu preço dispara às alturas. Opunha-se à idéia de investir em vinho, mas aqueles que colecionaram suas garrafas com elevados escores acharam que a realidade estava desmentindo o conselho e fizeram fortunas. Defendeu a diversidade de estilos e, no entanto, o que ele escreveu acabou promovendo vinhos que começaram a ter todos o mesmo sabor. Seu sistema de escores, que se destinava, em princípio, a ser meramente uma forma de rápida avaliação de qualidade, encorajou a idéia de que só eram dignos de ser bebidos os vinhos com pontuações elevadas.

No entanto, sua insistência em que nenhuma reputação, por mais antiga e duradoura que seja, pode substituir o que pode ser encontrado no copo, sua crença em que existem ainda vinhos e regiões por descobrir que podem vir a desafiar o *establishment* vinícola e sua convicção fundamental de que o vinho pode ser julgado e classificado como qualquer outro artigo são contribuições duradouras.

E QUANTO A PARKER, O HOMEM? É AFETUOSO E BENEVOLENTE, DE UMA lealdade inabalável, relutante em reconhecer a perfídia nos outros, mas também rápido em atribuir motivos dúbios àqueles que não concordam com ele e, por vezes, vingativo se alguém o contraria? São essas como que manhas solares? Meros salpicos que não chegam a deslustrar o notável profissionalismo e o trabalho árduo que ele aplicou no desempenho de seu papel – para não mencionar sua generosidade com amigos, empregados e a dedicação a seus leitores? Ou são o fruto de obstinação, farisaísmo e inquebrantável autoconfiança? Os defeitos profundamente humanos de Parker foram ampliados sem razão por seu colossal sucesso. Muitos outros críticos de vinho, tivessem eles recebido uma fração de seu impressionante poder, teriam virado monstros, seus egos impossíveis de suportar.

O que parece ser a capacidade de fazer tudo o que ele quer acarreta, porém, o preço de Parker poder ser – e será – observado passo a passo e criticado por quaisquer que sejam as posições e ações que ele assuma. É algo que claramente o contraria, embora tenha acabado por tolerar. Afirma nunca ter procurado nem desejado um poder extraordinário. "É um misto de bênção e de maldição", disse-me ele certa vez. "E com resultados negativos na maioria dos casos." Quando esse poder lhe é dado, nunca se sente à vontade com ele – e nisso também é muito americano, achando difícil aceitar que o poder tem conseqüências políticas e econômicas, e traz consigo responsabilidades extras.

Sob certos aspectos, Parker está grudado ao seu papel. Há os que, nos próprios centros de opinião no mundo do vinho, dizem que seu poder está começando a definhar. Mas ainda há muito poucos sinais disso, e sua influência certamente se fará sentir no mundo do vinho por largos anos vindouros. Decidirá aposentar-se? Ah, mas este é um homem que ama o que está fazendo; este é um homem cujos sonhos têm o vinho por tema.

Será difícil, senão impossível, para Parker passar seu manto de poder, pois sua reputação está enraizada na idéia de seu dom especial, sua ímpar, semidivina capacidade de degustação. Haverá outros que se lhe sigam. Mas foi ele quem mudou o mundo do vinho e as circunstâncias únicas que o coroaram nunca serão duplicadas.

Nunca haverá outro imperador do vinho.

GLOSSÁRIO

Acidez. Um componente vital natural do vinho que preserva o frescor agradável e dá vigor e vivacidade; se for muito pouca, os vinhos ficam insípidos; em excesso, adquirem um sabor pungente, quase azedo. As uvas cultivadas num clima quente ou pertencentes à safra de um ano em que o calor tenha sido exorbitante produzem vinhos com baixa acidez.

Afinação. Processo de fabricação de vinho destinado a clarificar o vinho adicionando-lhe um agente de afinação como clara de ovo, que arrasta as proteínas e outras partículas em suspensão para o fundo de um barril ou tanque. O vinho é então transferido para um outro barril ou filtrado antes de engarrafado.

Álcool. Elemento estrutural do vinho. Durante a fermentação, a levedura converte o açúcar do suco de uva em álcool; o elevado grau de açúcar em uvas muito maduras garantirá um alto nível de álcool num vinho. O álcool no vinho situa-se entre um mínimo de 9% ou 10% em alguns vinhos alemães até um máximo de 16% ou 17% encontrado em alguns Zinfandels da Califórnia.

Appelation. Termo francês para denominar uma zona geográfica legalmente definida; em alguns países, os vinhos devem ser feitos de um modo específico para poder usar o nome da *appelation* no rótulo. O pressuposto – nem sempre verdadeiro – é que, quanto mais específico for o nome da *appelation*, mais elevada será a qualidade do vinho.

Assemblage. Termo francês empregado para a seleção de vinho de diferentes lotes a fim de criar a mistura para o vinho final de um *château*. É sinônimo de corte ou *blend* (inglês).

Balanceado. Um vinho balanceado ou equilibrado é aquele com todos os seus elementos gustativos – álcool, ácido, tanino, fruta, madeira etc. – em completa harmonia, de modo que nenhum elemento sobressaia em relação aos outros.

Barrica. Refere-se ao barril padrão do vinho Bordeaux, contendo 225 litros de vinho.

Barril, degustação no. Degustação de vinho inacabado que ainda está envelhecendo num barril ou pipa. Para degustar, um vinhateiro retira o batoque que veda um buraco no topo do barril e mergulha um longo tubo de vidro ou pipeta através do buraco para extrair um copo cheio de vinho – por exemplo, uma amostra de barril. Para uma degustação formal de barril, quando são necessárias dúzias de amostras, o vinho será colocado em garrafas pequenas.

Barril. Um recipiente de madeira usado para armazenar, envelhecer e, por vezes, fermentar vinho. Pode ser grande ou pequeno; o barril pequeno usado para vinhos finos em Bordéus, Borgonha e Califórnia tem o nome de barrica e contém 225 litros de vinho. A maioria dos vinhos tintos e alguns brancos são envelhecidos em barris de carvalho, embora o castanho também seja usado. O barril pode ser novo ou ter sido usado antes; o carvalho novo confere um sabor mais forte ao vinho.

Bâtonnage. Termo francês para designar a agitação de sedimentos, uma prática vinhateira que envolve a agitação dos depósitos (borra) no fundo de um barril para adicionar caráter.

Boca cheia. As sensações de peso, textura e táteis de um vinho na boca, devidas sobretudo ao corpo e álcool.

Borra. O sedimento depositado no fundo de um barril ou cuba de vinho quando envelhece; é composto de pequenas partículas de uva e de células mortas de levedura. Alguns vinhateiros permitem que o vinho envelheça na borra em vez de o transferirem periodicamente por meio de sifão para um outro barril (conhecido como trasfega). Acreditam que o envelhecimento sobre a borra acrescente textura e caráter ao vinho.

Bouchonné. Termo francês para descrever um cheiro e um sabor de papelão molhado ou mofado num vinho, que tenha sido causado por uma rolha contaminada pelo composto químico 2,4,6-Tricloroanizol, também conhecido como TCA. Equivalente ao termo inglês *corked* ou *corky*. Essa alteração é popularmente conhecida como "mal de rolha".

Buquê. Refere-se geralmente ao cheiro de um vinho; o significado mais específico é a parte do cheiro do vinho que se desenvolve à medida que o vinho envelhece na garrafa.

Carvalho. A madeira mais freqüentemente usada para fabricar barris e grandes pipas para envelhecimento de vinhos tintos finos e alguns vinhos brancos, apreciada pelos sabores torrados, abaunilhados, e os taninos que adiciona ao vinho. As barricas de carvalho novas são as que conferem ao vinho mais sabor de carvalho. Considera-se excessivamente "madeirizado" o vinho em que o carvalho supera todos os seus outros aspectos.

Cépage. Termo francês para variedade de uva.

Chai. Francês para uma adega (usualmente) acima do solo onde o vinho envelhece no barril. Uma adega subterrânea é conhecida como *cave*.

Chaptalização. A adição de açúcar à uva deve ser anterior à fermentação ou durante esta; é legal na França e na Alemanha para estimular o corpo e o nível de álcool em safras pobres quando as uvas não amadurecem totalmente.

Classificação. Refere-se a uma de numerosas categorias ou graduações de qualidade entre vinhedos e propriedades. A classificação de 1855 de cerca de sessenta *châteaux* do Bordeaux é a mais famosa.

Clone. Um grupo de videiras propagadas a partir de um corte, compartilhando, assim, dos atributos que distinguem a "videira mãe". Usualmente, foi feita uma "seleção clonal" para características específicas. Um viveiro pode oferecer muitos clones diferentes de uma determinada variedade de uva.

Colheita verde. Modo de redução da colheita cortando cachos de uvas em cada videira durante o verão, muito antes da vindima. A finalidade é fazer com que a videira concentre toda a sua energia no amadurecimento dos cachos remanescentes, o que significará amadurecimento mais cedo e uvas mais saborosas.

Commune. Equivalente francês de um pequeno distrito ou localidade com os vinhedos circundantes. Sobretudo na França, os vinhos são por vezes rotulados pela comuna onde foram feitos, como Margaux ou Puligny-Montrachet, em vez do nome de um vinhedo.

Complexo. Um vinho com muitas camadas e nuanças de aroma e sabor, o que o torna interessante para beber e analisar.

Concentrado. Diz-se de um vinho que é denso e profundo, com muita fruta e sabores opulentos.

Corpo. A percepção do peso e a textura de um vinho na boca, que resulta de uma combinação de alcoolicidade e quantidade de extrato. Um vinho de corpo cheio tem maior viscosidade e densidade; um vinho de corpo leve, menos.

Courtier. Termo francês para designar o corretor de vinhos, usado especialmente em Bordéus. Um *courtier* negocia entre o dono do *château* e os *négociants*.

Cru. Literalmente, "procedência"; o termo se refere a uma propriedade ou vinhedo individual; quando precedido pelos termos *premier* (primeiro) ou *grand* (grande), refere-se à classificação de um vinhedo de grande qualidade. Em Beaujolais, o termo é usado para as dez aldeias com suas próprias *appelations*, como Moulin à Vent e Brouilly.

Cru classé. Literalmente, "procedência classificada"; um termo de Bordéus para designar um dos *châteaux* que figuram na classificação de 1855 ou numa outra classificação como a de St. Emilion e Graves.

Cuvée. Termo francês usado geralmente para um lote específico de vinho; também é usado para o corte de vinhos de diferentes vinhedos ou diferentes variedades de uva, ou diferentes barris que compõem o corte final na garrafa.

Degustação às cegas. Degustação em que são escondidos os rótulos das garrafas. Na degustação às cegas "simples", o degustador conhece os vinhos, mas não a ordem em que eles estão dispostos. Na degustação "dupla", o degustador não sabe que vinhos estão incluídos nem em que ordem.

Degustação vertical. Uma degustação comparativa do mesmo vinho de diferentes safras.

Duração. A persistência do sabor de um vinho na boca após a degustação.

Effeuillage. Remoção das folhas em torno dos cachos de uvas, a fim de maximizar a exposição à luz do Sol para amadurecimento ótimo; também aumenta a exposição ao vento, o que reduz a incidência de apodrecimento.

En primeur. Termo francês para o vinho vendido como futuros, antes de ser engarrafado.

Enólogo. Vinicultor ou técnico de laboratório treinado na ciência de enologia. Muitas vinícolas e *châteaux* usam um enólogo formado como consultor para testar amostras e aconselhar sobre detalhes técnicos da elaboração de vinhos.

Envelhecimento. Processo de conservação dos vinhos para que os taninos fiquem mais macios e menos ásperos, e os sabores e aromas desenvolvam complexidade. Alguns vinhos são envelhecidos em barris antes de engarrafados, e também envelhecidos após o engarrafamento. Apenas um pequeno número de vinhos se beneficia do envelhecimento na garrafa.

Extrato. A substância no vinho – tanino, açúcar, glicerol etc. – que contribui para a cor e o sabor do vinho. Os vinhos denominados "extratos" têm sabores densos e concentrados.

Fermentação malolática. Por vezes, chamada fermentação secundária. Um processo em que as bactérias amaciam a acidez de um vinho, convertendo o ácido málico no mais brando ácido lático; também contribui para a complexidade do vinho. Incentivada na maioria dos vinhos tintos finos e alguns brancos, especialmente os Chardonnays de primeira linha.

Fermentação. O processo natural que converte o suco de uva em vinho. Na fermentação alcoólica ou primária, as enzimas na levedura convertem o açúcar em dióxido de carbono e álcool. Para os vinhos fermentados em barril, esse processo tem lugar numa barrica de carvalho, e não em uma cuba. A fermentação malolática é uma fermentação secundária por vezes encorajada para amaciar a acidez do vinho e contribuir para a sua complexidade.

Filtragem. O processo de clarificar o vinho antes do engarrafamento passando-o por um filtro grosso ou fino para remover bactérias ou outros microorganismos que poderiam deteriorar o vinho, assim como o inofensivo sedimento. Alguns especialistas acreditam que mesmo uma filtragem muito cuidadosa pode retirar sabor ao vinho e eliminar parte de seu caráter.

Floração. O período específico em que uma vinha produz pequenas flores, após o que os bagos de uva começam a se formar. Uma floração bem-sucedida é decisiva para o desenvolvimento das uvas.

Futuros. Vinho vendido enquanto se encontra ainda em curso seu processo de envelhecimento no barril, antes de ser engarrafado e embarcado.

Garagiste. Refere-se a um membro de um grupo de pequenos produtores de vanguarda em Bordéus, os quais, em sua maioria, ficam instalados na Margem Direita, que começaram produzindo quantidades muito pequenas de vinho na década de 1990. Esses vinhos eram denominados *vins de garage* pelo fato de serem feitos em galpões, visto que os produtores não possuíam *châteaux* nem dispunham de recursos para criar vinícolas.

Garrafa, idade na. O tempo que os vinhos ficam na garrafa antes de serem bebidos, para amaciar e adoçar certos elementos no vinho, especialmente o tanino. O envelhecimento na garrafa também permite o desenvolvimento do aroma. Ver também *Envelhecimento*.

Hang time. Termo americano usado primordialmente para designar o período de tempo em que as uvas permanecem na videira antes da colheita. Muitos produtores prolongam esse período de espera o máximo possível, a fim de obter uvas com a maior maturidade possível, ou fisiologicamente maduras, sem virar passas.

Levedura. Organismo unicelular essencial à conversão das uvas em vinho. Durante a fermentação, a levedura converte o açúcar no mosto a álcool e dióxido de carbono. Alguns vinhateiros inoculam o mosto com uma das leveduras comercialmente disponíveis, as quais foram cientificamente selecionadas para determinados atributos que podem adicionar sabores específicos ao vinho. Entretanto, outros estão convencidos de que as leveduras que ocorrem naturalmente nas uvas, conhecidas como leveduras nativas, fazem vinhos mais interessantes, dotados de um caráter mais individual.

Maceração. O período em que o suco de uva está em contato com as peles e sementes, das quais os fenólicos (cor, aromas, taninos etc.) são extraídos e passam a ser parte do vinho. Alguns enólogos são favoráveis a macerações muito prolongadas para certos vinhos tintos, porquanto se pensa que isso resulta em taninos mais suaves. Outro método que se pensa proporcionar melhor extração é a maceração a frio ou maceração pré-fermentação, um método controvertido de manter o mosto a temperaturas muito baixas até oito dias antes de se permitir que comece a fermentação.

Maître de chai. Termo francês, literalmente mestre de adega. É o responsável por todos os aspectos de produção e envelhecimento do vinho.

Médoc. A maior e mais famosa região vinícola do Bordeaux, localizada na margem direita do rio Gironda; engloba as famosas comunas de Margaux, Pauillac, St.-Estèphe e St.-Julien, assim como Listrac e Moulis.

Microoxigenação (*microbullage*). Técnica vinhateira de introdução de minúsculas quantidades de oxigênio através de um pequeno tubo no vinho em fermentação ou no vinho que está envelhecendo na barrica. Tem muitas finalidades, mas talvez a mais controvertida seja o seu uso em alguns *châteaux* de Bordeaux para amaciar os taninos do vinho.

Mosto. Nome dado ao suco resultante da prensagem das uvas e antes da fermentação que converte o mosto em vinho.

Não-afinado. O vinho que não foi purificado, se bem que outros processos possam ter sido usados para remover pequenas partículas antes do engarrafamento. Esses vinhos são freqüentemente rotulados como tal. Alguns acreditam que os vinhos não-afinados, como os não-filtrados, têm mais sabor e corpo.

Não-filtrado. O vinho que não foi filtrado em geral é trasfegado e algumas vezes afinado para remover pequenas partículas antes do engarrafamento. Rotulados freqüentemente como tal, os vinhos não-filtrados têm uma pequena quantidade de sedimento. Alguns acreditam que vinhos não-filtrados possuem mais sabor e corpo.

Nariz. O termo geral para o cheiro de um vinho.

Négociant. Designação francesa para comerciante de vinho, uma pessoa ou firma que vende e embarca vinho como atacadista.

Osmose invertida. Prática controvertida em que a água é retirada do mosto por uma máquina especial para criar um vinho mais concentrado. Largamente usada em Bordéus quando as chuvas na época da vindima diluíram os bagos. Entretanto, o processo concentra o sabor e quaisquer imperfeições.

Parkerizado, também *Parkerisé.* Usado primordialmente para descrever vinhos que aparentemente foram produzidos para se harmonizar com um paladar que agradaria a Robert Parker.

Pernas (fr. *jambes*). As gotas viscosas deixadas no interior do copo depois de o vinho ter sido rodopiado.

Persistência. O sabor e a textura finais de um vinho que permanecem na boca. Uma persistência demorada é característica de um vinho fino.

Pipa, amostra de. Outra designação para amostra de barril ou de barrica.

Premier cru. Os quatro vinhos *premier cru* na classificação de 1855 – Châteaux Margaux, Lafite-Rothschild, Latour e Haut-Brion – mais o Château Mouton-Rothschild, que foi elevado a *premier cru* em 1973. Em geral, o termo é ampliado para incluir os Châteaux Cheval Blanc e Ausone, em St.-Emilion, e o Château Pétrus, em Pomerol.

Prensa, vinho de. Após a fermentação, o vinho que flui livremente antes da prensagem é conhecido como "suco de dorna"; o vinho de prensa é o vinho mais tânico e mais escuro que resulta da prensagem dos pedúnculos, sementes e polpas numa prensa de vinho. O vinho de prensa pode ser usado para adicionar estrutura a um vinho ralo por falta de tanino, mas não é rotineiramente adicionado aos melhores vinhos. O termo francês é *vin de presse*.

Produção. A quantidade de uvas colhidas de determinado vinhedo, resultando numa certa quantidade de vinho. Na França, é medida como hectolitros por hectare. De um modo geral, quanto menor for a produção, maior a qualidade potencial do vinho.

Safra. O ano em que as uvas foram colhidas para fazer um vinho. Se indicado no rótulo, o vinho deve ser da safra do ano declarado. O termo inglês é *vintage*.

Sedimento. Os sólidos no vinho fragmentos de pele de uva, sementes etc. – que assentam no fundo de um tanque ou barril ou, se o vinho não foi filtrado, na garrafa. Os vinhos em garrafa soltam freqüentemente um depósito quando envelhecem. Um vinho com sedimento deveria ser decantado antes de servido.

Shipper. Este termo inglês alterna freqüentemente com *négociant* na França. De um modo geral, uma firma ou um indivíduo que compra vinho enquanto está ainda no barril e, mais tarde, engarrafa, armazena e embarca o vinho. Como muitas propriedades engarrafam atualmente seu próprio vinho, os *shippers* armazenam o vinho assim que é engarrafado e o comercializam então no mundo inteiro.

Sommelier. Termo francês para um empregado de restaurante que tem a seu cargo os vinhos.

Supermaduro. Termo de degustação para vinhos feitos de uvas supermaduras que têm níveis muito elevados de açúcar e baixa acidez, devido a uma longa permanência na vinha e que por isso começaram a murchar. Em francês, *surmaturité*.

Supersegundo. Um *château* de Bordeaux classificado em 1885 como um segundo *cru* mas que é considerado produtor de vinho de qualidade muito superior à dos outros nesse patamar. Por exemplo, Château Léoville-Las-Cases e Pichon-Lalande são considerados "Supersegundos".

Tanino. Grupo de complexas moléculas encontradas nas peles, pedúnculos e sementes de uvas; o tanino ajuda os vinhos tintos, os quais contêm muito mais tanino do que os brancos, a melhorar com a idade. Um vinho fortemente tânico tem uma adstringência que deixa a boca ressequida.

Terroir. Termo francês usado para designar o complexo da composição do solo, microclima, altitude, exposição etc., ou ambiente natural do vinho, que está refletido no sabor e qualidade de um vinho elaborado a partir de uvas cultivadas nessa localização específica. Considera-se com freqüência que os vinhos da mais alta qualidade expressam um *terroir* individual.

Textura. A sensação de vinho na boca. Diz-se dos vinhos densos, viscosos, quase espessos, que têm uma textura rica, aveludada.

Trasfega. Operação de transferência do vinho de um barril para outro por bombeamento ou sifão, a fim de separar o vinho dos sedimentos.

Triturador. O dispositivo mecânico que rompe a pele das uvas e as esmaga para soltar o suco. Também separa as folhas dos bagos e das peles.

Varietal. Vinho varietal é assim chamado por causa da variedade de uva de que é feito, como o Chardonnay. Muitos vinhos europeus são rotulados com os nomes de regiões, aldeias, distritos e vinhedos.

Vigneron. Tradução francesa de vinhateiro.

Vinha, idade da. A idade de uma vinha está relacionada com a qualidade das uvas que produz; as vinhas "velhas", o que geralmente significa, pelo menos, trinta anos, produzem uvas e vinhos com mais intensidade e concentração de sabor.

Vinhateiro. A pessoa que é primordialmente a responsável pela elaboração do vinho; largamente usado no Novo Mundo. Na França, essa tarefa está em geral a cargo do *maître de chai* ou mestre de adega.

Vinhedo, administrador de. A pessoa responsável pelo vinhedo de uma propriedade.

Vinho, comércio do. Em geral significa a indústria vinícola, especialmente na ponta de importação e varejo do negócio, no que concerne os Estados Unidos.

Vinicultor-consultor. Em geral um vinicultor muito conhecido e respeitado, que também pode ser um enólogo, e que atua como consultor para numerosas vinícolas, em vez de ser empregado de apenas uma delas. Esses consultores podem desempenhar várias funções, desde aconselhar sobre práticas na vinha até a seleção de barris específicos para entrar no vinho final.

Viticultura. Ciência e estudo de uvas, seu cultivo e desenvolvimento.

FONTES

GRANDE PARTE DESTE LIVRO SE BASEIA EM ENTREVISTAS QUE REALIZEI nos Estados Unidos e em outros países; as muitas pessoas com quem falei são enumeradas nos agradecimentos. Também me apoiei substancialmente em escritos, várias entrevistas, palestras e falas proferidas, assim como em seus comentários postos em seu website. Além disso, contei com uma ampla gama de livros, jornais, revistas e artigos na imprensa; *newsletters* e outras publicações sobre vinho, principalmente em inglês e francês. São enumerados abaixo aqueles trabalhos que considerei particularmente úteis como antecedentes históricos, informações e perspectivas sobre vinho e indústria vinícola, bem como avaliações sobre Parker e sua influência.

Obras de Robert M. Parker, Jr.

The Wine Advocate, vol. 1 (1978) a vol. 156 (2004). www.eRobertParker.com

Colunas para o *The Washington Post, Food & Wine, Connoisseur, Money, The Wine Enthusiast.*

Discurso na Boston University's Sherman Union, 25 de janeiro de 1999, *Massachusetts Beverage Business,* maio de 1999.

Bordeaux: A Definitive Guide for the Wines Produced Since 1961. Nova York: Simon & Schuster, 1985.

Parker's Wine Buyer's Guide 1987-1988. Nova York: Simon & Schuster/Fireside, 1987.

The Wines of the Rhone Valley and Provence. Nova York: Simon & Schuster, 1987.

Parker's Wine Buyer's Guide 1989-1990. Nova York: Simon & Schuster/Fireside, 1989.

Burgundy: A Comprehensive Guide to the Producers, Appellations, and Wines. Nova York: Simon & Schuster, 1990.

Bordeaux: A Comprehensive Guide to the Wines Produced from 1961-1990. Nova York: Simon & Schuster, 1991.

Parker's Wine Buyer's Guide. 3ª ed. Nova York: Simon & Schuster/Fireside, 1993.

Parker's Wine Buyer's Guide. 4ª ed. Nova York: Simon & Schuster/Fireside, 1995.

The Wines of the Rhone Valley. Edição ampliada, 2ª ed. Nova York: Simon & Schuster, 1997.

Bordeaux: A Comprehensive Guide to *the Wines Produced from 1961 to 1997*. Nova York: Simon & Schuster, 1998.

Parker's Wine Buyer's Guide. 5ª ed. Nova York: Simon & Schuster/Fireside, 1999.

Parker's Wine Buyer's Guide. 6ª ed. Com Pierre Rovani. Nova York: Simon & Schuster, 2002.

Bordeaux: A Consumer's Guide to *the World's Finest Wines,* 4ª ed. Nova York: Simon & Schuster, 2003.

Prefácio de *The Heart of Burgundy: A Portrait of the French Countryside,* de Andy Katz. Nova York: Simon & Schuster, 1999.

Prefácio de *Hachette Atlas of French Wines & Vineyards*. 2ª ed. Organizado por Pascal Ribereau-Gayon. Paris: Hachette Livre Direction, 2001.

Prefácio de *Daniel Johnnes's Top 200 Wines,* de Daniel Johnnes com Michael Stephenson. Nova York: Penguin, 2003.

Livros

Adams, Leon D. *The Wines of America*. 3ª ed. Nova York: McGraw- Hill, 1985.

Amerine, Maynard A. e Edward B. Roessler. *Wines: Their Sensory Evaluation*. Nova York: W. H. Freeman, 1976, 1983.

Barr, Andrew. *Drink: A Social History of America*. Nova York: Carroll & Graf, 1999.

__________. *Wine Snobbery*. Nova York: Simon & Schuster, 1988, 1992.

Bourdieu, Pierre. Traduzido por Richard Nice. *Distinction: A Social Critique of the Judgement of Taste*. Cambridge, Mass.: Harvard University Press, 1984.

Brillat-Savarin, J. A. *The Physiology of Taste, or Meditations on Transcendental Gastronomy*. Nova York: Dover Publications, 1960.

Broadbent, Michael. *Michael Broadbent's Wine Vintages*. Londres: Mitchell Beazley, 2003.

__________. *Vintage Wine: Fifty Years of Tasting Three Centuries of Wines*. Nova York: Harcourt, 2002. Edição anterior publicada como *The Great Vintage Wine Book* (1980) e *The New Great Vintage Wine Book* (1991).

__________. *Winetasting*. Londres: Wine & Spirit Publications, 1968. Também foram feitas três outras edições: *Winetasting enjoying understanding* (Londres: Christie's Wine Publications, 1977); *Michael Broadbent's Pocket Guide to Wine Tasting* (Nova York: Simon & Schuster, 1982); e *Michael Broadbent's Wine Tasting*. Nova edição revisada (Londres: Mitchell Beazley, 2003).

Brook, Stephen. *Bordeaux: People, Power and Politics*. Londres: Mitchell Beazley, 2001.

__________. *Wine People*. Nova York: The Vendome Press, 2001.

Brooks, David. *Bobos in Paradise*. Nova York: Simon & Schuster, 2000.

Clemens, S. B. e C. E. Clemens. *From Marble Hill to Maryland Line: An Informal History of Northern Baltimore County*. 1976, edição revisada, 1999.

Coates, Clive. *Côte d'Or: A Celebration of the Great Wines of Burgundy*. Berkeley e Los Angeles: University of California Press, 1997.

__________. *Grands Vins: The Finest Châteaux of Bordeaux and Their Wines*. Berkeley e Los Angeles: University of California Press, 1995.

__________. *The Wines of Bordeaux: Vintages and Tasting Notes 1952-2003*. Berkeley e Los Angeles: University of California Press, 2004.

Conaway, James. *Napa: The Story of an American Eden*. Boston: Houghton-Mifflin, 1990.

__________. *The Far Side of Eden: New Money, Old Land and The Battle for Napa Valley*. Boston: Houghton-Mifflin, 2002.

Dickinson, William B., Jr., e Janice L. Goldstein (orgs.) *Watergate: Chronology of a Crisis*. Washington, D.C.: Congressional Quarterly, 1973.

Dumay, Raymond. *La Mort du Vin*. Paris: Editions Stock, 1976.

Echikson, William. *Noble Rot: A Bordeaux Wine Revolution*. Nova York: W. W. Norton, 2004.

Faith, Nicholas. *The Winemasters of Bordeaux: The Inside Story of the World's Greatest Wines*. Edição revisada, Londres: Prion Books, 1978, 1999.

Feret, Claude. *Bordeaux et Ses Vins*. 13ª ed. Bordeaux: Editions Feret, 1982; edição inglesa, 1986.

Fielding, Temple. *1963-64 Fielding's Travel Guide to Europe*. Nova York: William Sloane, 1963.

Finigan, Robert. *Essentials of Wine*. Nova York: Alfred A. Knopf, 1987.

Frommer, Arthur. *Europe on* $5 *a Day. 1965-66,* ed. Nova York: Arthur Frommer, 1965.

Ginestet, Bernard. *La Mémoire des Oenarques*. Bordeaux: Mollat, 1998.

Guy, Kolleen M. *When Champagne Became French: Wine and the Making of a National Identity*. Baltimore: Johns Hopkins University Press, 2003.

Hanson, Anthony. *Burgundy*. Londres: Faber & Faber, 1982, 1995, 1999.

Jefford, Andrew. *The New France: A Complete Guide to Contemporary French Wine*. Londres: Mitchell Beazley, 2002.

Johnson, Hugh. *Wine*. Nova York: Simon & Schuster, 1966.

__________ e Jancis Robinson. *The World Atlas of Wine*. 5ª ed. Londres: Mitchell Beazley, 2001. Edições anteriores em 1971, 1977, 1985 e 1994.

Kammen, Michael. *American Culture American Tastes: Social Change and the Twentieth Century*. Nova York: Alfred A. Knopf, 1999.

Korsmeyer, Carolyn. *Making Sense of Taste: Food and Philosophy*. Ithaca, NY, e Londres: Cornell University Press, 1999.

Kramer, Matt. *Making Sense of Burgundy*. Nova York: Quill/William Morrow, 1990.

Lehrer, Adrienne. *Wine & Conversation*. Bloomington: Indiana University Press, 1983.

Lichine, Alexis com Sam Perkins. *Alexis Lichine's Guide to the Wines and Vineyards of France*. Nova York: Alfred A. Knopf, 1979, 1982 e 1984.

__________. *Alexis Lichine's New Encyclopedia of Wines & Spirits*. Nova York: Alfred A. Knopf, 1969, 1974, 1981, 1985 e 1987. Publicado primeiramente como *Encyclopedia of Wines and Spirits* em 1967.

__________. *Wines of France*. Nova York: Alfred A. Knopf, 1951. Muitas edições subseqüentes.

Loftus, Simon. *Anatomy of the Wine Trade: Abe's Sardines and Other Stories*. Nova York: Harper & Row, 1985.

Loubère, Leo A. *The Wine Revolution in France: The Twentieth Century*. New Jersey: Princeton University Press, 1990.

Lukacs, Paul. *American Vintage*. Boston: Houghton-Mifflin, 2000.

Lynch, Kermit. *Adventures on the Wine Route: A Wine Buyer's Tour of France*. Nova York: Farrar, Straus & Giroux, 1988.

Markham, Dewey. 1855: *A History of the Bordeaux Classification*. New York: John Wiley & Sons, 1998.

Matthews, Patrick. *Real Wine: The Rediscovery of Natural Winemaking*. Londres: Mitchell Beazley, 2000.

McCoy, Elin e John Frederick Walker. *Thinking about Wine*. Nova York: Simon & Schuster, 1989.

Mondavi, Robert, com Paul Chutkow. *Harvests of Joy: My Passion for Excellence*. Nova York: Harcourt Brace, 1998.

Osborne, Lawrence. The *Accidental Connoisseur: An Irreverent Journey through the Wine World*. Nova York: North Point Press, 2004.

Penning-Rowsell, Edmund. *The Wines of Bordeaux*. 4ª ed. revisada. Londres: Allen Lane, 1979.

Peppercorn, David. *Bordeaux*. Londres: Faber & Faber, 1982, 1991.

__________. *Wines of Bordeaux: Mitchell Beazley Wine Guides*. Londres: Octopus and Mitchell Beazley, 2002. Publicado primeiramente em 1986 como *David Peppercorn's Pocket Guide to the Wines of Bordeaux*.

Peters, Gary L. *American Winescapes*. Nova York: Westview Press, 1997.

Peynaud, Emile. *Knowing and Making Wine*. Nova York: John Wiley & Sons, 1984.

Phillips, Rod. *A Short History of Wine*. Nova York: Ecco Press, 2000.

Prial, Frank. *Wine Talk*. Nova York: Times Books, 1978.

__________. *Decantations: Reflections on Wine by the New York Times Wine Critic*. Nova York: St. Martin's, 2001.

Robinson, Jancis. *How to Taste: A Guide to Enjoying Wine*. Nova York: Simon & Schuster, 1983, 2000.

__________ (org.) *The Oxford Companion to Wine*. Oxford: Oxford University Press, 1994, 1999.

__________. *Tasting Pleasure: Confessions of a Wine Lover*. Nova York: Viking Penguin, 1997, 1999.

Root, Waverley. *Paris Dining Guide*. Nova York: Atheneum, 1969.

Rosenblatt, Roger., ed. *Consuming Desires: Consumption, Culture, and the Pursuit of Happiness*. Washington, D.C.: Island Press/Shearwater Books, 1999.
Rouby, Catherine, et. al. (org.) *Olfadion, Taste, and Cognition*. Cambridge: Cambridge University Press, 2002.
Rubenfeld, Florence. *Clement Greenberg: A Life*. Nova York: Scribner, 1997.
Russell, Cheryl. *100 Predictions for the Baby Boom*. Nova York: Plenum Press, 1987.
Schoonmaker, Frank. *Encyclopedia of Wine*. Nova York: Hastings House, 1964.
Sokolin, William. *Liquid Assets: How to Develop an Enjoyable and Profitable Wine Portfolio*. Nova York: Macmillan, 1987.
Swinchatt, Jonathan e David G. Howell. *The Winemaker's Dance: Exploring Terroir in the Napa Valley*. Berkeley: University of California Press, 2004.
Tower, Jeremiah. *California Dish*. Nova York: Free Press, 2003.
Waugh, Harry. *Diary of a Winetaster: Recent Tastings of French and California Wines*. Nova York: Quadrangle Books, 1972.
__________. *Harry Waugh's Wine Diary*, vols. 6-9. Londres: Christie's, 1975, 1976, 1978, 1981.
Waters, Alice. *Chez Panisse Menu Cookbook*. Nova York: Random House, 1982.
Wilson, James. *Terroir: The Role of Geology, Climate, and Culture in the Making of French Wine*. Califórnia: Wine Appreciation Guild, 1998.
Wine Angels. *Wine Marketer's Companion*. Wine Angels at wineangels.com, 2003.

Periódicos e Websites

Connoisseur's Guide to California Wine (CGCW)
Decanter
Food & Wine
Friends of Wine
Gambero Rosso
Global Vintage Quarterly (GVQ)
Harpers Wine and Spirit Weekly (Harpers)
Impact
Rich Cartiere's Wine Market Report
Robert Finigan's Private Guide to Wines
The Vine
Vintage
Wine and Spirits
Wine Business Monthly (WBM)
The Wine Enthusiast (WE)
The Wine Spectator (WS)
Wines & Vines
Financial Times (FT)
The London Sunday Times (LST)
The Los Angeles Times (LAT)
The New York Times (NYT)

Washington Post (WP)
www.bipin.com
www.datamantic.com/joedressner
www.farrvintners.com
www.jancisrobinson.com
www.weimax.com
www.westcoastwineweb.com
www.wineanorak.com
www.winecrimes.com
www.wineint.com
www.wine-pages.com
www.wine-people.com
www.wine-lovers-page.com

Artigos

"A Life Less Ordinaire", Andrew Jefford, *Waitrose Food Illustrated,* 2003.
"A Nobel for Explaining How the Nose Knows", Thomas H. Maugh II, *LAT,* 5 de outubro de 2004.
"A Nose for Wine", Harvey Steiman, *WS,* 31 de março de 1994.
"A Nose for a Winner", Jancis Robinson, *London Sunday Times,* 1986.
"A Sip Too Far", Tim Atkin, *Decanter,* abril de 1998.
"Accusations Rise from Wine Cellars of Bordeaux", Craig S. Smith, *NYT,* 10 de agosto de 2003.
"Aftershock: Revisiting the 1976 Paris Tasting", Brenda Maitland, *Culinary, Concierge,* 2003.
"An Ombudsman for the Wine Consumer", William Rice, *WP,* 28 de setembro de 1978.
"Back Talk", Lettie Teague, *Food & Wine,* janeiro de 2001.
"Baker v. Parker: A View from the Sidelines", Clive Coates, *The Vine,* julho de 1987.
"Beyond Sweet and Sour", Danny Kingsley, *ABC News,* 27 de fevereiro de 2002.
Bonny Doon Vineyard newsletters, 1999-2002.
"Book Reviews", David Peppercorn, *Decanter,* dezembro de 1986.
"Bordeaux Eyes the Sky as Parker Arrives", Adam Lechmere, *Decanter,* 6 de setembro de 2003.
"Bordeaux: l'Affaire qui Ebranlé la Maison Parker", Jean-Jacques Chiquelin, *Le Nouvel Observateur,* 25 de abril de 2002.
"Bordeaux Remembers: 'The American Vintage'", Julia Mann, *WS,* 30 de novembro de 1998.
"Burgundian Vintner Sues Robert Parker for Libel", Per-Henrik Mansson, WS, 31 de maio de 1994.
"California Crush", *Decanter* supplement, agosto de 1981.
"California's New Stars", Bruce Schoenfeld, *Cigar Aficionado,* julho/agosto de 1999.

"Case for the Defense", John Stimpfig, *Decanter,* 1999.

"Château La Pique", Malcolm Gluck, *The Guardian,* 10 de junho de 1994.

"Clawing their Way to the Top", William Rice, *The Chicago Tribune,* 16 de outubro de 1986.

"Consumers Hold the Cards: This 'Fad' Won't Fade", Robert B. Morrisey, *Advertising Age,* 29 de março de 1982, vol. 53, issue 14.

"Critic's Judgment Puts Bordeaux Noses Out of Joint", Adam Sage, *London Times,* 25 de maio de 2002.

"Cyberspace Comedy in 3 Parts: R. Parker, Producer", Mark Squires, *Mark Squires E-Zine on Wine,* marksquires.com, novembro e dezembro de 1996.

"Distaste for Tastings", Hugh Johnson, *Decanter,* junho de 1992.

"Does UC-Davis Have a Theory of Deliciousness?" Clark Smith, *Vineyard & Winery Management,* julho e agosto de 1995.

"Emile Peynaud", Colin Parnell, *Decanter,* março de 1990.

"For Guigal, It's Anything but Lonely at the Top", James Suckling, *WS,* 15 de março de 1990.

"Frank Schoonmaker-Visionary Wine Man", Frank Johnson, *winemouse.com,* n.d.

"French Have a Beaune to Pick", John Lichfield, *Canberra Times,* 25 de julho de 1998.

"French Wine All at Sea", Jo Johnson, *FT,* 10 de novembro de 2001.

"Future Bright for 2000 Bordeaux", Adrienne Roberts, *FT,* 30 de maio de 2001.

"German Wine-Tasting Melts His Fillings But Wins His Heart", Michael Dresser, *Baltimore Sun,* 8 de novembro de 1992.

"Great Bordeaux Debate", Terry Robards, *WS,* agosto de 1983.

"He Sips and Spits, and the World Listens", David Shaw, *LAT,* 23 de fevereiro de 1999, e Parte 2, "For Wine Critic, the Truth Is in the Glass", 24 de fevereiro de 1999.

"His Palate Is Insured", Mary Corey, *Baltimore Sun,* 28 de março de 1993.

"How Château Pétrus Became Bordeaux's Most Coveted Wine", James Suckling, *WS,* 15 de fevereiro de 1991.

"How Rating Systems Stack Up", Jerry Shriver, *USA Today,* 12 de março de 1993.

"Hugh Johnson, The Great Communicator", *Decanter,* março de 1995.

"I Am the Most Powerful Person in the Wine World", Suzanne Goldenberg, *The Guardian,* 23 de julho de 2003.

"Il Repointe Son Nez en France", Pauline Damour, *Challenges,* agosto de 2003.

"In Defense of English Wine Writers", Robin Young, *Decanter,* abril de 1988.

"Inside the Mind of Michel Rolland", John Stimpfig, *Decanter,* janeiro de 2004.

"International Wine Expo Opens in Hong Kong", *Business World,* 6 de junho de 1998.

"In Vino Veritas," Lettie Teague, *Food & Wine,* September 1999.

"Is Terroir Dead?", Karen MacNeil, *San Francisco Chronicle,* 18 de setembro de 2002.

"Judgment of Paris", *Time,* 7 de junho de 1976.

"Kacher Takes a Hands-on Approach", Thomas Matthews, *WS,* 31 de março de 1991.

"La Representante en France du critique de vins Parker a ete mise en examen pour 'faux et usage'", Pierre Cherruau e Jacques Follorou, *Le Monde,* 1º de fevereiro de 2003.

"L'Affaire Geens Rebondit", Fabien Pont, *Sud Quest,* 24 de janeiro de 2003.

"Le Grand Bob", Jean Durand, perguntas online em sur.fr.rec.boissons.vins, março de 1998.

"Le Grand Marathon des Vins du Monde", *Gault-Millau,* outubro de 1979.

"Les Decorés de Chirac", Anne Fulda, *Le Figaro,* 23 de junho de 1999.

"Les Policiers Interrogent", *Le Monde,* 31 de janeiro de 2003.

"Letters to the Editor", *Decanter.*

"Lichine Shuns Critical Press; Group Praises '82 Bordeaux". James Suckling, WS, agosto de 1983.

"Magnum Force", *Los Angeles Magazine,* dezembro de 1998.

"Mais Non, Monsieur Parker", Elizabeth Bryant, *San Francisco Chronicle,* 16 de janeiro de 2003.

"Marvin Shanken Looks Back at 20 Years of Wine Spectator", *WS,* abril de 1996.

"Mechanisms of Terroir", Jamie Goode, *Harpers,* 12 de setembro de 2003.

"Merchants Flooded with 1982 Futures Orders", *WS,* agosto de 1983.

"Michel Guillard Interroge Le Professeur Emile Peynaud", *Amateur de Bordeaux,* 1987.

"Michel Rolland: Francais, reveillez-vous", entrevista para *La Revue du vin de France,* dezembro de 2001 e janeiro de 2002.

"More Power to the Elbow", Patrick Matthews, *Harpers,* Arquivos, 2003.

"Moueix Hits Out at Over-Concentration", Josie Butchart, *Harpers,* Arquivos, 2003.

"Much of Bordeaux Goes Begging", Frank Prial, *NYT,* 11 de agosto de 2004.

"New Home for Guigal's Prestige Rhône Wines", Per-Henrik Mansson, *WS,* janeiro de 1994.

"Not Exactly for the Faint of Palate", Alice Feiring, *NYT,* 9 de junho de 2002.

"Noted Wine Critic Explodes", *The National Vinquirer, Bonny Doon Vineyard* newsletter, abril de 2003.

"On the Blind Tasting of Wines: A New Method of Analysis and Beyond", Domenic V. Cicchetti, Ph.D., www.hicstatistics.org/2003StatsProceedings, 2003.

"Parker Decoré par Jacques Chirac", *Agence France Presse,* 22 de junho de 1999.

"Parker on Food", Fiona Beckett, *Decanter,* 23 de julho de 2003.

"Parker Parade Comes to Town", Stephen Brook, *Decanter,* junho de 1996.

"Parker SIams Bordeaux over Fraud Case", Adam Lechmere, *Decanter,* 24 de julho de 2003.

"Parker Too Influential Says Lencquesaing", Adam Lechmere, *Decanter,* 3 de novembro de 2001.

"Parker WiIl Not Go to Bordeaux", Adam Lechmere, *Decanter,* 23 de março de 2003.

"Parker's Retort", Panos Kakaviatos, entrevista para *Wine International,* julho de 2003.

"Parker's 25-year Love Affair with Bordeaux Could Be Over", Kathleen Buckley, *San Francisco Chronicle,* 6 de março de 2003.

"People to Watch: Dan Philips", Joshua Cooper Ramo, *Time,* 22 de maio de 2000.

"Perfect Grapes of Groth", Jancis Robinson, *FT,* 31 de março de 1990.

"Pierre-Antoine Rovani", Mark Golodetz, *WE,* julho de 1998.

"Playing the Rating Game", *The Economist,* 18 de setembro de 1999, U.S. edition.

"Pour ou contre Robert Parker", J-F. W., *Cuisine et Terroirs,* outono de 2000, n.3.

"Preliminary 2000 Bordeaux Vintage Report", Bill Blatch, in *Wines & Vines,* março de 2001.

"Present at the Revolution", Matt Kramer, *WS,* 15 de novembro de 2001.

"Pulling Out All the Stops", Jamie Goode, *Harpers,* Arquivos, 2003.

"Quality Scores, Pt. 1: Biology & The Wine Critics", Jordan Ross, *GVQ,* 1º de novembro de 2002.

"Quick Tasting Opens Door to a New Market", Nigel Austin, *The Advertiser,* 7 de julho de 2001.

"Rating Robert Parker", Natalie MacLean, nataliemaclean.com, 12 de dezembro de 2002.

"Red China", *South China Morning Post Sunday Magazine,* 23 de novembro de 1997.

"Relishing the Flavor", *The Economist,* 20 de junho de 2002.

"Rencontre avec le guide supreme: Robert Parker", Jean-François Chaigneau, *Paris Match,* 11 de setembro de 2001.

"Robert Parker", Bill Baker, *The Three Course Newsletter,* 1987.

"Robert Parker: A Taste for the Good Life", Nora Frenkel, *The Sun,* 18 de outubro de 1987.

"Robert Parker and the Palate of Gold", Edward Guiliano, *Wine Times* (precursor de *Wine Enthusiast),* Parte 1, maio e junho de 1989, e Parte 2, setembro e outubro de 1989.

"Robert Parker Attacks Free Speech", Robert Callahan, News.admin.censorship newsgroup, 10 de julho de 1997.

"Robert Parker: 'Habria que empezar por matar a los enologos'", Victor Rodriguez, *Sobremesa,* n. 132, 1996.

"Robert Parker: Interview on BBC transcript", Andrew Jefford, 3 de março de 1995.

"Robert Parker, Jr.", Dan Sperling, *USA Today,* 1º de março de 1988.

"Robert Parker, le Bordeaux dan le nez", Jose-Alain Fralon, *Le Monde,* 20 de setembro de 2002.

"Robert Parker Looks Ahead", Edward Guiliano, WE, Parte 1, junho de 1993, e Parte 2, agosto de 1993.

"Robert Parker Pops the Corks...", Linda Murphy, *San Francisco Chronicle,* 21 de outubro de 2004.

"Robert Parker, Winosaur", Tony Hendra, *Forbes FYI,* outono de 1997.

"Robert Parker's Oregon Pinot Noir Released", *WS,* 28 de fevereiro de 1994.

"Saint Emilion Winemakers recant on extremism", Jancis Robinson, *FT,* 15 de abril de 2002.

"Secret Rites of Linen Bibs and Dinner Bells", Phyllis C. Richman, *WP,* 3 de maio de 1981.
"Settling Scores: Hugo Rose v. Steve Browett", *Harpers,* 11 de janeiro de 2002.
"Settling the Score", Tina Caputo, *Wines & Vines,* outubro de 2002. 60º Aniversário, *Gourmet,* setembro de 2001.
"So What's the Score?", conferência da *Harpers,* 2002.
"Taste Tyrants", Frank Prial, *NYT Magazine,* 17 de fevereiro de 1991.
"Tasting St-Emilion's Thoroughbred Wine", James Suckling, *WS,* 15 de fevereiro de 1991.
"Tempest in a Wine Barrel", Dan Berger, *LAT,* 23 de junho de 1994.
"The American Century", *Bon Appetit,* setembro de 1999.
"The Boys from Garlic Mountain: A Talk with Renzo and Riccardo Cotarella", Tom Maresca, *Wine & Spirits,* outubro de 2001.
"The Class of Claret", Peter Melzer, *WS,* 31 de julho de 2002.
"The Day California Wines Carne of Age", Thane Peterson, *businessweek.com,* 8 de maio de 2001.
"The Democracy of Wine", Lynn Stegner, *GVQ,* 1º de outubro de 2000.
"The Four Seasons California Barrel Tasting", Elin McCoy and John Frederick Walker, *Food & Wine,* julho de 1981.
"The French Way", Norm Roby, *Decanter,* abril de 2002.
"The Future of American Wine Ratings", Jeff Morgan, *GVQ,* 1º de abril de 2000.
"The Gallo Legacy Updated", Robert Lawrence Balzer, WE, outubro de 1993.
"The Grapes of Math", William Neuman, *Wired,* novembro de 2001.
"The Great and Powerful Shnoz: Does the emperor of wine have any clothes?", Michael Steinberger, slate.msn.com, 17 de junho de 2002.
"The Hit Man", Huon Hooke, *Australian Gourmet Traveller,* outubro e novembro de 2001.
"The Imperial Palates", Jeff Cox, *GVQ,* 1º de setembro de 2001.
"The Man Who Turns Wine Into Bread", John Stimpfig, *How To Spend It (Financial Times),* novembro de 2001.
"The Man with the Paragon Palate", John Elson, *Time,* 14 de dezembro de 1987.
"The Merciless Man of Wine", *Newsweek,* 14 de dezembro de 1987.
"The Million-Dollar Nose", William Langenwiesche, *The Atlantic Monthly,* dezembro de 2000.
"The Million-Dollar Nosey Parker Interview", Helena de Bertodano, *Sunday Telegraph,* 10 de março de 1996.
"The Monk Who Loved Gloria Swanson", Tim Fish, *WS,* 31 de julho de 2002.
"The Myth of Robert Parker", Russ Bridenbaugh, *Wines & Vines,* junho de 2001.
"The Parker Principle", W. R. Tish, *LAT,* outubro de 2004.
"The Powerful Palate", Nathan Cobb, *The Boston Globe Magazine,* 8 de outubro de 1989.
"The Rich, Ripe Full-Bodied Life of Robert Parker", Peter Hann, *Business Week,* 18 de agosto de 1986.
"The Saga of New World Wines", musical produzido no vale do Napa em 2003.

"The Standout", Jay McInerney, *House & Garden,* novembro de 1999.
"The Trend-Watcher", Elin McCoy e John Frederick Walker, *Food & Wine,* abril de 1982.
"The Unbearable Lightness of Being", Ch'ng Poh Tiong, *Decanter,* julho de 2003.
"The Wine Advocacy of Robert Parker", Randal Barnett, *Warfield's*, dezembro de 1986.
"The Year California Won the Pennant", Moira Johnston, *New West*, 2 de agosto de 1976.
"Tim Mondavi on the Art and Business of Growing Wine", Cyril Penn, *WBM*, julho de 2001.
"Time Is Ripe for Change", Jordan Mackay, *LAT*, 15 de setembro de 2004.
"Unfiltered Wines Gain Favor in California", Robyn Bullard, *WS*, 15 de junho de 1994.
"Vintage and Market Report: The 1982 Vintage", Peter Allan Sichel.
"Vintage Report 2000", Peter Allan Sichel.
"Wet Dogs and Gushing Oranges", Sean Shesgreen, *The Chronicle of Higher Education,* 7 de março de 2003.
"When He Spits, Vintners Tremble", Frank J. Prial, *NYT,* 6 de dezembro de 1989.
"Who is Robert Parker? And Why Should You Care?", Amy Virshup, *Smart Money,* setembro de 1996.
"Why Wine Writers' Opinions Vary", James Suckling, *WS,* 10 a 15 de outubro de 1983.
"Wine and Conversation: A New Look", Adrienne Lehrer, AAAS Annual Meeting, 2001.
"Wining and Dining, but with a hitch", Sara Engram, *Baltimore Sun,* 24 de outubro de 2001.
"Wine: Corker of a Fracas", Joanna Simon, *The Times* (Londres), 17 de janeiro de 1988.
"Wine Critic Gets French Legion of Honor", Associated Press, *NYT*, 23 de junho de 1999.
"Wine expert travels between two worlds", Jerry Shriver, *USA Today*, 3 de setembro de 1999.
"Wine Etcetera", Elin McCoy and John Frederick Walker, *Food & Wine,* dezembro de 1981.
"Wine Gurus Get Brain Boost", *Reuters,* 29 de maio de 2003.
"Wine Magnum Force", John Winthrop Haeger, *Los Angeles Magazine,* novembro de 1998.
"Wine Quality Scores Part 1. Biology and the Wine Critics", *GVQ*, 1º de novembro de 2002.
"Wine Talk", Terry Robards, NYT, 15 de dezembro de 1982; 19 de janeiro de 1983.
"Wine Talk", Frank J. Prial, *NYT,* 2 de março de 1983; 9 de março de 1983.
"Wine Threats End Book-Signing Tour", Dan Berger, *LAT,* 29 de novembro de 1990.

"Wine Trends and Buzzwords", Nick Alabaster, wineanorak.com.
"Wine Writers Hedged for decades and wouldn't take a position. I do", Jane Macquitty, *The Times* (Londres), 5 de dezembro de 1987.
"Wine Writers: Squeezing the Grape for News", David Shaw, *LAT,* Parte 1, 23 de agosto de 1987, e Parte 2, "Wine Critics Influence of Writers Can Be Heady", 24 de agosto de 1987.
"The Zachy's Gazette: Parker's Hall of Fame", in *WS,* 30 de novembro de 1990.

AGRADECIMENTOS

TENHO DÍVIDAS DE GRATIDÃO PARA COM UMA EXTENSA LISTA DE pessoas que ajudaram a fazer deste livro o que ele é.

Estou profundamente reconhecida pelo tempo que Robert M. Parker, Jr., se dispôs a gastar comigo em pessoa e no telefone, em seu lar e na estrada, e pela hospitalidade que me ofereceu, apesar de saber que não influenciaria em nada no que escrevi. Sou grata também por providenciar algumas fotografias e permitir que muitas fossem reproduzidas neste livro. Sua mulher, Patrícia Etzel Parker, foi igualmente hospitaleira e acessível.

Também devo agradecimentos a muitas pessoas que trabalham diretamente com Parker: sua secretária, Joan Passman; seu colaborador em *The Wine Advocate*, Pierre Rovani; Marc Braunstein de eRobertParker.com; Mark Squires, que dirige o correio eletrônico do site; seu sócio no Beaux Frères, Mike Etzel; e seu agente literário, Robert Lescher.

Durante os trinta anos em que cobri o mundo do vinho, tive a oportunidade de conhecer, falar e degustar com produtores de vinho do mundo inteiro. Fui generosamente recebida em seus vinhedos, suas adegas e, com freqüência, em seus lares, e agradeço a todos por compartilharem comigo seu mundo, seus vinhos, seus conhecimentos, sua paixão e pontos de vista. O saber que adquiri por intermédio deles está presente em cada página deste livro.

Durante a redação deste livro, os escritores e editores meus colegas e amigos da área do vinho nos Estados Unidos forneceram comentários e histórias, opiniões acaloradas, informações valiosas, sugestões sobre com quem falar e palavras de incentivo e entusiasmo, e enviaram-me muitos artigos apropriados que, de outro modo, eu poderia não ter visto. Sou particularmente grata a Gerald Asher, Dan Berger, Gerry Dawes, Alice Feiring, Robert Finigan, Eunice Fried, Mark Golodetz, Jim Gordon, Dana Jacobi, Harriet Lembeck, Jay McInerney, Peter Meltzer, Frank Prial, William Rice, Terry Robards e W. R. Tish. Sou grata também a John Anderson, Michael Apstein, Mary Mulligan, Ed McCarthy, Robert Whitley e Richard Elia, de *The Quarterly Review of Wine*.

Agradeço a Marvin Shanken, o editor e diretor de *The Wine Spectator*, pela extensa entrevista que me concedeu, assim como pelo acesso aos primeiros números da revista. Meus agradecimentos também a Adam Strum, editor de *The Wine Enthusiast*, por me ceder informações e números iniciais dessa publicação. Fabio Parasecoli, de *Gambero Rosso*, permitiu-me copiar muitos artigos úteis.

Robert Millman e Howard Kaplan ofereceram-me uma perspectiva histórica. Stuart Yaniger deu-me uma idéia precisa do que seja o mundo do vinho online. A Dra. Linda Bartoshuk, da Escola Médica de Yale, prestou-me esclarecimentos acerca de sua pesquisa sobre o paladar. A Dra. Adrienne Lehrer falou-me de sua obra sobre a linguagem do vinho. Jerry Goodman e Charlie Rose forneceram-me gravações de suas entrevistas com Parker na televisão.

Inúmeros e queridos amigos também me ofereceram lugares para ficar e refeições durante minhas viagens: em Baltimore, Marguerite Thomas e Paul Lukacs; em Washington, D.C., Bob e Virginia Hurt; em Londres, Rosemary George e Chistopher Galleymore.

Muitos varejistas e importadores de vinho dos Estados Unidos falaram extensamente comigo a respeito do negócio do vinho e de Parker: Ruth Bassin, Elliot Burgess, Dick Caretta, Robert Chadderdon, Bill Deutsch, Joe Dressner, Robert Gourdin, Robert Haas, Daniel Johnnes, Robert Kacher, John Kapon, Mike Kapon, John Laird, Leonardo LoCascio, Kermit Lynch, Dr. Jay Miller, Mitchell Nathanson, Jeff Pogash, Ed Sands, Robert Schindler, Abdullah Simon, Ira Smith, Elliott Staren, Marvin Stirman, Guillaume Touton e Jeff Zacharia. Emmanuel Berk, de The Rare Wine Company, emprestou-me um quase completo arquivo das *newsletters* de Robert Finigan e copiou para mim muitos dos primeiros números de *The Wine Advocate*.

Muitos agradecimentos também para Dan Green, que publicou os primeiros livros de Parker; para Carole Lalli, a editora inicial de Parker na Simon & Schuster, que trabalhou também com ele – e comigo – durante o período em que foi a redatora-chefe de *Food & Wine*; e para Phyllis Richman, ex-editora de gastronomia do *Washington Post*.

Pelo apoio logístico, agradeço a Beth Cotenoff e Pia Loavenbruck, da Sopexa New York; Robin Kelley O'Connor do Bordeaux Wine Bureau; Claire Contamine, anteriormente BIVB na Borgonha; e Florence Raffard do CIVB, em Bordéus. Sheila Nicholas, Pam Hunter e Tor Kenward foram de grande préstimo na Califórnia. Anne Riives foi uma constante fonte de informação e sugestões, e Marsha Palanci, Delphine Boutier, Niki Singer, Margaret Stern e a falecida Melissa Seré me forneceram informações vitais e me facilitaram o acesso a muitas e importantes entrevistas. David Strada enviou-me vários artigos por e-mail e raros CDs de jazz, Terry Ellis deu-me informações sobre Neil Young, e James Douglas Barron ofereceu-me dados proveitosos para melhor compreensão sobre Clement Greenberg.

O colecionador Park Smith compartilhou comigo lembranças de seu convívio com Parker. Peter M. F. Sichel ofereceu-me uma perspectiva sobre o cenário vinícola em Bordéus. Henry Leung contou-me a respeito das degustações em Henry's Evergreen; Bob Lyster e Ed Kasselman recordaram as primeiras degustações de Parker.

No Reino Unido, numerosos profissionais do vinho chamaram a minha atenção para uma série de artigos úteis e me enviaram aqueles de que eram eles próprios os autores, falaram-me longamente sobre as questões que o poder de Parker suscita, fizeram sugestões sobre quem eu devia entrevistar e, por vezes, até intercederam com aqueles que se mostravam relutantes em falar. Meus agradecimentos a Tim Atkin, Bill Baker, Michael Broadbent, Stephen Brook, Steve Browett, Clive Coates, Rosemary George, Malcolm Gluck. Anthony Hanson, Andrew Jefford, Jasper Morris, o falecido Dylan Paris, Roy Richards, Jancis Robinson e Nick Lander, Anthony Rose, Hugo Rose, Steven Spurrier, John Stimpfig e Serena Sutcliffe. Agradeço também a Amy Wislocki, a editora de *Decanter*, por me permitir que passasse meio dia em seu escritório copiando muitas páginas dos primeiros números da revista.

Tenho muitas pessoas na França a quem agradecer pelo tempo que me concederam, começando com os escritores de vinho Michel Bettane e Jean-Marc Quarin, e com o editor Christophe Tupinier de *Bourgogne Aujourd'hui*.

Na Borgonha: Bertrand Ambroise, Bertrand Devillard, François Faiveley, Pierre Henri Gagey, Dominique Lafon, Jacques Lardière, Louis-Fabrice Latour, Floris Lemstra, François Lequin, Thierry Matrot, Allen Meadows, Pierre Meurgey, Etienne de Montille, Anne Parent, Nicolas Potel, Virginie Taupenot-Daniel, Aubert de Villaine (e sua mulher, Pamela), e em especial Becky Wasserman, Russell Hone e Peter Wasserman.

Em Bordéus: Hanna Agostini, Patrick Basedon, Olivier Bernard, Bill Blatch, Emmanuel Cruse, Pascal Delbeck, Marcel Ducasse, Laurent Ehrmann, May-Eliane de Lenquesaing, Gonzague Lurton, Fiona Morrison, Jean-Guillaume

Prats, Michell Rolland e Erik Samazeuilh. Também para: Benard Audoy, Anthony Barton, Bruno Borie, Christopher Cannan, Florence e Daniel Cathiard, Jean-Michel Cazes, Jean-Marie Chadronnier, Laurent Cogombles, Jeffrey Davies, Barão Frédéric de Luze, Thierry Gardinier, Jean-Marc Guiraud, John Kolasa, Eugene Marly, Patrick Maroteaux, Edouard Moueix, Conde Stephan von Neipperg, Chantal Perse, Alain Reynaud, Dominique Renard, Jean-Luc Thunevin e Murielle Andraud, e Alexandre Thienpont.

Em outros lugares da França: Michel Chapoutier, Jean-Luc Colombo, Etienne Hugel, Nicolas Joly e Claude Taittinger.

Devo agradecimentos a Angelo Gaja, Jacopo Biondi-Santi, Daniele Cernilli e Riccardo e Renzo Cotarella na Itália, Pablo Alvarez Mezquiriz na Espanha e Adrian Bridge em Portugal. Na Austrália, agradeço a Huon Hooke, Tim White, Grant Burge e John Larchet; na Nova Zelândia, Neil McCallum; e no Japão, Ernie Singer.

Na Costa Atlântica, agradecimentos especiais a Julie Garvey, James Hall, Anne Moses e Donald e Heather Patz, John e Doug Shafer, e Elias Fernandez, Ray Signorello e Shari e Garen Staglin. Também, Stillman Brown e Dan Lewis, Jim Clendenen, Randy Dunn, Dennis Groth, Agustin Huneeus, David Lett, Leo McCloskey, Gwen McGill, Robert e Tim Mondavi, Manfred Krankl, Harvey Posert, Patrick Rooney, Ed Schwartz, Rob Sinskey, Clark Smith e John Wetlaufer.

Também são devidos agradecimentos a várias bibliotecas por sua ajuda. Em primeiro e destacado lugar, a biblioteca do Culinary Institute of America, em Hyde Park, e especialmente à bibliotecária Christine Crawford-Oppenheimer; a Biblioteca Pública de New Milford, Connecticut, obteve livros e o pessoal da Biblioteca Pública de Nova York foi essencial na localização de volumes obscuros em inglês e francês tanto no edifício central de pesquisa como na biblioteca de negócios.

Dan Halpern, um verdadeiro enófilo, foi o editor ideal – desde o seu entusiasmo inicial pela proposta, até a sua paciência em conceder numerosas prorrogações para o prazo final de entrega e às suas perspicazes sugestões sobre os originais. Na Ecco Press, também estou grata ao seu assistente, Robert Grover; a E. J. Van Lanen; a High Design pela maravilhosa capa; a Jessica Shatan Heslin pelo projeto gráfico da edição americana do livro; e a Lisa Wolff pelo cuidadoso copidesque.

Meu advogado e agente, Alan Kaufman, outro enófilo apaixonado, ofereceu-me sensatos conselhos e foi um firme esteio desde o começo.

Sou abençoada por contar com queridas e íntimas amigas que me escutaram com interesse e entusiasmo ao longo da redação deste livro: Elene Kolb, Carroll MacDonald, Justine McCabe, Bridget Potter e a falecida Elizabeth Crow.

Agradeço a meu filho, Gavin McCoy Walker, por traduzir artigos importantes na imprensa japonesa, pelas animadas discussões acerca das teorias de Bourdieu, por sua meticulosa leitura do texto, captando cada sinal de acentuação mal colocado ou ausente, e por seu contínuo apoio.

Meus maiores agradecimentos para meu marido, John Frederick Walker, com quem primeiro aprendi a gostar e a escrever sobre vinho. Ele foi sempre a minha mais segura caixa de ressonância e as idéias neste livro beneficiaram-se muito de sua boa vontade em discuti-las repetidamente à mesa do jantar. Acima de tudo, valorizo mais do que seria capaz de expressar em palavras o seu constante e firme apoio.

Quaisquer deficiências e erros que subsistam são, é claro, de minha inteira responsabilidade.

ELIN MCCOY

Agradecimentos pelas Fotos

Cinco fotografias de Robert M. Parker, Jr., foram fornecidas por Robert Parker e reproduzidas com sua amável permissão. São elas: Parker e Pat no Maxim's e Parker em 1978 no lançamento de *The Wine Advocate* (feita por Patricia Paker); Parker no Château Rayas (feita por E. Junquenet) e Parker em Hermitage com Michel Chapoutier; e Parker e sua família com Jacques Chirac.

As fotos de Parker cuspindo e de Parker com seus cães foram publicadas originalmente em *The Atlantic Monthly*, dezembro de 2000; foram feitas por Christopher Barker, a quem agradeço pela autorização para reproduzir-las aqui.

A fotografia de Parker com Hanna Agostini, feita por Jean-Jacques Saubi, é reproduzida com a permissão da agência fotográfica MAXPPP na França.

Agradeço também às autoridades da VinExpo pela autorização para usar a fotografia de Parker com Michel Rolland falando na VinExpo New York em 2002, e também a Rolland e Parker por consentirem no seu uso.

O cartum por Tony Husband foi publicado originalmente em *Harpers Wine and Spirit Weekly*, em 2 de abril de 2002; agradeço a Tony Husband por me permitir reproduzi-lo.

Agradeço a François des Ligneris, proprietário do Château Soutard, que produziu o cartaz Parafusos Parker, por fornecê-lo e permitir sua reprodução.

Estou grata a Laurent Cogombles por me permitir reproduzir o anúncio do Château Bouscaut.

Dan Lewis permitiu amavelmente que eu reproduzisse o rótulo da Jory Winery.

A foto de Parker na Mark's Duck House é reproduzida com a amável permissão de Marty Katz.

ÍNDICE

Outras maneiras fáceis de receber informações sobre nossos lançamentos e ficar atualizado.

- ligue grátis: **0800-265340** (2ª a 6ª feira, das 8:00 h às 18:30 h)
- preencha o cupom e envie pelos correios (o selo será pago pela editora)
- ou mande um e-mail para: **info@elsevier.com.br**

ELSEVIER

EDITORA CAMPUS

NEGÓCIO EDITORA

Alegro

Nome: ______________________________

Escolaridade: ____________ ❑ Masc ❑ Fem Nasc: __/__/__

Endereço residencial: ______________________________

Bairro: ________ Cidade: ________ Estado: ________

CEP: ________ Tel.: ________ Fax: ________

Empresa: ______________________________

CPF/CNPJ: ____________ e-mail: ____________

Costuma comprar livros através de: ❑ Livrarias ❑ Feiras e eventos ❑ Mala direta ❑ Internet

Sua área de interesse é:

❑ **UNIVERSITÁRIOS**
- ❑ Administração
- ❑ Computação
- ❑ Economia
- ❑ Comunicação
- ❑ Engenharia
- ❑ Estatística
- ❑ Física
- ❑ Turismo
- ❑ Psicologia

❑ **EDUCAÇÃO/ REFERÊNCIA**
- ❑ Idiomas
- ❑ Dicionários
- ❑ Gramáticas
- ❑ Soc. e Política
- ❑ Div. Científica

❑ **PROFISSIONAL**
- ❑ Tecnologia
- ❑ Negócios

❑ **DESENVOLVIMENTO PESSOAL**
- ❑ Educação Familiar
- ❑ Finanças Pessoais
- ❑ Qualidade de Vida
- ❑ Comportamento
- ❑ Motivação

ELSEVIER

EDITORA CAMPUS

NEGÓCIO EDITORA

Alegro

Cartão Resposta
050120048-7/2003-DR/RJ
Elsevier Editora Ltda
CORREIOS

CARTÃO RESPOSTA
Não é necessário selar

O SELO SERÁ PAGO POR
Elsevier Editora Ltda

20299-999 - Rio de Janeiro - RJ

Sistema CTcP,
impressão e acabamento
executados no parque gráfico da
Editora Santuário
www.redemptor.com.br - Aparecida-SP